石田和男教育著作集〔第一巻〕

生活綴方教育の出発

石田和男教育著作集編集委員会〔編〕

花伝社

石田を囲む「ありの子学級」の子どもたち（『アサヒグラフ』1952年2月6日号より）

第１回作文教育全国協議会開催
(1952 年８月１日〜３日)

作全協実行委員会メンバー
後列左から２番目が石田和男。後藤彦十郎、今井誉次郎、国分一太郎らとともに。

第２回恵那教育会議総会
(1958 年 8 月 16 日)

部屋別集会風景

資料室風景

恵那教育研究所開設記念（1982 年 4 月 1 日）

『教師の友』恵那夜学教室（第 21 夜　1991 年 6 月 18 日）

刊行にあたって

石田和男教育著作集編集委員会

（1）

石田和男の教育著作集の発行は、多くの関係者から長年にわたって期待されてきたものであったが、具体化されないままにきていた。しかし戦後七〇年が経過し、また恵那の戦後の教育運動を担ってきた人びとも多くが世代交代し、恵那の地においても当時の教育実践や教育運動を直接経験してきた人びとも少なくなってきた。さらに戦後の地域教育運動として全国的にも注目を集めた恵那の教育実践や運動の豊かな経験の継承、あるいはそれらが戦後日本教育史の中にいかなる意味を持っていたのかを考える基礎資料の整理という点からみても、石田の著作集発行への強い期待が語られるようになってきた。

このような中で、二〇一二年一二月、改めて、石田の著作集を編むことの意義と必要性について、関係者の間で合意が形成され、編集委員会が発足し、『石田和男教育著作集』の発刊が確認された。

この四年間、編集委員会は、石田の著作を読み込むことから作業を開始した。いままで、相当深く恵那の教育運動に接し、また石田の著作物にも触れてきた私たち編集委員も、改めて石田の著作を検討する中で、石田が恵那の教育運動と教育実践にかけてきた探究の軌跡にあらためて心打たれ、またその教育をとらえる理論と思いの深さに、感動を覚えることとなった。そして、現代日本の教育現場で苦闘している教育関係者や教育研究者に、恵那の教育運動の経験、その理論と実践の中核にあり続けた石田の教育思想と「子どもをつかむ」激しいまでの探求の姿勢を伝えたいという気持ちを高めた。私たちはこの著作集が、恵那の戦後教育運動の経験を伝える貴重な資料となることを確信する。そして、それに止まらず、この著作集に刻まれた石田の思索と「子どもをつかむ」飽くなき探究からは、現代の教育に対する石田の深いメッセージを読みとっていただけると思う。

編集委員会はこの著作集を『石田和男教育著作集』と命名した。石田は、現場で苦闘し続けた教師であり、教育実践家である。しかし、恵那の教育運動は、常にその土台に、強烈な教育の思想をもち、それを具体化するための教育学理論を構築し続けてきた。そして恵那地域の大衆的教師の教育運動と教育実践を通してその理論を検証し、発展させ、時には実践と運動の大胆な転換を果敢に遂行していった。そして、地域に根ざす教育の自由を実現する壮大な仕組みを構築した。また、その地域に根ざした運動と実践の確かな感触、手応えに依拠して、全国的な教育研究運動や教育実践、教育学理論についても、率直かつ鋭い批判を展開した。地域において、半世紀を超える長期間にわたり、教育的真理探究の強固な教職員の共同、父母・地域の共同を組織し、その共同によって検証された鋭くかつ大衆的な教育学認識と個性的な教育実践を切り拓いた恵那の教育運動は、戦後日本の地域教育運動の歴史においても特筆すべきものとなった。石田は、常にその中心で働いていた。その結果、石田の著作には、恵那の教育運動と教育実践を確かなものにするための、教育の理論や思想についての独創的で個性的な探究の軌跡が刻み込まれている。

石田と恵那の教育実践は、戦後教育の中において、生活綴方の実践と理論を最も徹底的に探究し、それを新たな高みへと展開させた。注目すべきことは、生活綴方の精神を現代的な教育の課題と困難に立ち向かう方法として全面展開し、教育という営みの全体を考える視点へと発展させたことであった。だから、恵那での生活綴方の精神の展開は、子どもの人間としての自主性、主体性を高めることを基本としつつ、科学の成果をどう学ばせるか、学習の主体性を成立させる生活意識をどう磨くか、生活に結びつき生活を意識化させる教育課程をどう生み出すか、生活の中心的テーマとしての三つのせい（政治、性、生活）をどう学ぶか、非行や校内暴力や性的退廃に陥った子どものなかに人間としての根源的な要求をどう読み取りその願いを生きさせる教育実践をどう切り拓くか等々の、教育実践の中心的な領域のほとんど全てに、新しい方法と見通しを切り拓き、教育実践に新たな活力を生み出していった。だから石田は、生活綴方の精神を発展させる中に教育学をとらえなおそうとした。

恵那の教育運動と教育実践は、恵那の地域に根ざし、地域の多数の教育関係者と生活者である親・住民の共同によって生みだされたものであった。さらに、その下で成長し、自らの主体的な生活を切り拓こうとした子どもたち自身の力によって切り拓かれたものでもあった。石田は、子ども自身が自分の中にどう生きるかの「方針」をもつことができるとき、教師は子どもを本当につかめるのだという。石田は、「子どもをつかむ」思想の核心がそこにあると主張する。恵那の教育の中の子どもたちの生きる力の確かさは、この思想に支えられた深い教育実践によって、子どもの中から引きだされたものだった。

生活綴方の精神は、恵那の教育運動にも貫かれた。勤評闘争や恵那教育会議の取り組みなどを通して、「自由論議」を生み出し、民主主義を鍛え合う中で、一人ひとりの恵那の教師たちが自分の中に「方針」をもち、その合力の中に恵那の教師たちの粘り強い教育運動が形成されていった。石田は、たえず自分の役割を、恵那の教師たちの共同の中に位置づけ、その共同を担う力量として自らの力を高めようとした。だからまた、石田の実践と思想は、人びとの共同をどう生み出すかという人間の組織論としての性格を深くもつものとなった。それらの複合的な性格において、石田の教育思想は、同時に恵那の教育運動と教育実践の思想的な軸心として働いた。石田の思索の展開の歴史は、同時に恵那の教育運動の軌跡でもある。

編集委員会は、この著作集の発刊が、戦後日本の教育史により豊かな経験を付け加えるとともに、これからの日本の教育実践と教育運動の発展を支える一つの力となることを心から願うものである。

（2）

編集にあたっては、以下のような方針を採用した。

⑴　全四巻の編集は、基本的に年代の展開順に行った。しかし、その時代の中心課題があり、その課題に

焦点を当てる仕方で編集に工夫を加えた。石田の著作の特徴の一つは、過去の経験を後から幾度も振り返り、その時点における過去の経験の意味づけを新たに深めているものが多いことにある。編集に当たっては、そういう後の時点における振り返りは、その事柄が起こった時代の巻に収録した。その論文が、後からの振り返りとして書かれたものである場合は、その論文の最後に付した編集者による「注」に付記した。それらのことがよくわかるように、全ての論文のはじめに、その論文の最初の発表年、講演や基調報告はそれが行われた年を付記した。

(2) この著作集への収録にあったって、漢字表記の統一、仮名遣いの統一など、一定の基準で、原文に修正を加えた。特に、講演などの話し言葉の記録においては、そういう統一的な基準を適用した。しかし歴史的な性格が強いものについては、できるだけそのままの漢字や表記を尊重した。また、石田の著作の相当部分がいろいろな集会での報告、講演として話したものを、その話し言葉のままで記録したものである。石田はそういう記録にいくつかの例外はあるにしても、多くの場合ほとんど手を入れていない。そういうものには、話し言葉独自の特徴がそのまま表記されている。文意がより正確に読み取れるように、句読点等、単純な表記法については、変更した部分が多い。時としてそういう文章には、主語、述語、修飾語等の関係が、文法的にみれば入り乱れていることもある。しかしそういうケースでも、読んでいただければ文意が通じる場合は、あえて修正はしなかった。恵那地域独特の方言については、必要に応じて括弧で、その意味を注記した。今日の時点で石田自身の修正が加えられたものは、そのことを注記した。

(3) この著作集への収録にあたっては、既に単著として出版されているものについては、基本的に収録対象から外した。その中には、岩波ジュニア新書『思春期の生きかた』(一九七九年)、『生き方を考える性の教育』(あゆみ出版、一九七八年)も含まれる。しかし最初の実践記録『夜明けの子ら』については、今日入手するのは困難であり、一定の部分を収録した。

(4) 各収録論文のタイトル、見出しは、必要に応じて編集部で修正、ないし補足した。そのため、著作集の論文タイトルと著作目録のタイトルとが異なっている場合もある。必要な範囲で、その点は各論文の末尾の編集者による「注」に明記した。

(5) 各巻の解説における文献表記については、以下のようにした。

①本著作集に収録した文献の場合――「本巻論文○」、「第○巻論文○」「第○巻論文○　○○頁」

②『「恵那の教育」資料集』（あゆみ出版、二〇〇〇年）――『「恵那の教育」資料集』第○巻○頁）（このページ数は全巻通しのページ数）

③『人間・生活・教育』東濃民主教育研究会――『人間・生活・教育』○号、○○○○年、○月、○頁

④恵那民主教育研究会機関誌『みんきょうけん』――『みんきょうけん』○号、○○○○年○月○日

⑤恵那教育研究所『恵那教育研究所通信』――『恵那教育研究所通信』○号、○○○○年○月○日

そのほかについては、その都度掲載文献を正確に表記した。

二〇一七年五月

石田和男教育学著作集編集委員会

委員長　坂元忠芳

編集委員　片岡洋子、佐藤隆、佐貫浩、

田中孝彦、森田道雄、山沢智樹

石田和男教育著作集　第一巻「生活綴方教育の出発」◆目次

第一部　ありの子学級の実践——東小学校五、六年生——

(一)　学級通信と指導用資料

(二)　ありの子学級の版画・綴方

第二部　一九五〇年代の論考

第三部　自伝的論考

第一巻まえがき

この第一巻には、石田和男が一九四八年に教師となってから、生活綴方・生活版画の実践を展開した一九五〇年代前半の実践記録や論考を中心に収録した。

石田は二〇代半ばにして、すでに『教育』や『教師の友』などの全国誌に実践記録や論文を書いていた。しかし、その数は多くはない。それを補うのは、すべてが残されているわけではないが、現在、恵那教育研究所に保管されている当時の子どもたちの綴方や版画の作品、学級通信や指導プリントなどの実践資料である。また一九八〇年代に石田が当時を回想して書いたり話したりした文章も当時を理解する手がかりとなる。

そこでまず、第一部として、「ありの子」学級と呼ばれた中津町（当時）東小学校五、六年生の教育実践資料や回想記録などを、（一）指導資料や学級通信、（二）版画、綴方など子どもの作品、（三）ありの子学級の回顧録の三つに分けて収録した。（三）の回顧録は、一つは、ありの子学級の子どもの一人であった杉山（旧姓安江）満寿子、もう一つは石田による二つの講演記録である。

第二部には、一九五〇年代前半に『教育』や『教師の友』に掲載された石田の実践記録や論文、石田和男編『夜明けの子ら――生活版画と綴方集』のあとがき「M先生への便り」など、一九五〇年代前半に書かれたものを収録した。

そして第三部には、一九八〇年代に、自身の生い立ちから教師として歩み出した二〇代の頃をふりかえり、地域と教育について考察した自伝的論考を収録した。これらは単なる回想ではなく、戦意高揚の中での子ども時代から戦時下の師範学校の学生時代に「考える」ことを奪われていたことに、戦後になってはじめて気づいた石田が、そのことへの憤りや悔しさ、ふがいなさなど痛切な思いに突き動かされるようにして、子どもが自分の目でものごとを見て考える教育をしていくにはどうしたらいいのかを追求した過程を、自分史的把握として、戦後教育史に意味づけ、一般化しようとしたものである。

第一部　ありの子学級の実践

——東小学校五、六年生——

第一部解説

(1)学級通信と指導用資料

石田が手作りで作成したオリジナルの当時の学級通信や学習プリントなどを、恵那教育研究所で収集し、データ入力したものである。レイアウトなどは現物にほぼ近い形になっている。

(2)ありの子学級の版画・綴方

作品1「ありの子版画集『飛ぶ絵』」は、六年生の初夏の農繁休校後、絵入りの労働詩集をつくることになり、版画を始めたものである。第一回目の「しごとのうた」(一九五一年七月)は箕田源二郎から厳しい評価を受けた(解説論文参照)。その後、「くらしのうた」(一九五一年九月)、「にんげんのかお」「くらし」(一九五一年一一月)など五回の版画集を発行し、六回目の版画に取り組んだ。「飛ぶ絵」は、その六回目とそれまでの版画の中から選ばれた作品集であり、一九五二年一月頃に発行された。

作品2「加藤興二の綴方」は、卒業式で答辞を書いた加藤興二の個人文集から三編を収めた。

作品3「山口明子の綴方」では、富山に住んでいる母親と離れて、祖母と暮らしている山口明子の個人文集から、祖母との関係など日々の生活ぶりを二年間にわたって綴った作品をとりあげた。

作品4「今枝英子の綴方」は、貧しさのなかでの家族のいさかいなどをみつめながら、生きていこうという意思を子どもなりに持とうとしている綴方であり、丹羽徳子『明日に向かって』(草土文化)の生活綴方教育で二〇年後の子どもたちにありのままに綴ることの意味を考えさせることになった作品である。

(3)ありの子学級をふり返る

杉山(旧姓　安江)満寿子による回顧録1は、『人間・生活・教育』二九号、一九八五年、東濃民主教育研究会。『「恵那の教育」資料集』第二巻収録。

「自分史的把握」に掲載されている綴方「苦労する母」「土地をねだるおじさん」の作者である安江満寿子が、当時を振り返り、ありの子学級の思い出や、自分にとっての生活綴方の意味について講演した記録である。

回顧録2「教室文集『ありの子』の頃」は、「恵那の教育と生活綴方――過ぎたこと、今のこと、あれこれ」(『恵那の生活綴方教育』別巻3　三〇―七一頁)のうち四一―六二頁。生活綴方についての講演(一九八一年一月）記録のうち、ありの子学級での社会科の学習や、綴方の指導の実際について振り返っている部分である。題を考えさせ分布表をつくったり、詳しさの度合いをみたりして、子どもの綴方表現の全体の傾向をみる工夫をしたことや、放課後の子どもとの会話の記録など、当時の具体的な指導の場面が語られている。また安江満寿子の「ある夕方の出来事」「オーバー」の二作品が取り上げられている。

（一）学級通信と指導用資料　◆実践資料１（一九五〇年）

五の三　つうしん

五の三　つうしん

小路ゆく人の足どりにも春の訪れをきく時候となりましたが、私共の身辺には相変わらず人生の冬がたたずんでいるようです。私こと此の度東小学校にて五年三組の子供と共に勉学を同じくすることになりましたので、親しく皆様に御目にかかり御宅の子供や学校・学級の教育について充分な御声を御聞きいたしたく存じておりますが、学年度初めにて何分にも雑務が多くていちいち御伺いいたしかねますので、誠に失礼とは承知いたしておりますが、別紙にて御意見をお聞かせくだされば幸と存じ、紙上にて不躾乍ら挨拶旁々御願い申し上げます。

五年三組担任　石田和男

君

保護者殿

児童名（

保護者名（　　　　　　　　職業（　　　　　　　）続柄（

本籍地（

現住所　（恵那郡中津町

御宅の御意見・御希望・御気付きの点を左に御記入下さい。

（総て御宅の子どもについてです）

子どもの身体について	
子どもの性格について	
子どもの学習について	
子どもの友達について	
子どもの行動について	
子どもの読書について	
子どもの食物について	
子どもの稽古事について	
子どもと家庭環境について	
子どもの金銭使用について	
学校教育の方針と方法について	
学習内容と方法について	
学級経営とその運営について	
PTAについて	
その他の事について	

★御多忙中恐れ入りますが四月一五日迄に御願いします。

1950 4 20

五の三 つうしん

迷い子の少年
ウィリアム・ブレイク

お父さん！ お父さん！
どこえ 行くのですか？
おお そんなに早く歩かないでください
話しかけて下さいよ
あなたの小さな子どもにでないと 私は迷子になってしまいます！
夜は暗かった
父はもういなかった
その子は露にびっしょりぬれていた
どろんこの道で その子はほんとうに泣いた
そして夜露があたりを流れていった

訳 周郷 博

級委員が決まりました

四月一〇日級全員で選挙の結果次の四名が第一学期級委員に決まり一一日改めて任命されました。

男子 加藤興二
小木曽啓太郎
女子 西尾光代
松村沙世子

クラスの組織

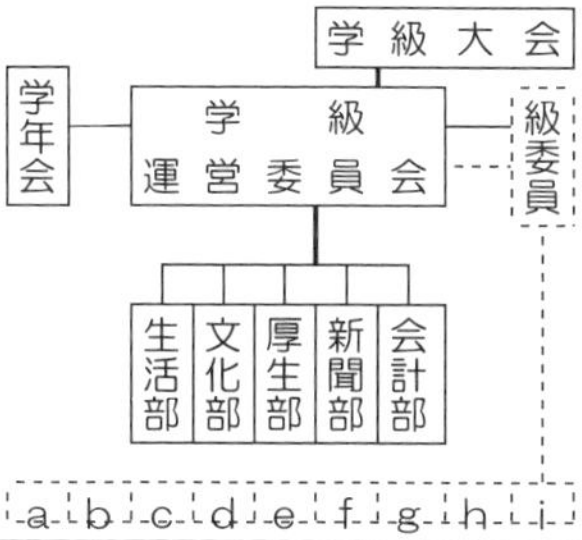

教室の窓

PTAの総会

春の遠足について

＝学級集金＝

学習内容と方法について

学習することがらやその方法についてはいろいろおしらせしたいことがありますが紙面の都合により次号からおしらせいたしたく思っています。

四月の子ども

問 君のいちばん尊敬している人はどんな人ですか

	男	女
エジソン	16	19
湯川博士	7	7
リンカーン	6	6
トルーマン	7	1
天皇	3	4
ライト兄弟	3	2
ベル	4	
野口英世	2	2
マッカーサー	3	1
キューリー	3	
ベーブ・ルース	2	1
レントゲン	2	
豊田佐吉	2	
ヘレンケラー		2
ワット	1	
古橋選手	1	
ルーズベルト	1	
ワシントン	1	
コロンブス	1	
三木本幸吉	1	
キリスト		1
エドガアランポオ		1
蒋介石	1	

—子どもたちの一断面として—

うちの弟

うちの弟は私が学校からかえるとねえちゃんがきたきたといってむかえにきます
そうしてわたしがふくろをさげておるとけけといってくるのでわたしわもっておっておいてきてけというとよろこんでもっていきますそうしてもっていったものをおいてからまたむかえにくるのでこんどはかばんをもっていておいてきてけというとまたよろこんでもっていきますわたくしはうちへいて弟のこもりをしてやります おわり

◆これは此の組のある女の子の綴方をそのままうつしたものです。やはりいろいろの問題がかくされているとおもいます・・

五ノ三つうしん

第二号

望ましい子供

心に太陽をもち　いつも良心のアンテナをはっている子供
虔ましい気持ちで物を見、聞き、考える子供
正しいことはどこまでもやり通す子
こんな子どもが
かしこいものに、やくだつものに、丈夫なものになり
やがてはひとりだちのできる
たくましい若者になって行くのだ

ＰＴＡ学級委員が決まりました

四月二六日選挙の結果。今年度の学級委員は次の二名の方にきまりました。

青山よねさん
加藤千代枝さん

苦しいことと悲しいことが
重なったとき
ひろい夜空の星をみつけて
わたしは
いつか知らぬ間に話している

〈或る子どもの日記より〉

五月の学習

社会科　題目　みんなの政治

政治についての正しい知識をもち　正しい政治への協力する態度を養うために四年生のとき学習した級の運営というのを発展させて地方の政治についてその施設や運営の調査・研究を中心としてみんなのための正しい政治の在り方をしるのが此の題目をえらんだ理由です。

学習内容
私たちは政治にどんなねがいをもっているか
町会とはどういうところだろう
役場とはどういうところだろう
県会や国会とは
簡単な日本の政治史について

国語　教科書　ことばの愛
　　　　　　　　日の光
ローマ字　活字体小文字の読み方
その他　学級新聞について――記事
　　　　綴方――形式上の書き方

算数　四年生の時の復習
　　　　小数のかけ算
理科　生物につ いて

★そのほかの教科については略します。

今月は学習に於いては以上の様な予定をたてていますが、その展開・方法については予定が少し狂ってもよいから、深く考えることを中心の目的としてすすみたいと思っています。何にも考えず何にもおぼえないでいて、とにかく隣より一課でも先をやればよいという安易な子どもたちの考えを子どもたちの中から抜いてしまいたいものです。
なお一般的には他人の話をよくきくということも根本的に必要なことですが、それの一歩前としていささか教室はさわがしくなるかもしれませんが、先ず自分の意見をはっきり言うことのできる子どもにしたいと思っています。

おしらせ

学校で集めた遠足用旅費の行方

四月二〇日迄に集めた大井ダムへの汽車賃は雨天ため大井行が中止となりましたので一人宛十一円ありましたが、学年で相談の上子どもたちに了解を得て五月分の映画費の方へ入れておきましたからお願いします。

紙芝居をみない子

いまのところ五年三組では相談の結果町中で紙芝居をみないことになっていますので御家庭の方でも自分たちで決めた規則を破ることがない様御指導を願います。

どうしてもみたい子がありましたら正しいルート（学級大会）の問題として提案する様にして再決定されるまでは辛抱することにして下さい。

欠席や早退には

お宅の子どもが欠席や早退をする時には誠に御面倒ですが誰にでも結構ですから皆様の筆で一寸その理由をお渡し下さって私迄届く様にして下さい。（いしだ）

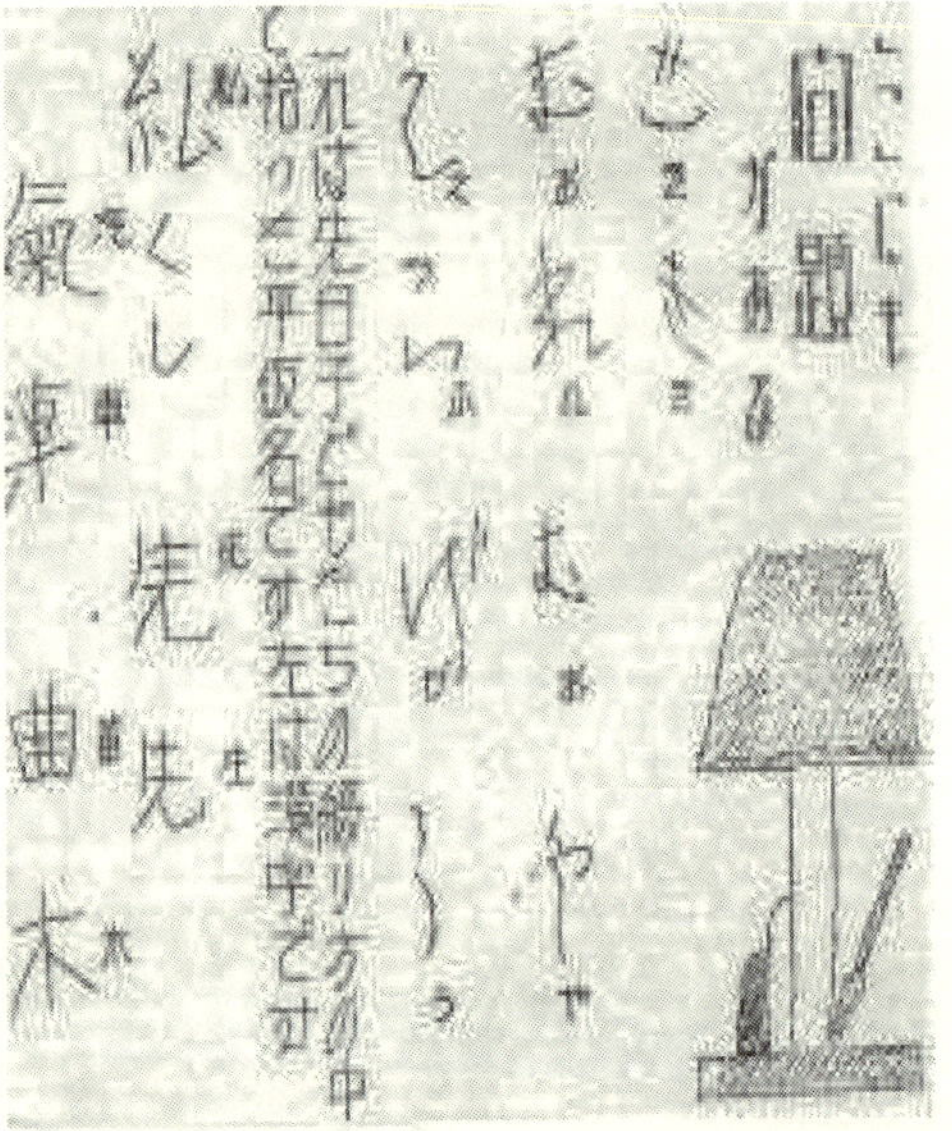

考える力と自分を忘れた子

先生ほうきがない、先生あの子を叱りいよ、先生・先生・先生
だがやっぱり教員は教員でしかなくウチデノコズチのようにほうきはでなかったとか？

綴り方の教室

ぼくの家

塚田卓男

ぼくの家は小さな家で、そこで店をしています。が家族が多いので五人ぐらい横になれば足のすえばもなくなってしまいます。八じょうと六じょうが二つと二階に四じょうがありますが家族は九人ですのですこしあくだけです。

母ちゃん達はもっと大きな家が買えたのにと思っているがいまは買えない。

その中で母ちゃんは税金で苦しんでいますけれど母ちゃんはぼくをだいじにしてくれます。

ぼくは小さいときはそんなことはすこしも考えたことはありませんが今考えてみると母ちゃんの苦しみや困ることが少しわかるような気がする。

〈以下略〉

私の好きなラヂオ番組

対象 五の三

四月二五日

番組	男	女	計
向こう三軒両隣	五	六	十一
二〇の扉	四	六	一〇
鐘の鳴る丘	三	三	六
日曜娯楽版	二	三	五
素人のどじまん	三	二	五
子供のどじまん	一	四	五
漫　才	一	四	五
落　語	三	二	五
スポーツニュース	三		三
陽気な喫茶店	一	一	二
話の泉	一	一	二
音　楽		二	二
新しい道		五	五

アトガキ

毎日御仕事に御苦労様です。早や若葉の季節と相成りました。いろいろお知らせいたしたい事ばかりある様でしたがうまくまとめることができず申しわけなく思っています。学校の方えも出て来て下さい。

1950　6　11

5の3つうしん　第3号

話

それは私の休んだ或る日の朝の会の出来事である。

苦虫を噛みつぶした様な顔と豚の鼻をならす様な叱言を味わうことがないだけでも我等が愛する子ども達にとっは生涯の輝ける日とでも勘違いしたのかもしれない。詳細は個々の子供にお聞き下さる事にして結論を申せば、その朝の会の時間に男の子達が大反対する女の子達の声を聞くこともなく民主議会に名を借りた多数決の暴力で次の二項目を決議してしまったのである。

一、女子は男子に絶対手向かいしないこと。

一、もしこの規則を破ったら職員室に立っていること。

次の日、私が教室へ顔を出したら待っていたとばかり女子が寄って来て、いかにも残念そうに口角泡をとばし乍ら事の次第を語って呉れた。

　そしてその瞳は基本的人権が女性という集団なるがため男性という集団的暴力によってアッサリと侵害された悲しみと怒りに輝き、その美しい輝きをも失っていたのである

　男の子は、と見ればさも悪いことをしでかしたかの如くその意地を皮肉な笑いに変えて我等が民主的決議を冒涜する者如何と女の子と私との会話の成り行きを見守っていたのである。

話というのはこれだけであとはまた子供達の手で、此の二つの決議が無効であるということを決議したのである。

×　×

文字に直せばこんなにまで大きくふくれることのできるこの話は、私がはじめてこの話を知った時、「シマッタ」と瞬間的に考えた事と未だに聞くも悲しい家庭での女性のみにある悲劇の数々や巷で聞く近頃の国会に現れる多数の暴力などとを思いあわせてみます時、教育の出発点が決して子供にのみ要求せられるべきものじゃないということ、換言すれば社会こそ子供のよき教育者でなくてはならないということをいまもしみじみ感じます。

　終わりに私が五の三教室で子供達を知った頃、子供との会話にこんなのがあったのをつけ加えておきます。

教「みんなの家でいちばん仕事の多い人はだれだか知ってるか?」

児「そんなもの知ってるさ。母ちゃんやら」

教「そんなら母ちゃんは家でいちばん偉いわけだな」

児「家で偉い人は父ちゃんさ」

教「どうして?」

児「そりゃ、女は男より下やもの。それから昔からきまっとるし女はバカやもの・・・。母ちゃんが苦しむのあたりまえさ、女やも」

算数の学習について

学校は最低限の仕事として社会的な生活を営む上に必要な基礎能力を与えるという誤りがあるかもしれませんが、子供達の身につけさせるという仕事を持っていると思います。その中で近頃やかましい読み・書き・そろばんの能力をつけるという面だけでも置き忘れを喰っている点が多いので、今度学年の重要な目標として国語算数の基礎能力を養うという事を取り上げました。

そこで先ず学年の先生方と相談して手を打ったのが、算数の時間に理解できなくて遊ぶ子の居なくなる為の学年を解体して現在の理解程度を基準として別個に編成した級を中心とする能力別の算数の学習です。六月一日から実施しておりますが、その結果については何とも言えません。

元来算数という学科は系統的に理解しなくてはいくら高度なものに努力を致しても理解しにくいものだと考えられます。

例えば、５×４のわからない子は４５×２５がわからない様なものです。そこで、五年生になった子を一々みてみますと、順序からいけば未だ二年生位の数の理解しかしていない子やもう五年生の中頃まで理解している子やいろいろあります。これだけ差のある子供が一緒の教室に居てもとても同じ様に学習が進んで行かず半分以上の遊ぶ子が出来てしまいますので、五年生全部を数の理解程度によって四段階にわけ、同じ位の能力の者が一緒になって学習すれば理解できなかったり〈むつかし過ぎたり〉易し過ぎたりして遊んでしまう子が少なくて能率が上がるだろうというわけです。

その区分は先日五年生全部に同一問題を行いました能力テスト〈二年生程度より五年初期迄〉の結果やその他今迄の成績を見合わせてしました。

能率は最も自由なフンイキの中に於いて最も上がるとも申します。子供たちが此のために自由な気持ちを学習への興味を増したか減したかは私等にはわかりません。皆様で御気付きの点を御聞かせ下さい。この小さい紙面では御わかりにくいかとも思います。くわしくは教室の方へ来て下さい。

算数の成績の良かった人

大野龍三　岡島利宣　小木曽啓太郎　加藤興二　加納勝好
竹内和好　塚田卓男　堀井征三　鈴木君枝　西尾光代
西川満子　松村沙世子　三井吏子　安江満寿子　山口明子
（出席簿順）

全校児童会議会の議員決まる

加藤興二　西尾光代
堀井征三　塚田卓男

全校初夏の写生会に

満ちゃん入選

入選　西川満子
佳作　加藤興二

未だ居る紙芝居狂

話に聞けば未だ五の三に街頭で紙芝居を見る子が居るようですが、子ども達で大論争の末決めたのですから、若しどうしても見たかったらもう一度その問題をだして、決め直してから見るようにして留められている間は見ない様に御指導下さい。みんなの規則を破る子はみんなの前で発言したり他人の話をきかなくなるのです。

いつ破ってもよい規則なら論じたり考えたりして、しんけんに決める必要がないからです。（此の事は五年三組だけです）

オネガイ

ヨチヨチ歩きの三号がやっと出来ました。これからはもっと必要なことをもっと早めに御知らせしたいと考えていますが皆様も子供や教育に関係した御原稿を御出し下さい。待っています。誤脱字を詫びます。

学級授業参観日

―勝手に決める無礼をカンベンして下さい―

『えー、皆さん時々の学級参観はどうでしょう。えー、何ですって、日々の生活におわれて子供どころじゃないって…、そりゃあそうでしょう。だがそれは私共大人がみんなでしんけんに相談することにして、此の苦しみを此の子供に背負わせたくないなら、やはり子供をたくましい若者に、つまりよく見、よく聞き、よく考え、よくやる若者に育てなくちゃならないでしょう。そこでです。その大切な子が学校で何をしとるか知っていなくちゃならないのに私たちはどうでしょう。誰のために何の勉強をしとるか、それすらも中々わかっていないのじゃないでしょうか。

そこでですな、皆さん。一月に一回しか出ないあんなわけのわからない間抜けた「五の三つうしん」を待っていないで、あのいばった面の皮をひんむいて私等の子供のために私等の子供のための勉強をさせる様、先ず学級を観に行くってな訳なんです。え！恥ずかしい、え！てれくさい　そうかそういうこともあるでしょうな。

それじゃ一つ決まった日にみんなでおしかけて行くことにしちゃどうでしょう。みんなと一緒なら何にも心配することあいらないし…え！何ですって、五の日がよかろうって…。そうだ五年生なら五の日が忘れないためによいでしょう。そうだ！　それはよい。それじゃあ、これから毎旬五の日にゃ学級へ行って子供を観てあの若僧と話すことにしましょうや』『賛成』

みんなの作品

ぞうり

山口明子

みせさきに
ぶらさがっているぞうり
ふるくさい　ほこりっぽい
でも
ぞうりはうれていく
「ぞうりはないかね」
という店先の声
赤いはなおの小さいぞうり

火事

伊沢勝博

火事で家をやかれ
親類の家え
ないて行く
親子のすがた

夕すずみ

深津久砂

おふろからでるとあつかった
みんなといっしょに
夕すずみをした
みんなの顔が
ガラスにうつる
たのしい夕すずみ

手傳い

加藤興二

野球道具が
買ってほしさに
手傳いをする
苦しいのをがまんして
手傳いをする
野球道具がほしさに
手傳いをする

お父さん

鈴木君枝

このごろ
弟がおもしろくなった
お父さん早くきてほしい
私達がまっている
お父さん早くきてほしい

雨

塚田卓男

いやな雨
朝から晩までふる雨
昨日も今日もふる雨
風にふかれる雨
なんといやな雨だろう

5・3つうしん

―一九五〇・七・一発行―　第四号

死の行進を止めて、ホッとした日本人が、絶望の淵からでも愛する子供たちに探しだして来たもの、そんなものが新教育ではなかったでしょうか。

そこには、やはり「生命を大切にする」という「生きるための鉄則」が、何者をもおしのけて、はっきり打ち出されていなくてはならなかったのです。

×　×

「生きること」の条件が社会的な場合も自然的な場合も「生きるための教育」では夫れを満たさなくてはなりません。ましてその条件が満たされ得る可能性を持つ場合に於いては・・・

×　×

「戦争」は人間の「生命」をいとも軽々しく取扱い得る最も単純な方法で、夫れは教育無用論の最右翼に位置する現象であるということ。

×　×

「平和教育」は「生きるため」の社会的条件を満たし得る「新教育」の発見した重要な支柱であると共に「教育」の為し得る最大の社会奉仕であり、最大の社会への反逆であると思われます。

躾　特に学級では

学級の最大の使命は、学習―授業です。それで、学級での躾―訓育は最低、学習を最も能率的・スムーズに進行するためのいろいろの約束―条件から出発したものでなくてはなりません。

★意見の言えること
★他人の話を聞くことができること
★うそが言えないこと
★深く考えれること
★協働でき得ること

数えれば限りありません。でも、教室の新しい躾はこういうものではないでしょうか。

学校のコヨミ

4日	火	児童会議会
5日	水	教員講習
7日	金	学校参観高学年の日
8日	土	学校参観低学年の日
15日	土	二時間授業
下旬		夏休み

綴方教室

児童詩

猫

久野　力

猫がえんがわでねている
背中を丸くして
毛の一本一本が
太陽にてらされて
チカ　チカ　と光っている

雨

小木曽　啓太郎

蛙が　ないている
雨が
ぽつ　ぽつ　ふってきた

つばめ

八代　昌子

つばめが電線に
つかまっていた
子つばめは電線に
つかかっていた
親つばめは　子つばめに
虫をやった
私は
つばめの心をしっていた

▲へった体重　夏の身体に気をつけて

先日の身体検査でみると級の体重の平均が約一kgへりました。夏やせは古からいわれておりますが、よく注意して下さい。

▲視力の弱い子は眼鏡を

―　視力は子供にきいて　―

視力の弱い子は学習が不便な様です。一つ眼鏡をおごって下さい。

▲教室文庫の危機

もめぬいて創設せられた子どもたちの教室文庫は、休み時間に、雨の日に、素晴らしい盛況をみせておりますが、何と言っても持ち寄り文庫のことですので、是非見せたいと思われる様な本はなく、見せたくないマンガの本がよけい見られる様なぐあいです。子供にとっては大切な文庫も読書指導からみれば害が多い様です。

何とかしてやりたいものです。金がかからない良い方法が落ちていないものか?

▲夏がきてふえた　顔色の青い子

蛔虫じゃないか?

子供はその八〇%まで蛔虫をもっているそうです。顔色の悪い子、原因不明の熱を出す子などは是非「虫下し」をのませてみて下さい。

5・3つうしん

―一九五〇・七・一一発行―　第五号

PTA学級参観

七月七日の学級参観日には暑さや御忙しいのにもおかまいなく多数おいでくださいまして、たった二回目というのにもう何の遠慮もなく、いろいろお話し合いができましたことを担任として大変うれしく存じております。

いままでぼんやりしていて気付かなかった、それでいて見過ごしできない大切な点をいろいろお聞かせ下さいましたので、私で出来ることは早速実行いたします。

学級参観のあった次の日から、子供は見違える様な良い点をみせてきます。それはおどろく程のちがいです。皆様のムチの効果だとも考えています。「三回叱って七回ほめる」式の方法で、今後も子供をよく観察して下さって、御気付きの点を御連絡下さる様お願いいたします。

尚まだ一回もおいでにならない御方は此の次といわず、いつにでも結構ですから是非学校に於ける子供をみにきて下さい。

◇懇談した要点◇

問　算数の能力別級による効果如何

答　効果という程はっきりした結果はまだ一ヶ月程でわかりませんが、いままで算数の時間には遊んでしまっていた子が遊ぶということなくそれぞれの能力に応じて学習活動するという点にすくなくとも効果といってよい点を含んでいると思います。いわゆるわかる子はどんどん進み、わからない子は自分のわかる段階から進んでいるということです。唯心配するのはわけられた子供のひがみと諦めですが、その点についてはまだ逆効果というものはでておりません。いまのところ効果ありと思っています。

問　夏休みの宿題について如何考えるか

答　子供が驚いてしまう程多く与えよという御方と、ほんとの中心的な、自分自身の興味と努力によってなされる様な大づかみな問題を与えてほしいという御方と二通りある様ですが私は夏休みは子供だけの計画で力一ぱい生活してみるという時だと思いますので、後者の様な宿題で良いのではないかと考えます。それではもの足りなくて力の余る子は自分で計画をたて必要なだけ学習すればよいのではないかと思います。

夏休み　七月二六日～八月二六日

夏休みの期間がきまりました。夏休みについてのくわしい注意や行事は夏休みにはいる時に学校の方からと一緒にお知らせいたしたいと考えています。

夏休みは何といっても子供達の最も大きいたのしみの一つですが終わってから悲しむことのない様、いまから子供と一緒になって無駄のないプランをたててやって下さい。

通知

七月の集金　七月一〇日現在

銀の鈴　五〇
夏休みの友　二〇
文集東の子供　不明
紙代　五

文集「東の子供」

こんど夏休み前の仕事として学校で、学級選出の綴り方を編んで文集「東の子供」をつくることになり、いま印刷屋で印刷の最中です。「東の子供」は東校の生みだした財産の一つです。それにのる筈の五の三選出の作品は次の様です。

生活文

りょうぶをたべた頃　今枝英子
おとうさんの死　安江満寿子
こげたおぞうすい　久野力
おそろしいおもいで　山口明子

詩

鈴木文夫・西川満子・山口明子・安江満寿子・久野力・岡島利宣・横家亀善・鈴木君枝・加納勝好

プールが開かれた

夏と水泳、切っても切れない子供の大切なものです。東校も四ッ目川のそばもプールが開かれましたが、水浴びにはきちんと学校から帰ってから家の人にとどけて行く様にしておいて下さい。ゆだんは大敵です。

綴方教室

自由詩

小川　日置志げ子

小川のまえを
とおったら
石が
なみにうたれて
ながれていった

雨　富田住代

雨がふる
ザッザッと音をたてて
雨がふる

かに　小川照彦

あなから虫をくわえて
でてくるかに
口から
あなへ入っていくかに

カミソリ　菅井照雄

ぼくのカミソリは
ふるくてもよく切れる
ぼくがえんぴつを切ると
かつおぶしみたいなこが
ぽつり　ぽつりとえんぴつを
つたわっておちる
それを
ぢぃっとみていると
まるでスベリダイのようだ

夕やけ空　鈴木文夫

夕やけ空をみて
夕焼けこやけとうたっている
子どもの
真っ赤なかお

◇詩指導の手帖から◇

詩はめんどうな約束はないし、長く書く必要もなく、何でもかけるので誰にでもできる表現形式なのです。そしてあらゆるものをみて書くので感受性がゆたかになり、そこからもののよしあしを勉強していくもとをつくるのです

5・3つうしん

—一九五〇・七・二五発行—　第六号

教室

—学期をふりかえって

真裸になった子どもの背中にも、大路ゆくアロハのえりにも、とにかく夏が来た様です。夏が来れば夏休みと、今年も間違いなく、学校は、夏休みのホームにすべり込みました。

はじめての土地ではじめての子等とはじめての皆さんと……それでも一緒の力は大きいもので、どうにか五の三教室は予定の軌道にのって一学期を終わりましたが、いまいそがしい学期末の中からあわをだしかった一学期をかえりみます時、子どもたちはもっと伸びる力をもっていたのだ、それなのに、それなのに……という悲しさが何者をもおしのけてこみ上げてくる淋しさを感じます。一学期は十分でないが二学期こそは……と誰もが考える様な事を考えはしますが、一学期の教室の動きに対する、理論的な、或いは方法・技術的なするどい批判と反省を皆様や子供達と一緒にしてみたいと思います。

一つ所に集まってするというわけにも参りませんので、御気付きの点はどしどし御聞かせ下さい。

その一つの資料というか、子等の声として先日、一学期を終わってということで行いました調査の中から主だったものを拾いあげてみましょう。

五年生になって学校が

面白くなった	一四
かわらない	二七
いやになった	九

特にわるくなったことは

授業時間中によくしゃべる	八
授業中の姿勢がわるい	六
けんかが多くなった	五
きまりを多くつくりすぎて守らない	五
言葉がよくない	四

特によくなったことは

朝・帰りの会ができた	一〇
男子と女子のケンカが少なくなった	六
いろいろの事をよく考える様になった	四
教室の大将がなくなってみんな同じだ	四
会議の仕方が上手になった	四

夏休み中のコヨミ

七月二六日	夏休み入り
八月　四日	映画「きけわだつみの声」
一〇日	全校登校日
一四日	学級登校日
二八日	始業〈二学期〉

学業の成績について

此の『つうしん』と一緒に今学期の通信票を渡しておきましたので御宅の子については御了解下さったことと思いますが、全体を通じてみた学業成績について特に目立っている点を、此処ではおしらせします。

社会科について

細かい点はいろいろありますが、今学期の中心としては、社会の政治が如何に行われているかということを理解する事により社会の一員としての自己を見付け、いままで自己中心的だった眼を社会の窓へもって行くということを計画しておりましたが、全体としては未だ理解が足らない様です。

けれどもその産物としての会議の持ち方、学級・学校社会に発生した問題の解決の仕方・協働することなどについては大体理解を行動の面で使用することができるようです。地理・歴史の理解は不十分です。

特に良い点としては、学習が形式的にもみんなの力で進行できるようになったことで特に悪い点は物事を深く考え細かく観るということがないことです。それに発表の仕方の下手なことです。

国語科について

国語についてはいわゆる基礎になるべき言葉・国字が存分に使いこなせないという点がはじめに見受けられましたので、形式的に学習してしまう教科書を或る程度離れて、読み・書きの基礎に重点をおき、もう一方で綴り方を中心として物を深く観てそれを発表することによって得られる話す・聞く・考えるの態度を養って行こうと計画しておりましたが、どちらも未だ不十分ですので、二学期も此の方法を続けたいと考えています。

特に不十分なのが聞くことと話すことです。ノートの使い方や話からメモをとるという点も不足です。

全体としては国語の学習がわかっていないようです。

算数科について

算数については御承知の様に学級を解体して学習しておりますが、これについては先日の『つうしん』にも書いておきましたが、基礎の計算能力・数観念の理解という面ではたしかに効果があったと思います。

数・・数・・と追われて子供たちは面くらったと思いますが、何なりとそれぞれ向上した結果を持っています。

けれども成績全体はたしかに良いと申せる方ではありませんので、指導の方法の欠点については教員共で研究の計画をたてています。

算数は以上の様に学級が解体しておりますので、個人の通信票の採点は学年を全体としてみた位置です。

珠算は二学期からはじめたいと思っています。夏休み中に一銭から一〇銭までを寄せることを御指導しておいて下されば幸と存じます。

理科について

自然現象〈生物・天候〉について科学的な観察を子供自身で行って、それを発表して研究を深めて行くというのが今学期の目標で、それがためにケンビ鏡をグループで共同製作したのでしたが、指導の時間の不足と方法の子供に合わなかった点で、全体に理解技能共に不十分です。物を科学的に観察することが不十分なのです。

其の他

其の他の教科については、家庭科は小池先生、音楽は可知先生に担当していただいておりますし、図工科や体育についてははっきりした調査資料を有しておりませんので、分かり次第おしらせいたします。

綜合してみると

よく観る・よく聞く・よく話すという学習の基本的態度の指導が下手か不十分か未だ子供達のものとしてはありませんので、それが各科・各所に小さな欠陥として現れています。

けれども、学習を自分たちのものとして握っていくという芽がだんだんのびて来たことは大変うれしいことです。

× ×

何が何だかわからない様なおしらせになってしまって申し訳ありませんが、子供は伸長する力を多く持っています。それを上手に伸ばしてやるためには未だ未だ指導の方法のつたないのが大きな障害となっているのを心苦しく思っています。先日もお願いいたしておきましたが、御気付きの点は黙って見逃すというのでなくてどしどし御聞かせ下さい。

◆――願い――◆

学期末になると、教室の子供達はいままで放っていた自分一個人の成績をひどく苦にしだし、通知票についての話題が多くなることは、はたの者には不思議にさえ思われます。

何が、子供をして通知票に対してビンカンにならしめるか、或る日私は子供に気付かれない様にこっそりさぐってみました。

原因が子供の中にあるにしろ、その他の所にあるにしろ、どれだけの努力もしない子供がそんなことでは行く末、点取り虫に生まれ変わるかもしれないという訳です。

ありました。ありました。

★休み中の計画が親の一声でムダになる。

★お母さん自身ならまだしも、僕までが神経衰弱になる程小言がふえる。

★「勉強しろ！　勉強しろ！」とやかましくなるが、何をしたら良いのかわからないままに時間を喰ってせっかくの水浴がムダになる。

★兄弟ケンカすると、きっとオレが悪い方になる。

★二学期が重苦しくなる。

★オヤツが少なくなる。・・・・

数えればきりのないことです。

× ×

子供が自分の仕事〈学業〉の能率を下げるということはたしかに良くないことです。けれど「寝る子は育つ」のタトエにもあります様に身体の調子がわるかったり、家庭の心配事がたえなかったり、金づまりや税金のことまで心配しだした子供は、努力！　努力！　勉強！　勉強！と追われた日には、それこそたまったもんではありますまい。

× ×

そこでです。世のケンメイな親御様におかせられましては小児的な通知票恐怖症に伝染し給うことなく、子供の成績についてはよく御用心致して、息子を娘を健康に育てて下さらんことを改めて御願い申し上げます。

夏休み中に子どもについて突発事故がありましたら大至急学校の方へ御連絡・御通知下さい。

綴り方の学習手引（五の三）

綴り方の学習手引（五の三）

―　綴り方の学習方法について　―

★創作の順序

い　題をえらぶ　・・・・・　取材　しゅざい
ろ　考を組みたてる　・・・　構想　こうそう
は　書く　・・・・・・・・　記述　きじゅつ
に　なおす　・・・・・・・　推敲　すいこう
ほ　発表する　・・・・・・　公表　こうひょう

★鑑賞の順序

い　材料を受ける
ろ　研究する
・個人研究
・グループ研究
・全体研究
は　まとめる
に　次の発展

★題のみつけ方

a　自由な題
自分でしかみつけられない題
自分でみたこと・きいたこと・やったこと・思ったこと
考えたことでしかも自分だけしかみつけられない題
社会に関係ある問題
b　定まった題
みんなの討論できめる方法
先生にだしてもらう方法

★考の組み立て方

い　中心をしっかりまとめる
しらべる　みる　やってみる　反省
ろ　書く順序をまとめる
・　綴方のメモを作っておくとよい

★書き方

い　書くときの態度
いげないこと
よそごとを考えないこと

だまって書くこと
ろ　つかうコトバ
話しコトバをつかい、敬語は特別のときだけつかう
外来語はカタカナで書く
仮名遣いは正しくつかう
は　原稿用紙のつかい方
文段のはじめは一字あける
、。「」！？はみんな一字とおなじ

★推敲の仕方
い　先生との約束
×　文字のまちがい
△　事柄のまちがい
く　文字のぬけたところ
なくてもよいところ
よく考えてみよ
うまくかけたところ
かき足りないところ
ろ　紙上批正
みんなの作品を印刷してみんなで研究する方法
は　黙読批正
自分の作品をだまってよみなおしてみて自分でなおす方法

★公表の仕方
い　個人法
ろ　一般法
朗読　板書　回覧　印刷配布　文集　新聞雑誌

★その他
い　くわしく書くために
いつ　どこで　どんなにして　なぜ　どういった
どうこたえた　そのときのかんがえ　そうしたら
それでどうした　どうなった　そのときのようす
あたりのようすは　そばにいた人は　どういった
どんなかおつき　どんないろ　においはどんなかんじ
ろ　少ない言葉の中にたくさんの中味
は　文章スケッチ
いまそこで起こったことをかいてみる方法
例えば父が一本のタバコをすってしまう（すいはじめから）までのようすを文にかきあらわしてみるなどということ

生活綴方指導計画メモ

▲三行綴方の打破
ありのままに、くわしく

▲概念綴方の打破
自分でしか書けない綴方
自分でみたこと、きいたこと、したこと、思ったこと、
考えたこと、しかも自分でなければ見つけられない題材を
具体的、現実的に
コトバだけの文章を具体的表現に

▲くわしく書け
(赤ペン法)
どこをどうくわしく書くのか
いつ、どこで、どんなにして、なぜ、どういった、どうこたえた、そのときのかんがえ、そうしたら、それでどうした、どうなった、そのときのようす、あたりのようすは、そばにいた人は、どういった、どんな顔つき、どんな色、においは、どんな感じ　など

(黒板法)

この文ではどんなところがよくわからないか。

目でみたこと、耳できいたこと、においのこと、からだに感じたことなどを書きたすと、ようすがありありとわかるところはどこか。


(ガリ版法)

同じようなのを二つか三つ。

(文章スケッチ法)

▲よく思いださせる
書く順序

▲リアリズム
生活の深みをさぐる目
だした結論をさらにたしかなものにするような、もっと別なゆたかな生活事実の把握
(教育のリアリズム)

▲綴方の中の私

▲ひろい範囲の課題

作文研究の手引

この文には

1 原稿用紙のつかい方にまちがいはないか
2 、や。や「　」のぬけていたりまちがっていたりするところはないか
3 文字や言葉のぬけていたりまちがっていたりするところはないか
4 だいたいどんな意味のことがかいてあるか
5 読んでみてわけのわからないことはないか
6 作者がいちばん書きあらわしたいことはどんなことで、それはどこにどんなふうに書かれているか
7 たいへんうまく書きあらわされているところはないか
8 書きあらわし方のたいへんまずいところはないか　それはどうしてか
9 君の心をつよくうつところはないか　それはどうしてか
10 作者の心の動きがでているところはないか
11 方言のつかわれているところはないか　標準語ではどう書いたらよいか
12 ウソのことは書かれていないか　なぜウソか
13 考え方のまちがっているところはないか　そこはどう考えたらよいか
14 この作者はこれからどんなことをしなくてはならないか
15 この文は誰にどんな方法で発表したらよいか

『綴方教室』ノート・抄

文章スケッチ

他人のよう見付けない点をみつける ― 特徴をみつける。

抽象されたコトバ（概念）で ― いい、わるい、美しい、みぐるしい ― 形容して、終わったかの感を抱かないこと。

図画における写生と同様、具体的な適当なコトバで写生する。（自分のコトバで）

（例）顔のくぼみは、はっきりとくぼみとして表現する。

課題 ＝ 黒板消し。先生。

詩表現にても可、詩への導入

文法教育

① 動詞（動く様子をあらわすコトバ）

形容詞（物の形をあらわすコトバ）

助詞（コトバを助けるコトバ）

以上の二〇種探し

適切な表現のために語彙を豊富にすること。

② 批正法

私［は］、昨日、暑いところ［を］、友達［の］家［へ］

遊び［に］行った。。

↗ のに、なかを、のを

綴方教育の主眼としての態度と能力

・ありのまま（現実）をありのままに観る

・ありのままを深く考えてみる

・ありのままから問題をみつける

・ありのままの中の問題を解決する

これらの態度と能力を書くことによってまとめ、発表（表現）する。

綴方の土台のために

・書く力を養うために

全文試写、ひら仮名指導、文節助詞指導

聴写指導

―― 寒川道夫氏（一日二〇〇〇字以上）

正しく、早く

模範文、視聴写（形式指導、内容指導）

・問題をみつけるために（観念的な観方を除く）

国語読本の批判

小説・伝記を読ませる

特徴ある題材の作品を読んでやる

形式指導

・書きだし、「、」「。」「　」の指導（原稿用紙の使い方）

黒板、印刷による

・会話

・心理描写
・人物描写
・情景描写

――長文指導
くわしく書く
中心のある文

――模範文
黒板
ヒザ下

新聞指導

客観的な観方、社会事象の観方

・取材指導　―私の生活、学級・学校の生活、家庭の生活、地域の生活、国内社会の生活、国際的な生活

・表現指導

記事の書き方　―いつ、どこで、だれが、なにをして
どうなった

記事の配り方　―　編集のしかた
見出しのつけ方、特集号

つづり方ノート

文題 書いた日　月　日　曜 時間　約　時間 いちばんくしんしたこと	文題 書いた日　月　日　曜 時間　約　時間 いちばんくしんしたこと
自分のひひょう	自分のひひょう
友だちのひひょう 先生のひひょう	友だちのひひょう 先生のひひょう

月　日	月　日	月　日	月　日	月　日	月　日
題	題	題	題	題	題

綴方の研究・

綴方の研究・

月	日	題と作者	友達の研究	先生のひひょう	点

研究のめあて —— ねらいのある文の書き方を研究しながら考えを深めていくために

仮題

病気

石田久生恵

共同・個人研究のためのらん
例　○ばんの△は・・・

私の五つの時であった。兄はへいたいにいった。

それから四、五日たった時、近所の人がきて「よかったに、へいたいにいけて」というと、母たちは、にっこりわらって「そよ、そいでもいけたとこよ」といっていた。

きへいじさという人は、そう目がみえないので、戦争にいけなかったから、死に物ぐるいではたらいて、自分にも、うまいものもかってくわずに、戦争のたまをかうお金にみんなだしてしまっていた。近所の人でも、うちの人でもそれをみて、「きへいじさはえらい」といってほめてやっていた。

それから一月ほどたってから兄のしゃしんが家へおくられてきた。うちにいたころは、ぶくぶくとふとっていたのに、そのしゃしんの顔は、やせおとろえていた。

一年の月日がさったころ、頭の毛をぼうぼうに、四センチメートルぐらいのばして、ひげもじゃの顔に、やせおとろえた顔を、私は、兄ではないかと思った。

その時は冬であった。兄は荷物をおろし、一年前きていた服とずぼんをきた。そして父の下駄をはいて、いすにすわって、頭を自分でかった。ひげもきれいにそった。顔がなんだかあおざめていた。

兄はなつかしそうにこたつにあたった。姉は女学校へ、さよちゃんは中学へいっていた。

うまそうにお茶をのみながら、こんなことを教えてくれた。「もう戦争の終わりごろになると、たべものを送ってくれないので、かえるをつかんでくい、とかげをつかんでくったり、水がなかったので、血のまじった水をのんでいた」といって「ちょっとえらかったのでみてもらったら、はいや、といったので、病院にいたら、もうかえってもいい、といったのでちゃっとかえってきた」といっていた。父はあごに手をやってちょっと考えて、「そんなら大井のいぜきという医者はいいそうやで、あそこへいけよ」としょうがなさそうにしぶしぶといった。私は母のそばで、だまって、兄と父と母の顔ばかりじろじろとみていた。

それから六月、兄はいぜきへかよった。いぜきではお金ばっかとるばっかで、なおるどころかわるくなるばっかだった。

医者に「いっしょにおってはいかんで、別におった方がいいのじゃないか」ときくと「そんなもな、なんにもうつりゃへんで、いっしょにいてもいい」といったので、父たちは、そいでいいと思ったのかしらないが、ごはんもいっしょで、みんないっしょにしていたが、兄はこやにいることにしてへりをしいてねていた。わるくなるばっかだのにまだ病院をかえようとしないのである。

かぜもひかなかった姉が、せくようになってしまった。

レントゲンをかけてみるとすこしわるかったので、家でねていた。きっと兄からうつったのだろう。

苗木からかわってきた人が「大井の国立りょうようじょがいいに」と教えてくれたので、兄と姉は、大井のりょうようじょへいった。姉は女学校をやめて。

兄がみてもらうと、「とても悪い。くうどうがある」といって個室へいれてくれた。姉は、「そう悪くない」といって大部屋へいれてくれた。

それから一ヶ月たつと、兄は、もうべんじょへもいけなくなってしまった。それでもつきそいをたのむ金がなかったので、となりにいる人に、いろいろやってもらっていた。

母は、一日おきに、荷物をどっさりしょって、あのりょうようじょの坂をのぼったりおりたりしていた。

私は、その時、一年生だった。

私の家の近所の子が同じ組だったので「石田さんとこのおねいさんは、はいびょうやに」とはなしたので、私の前にちょっとも、寄りつかないようになり、一口もしゃべらないようになり、私の前を通るときには口をつむっていった。

落合の方の子が町へくる時、私の家のところだけ口をふさいでとんでいきょうた。

私は、いつも、目からぽとりぽとりとなみだをだしていた。

戦争のためになったなんとも思わなかったし、にくいとも思わなかったが、ただ、たるがっとっただけであった。

それから、さよちゃんがりょうようじょへはいるようになった。

私は百日ぜきのように、せくようになったので、学校を休んでいた。かちの人が百日ぜきだといって、毎日、注射をうっていた。

大井へいってみてもらうと、「はいもんりんぱではいった方がいい」といったので私もはいった。

また二月ほどたってからのことであった。母が兄のところへいくと「てんぷらがくいたい」とか「おはぎがくいたい」といったので、てんぷらをあげてくわせてやったら、「うまい」「うまい」といってよろこんでたべたそうだ。いつもなんにもしゃべらないのに、その日はうたをうたっていたそうだ。母は、おはぎをつくってあしたもってきてやろうと思って、あわてて家へかえった。

その次の日、ごはんをたべていると、かんごふさんが「死んだ」といってきたので、うちへすぐでんぽうをうってやった。すると間もなく、母が腰をまげて、ひょこひょこやってきた。母にそのことを話すとびっくりこいて私たちのいる室へきた。

姉たち二人は泣いていた。私も泣きそうになってしまった。母も涙をこぼしていた。その日に家の近所の人がきた。家はよその人がいてくれるだけだ。

医者は「もういい」といったので、二年の二学期に学校へいったら、その日はみんながあそんでくれた。書取の時にみんなが書いてしまうのに、私だけはまだ半分しか、書いてない時があった。

　それから一年たってから、さよちゃんがかえってきたが、かぜをひいたのでまたわるくなって、りょうようじょへいってしまった。

　母は、あまりいっしょうけんめいにはたらいて、暑いところに坂道をあがっていったので、坂でふらふらになって、坂でもう荷物がしょっていけんようになってしまったので、いっしょに、いきょうった人にたのんでしょってもらった。私は先にいって、姉にそれをいってやったら、大いそぎでとんでいって、母の手をひっぱってきてやっておいて、荷物をもちにいった。医者にみてもらうと「のういっけつで、いっぽんほそい血管が切れているからとうぶんここでねていなさい」と、島田先生がいった。

　父と私とで、稲をこき、麦まきをして、きたない牛のふんをまいたりして、いっしょうけんめいではたらいた。

　一月くらいたった時、母と姉が二人でタクシーにのってきた。母の顔はあおざめていた。母はきても一週間ぐらい寝てばっかりだった。それから冬が去っていってから姉がたい院してきた。

だが、姉はまだ、ききょうに通っている。姉は毎日、いっしょうけんめいにうちのきものをぬっている。

　さよちゃんはまだ、大井にいる。もうじきたい院してくる。

　私は、こんなことがあったから戦争はきらいだ。

あの戦争をやったために、父や母が苦労している。

病気がうつるのに「まだうつらない」とか、うそばっかりこいていて、お金ばっかとって、安くて、はい病のなおるくすりはないものだろうか。

近所の人や家の人やなんかが「きへいじさはえらい人や」といってほめてやったが、自分たちの生活を苦しくするためにほめてやったようなものだ。

安くていい医者はできないものであろうか。安くて良くきくくすりはないものだろうか。

良くきくくすりがあっても、私たちのような、貧乏な人は買えない。しんしょのいい人だけが、残っていく。

私のかんそうや考え

授業メモ（九月十一日　プリント配布）

みんなの勉強のためであることを強調。

（自分の課題を通して）

私が読んでやる。
直ちに感想を書かせる。
個人研究
　質問したいところ　〰〰〰
　いいたりないところ　◦――◦
　書き改めたいところ　）
　ぬいた方がいいところ　×××
　考えの間違っているところ　△△△
　わからないところ　｜
　よかったところ　○○○
ねらい　――　戦争はいやだ
この文のためにだれもいやがらないこと

みんなで考えよう

この文は、石田さんが、石田さんの家におきた、はいびょうを通して、戦争はいやだという気持ちをあらわしたものだ。

この文には、まだくわしく書かなければわからないところもあるし、いいたりないところもたくさんある。

けれども、私たちは、久生恵さんが、戦争はもうごめんだ　とかんじている気持ちだけは、よくくみとることができる。

石田さんが、病気を戦争のためだと考えている、その考え方はそれでいいのだろうか。きへいじさを「えらい人や」とほめてやったのは、ほんとうに自分たちの生活を苦しめるための「ほめコトバ」だったのだろうか。

貧乏人が死ななくてもすむために、良くきく安い薬はどうしたら私たちの手に入るのだろうか。

日本人には、はいびょうが多いというが、それはなぜだろうか。ほんとうだとすればどうしたらいいのだろうか。

石田久生恵さんのかなしみが、私たちのかなしみとなり、にくしみが私たちのにくしみとなり、ほんとうにみんなが手をとりあっていくために、私たちはみんなでこの文について研究しよう。

そうして、戦争をふせぐには、私たちはどうしたらいいのかを考えよう。

詩の学習手引

一、国分一太郎という人の言葉

（「蟻の子」第一号　七月二五日）

詩は心に強く感じたことで
いいたくてたまらないことを
じぶんのコトバで
よその人に早くつたわるように
くどくどと説明しないで
はっきりと
てきぱきと
書けばよい。
このように、
詩は誰にでも書くことができるのだ。

二、詩の頁

（「蟻の子」第二号）

風　　鈴木君枝

そよ風に
大きく
ゆれる
ひまわりの花

これは気分の詩です。その場のようすを想像して、どういう気持ちをかいたものか味わってみなさい。

花　　塚田卓男

大きなかびんに
やさしいほそい花が
僕のほうによっている
かげもいっしょにほそい

まめ　　山口明子

男の子が
ちゃわんの中へ手をいれた
一つの豆が
ころころところがった
男の子のげたの下へはいった
「これはらくでよろしい」
まめはよろこんだ

この二つの詩は前の気分の詩とちがっていますね。
どういうところがちがっているのでしょう。

ハーモニカ　安江満寿子

弟が　ハーモニカをふく
兄のハーモニカを
兄のひきだしから
そうっとひっぱりだして
わけのわからないうたをいっぱいふく

この詩の作者の気持ちや考え方はどんなところに出ているのでしょう。

おむかえの道で　塚本悦子

おむかえにいく道に
一ぴきの犬がいた
なきながら上をむいていた
姉さんが
この犬は
空をむいてないている
といった

顔　富田住代

お友だちの顔
先生の顔
みんなそれぞれちがった顔をしている
みんなの笑顔

詩についての研究

コトバづかい
こころづかい

三、詩四編　（「はらっぱ」一一月二五日）

夕空　久野力

赤く赤くもえている
どこでみたってもえている
あの火はだれかが
もやしているのだろう
屋根の上も赤くもえ
川の流れももえている

評

赤い夕やけから、もえているさまを考えたのは、おもしろい。なんだかよわい。

いねこき　石田久生恵

母も姉もいない
父と私と二人でほこりにまみれて
だっこくきをふんでいる
父と私の顔に
つよい光線が
さっとあたって
私がそうっと父の顔をのぞくと
父は
ひげもじゃのあごで
私をそうっとにらみつけた

> 力づよい。「つよい光線がさっとあたった」というなかに、一生けんめいにはたらいている二人のたくましい顔がうかがわれる。

かき　福永幸子

あの家のあまがきが
まっかにいろんでおいしそう
ぐっと
つばをのみこんだ

> すなおにうたっています。おいしいものをみて、つばをのむことはだれにもあることですね。

父　岡島利宣

やっと畑についた
父のたくましい腕が
「ガツン」と地をほっていく
西の空には
まっかな夕日
それでも働いている父
あせびっしょりだ

> これも力づよい感じの詩だ。生活をうたいだすところに、かざりけのない詩がうまれるのです。けしきをよんだ詩は、たいていはよわよわしくてあまり心にひびかないが、生活の詩はよむ人の心につよいかんどうをおこします。

詩集

山口明子

小さい虫

まつの木のそばで
子どものけんかのように
一かたまりになって
けんかをしていた小さい虫
しばらくして
ばらばらになってとんでいった

やかん

つめたくてもがまんし
あつくてもがまんしているやかん
つめたい水をしっかりにぎり
あつい火にあぶられても
がまんしているやかん
まっくろになっても
口ひとつおとさぬやかん

バス

町をとおるバス
町いっぱいにとおる
こみこみにこんでいても
バスはとおる
青いでんきがとおくひかった

いもほり

一くわほって
土をあげると
やわらかそうな　あまそうな
いもがねとねとに
ひっつきあってでてきた
にこにこがおから
汗が流れる
くろくなった手
しわのよった手
でも
にこにこして
いもをほっている

ふろの水くみ

「がっちゃん」
「ざあー」
水がとびでてきた
大きいバケツに小さいからだ
かわいい手でくむ水
この水で一日のつかれをなおすのだ
すきとおる水に
夕やけがうつった
小さい足がおもそうに
ひこずってあるく　ふろの水くみ

評

いつも自分のまわりを気をつけて、ながめ、しずかに考えるところに詩がうまれる。明子さんの五つの詩をよんで皆さんも、自分の生活の中にいくらでも詩のだいがあると思うでしょう。やったこと、みたことをかんじたままにうたいだして下さい。明子さんのはどれにもこまかいかんさつがうかがわれます

日記の学習手引

一、日記について　（「蟻の子」第一号　七月）

・日記は真実（ほんとうのこと）を書かなくてはいけない。
・日記は深い生活を短い言葉で書けばよい。
・日記を書くには一日の生活をよく観察しなくてはならない。
・そのほか日記には
　その日の天候・心をひいた社会のできごと・読んだ本・遊んだこと・仕事などを書いておくとよい。
　詩や絵や図表やグラフなどで書いておくのも中々おもしろい。
・とにかく日記にはその日のにおいがでていることだ。

二、日記のいろいろ　（「蟻の子」第二号）

〈夏休みの作品〉

西川満子

朝早くからおとうさんとおかあさんと西山のはたえいきました。いく道はさかですが帰り道はくだりだからくです。くさむしりをしてからだいこんをまくようにしてききょうの花とおみなえしの花をとって帰りました。家にかえってお父さんにいけてもらってその花をみてお茶をのみました。

岡島利宣

朝ごはんをたべてとしちゃんといっしょに赤を買いにいった。帰ってきてから風船をかった。それからみんなといなごをとらみにいった。十二時なったので家え帰った。昼からはみんな水あべにいったので一人で赤をひろいにいった。なかったのですぐ帰ってきたたいくつなので昼ねをした。四時ごろ目をさましてまた赤をひろった。だいぶひろって家え帰って晩ごはんをたべた。それからかくれんぼやいろいろしてから勉強してねた。

塚本悦子

今日はたへいってくさをむしっていたらもう十二時になったからをもっておかあさんにきいたらまだ十一時だといったので私はもういやになったといったらいやなら家へかえれといって私はしかられました。

馬場多恵子

学校から帰ってから山へ母と二人でいった
すずしい風がふいてくるのでたのしい山であった。
山えくさかりに兄と母と私と三人でくさのかりやいをしました
そうしているうちにくもりだしたのでかえった。

安江満寿子

今日はきのうよりきれいにそうじした。ばんごはんは私がおかずをつくったりおちゃをわかしたりした。ふろもみにいかないときえてしまうしひでの子守りはせならんしで目がまいそうにいそがしかった。母や姉は田の草とりにいっているし兄や弟はあそびにいってしまったので私はあそぶひまもなかった。ふろとおちゃとりょうほうみていてふろがわいたのではいろうと思ったらちんちんにわいていた。あんまりいっしょうけんめいにたいたからだと思った。

この五人の日記はみんな自分のやった仕事についてかいてありますこの五つの日記の中で、どの日記が一番いいと思いますか。
自分の働きのよくかかれているのはどの日記でそれはどんな言葉によってかきあらわされておりますか。
一人一人の日記にあらわれた一人一人の働きについて研究してみましょう。
西川さんの場合
岡島君の場合
塚本さんの場合
馬場さんの場合
安江さんの場合
仕事について日記をかく時、注意しなくてはならないことがあったら、それをまとめてみましょう。

三、映画感想 （八月四日 映画鑑賞）

横家亀喜

きょうは、きけわだつみの声というえい画でした。みるときもなんのためにせんそうなんかしたかわからないほどでした。くらいがたかいといばってピストルでうったり自分たちばっかえいものをくってにくらしかった。びょうきでもせんそうをやらせて僕もちょっとなみだがでたこんなせんそうばかばかしい　人をこまらすような死ににいくようなもんだと僕はかんがえた。かえりにそうかんがえていった。でてくるとあまたがぼうとした。

鈴木君枝

今日は学校へいって、みんなでならんで、きけわだつみの声とゆう映画おみにいったら日本人が日本人なんかころすので、日本はまけるときまっている。おなじ人間なのでへらい人ばかりたべていないでみんなにもやるのがあたりまいだと思ってみてきた。

加藤興二

きけわだつみの声のかんそうをかいたがなかなかうまくかけれない。

この三つの日記は同じ日に同じことを中心にしてかいた日記です。

この日記については、次の感想文といっしょに研究しましょう。

映画感想

きけわだつみの声

塚田卓男

僕は、あの映画をみて、ふと映画の一節のこと、一人の一等兵をつれた大しょうはうすぐらいところえつれてきた。どうかするかもしれない　そう思うと足のへんがずずぎがたちだしたおそろおそろ手を顔にあてて指のあいだからそと見ていた。するといきなり大しょうは一等兵のせなかにぴすとるで「ずどー」あたりは音は鳴りひびいた。「あっ」あまりなむざんにしらずに声がでてしまった。すると一等兵は、くるしそうにもがきはじめた。

そのすがたをみてくちがあいたままふさがらなかった。なんとかわいそうなことをして、つみのないものをころし、大しょうの顔はいじわるそうな目つきだ。一等兵は死んだと思っていたらふと顔をあげて「お母さん」とさけんだなりまたばたりとふせてしまった。そのお母さんといった声はかすかな声だった。その時大しょうはこういった「悪く思うな　お国のためだ」その声をきいてこう思った。なんだ僕たちはよけいにくるしんでいたのになんとうそをいったのでしょう。

映画をみていたら大長と大しょうをころしていや戦争をやろうといった人みんなをころさずみんなでなおしたかった。映画にでた一等兵たちも映画にでなかった人たちはどれほど苦しんだかわからない。たいがい死ほどくるしんだことだろう。

この世界をなかよくしてみんなで手をつなごう。

加藤興二

※前の方は、はぶいてあります。
今日この映画をみて戦争ということは映画で見るとまったくおそろしくなるというよりたるくなる。なんのためにせんそうをしなんのためにやるのだろう。あの映画をみるとまるで死にに行くようなものである。あんなことならやらんでもいいのに、あれでもせんそうがいい人がいるのだ。どうしてせんそうがよいのだろう。あんな映画を見てもなあと思った。
※後四行はぶいてあります。

映画『きけわだつみの声』についてみんなで話し合いをして、映画がみんなの人にわかってもらったり、考えてもらいたかったと思われることについてまとめてみましょう。

八月四日の日記の中で君はどれに強く心をひかれますか。それはなぜですか。

あの日記の中でたいへんうまいと思うところがあったらかきだしてみなさい。

映画の感想が日記になるということも中々おもしろい日記のかき方です。君はこれについてどう思いますか。

次の二つの感想文について研究してみましょう。

塚田君のは映画の中の一場面をもう一度ふりかえってみることによって、それに対して感じたこと思ったことを中心にしてあの映画から学んだ考えがかかれておりますが、加藤君のは映画の全体から感じたことを中心にして自分の考えがまとめてあります。

二つの感想文のどちらに強く心をひかれますか。またどちらの文が作者の作者らしさ〈個性〉をよくあらわしておりますか。

この文の中には考え方のまちがいやウソのことがかかれていないでしょうか。

四、観察日記

あずきのかんさつ

横家亀喜

八月二十五日　金曜日

上へ五ミリぐらいでていた。夕方六時二十分ごろみるとちいさな葉がさきについていた。雨がふったのでぐんぐんとのびてもう立つぐらいだ。

八月二十六日　土曜日

ちょっとまがって立っていた。ぢくが二センチ　はが七ミリだ。たのしみにしている

八月二十七日　日曜日

ぢくが四センチあった。はじめうえたのがわからんようになった

あずきも大きくなって五センチぐらいになっていた。日があたるほうにまがっていた

八月二十八日　月曜日

ぢくが六センチ四ミリだった。ちょっとみると、こごめが十五ひきぐらいいたのでつぶしておいた。葉のうらにいた。

横家君の「あずきのかんさつ」は八月二十日から九月三日まで続いてありますが、これはその中の一部です。

この観察日記をみて、たいへんよいと思われることをまとめてみましょう。

この観察日記でたらないと思われることはありませんか。あったらかいてみなさい。

観察日記をかく時、いちばん気をつけなくてはならないことはどんなことでしょう。

日記についてのまとめ

日記は毎日の生活を観察して考えたり味わったりするものです。

だから日記は ‥‥‥

真実 ─ ほんとうのこと ─ をかかなければいけない。

そして ‥‥‥

書き方は簡素 ─ 深い生活を短い言葉であらわす ─ でありたい。

そのほか日記には、一日の生活の中心のほかに ‥‥

こんなこともかいておきたい。

五、日記をつけよう （「はらっぱ」一一月二五日）

私がこれからみなさんにすすめる日記は「朝起きて、それからどうして、何があって、ねた」という式の日記ではなくて、ある一つのものを中心にした日記でもよいし、一日のうちのあることだけの日記でもよいが、ほんとうは其の日あったことのうち、あるいいかえると一日に一つの綴方をつくっていくという一つをくわしくまとめてかいていく日記なのです。ということです。それは、その日いちばん頭に残ったことを一つずつくわしくかいていけばよいのです。考えをまとめる練習になります。

（一）学級通信と指導用資料　◆実践資料3（一九五〇年）

国語自習の栞（五年）

い　まず三回よむ
一回目にわからなかった文字や語句を、二回目にはその前後のつづきを考えてできるだけいろいろにあてはめてみる。三回目にどうしてもわからないのにしるしをつけておく。
ろ　わからない文字や語句をノートへうつして調べてみる。
は　わかった文字や語句をあてはめてよくよんでみる。
に　文の種類を調べる。
ほ　どんなことが書いてあるか、大体まとめてノートへ書く。
へ　この文はいくつにわかれるか調べてみる。
と　次のことをノートへ書きだしてみる。
a　文をよんでわかったこと
b　文をよんでわからなかったこと
c　文の中に書いてあることで自分たちの生活から考えてウソのこと
d　文によって教えられ、自分の生活をかえなくてはならないこと
e　書きあらわし方のたいへん気に入ったところ
f　みんなでしらべてみたい問題
g　漢字の書き取り
h　みんなでしなくてはならないこと
みんなで研究したことを話し合って、グループで調べた問題をまとめる
グループの問題を先生にみせて相談する
グループの問題を発表して、みんなでその問題をえらび研究する

（一）学級通信と指導用資料　◆実践資料4（一九五一年）

『蟻の便り』

『蟻の便り』

一九五一

“ありのたより”は家庭と教室を結ぶ動脈です。

“ありのたより”は真実の子どもを育てるために腹いっぱいの　コトバを知らせたり知らされたりするノートです。

貧しいけれども、ほんとうに役立たせたいノートです。

（一九五一、四、八）

〈ありのたより　第一号〉　四月九日

新しい学年をむかえて

さくらのほころびのように　ふっくらとした喜びでまた、今年一年を六年に進級した皆様のお子様といっしょに勉強することになりました。

また同じか、と御苦笑の御方もおありの事でしょうが、要は子どもの一人一人をひとり立ちの出来るたくましい若者に育てることにあるのですから、大切な子どものために、担任などに御遠慮なさらず、キタンのない御叱声や御意見をお寄せ下さい。

それのみが、いちねんの教室を悔いなきものにするための、親と教師が為さねばならぬ最小にして最大のものだと思います。

とにかく子どもたちは、“子どものいのちをもって生きているのだ”ということをいま一度よく考えてみたいものです。

ー知るは愛なりー

一九五一年四月九日

中津東小学校六年三組担任

石田和男

〈ありのたより　第三号〉　四月一〇日

教室のしつけ

五年生の時は、教室で要求した子どもたちへのしつけは、

一、よく話がきける
一、よく意見がいえる
一、よく創ることができる

というようなものでしたが、今年度（六年）は、以上の三項目が大体子どもたちの毎日の生活に習慣的に現れている様ですので、以上の他に、三項目をもっと深めたものとして、つぎの様なことを子どもたちのものにする様考えています。

一、よく考える（よく観る、よく話す、よく聞く、よくまとめる）
一、よく実行する

	朝	1	2	3	4	5	6	帰	放課後
月	集会	国語	算数	国語	社会	音楽	体育		
火		社会	算数	国語	理科	家庭	家庭		執委会
水		国語	算数	社会	国語	理科			
木	集会	国語	国語	算数	社会	理科	体育		協員会
金		社会	算数	図工	図工	音楽	クラブ		執委会
土		算数	国語	テスト					

▲集金

算数ワークブック　一五
家庭通信ノート　一〇

▲お願い

・毎学期はじめのことですが、下記事項について六年一学期はじめの教室への声を御知らせ下さい。
・御子様の欠席の時は、なるべく当日の朝までにお知らせ下さい。
・毎日少しでも学習の時間をもつクセをつけてやって下さい。

〈ありのたより　第六号〉　四月二六日

「教室への声」を きかせていただいて

教室への声をきかせてもらいました。
皆様のお声の中から、学級全体に関係あると思われるのだけまとめてみました。

★集金について
・集金袋を利用してほしい。
・用途をはっきりさせてほしい。
・大体一ヶ月平均いくらいるか調べさせてほしい。
・月初めか月末に、一括集金してほしい。

★学校での学習について
・科学的な話、修身的な話をしてやってほしい。
・文字を美しく書くように指導してほしい。
・算数では方式を教えてほしい。
・新聞が主になり勝ち。（家庭での子ども）
・学級の能力が全国水準にあるかどうか。
・標準に照らしての学級の能力、個人の能力がどの位置にあるか検査して知らせてほしい。
・宿題をだしてほしい。　・だしていらない。
・ビシビシ指導してほしい。
・復習のクセをつけさせたい。

★連絡について
・文字による連絡をしてほしい。
・「蟻の便り」の方法でよい。

★遊びについて
・夜遊びはやめさせたい。
・自由にさせている。
・友達をえらぶようにしてほしい。
・悪い遊びをしていない。

★性格について
・ビシビシなおしてほしい。
・明るい面がでてきている。

★その他のことについて
・道徳教育をたのむ。
・学級参観日を設けてほしい。
・帰宅を早くしてほしい。
・遠足の日延べは早めに連絡してほしい。

先生《せんせい》の移動《いどう》

酒井先生
・岐阜大学へ

有我先生
・釜戸小より
・二年生担任

〈ありのたより　第八号〉　五月七日

じどうふくし

学校

ポスター展に蟻の子頑張る

二等　横家亀喜
三等　加藤興二
佳作　市岡久子

これは全校で一五枚入選したうちです。

九日　全校写生大会
一三日　綴方「お母さん」のコンクール
十一日　育友会学校総会（午後一時半）

アンケート

児童福祉週間にちなんでのアンケートです。
ぜひお答え下さい。

① いまの子どもたちは、どんな不幸をもっていると思われますか。
② 大人は子どもたちに何をしてやらなくてはならないでしょうか。

こたえ

しゅうきん

育友会ヒ
四月分
一口　二〇円

すいせん図書
子供を救え
―世界の教育に学ぶ―
矢川徳光　著
ナウカ社　一五〇

〈ありのたより　第九号〉　五月一六日

アンケートの回答

おれい

おいそがしいところを御むり申したのに、多くの方が御答をおよせ下さいましたことをほんとうにうれしく思います。この御答が、ただ単なる答として終わるのみでなく、子どもたちの幸せのために、大きく発展していくことを希望します。私たちのPTAが役員や会ヒ納入だけの会でなく、子どもを守るPTAである如く

×　×

今後もいろいろの面で、御ムリ申すことがあるかもしれませんが、白紙ではわかりませんので、何なり一言でよろしいから、御返事下さる様おねがいいたします。

・御回答は都合で、御名前を発表させていただかないことにいたします。
（注文がありました）
・そのかわり、年令（年代）と児童との間柄だけを発表させてもらいます。

×――――×

① 戦に負けた国の子供であるということ。
② 子どもたちが人間となるべき学園を思うままに与えてやりたいと思う。〈三〇代・母〉

① 衣食に不自由していると思います。
② 子供の力のある限りのばしてやりたいと思います。〈四〇代・母〉

① 社会情勢が余りにも複雑で、平和な気分でのびのびと勉学出来ない現在の子供は不幸である。
② 強く正しく明るく生活の出来る様、大人が自ら手本となって善導してやる。〈三〇代・父〉

① 昔の教育と今の教育と変わっておりますから不幸と存じます。
② 子供を教育させる。〈四〇代・父〉

① 心理的に、経済的に
② 愛情豊かに我が子どものために時間を提供すること。〈四〇代・母〉

① 今の子供は昔の子供にくらべると、物が高くて自由に買うことが出来ない。食物も配給で不自由である。
② 目上の人に対して尊敬する心を作ってやらねばならない。物を大切にすることを忘れない様に教えなければならない。〈三〇代・母〉

① いろいろと緩い規則は定められても、終戦以来の乱れし現実社会と人心に愛情のひらきが大きい。
② 将来よい社会人となるために、全体に深い愛情をもち、人間本来の、又子供主体に互いに尊さを教え、童心を傷つけることの無い様、自己の個性を伸ばして、将来一本立の出来る様にしてやらなければならない。

① この位で良いと思います。〈三〇代・母〉
② その子の良い所を見つけてのばしてやりたいと思います。〈四〇代・母〉

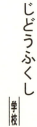

① 温かい心を施し、又施されることが極めて少なく、人としての豊かな心を失っているままに成長させられつつあります。
② 人は生まれながらにどんな使命をもって生まれてきたものかを、幼なければ小さい様に承知させて導くことをしなくては大きくなって立派な社会人となれません
〈四〇代・父〉

① 子供の不幸といっても、いろいろあると思いますが、それは小さな個人的な不幸であって、世間を対象とした様な不幸といってもまだ持っていない様に思います。
② (イ)学問を行うに充分な設備をととのえてやらねばならないと思います。
(ロ)教科書等は全部、国家或いは地方自治体で配布し、子供が誰も平等に勉強出来る様努力しなければならないと思います。
〈二〇代・兄〉

① 今の子供は余りにも現実的で子供らしくない生活の苦労が多すぎて可愛そうだと思います。
② 生活の苦しさは何とも致し方がありませんが、もっと大人は子供の気持ちを理解して精神的にまずしさを感じない様にしたいと思います。
〈二〇代・姉〉

① 社会が良くはなりましたが、まだまだ悪い面がありますから、不幸ではないんですか。
② 健康で、明るい、真面目な子にしてやらなくてはならないと思います。でも中々思う様には出来なくて恥ずかしく思います。
〈四〇代・母〉

① 特殊の方面を除いて、一般の家庭は児童の要求に充分満足を与え得ぬのが一つの不幸と思われます。憲法で勉学の自由を認めておりますが、まだまだその域に達せません。
② 児童の人格を認め、充分それを育成せねばなりません。
〈七〇代・祖父〉

② 実直な子供になるためのよいカンキョウを作り、成長を出来るだけ助長すること
〈二〇代・姉〉

① 敗戦国の子供であるということ。
② 一日も早く独立の国にしてやること。
〈三〇代・父〉

② 丈夫な子どもに育って、出来るだけ教育させることです。
〈三〇代・母〉

① 不幸と思うことなし。PTAの働きだけでも、今の子どもは幸福だと思います。
② 昔の修身教育をしてやらなくてはいかんと思います。
〈四〇代・父〉

② 個性をのばす。
〈三〇代・母〉

① 確固たる信念のもとに指導する先輩が少ないのではないかと思います。
安全な環境を作ってやらなければならないと思います。
〈四〇代・父〉

① 戦後に荒せた世情を不幸に思う。
② 学業を立ち、社会の一員として渡世の出来る様な人物にしたいと思う。
〈四〇代・父〉

① インフレ・食糧不足・物資不足のため、子どもらしい無邪気さ可愛らしさにかけている。
② 大人は次の時代を作る子供たちに、すなおに正しく生きる道を開かなければならないと思う。それにはことに当たって善導・指導していきたいと思う。
〈五〇代・父〉

① 世の中は自由主義となったけれど、大人たちの夫れに対するイデオロギーが不安定で、その状態が少なからず子どもに反映して、子どもらしくない子どもを見ることがあまりにも多い。子ども時代を過ごすことの出来ないのは一つの不幸だと思います。
② この時代に対して少しデカダンになることは否定できないとすれば、大人はよく注意して、せめて子どもにはこの暗い面をあまり見せつけることのないよう気をつけてやりたいと思う。
〈二〇代・姉〉

① 食、特にシ好物が満足に採らせ得ない。子どもの好物等は高価すぎて子どもらしい生活をさせ得ない。故に物質的に枠の中にしばられている。
② 柔らかいコトバ、同情的眼をもって接してやる。必要品・学用品の如き物は心良く、又遠足・旅行等の場合は気持ち良く心から応じてやるべきだと思います。
〈四〇代・母〉

① (イ)学校教育に於いて
従来の日本式教育とアメリカ式教育とがよく調和された信念式教育が未だに整わない環境。
(ロ)家庭に於いて
戦後ボケした大人たちのとりとめのない生活の中にあることは、学校教育に更にマイナスな面を加えている。
② ①の不幸に対し充分反省して、子どもの心に信念的なものをもたせるべく注意し少しでも明朗に又信念付けるべく育成すべきで、それがためには過去の日本人と将来の日本人の在り方をあくまで事実の上に立脚し指導すべきではあるまいか。
〈四〇代・父〉

① 教育上いろいろと施設が必要と思われますが、資金・資材の面が非常に円滑を欠いておりますから、むつかしいでしょうが、出来得れば義務教育に要するすべての費用は国家で負担すべきであると考えるが、私たちの子どもの時代と比較したら余り不幸だとは思えない。(時代の変遷進化は別として)
② 教育は学校でやって頂けるので勤労精神、乃至は社会に出て不幸な場合に直面しても撓まない精神が必要であるから、常にそうした心掛けでやって行きたい。
〈四〇代・父〉

① 政治の貧しさがもたらす、経済的な不幸(いわゆるビンボウ)に加えて、でたらめの新教育にまどわされる不幸。
② 何よりも平和を守り、戦争の渦中に子どもをおかない様にする。
〈四〇代・父〉

① 第二次世界大戦で、二親とわかれた子どもは不幸と思う。
② 大人は子どもが絶対一人立ちの出来る一人前の人間に育て上げるのが義務だと思う。
〈五〇代・祖母〉

たくさん集まった皆様の御回答をこれで書き終わりました。
どれもこれもみんな御立派な御答えですが、その多くの中でも、特にさし迫って必要なこと、口先だけ、回答だけで終わってしまってはいけないこと、みんなでよい方法を考えてみたいこと等、もう一度じっくり考えなおしてみたいものです
私はこの回答を求めた者として、いろいろお教え願うことができたのを心より御礼申し上げます。

〈ありのたより　第一一号〉六月一五日

農繁休み

農繁期が訪れお忙しいことと思います。学校の方も近く休みに入りますが、そのために御注意願いたいことをお知らせいたしますが、私共の気付かぬ点は御通知下さい。

きかん
六月二一日　木
六月二二日　金
六月二三日　土
六月二四日（日）
六月二五日　月
その他はなるべく休ませない様にして下さい

叱られるからでなく、家族の一員としての自覚

▲夕食時を利用して、今日の仕事の反省と明日の仕事の計画を子どももまじって家族みんなで話し合う。
▲仕事をやりながら、機会を多くみつけて、わかりやすく仕事の要領を教える
▲やった仕事をお互いに認め合う。
▲ムリな仕事をあてがわない。
▲子どもの健康に気をつける。

以上のことは、恵那の教育にでていた福岡の先生のコトバですが、私もたしかにそうだと思います。

×　×

これらの子どもを人間として働らかせることが、実際の生活の中でどう生かされていくか、私はケンメイな皆様を信じています。

子どもはウシや
ウマではない
ビンタでおどしては
ダメ

休みと学習

農繁休みというと、農家でない御方からは家にはシゴトがないからという声をよくききますが、この休みは学校といたしましては、農事にかかわりなくシゴトを通じて実際の場で学習させるという考えでおりますので、学校で学習することについての宿題は一切だしませんからおねがいします。

×　×

商家なら商売のことで、勤めの家なら家の片付けや整理のことで、何にも子どもを遊ばせておかなくてもシゴトはいくでもあることと思います。

それらのいろいろなシゴトの中で、子どもにその要領やコツを教えて、子どもがそれについての知識を得、もっと能率的な方法について考えれば、それがりっぱな学習なのです。

しゅうきん
映画代（白雪姫）10
チフス予防注射代　5
育友会　貯金

〈ありのたより　第一二号〉七月一五日

オシラセ

教室文集　ありの子　ができました。

農繁期休みのはたらきをうたった詩とそのすがたをえがいた版画を中心にして、六年生になってはじめての文集「ありの子」ができあがりました。

この文集の中では、だれもかれもがガリ版と取り組み、版画と取り組み、学級執行部の者が編集・印刷にあたりました。

多くの人の胸をうつ「苦労する母」

安江さんの力作「苦労する母」（「ありの子」第一号）は、六年生になって学校の母の日の綴方コンクールで改作し、一等になりましたが、今度恵那郡の「綴方教師」でそれをとりあげ、多くの先生たちにより共同研究されることになりました。

だれもかれもが「苦労する母」にひたむきな安江さんを見出し胸をうたれたといいます。

まだおよみになっていないお方がありましたら、子どもたちにかりてゼヒ一読しておいて下さい。感想をお寄せ下さい。

大野君、二村さんの詩がNHKで放送されました

五年の終わりにつくった教室文集「ありの子」の中にある大野君と二村さんの詩「くわ」と「町へ行った」が、七月六日の「私たちの作文の時間」に波多野完治先生を中心とする研究会で、NHKの電波にのって全国へむけて放送されました。

だが、作文や詩はほうびをもらったり、放送されたりするためにつくるものではありません。

全校児童会一学期役員選挙

「ありの子」またも勝つ

当選　会長　加藤興二
副　塚田卓男

〈ありのたより　第一六号〉九月四日

暑い夏休みの一月をふりかえってみて、反省しなくてはいけないところがたくさんあった。思ったよりいろいろの生活ができなかった。
一つことを続けていくことは、たいへんむつかしいことだと思いました。
（私の文集　「ちから」より）

これは、石田久生恵さんが夏休みに作った文集のアトガキのコトバです。けれども、このコトバはただ久生恵さんのコトバとしてでなく、みんなのコトバとして、二学期をここから出発したいと思います。

私は教育には新しいも古いもない、問題はそれが真実であるかどうか、それによって子ども達がより幸福になっているかどうかだと思います。

これは「生活する教室」の著者鈴木道太氏のコトバです。子どもの生活をより幸福にちかづけるもの、それのみが真実の教育であり、本物の教育である筈です。
私たちは教室のすべての営みが、本物であるべく努力しているのです。二学期もまた、このためにのみ子等と生活するのです。

平和こそ、人類が幸福になるための基盤である。

これは、いつだったかの朝日新聞にでていたコトバです。これこそが、「思ったより、いろいろの生活をする」ためにも、子どもを幸福に近づける「本物の教育」をするためにも最初に要求されるものなんです。
私たちの労働組合　日本教職員組合は、「教育は平和の事業である」とか「教え子を再び戦争へ送るな」とかいって、多くの平和をねがう人たちと手をとって、平和を守るために闘っております。

私は「子どもの幸福のため」にも、「子どものいのちを大切にするため」にも、いちばん子どもを愛し、いちばん子どもの成長するのを待っておられる筈の皆様に、敗戦六年のいま、再び戦争の声をきくのを悲しみ乍らも平和こそ幸福の基盤であるために、進んで平和を守るための努力を惜しまれることのないように訴えたいのです。

すいせん図書

山びこ学校　￥160
ー山形県山元村中学生の明るく逞しい生活記録ー
無着成恭　編
河童書房　発売

生活する教室　￥230
ー本物の教育をした北方の教師の記録ー
鈴木道太　著
東洋書館　発行

どちらも私が持っています。おのぞみでしたら、子どもに連絡して下さい。（いしだ）

〈ありのたより　第二九号〉　一二月

厳しい冬のようである。
しかし、冬はやはり春の来る前提である。
どこかで明るさが秘められているように感じる
――雑誌　教育より――

アンケート

冬休みが近づいてきました。

冬休みには、子どもたちにどんなくらし方をさせたらよいでしょう。

〈ありの便り　第二八号〉

＝アンケート回答特集＝　〈抜粋〉

・小学校最後の休みでもあり、後一学期で小学校ともお別れとなりますが、卓男は少々子供しすぎていて、強いところのない子供ですから、中学校へ入る準備として今度の休みから、三学期にかけてもうすこし家の手伝いをさせたいと思っています。（栄町　塚田晃）

・小学生としては、最後の休みです。新学期からは「中学生になるのだ」という気持ちを養わせたいと思います。一面、中学になりますと、学校も第一、第二と別れますから、小学校時代の友達と親しく遊ばせてやりたいと思います。（花木町　山口篤三）

・もう六年生もあと一学期で終わります。昔でしたら六年を終わればすぐ紡績工場などへ働きに出た者も沢山有ったのです。もう家事の手伝いはぼつぼつさせて、女は女の子として、家の操り廻し方をしつける方向に導くようにしたいと思い居ります。（東町　馬場好夫）

・い　休み中はとかくだらしがなく生活が悪くなりやすいから、生活の良い習慣をつけるように気をつける。
ろ　出来うる限り、家事の手伝いをさせる。
は　小遣い銭を一定にして、よく使途を監視する等、子供の不良化防止に、家の子供は勿論、他の子供達にも注意したく思います。（太田町　大野光郎）

・規則正しい生活は、夏休みと同じですが、日本独特のお正月の風習のよさを味わえるよう、たのしい冬休みでありたいと思います。小遣いなどや衛生の注意を十分にしたいものです。（太田町　加藤やえ）

ぼくたちは冬休みをどう暮らすか

東小学校自治会　第二学期十一回全校議会決議

① 子ども会で
冬休みの生活は、子供会を中心にしてやる。

子供会は、夏休みやそれ以後と同じように、いろいろの事について相談したり実行したりするが、冬休みの子供会では、
・道路そうじをする。
・班長が日記（子供会）をつける。
・冬休みの友をみんなができるようにする。
これだけのことはきちんと守る。

その他こまかいことは、子供会できめるようにする。子供会の場所がなければ、学校でひらけばよい。

② 学習について
日記はだれもかもつける。

こづかいしらべはみんなつける。

各組から出た研究や個人の自由研究をやる。

冬休みの友はみんなやる。

三学期に冬休みの作品展をやる。

③ 遊びについて
夜は七時三〇分までに絶対家へかえる。

遊びは子供会で注意しあう。

そりなどは、人通りの多いところではすべらない。

▲正月の三日間だけは
夜ふかしは家の中だけならよい。

小づかいは自覚して使う。くだらない物は買わない。

④ 左義長について
門松は許しを得てからとる。

子供会を中心にしてきめる。

よそのどんどをこわさない。

私の考えていること

教室からの返事にかえて

いしだかずお

冬休みのくらさせ方や正月の子供について、いろいろ御意見をお寄せくださいましたことをたいへんうれしく思います。皆様の御意見に教わりながら私は私なりに考えてみました。

第一に、冬休みは年末から年始にかけての大忙しのとき、いろいろな昔からの国民の行事が次々やられるときの休みであるという、わかりきったことなのですがこのことから考えていかなくてはならんのだと思います。

それで、この期間を終日学校をはなれてくらす子どもたちは、家で昔からの私たちの日本の国でやられてきたいろいろのもよおしをやって、日本の国民であるというよろこびを感ずるのです。

項をわけて、くらし方について申し上げてみます。

○生活のきまりをつくる。

子ども会――夏休みのときのように、子どもが相談してつくります――が中心になって、協同してやる役をうけもっていくので、道路掃除やべんきょうや楽しみ会などそれぞれにやっていくので、進んでこれに参加することが、ふしだらになりやすい休みのくらしをきちんとすることになります。

それぞれの家庭でも細かく気をつけて、とくに「よふかし」もないようにしてほしいと思います。

○けんこうに気をつける。

どうしても正月の間はたべすぎになりやすいので、たえず気をつけて下さい。食べすぎで消化不良をおこし、よふかしを重ねると、若い子どもたちは思わぬおそろしいことをしでかしやすいのです。

また、こたつのうたたねなんかしやすいので、こうしたことも注意してみて下さい。

○むだづかいをしない。

お互いにあり余る経済生活にめぐまれているなどという者はいないわけです。正月だから十日市だからというわけで、子どもたちにやはりなにがしかの小遣いを渡されるのが親の情であろうかと思います。ねうちのあることに金を使うようにさせて下さい。

○しごとを分担させてやらせる。

きまったしごとを、できれば毎日つづけるしごとを受け持たせてやらせて下さい。

家のしごとを自分で手がけることが何にもまして、子どもたちが自分の家を思ってゆく心を育てていくことになります。

○必ずやるべんきょうをしとげる。

子どもたちと話しあって、さいていこれだけのべんきょう（冬やすみ、私の本、版画）はやりとおすように、はげましていただきたい。

○日本の良い風習を育てたい。

このごろ外国のつまらないいろんなことが、日本人の生活の上に大へん多くえいきょうしてくるようになりました。それと共に、国民の考え方を神がかり式なもので統制していこうという、おそろしい力が大きくはたらきかけているようなけはいが感ぜられて参りました。

私たち日本の国民は、先祖代々この日本の国で行われ、私たちの心にほのぼのとした温かさをよみがえられてくる、日本人の生活感情を大切にしていかなくてはならんと思います。もちろん私たちの生活のしきたりの中に、数多く残っている不合理なものやいみのないことは大胆に捨て去ることが必要なのですが、風土習慣のちがう外国式のものが「天然色映画」流の魅力をいかに持っているとしても、私たちの感情にぴったりこん限り斥けて参りたいものです。

「さぎちょう」なども、それをやる上での事前の注意をよくして、問題の起こらんようによく気をつければよいので、例年の通り東校の子どもたちはやるように話しあいました。中学では今年は止めたときますので、東校の子どもたちだけでも民衆の伝えてきたこの行事をいかにやりとおすか、みてやって下さい。

(二) ありの子学級の版画・綴方　◆作品1（一九五一年）

ありの子版画集「飛ぶ絵」

この文集をみてくださった方へ——小さなおねがい

この画集は、教室の子どもたちが、版画によってその生活や感情を表現することを覚え、だれもかれもが、六回目をほり終わりましたが、それまでのいくつかの作品のなかから、「飛ぶ絵」として、他の人へおくるために、子どもたちが選んだ四〇の作品を集めたものです。

ですから、この版画をみてくださった方は、版画にあらわれた子どもたちのいろいろな点についての、ご批判をお寄せ下さいますことを、私は、まっさきにお願いいたしておきます。

図画や音楽の教科が、子どもたちの実際生活から生まれ、その体の中にひそんでいるところの、人間としての最も基礎的な感情を正しく育てあげるために営まれなければならないのに、ともすると、図画や音楽は、特殊な技術を持った教師でなければ、子どもたちを教えることはできないという、一般の教室に流れている風習のように根強い考えに、私は健康な人間を育てるためには、美術や音楽の持つ役割は、大へん大きなものであるのをよく知っていながら、実際にはどうしたらいいのか、なかなかわからなかったのでした。私の技術が貧しいことはよく知っているのですが、私は教室の子どもたちを画家や音楽家に育てるために教えているのではない。とすれば、図画や音楽に必然的に大きな比重をもつ、その技術の問題を、図画や音楽の教科の中で、どこに位置づければよいのかわからなかったからです。

こんな時、箕田源二郎さんが来られて、「技術教育は何をどう訴えるか、から始まるのだ」と、まるで赤子に物言うようにていねいに教えて下さって、「ああ、それじゃあ、綴方で何を書きたいかによって、どう書くかを教えているのと同じだな」ということにやっと気が付き、恥ずかしいようなことですけれど、それから真剣に教育における生活綴方的手法ということを考えはじめたのです。この画集におさめた版画は、そういう図画における一つの試みの中で生まれたものです。このことについてもご批判下さい。

（いしだ かずお）

＊　＊　＊

えんぴつを持つ手

ひとさしゆびが
へしおれるようにまがる
親ゆびにも力がはいる
ぼくが　えんぴつを持っている

大野龍三

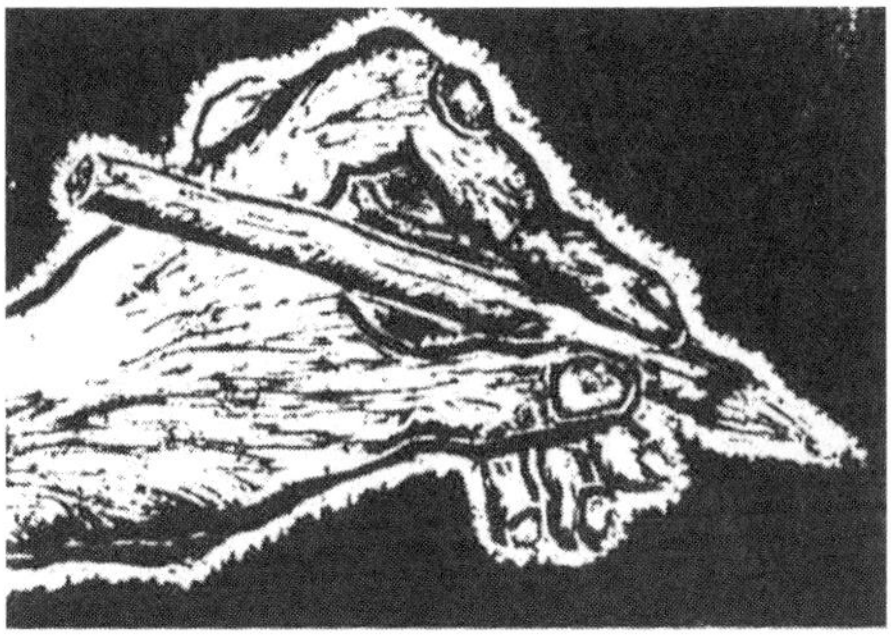

私の顔

小さいけれど
何かをみつめている私の顔
それでも
かしこくなるよう勉強して
生きぬいて行くのだ。

安江満寿子

くらし

けんかをしない室
一人の話を
しんけんにきいている
去年の子ども会だ。

塚田卓男

子守り

なにかを考えている
赤ん坊をしっかりだいた姉
ぐいぐい　だきしめている
つらそうなのもない
やらなくてはいけないのだ
姉は　赤ん坊を
よけい　自分の方へ
ぐっとよせた。

塚田卓男

夕日にたつ鈴木人夫さん

その顔は　今までかいた顔の中で
いちばん力づよいので　うれしい。
そして　鈴木人夫さんが
一寸考えこんでいる顔にでて　うれしい。
夕日にかこまれて
しっかりたっている人にみえて　うれしい。

西川満子

勉強する姉

目でなにかをしっかりつかまえて
何かを考えている。
しゃれのないかっこう
勉強だけは、と
ぞうさん目といわれてもやっていた
ほほが真っ赤になっていた。

塚田卓男

死んだおじいちゃん

やさしかったおじいちゃんが
去年死んでしまった。

馬場多恵子

大工のおじい

加藤興二

オレの家から一〇けんも坂登ったところに　大工でおけやがある。
その商売をおじいがやって　デブのおばあと二人でくらしている。
頭に生えている白い毛、ニコニコして親切そうな顔、
身体こそやせぎしだが、朝っぱらからトントンやっている。
働くおじい。やさしいおじい。

おこったおじい

おれがとりをみていると
おじいは
とりが　おじけるやないかといって
おこった。

小川照彦

おじい

私はしんるいのおじいをほった。
ひげのところがよかったので
おじいをほった。

早川温子

父

僕がかがみにむかってかいていると、
父がきて
「おとっちゃんをかいてみろ」
といった。
僕は　これはナイスだと思って
版画にかいたのです。

小川照彦

三人の大人

あせとあかでねった　まっ黒いからだ
タバコのけむりにまじって
いつまでもはたらいている。

伊藤幸助

土方しゅう

加藤興二

「おやっすぅ」土方しゅうの声がした。はちやさんだ。
「さぶい、さぶい　ぎょくぞうのとこの坂なんか
全く鼻の下からつららが出るわ」
とすぐ「ワハハハ」朝から景気のよい笑い声。
父ちゃんが出ていった。

母

塚田卓男

苦労した母
もうだいぶおばあになった。
つんと、しらがをぬいてやると
「しらがふえるでやめとけ」と
頭をゆすっていやがった。

うえた人

桜井孝男

僕が、この前名古屋へ行った時、
どこかの人が　二、三本の丸太にこしをおろして
よごれたうつわをだして　なにもないのに
それでも　うつわの中に　手をつっこんで
米一つぶでもないかと　さがしていた。
それが何よりも心にのこった。
それで版画にあらわしたのです。

夜の部屋

塚田卓男

「父ちゃん　これおしえて」
「どれー」
しーんとした部屋の中で
二つの声がする。
店があっても
足音も
きこえない。
さみしい店に
おとろえてし
まったんだ。
「あれ、姉さん
どこへいく」
家中うたと
思えば
わらえるんだ。
店のほかは
たのしいんだ。

正月

それはほんとうは
こたつにあたって
ゲームをやって
いるはずだったが、
こたつにあたって
いるようにみえない。
正月はたのしい。

此原弘志

かたくみ

来年は、
今年より
みんな仲よくして、
けんかをしたり
いじのわるいことを
しないように
みんな仲よくして
よく働こうと
いうところ。

小木曽啓太郎

父の手

父の手　仕事は土なぶり。
いつもしっかりした手。
畑へ行き、かべぬりに行き、
いつも土をなぶって生活する手。
黒い土が手の先にはいっている。
いつも働く手、それは父の手。

西川満子

かいこをかうおばあさん

こしをまげて
くわのはいっているかごに
手をつっこみ
かいこにえさをやっている。
くらく、しわがれたかお。

大野龍三

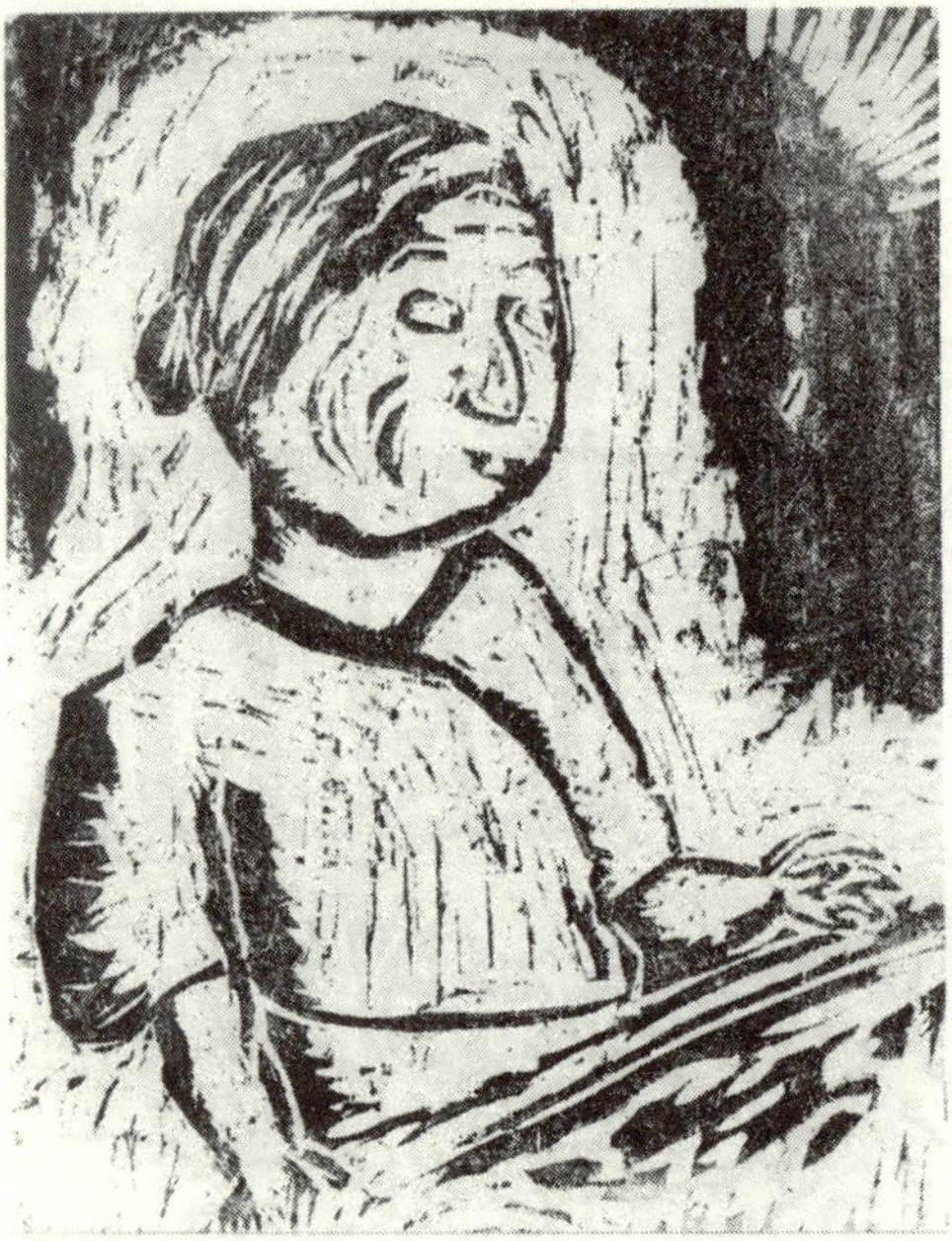

木しょい

山の方から
木をしょって帰ってくる兄さん。
まがった枝を手にもって
汗を流してかえってくる。
夕方のこと。

松村沙世子

トラックなおし

朝早くから夜おそくまで　外で二人して
トラックのスプリングをなおしている。
顔も手も服もまっくろにして、
金づちをあげたりおろしたりして、
二人でいっしょうけんめい働いている。

小木曽啓太郎

国有林で働く人

「えいっ！」　カーン、カーン、ドドーン
よきをふりあげ木を切る
深い山奥に、その音がこだまのようにひびく
こちらでは
まだ枝のあらい
材木をかついで
来る
若いしゅう。
さびしい山で働
いている人達。

加藤興二

朝の町

ぼくが学校へ行くとき
会社へ行く事務員や　学校へ行く
子どもがいた。
自転車も荷車もみえた。

大野龍三

川合さん

塚田卓男

「こんにちは」
小さな声で入ってくる
ほがらかな川合さん
ふと　みたときの　かんじ
ぼくはびくっとした
きつい顔だ
だけど
「たくちゃん」
こんなやさしい声をだす川合さん。

かえり道

竹内和紀

力いっぱいはたらいてきたのか
山からいっぱいたきものをしょってかえっていく。
あれは　よそのおばさんだが
俺もこのあいだ　力いっぱいたきものを
はこんだぞ。

夕日と馬

ああ、これで今日一日の仕事がすんだ
馬を川ばたへつれていく
ぴしゃぴしゃ　馬は川の中へ入っていく
川の水が夕日にそまって真っ赤にみえる
「ごっし　ごっし」馬の背中をこする
どこかでラジオがなっている。

西川満子

すなほり

白くあわのついた本州製紙の水が流れる
そのよこのすなはまに
上半身はだかで　ゲートルを足にまいた
たくましい人が
大きな　しゃべるですなをすくい
はこの中へ「ザー」となげこむ
はだかのところは　黒く日にやけている。

大野龍三

車ひき

遠い畑から　大根を引いてくるおじさん
小さい車でも　いっぱいつんで
おもたそうに引いてくる
小さい大根も　大きい大根も
みんないっしょにつまれている。

松村沙世子

荷おろし

貨物列車が駅に入る
通の人が　荷をおろしはじめた
重そうな箱を　ひょいとかついだ
その力づよいかっこう。

大野龍三

母と子

西川満子

もう　夕日がしずみかけている
大根をぬきに来て　日がくれた
いそいで帰る途中　赤ん坊がなきだしたので
背中から赤ん坊をおろして　ちちをのませている
このえは　私が母と一一月のはじめに
大根ぬきにいって
帰り道におそくなった時　みたものだ。
父らしい人は　どてで休んでいた。
せいたをおろして　タバコをすっていた。

が、私は妻と
大根ほりにきたことを
知らせるために
せいたをかいた。
私は
あの時のことが
頭に残っているから
版画にほった。

帰り道

遠い山へ仕事しに行った
道の上へ木をしょいだした
西の山へ日がしずむこと
そこらのたきものを拾いあつめて
家へ帰った。

安江満寿子

土ほり

土の中へつるはしをつっこむ
土の中から
かんかん　めめぞ　はりがね
いろいろでてくる
土のなかには　いろいろうずまっているなー。
ほりこした土をかついでいく
てんびんぼうが　ぐらぐらゆれる。

堀井征三

年賀状

加藤興二

今年こそは　しっかりやろう
日本に本当の軍隊が出来るかもしれん
力いっぱい働いておそろしい戦争に反対しよう。
てっぽうを折れ！　そして　力いっぱい働け！
この二つをオレは言いたいのだ。
――しゃらくさいかもしれんな――
ガシッガシッ　土をほって行く
めめぞが一匹　頭をだした
「けっさくやなあ」（小さい子がいったこと）
「ばくだんがおちるぞ」
「若いしゅうがなにわブシをすきになった」
「こりゃ　戦争になるぞ」（父のコトバ）

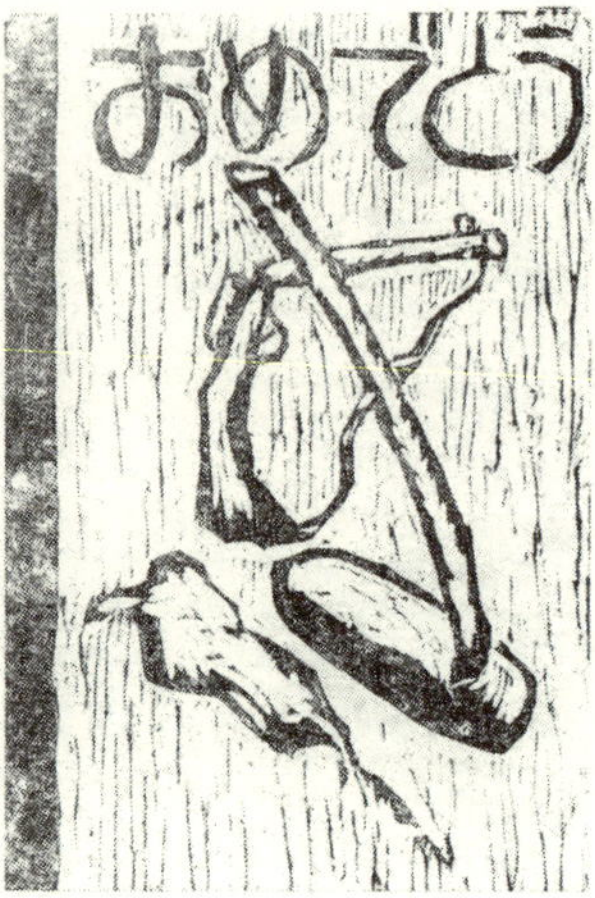

遊び

塚田卓男

ぴゅーとふく風
「ザワザワ」という声がきこえたと思うと
そこらの子どもがとんできて
「たからふみ　やろまい」「おいた」
そんなことをいいあっていた
「どん」「あっ、でたぞ」
とうとう　たからふみをやりだした。

えんとつ

えんとつは　いつもけむりを　だしている
風が吹くとおり　けむりはうごく
ぼくたちは　足の向く方へ行く
えんとつ　えんとつ　でっかいえんとつ。

野田幸男

すごい差

俺みたいに　このように働いていても
酒一つのめないが　仕事はすきだ。
だが、こう差のちがうのはどうしてだろう
これは　わからないが
俺は　仕事がいちばんすきだ。

勝野槇弘

おこった人たち

堀井征三

仕事のない人たち
いつも朝早くから職安におしかけている。
今日も仕事がないのか
「俺たちは　働く力だけしかない。
どうやって　メシをくうんだ」
「ああ、腹がへった。
みんなええ服をきとるに
俺たちはつぎつぎの服」
「金さえくれれば、
どんなつらくても
どんなえらくても
働くぞ」
だれが、
こんなに俺たちを
苦しめるのだ。
働く人たちは
こぶしをにぎりしめ、
毛をさかだてて
おこった。

相談

西尾光代

わからないところなどは　グループで教えあったり
まちがったところは　なおしたり
何でも　どんなふうにしたらよいかを
グループで話し合うので、ほってみた。

おこたをかこんで（平和の話）

山口明子

夕ごはんがすんだあと
おこたにあたって話し合い。
私が「戦争になるか、平和になるか」と　おじいさんに
きく。
おばあさんは「平和
の方がいい」という。
おじいさんは「むつ
かしすぎる」という。
窓を風がとんとんと
たたいている。

ありの子学級の綴方1　加藤興二の綴方

おれの使う金

おれの一月に使う金だ。まず始めには　生きていく材料　なくてならないもの　めしだ。

家では　一日　一升二合たいて　その中の八合が米残り四合は　だから家内六人　全部六人で割ってみれば出るわけだ。六でわる12÷6＝2で二合になる。それでも　ばあちゃんや母ちゃんたち　あんまり喰わんのでおれは　だいたい二合五しゃくを喰うわけだ。

一升百円と見て一合が十円　だが麦が八しゃく位あるから　2・5合0・8合＝1・7合で　それを十倍すれば　結局十七円　麦は一升五十円　一合五円で　八しゃくでは四円　十七円と四円たすと二十一円　これに一月の三十日をかければいいのだが、代用やうどんが三日はある　だから二十七日に二十一円をかければ27×21＝567円　代用食の代は細かくはしらないが約六十円だから、おかずをぬいた一月のめし代は五百六十七円と六十円で六百二十七円だ。それから　おかずの方だ。

一月三羽で六十個のたまごを生む　おれのにわとりがいる。ひるのべんとうなんかに　おれや栄子や父ちゃんが持って行くが、そのたまごのために一月の内十日位のべんとうのおかずはたすかるわけだ。

あとの二十日間は　するめかさんま　やさいのにたやつなどである。やさいだけは　家でとるので五日くらいはとれたものを持って行く。するめは十日くらい　一羽十二円そこそこのを半分にハサミでちょんぎってもって行く。それを十日だから半分の分の六円をかける六×十で六十円になった。さんまやほかの物を持って行くのが残りの五日。さんまなら大分良いので一本八円　全部をそれ位と見て五×八＝四十で四十円　おれのひるめし合計は60＋40でちょっきり百円だ。

今度は　朝飯　今なんか　大分寒くなってつめたいきりが降りてる位のことだから、何と言ってもぬくたいおしいだ。またある時はたまごを入れてみそにする。みそは家で豆をとり入れて作るし、なかみのなっぱやねぶかは畑で作るからただにつく。だが　とうふ　あげ　にぼしをそれぞれ買って来て使う。とうふを入れる時など一月の五日ぐらいのもので　入れる時は半ちょうもあれば家じゅうある。だがそれをまた６人で割ってみると　まず半ちょうの値だんがわからなければならない。一ちょう三十円でその半分十五円だ。１５÷６は２・５になる。それが五日だから２・５×５＝１２・５円　十二円五十銭になるのだ。あぶらげは　みんなすきだから　あらかたの日は入れて喰う。だが二十日間として一ぺんに五円のを二枚入れて十円　十円を六人割ると一円六十六銭それが二十日間で三十三円二十銭である。にぼしは百匁も買えばたんまりある。五十円ぐらいのものなので　これも六で割ると八円三十銭である。

　朝はだいたいこんなもんで　夜飯は前にかいた代用食三日とあとは魚なんかを魚金などで買って喰うが　それが十日。サバやカツオなんか　一匹五十円くらいだからかりに一匹のものをにへんに喰えばのうなってしまって五十円使ったわけ。それを六で割ると８・３円　それが十匹の二十日間だから８３円　かるくそれだけ。するめをやいたりにたりして喰うのが八日間　一枚十二円のするめを二枚一晩で　八日間だから９６円になるわけだ。それをまた六で割ると十六円。これはだいたい大目に見たし　違った日などはいつもいもの油でにっころがしややさいのにたやつ。全部を合計してみると８３円＋１６円で９９円になる。

　これで飯のことは全部おわったから　今度はちょっぴりした事をならべてみよう。

　学校から帰った時など「はらへったなぁ」というと母ちゃんは「大きいなりして　何言っとる」とはじめに言うが「柿とって喰え」と柿のなる時分なら言ったし冬なら「きりぼしもらって喰え」というのだが　今では時期が違うので　そんな物はないから「アメ三つやる」とかいって　一円のコチンコチンのあめをくれるのだった。それが日三円でもらわない日もあるので　二十五日とする。それで２５×３は七五円。それがおわると忘れていたが着る物だ。

　やぶれたとこをつぐとか　毛糸を買って服をあむとかいうことだが服を買うというようなことはお祭りか時期が移る時位のものでめったにない。だから　きれを買って作るんだ。おれに作ってくれる服なんか　一月一回位のもの。母ちゃんの言うことでは「こうじんたあの服なんか　三ヤールで出来るわ。そのかわり　安藤さんから黒のええつ仕入れやあ　八百円はするぞ」といったことから　考えてみても　ええやつで作る時と安いやつで作るのといろいろあるから　だいたいおれの服を作るに四百円とみればいいわけだ。それでも　穴をついだりするきれや毛糸でくつ下なんかあむ時もあるので五百円と見ればいいわけだ。

その他　おれは　小学生毎日新聞をとっているので一月二百円　それから小学六年生の八十円　それに将ぎのコマやげた一足　買ってもらって百円　でも二月に一ぺん位のことだから一月で五十円。

最後にめしの中にいれれば良かったが　でかい失敗だった。それは　油・みそ・しょう油・さとう・塩・す・ソースなどである。これも一人に表すのだし　あんまりくわしく知らないので　ばあちゃんにねながら聞いたことをまとめて見よう。

しょう油が一升六十円のを二合で十二円、さとうが一斤百円で半斤としても五十円、塩がだいたいに見て三十円、すはあんまり使わないので五円と見る。ソースは一合三十円で、こいつもあんまり使わないので、まあ三十円の1／6のとこ五円だ。油はてんぷらやじゃがたらのにっころがしにゃあ使うので大へんいるが、いろいろ油にゃあ種類があってわからんが二十円ていどのもんだ。

忘れ物もこんで終わって、今度は学用品だ。

まず、なんでかんでいる物は、育友会費の六十円、映画代の十円、紙代が五円と学級費が十円、全部で八十五円で、なんでかんで毎月いる。たまに注射があれば五円、作文帖が一冊半で十五円、帖面も十五円二冊で三十円とエンピツ一本五円のが四本で二十円、小刀買って五円、エンピツサックが五つで五円、ちょうこく刀の新品買って、五月使えば五十五円を五で割って十一円、わら半紙を五枚使って五円、そんだけだ。合計は百九十六円と出た。おれの一月に使う金はこれで終わりだ。

おれは紙の上で、ソロバンをはじいてみた。パチパチやってみたがソロバンの上に出た金は何と二千二百二円という大した大金だった。それだけをおれは知らずに一月毎に使っているのだ。おれは今まで知らずに、子どもを親が平気で喰わしてやるのが当たり前だと思っていたのがまちがっていたのだったと思った。

これで父ちゃんがふだん、「生活がえらい（大変だ）、えらい」と言うのがわかった。だいたい考えてみて二千二百二円というものに六人の家内をかけてみれば、一万三千二百十二円という大した金であった。

おれんたぁ　本当に　物もらって喰っとるだけのぶたにすぎないぁ。

おれの働き

それでは　おれは　どれだけ働き　家へ金をいれるだろう。まずおれは　にわとりを三羽買ってもらってかっているが　三羽ともめんたで　たまごをぎょうさん生む。この頃では毎日二個ずつ生んでいる。

始めは三人でかっていたのだったが、栄子達があまりなまけてえをちょっともやらんようになったので　しまいには父ちゃんが

「おんしらーのような　えを一つようやらんようなやつにかわしておけん」と栄子達にいって、「もう兄ちゃんにかってもらうぞ」といった。それ以来ずーっとおれがかっていて　一日二個のたまごを生むようになったのだった。たまご一個ふつうの店で買って十円、だから一日二十円のわりで生んで、それに三十日をかけると六百円になる。それでもえさ代がいる。白山町の米屋でかって百匁三十円のを二百匁六十円だ。600－《ひく》60は五百四十円になるわけだ。それだけおれはおかずに入れている。

ほかにまんだこまかいやつがぎょうさんある。今月の事だが、文化の日の休みの時にはひる前十時半から十二時まで、ひるから一時半から三時まで土方しゅうとさんざん働いた。それが一分十銭で一時間六円、四時間働いたわけだから二十四円の働き。たきぎわりは　長いやつを短こう切ったり、太いやつをわったりする仕事を学校から帰れば、ひまを見つけてはやる。それが十日ぐらいのもので、十五分ぐらいずつやるのだ。十五分で一円五十銭、それが十日あって十五円、それから休みの日には当たり前のようにやるにわはき、ぞうきんがけなどである。いろいろ日曜日も入れてほんとうに五日ぐらいの休みがあるとすれば十五分ずつやって九円になる。たまに、ばあちゃんと畠仕事を休みに三時間位ずつ三日位はやる。それでそれが6×3は十八円、18円×3日で五十四円　これだけの仕事をやる。

合計してみても、六百五十七円だ。それでさっきの二千二百二円から六百五十七円をひいてみよう。千五百四十五円。千五百四十五円はちゃんや母ちゃんから文句なしにもらっているんだ。

これで今　きゅうにみなし子になったら、このおれは生きて行けるだろうかなぁ……？

氷屋とおぼん

僕の四年生の時、おと年の事だった。父ちゃんは中津川のていぼう工事を、三月十五日役場で、もらってきた。それから毎晩おそくまでこつこつと予算を立てていたが、

「こいつは、うまくやりさいすればもうかるぜ。」と、いいながら喜んでいただけに、それから五日もした後からは、仕事を始めて毎日根気よく夕方うす暗くなるまで現場にいるのだった。

六月の五日頃になると、父ちゃんは夕飯の時など「もう後根石だけだ。」とか「五日もすれば、かんとくさんに調べてもらえるわ。」と、喜んでいた父ちゃんも、ぺしょん、とつぶれる時が来た。

それからいく日もしない七日頃の事だった。

それまで降りもしなかった雨が、朝からポツポツ降り出したと思ったら、昼頃にはとうとう大雨になって、一日中ザアザアたたきつけたので、急な大水のために、作りかけのていぼうは、セメントのあとがただ所々に残っているだけで、ほかは後形もなく流されてしまったのだ。

そんなふうで、くらし向きがわるくなった僕の家は、いつの間に相談したのか、東太田町のアメ屋、おせえばあの店先を二坪ばかり借りてフルーツジュースの果物のしるやラムネ、ソーダ水などを母ちゃん一人でやっていた。母ちゃんは家の仕事が一杯あって、店なんかはそう行けないので、仕方なしに店番として知恵ちゃんをやとった。売上もちょっとの物だが、それでも、おかずや僕の学用品位は助かった。父ちゃんは流れたていぼうを作らなければならないので、毎日少しずつ夜業をやってくるので、どうしても夜はおそくなるのだった。

いつだったか六月の終わり頃だった。出て行く時、父ちゃんは、「今日は、早う帰って来る。」と、いって出ていったから、家では夕飯を喰わずに待っていた。机に向かってだまって新聞を読んでいた母ちゃんが、大口をあけてあくびをしながら

「アー。いやんなっちゃうわ。川の仕事なんかやるでや。」

と、言ってからまた続けて

「あんな店なんかやったって、知恵ちゃんにも、かんじょう二千円やらんなんし。」

と、言った。

僕は、

「ちょっとでも、もうかってたしになりゃあええに。」

と、言い返すと母ちゃんは

「それも、そうだな。」

と、いってだまってしまった。それからまた少しだまっていたが、僕が思いついて

「もう暑うなるこっちゃし、氷屋始めやあええに。」

と、言うと母ちゃんは怒って

「たわけめ。機械買うだけになあ、二千円も二千五百円もするのやぞ」

と、いってから
「うどんでもにるかな」

と、言ってお勝手へ行った。

それから少したって、ある日の夕飯の時だった。その日は父ちゃんも早く仕事をすませて帰ってきたので、ふつうよりも大分早目のめしだった。仕事着のまま、うどんをすすっている父ちゃんに向かって、僕がこの間母ちゃんに叱られたにもかかわらず
「父ちゃん、絶対フルーツジュースよりも、氷屋のほうがええ、中津でも、ものすごいうれるもの」

と、言うと父ちゃんはだまりこんで「知らん」と言うようなふりしていた。おそろしい目つきをしてにらんだので、僕もわるい事を言ったと思ってだまっていた。

そんな事がある内に四年生の僕も家のじじょうが、だんだんよくわかってきた。ていぼうが流れたために、市岡おじさんや、銀行など借金をしている事もわかって来た。いやな気持ちで毎日毎日がおくられているようだったが、七月一日の事だった。その日は父ちゃんはいろいろの用で仕事を休んだ。昼前は役場の人達とボソボソ話をしてたが、昼飯を喰って一時頃父ちゃんは仕事に行くのか仕事着のまま母ちゃんはふ通のみなりで出て行った。行く時に、

「興二、母ちゃん用があるで、さきに店へ行っとれよ。」

と、言って出て行った。母ちゃん達が行ってまもなく僕は、自転車に飛び乗って後を追った。フルスピードで上津の前まで来た時、父ちゃんと母ちゃんが上津の氷屋へ入った。僕はそのまま通りすぎてペダルをこぎながら、こんなに家が不景気だから、氷なんか喰いに行くわけはないし、氷屋の機械のことで上津へ聞きにいったのかも知れん。そんな事を思いながら来る中に、店に着いたので中へ入ると知恵ちゃんが一人で、ラムネなどをひやしておくおけの水をかえていた。僕を見ると、「おばさんわあ」と、聞いたので、「もうじき来るら」と答えると、知恵ちゃんは
「フーン」といってバケツを下げてうらへ行こうとしたので、

「果物や、ラムネ持って来んでもええ」

と、聞くと、おけの中をのぞいていたが
「やっぱりあるわ」

と、いってうらへ行った。

僕は店番でもしようと思っていすにすわって本を見ていた。二時から四時までの間に、お客というとむかえの

カクトの酒屋の小さい坊が、五円のジュースを一杯飲んだだけだった。

家へ帰ってうとうとしながら、いつか母ちゃんのいった「夜になるとお客が二十五人位来るでなぁ」という言葉を思い出して、一人の客がラムネ一本とソーダ水など飲むと二十円。二十五人だから一日五百円。元でが三百五十円で知ちゃんにだいたい七十円。そんなふうに計算していけばいくらあわせたって、家のもうけは八十円だ。一月二千四百円。酒屋なんかはどういうわけでかもうかるでええなぁと、うとうと考えていた。

その日だけ父ちゃんが仕事から帰っては来なかったが、夕飯にした。又うどんだった。母ちゃんは次々におわんにうどんをついでくれた。みんな「スススーッ。ススス一ッ。」と、すすって喰った。僕は今日の事を思い出して、母ちゃんに

「上津へ何しに行ったの」と、きげんを取るためにゆっくり言うと母ちゃんは「氷屋のことでエ」と、言った。

「氷屋やるのか」と、びっくりして言うと、

「ううん」と、仕方なさそうに返事をしただけでだまってしまった。

夕飯が終わって、お勝手もすませた母ちゃんは「婦人会の用で行ってくるで。父ちゃん来たらうどんぬくとめてやれよ」と言って出て行った。

母ちゃんが出ていってから三十分もたつと、玄関の戸が「がらっ」とあいて父ちゃんが重そうに細長いボール紙の箱をかかえて上って来た。輝子は

「いよー、いよー。おかし。おかし」

と言って喜んで父ちゃんにとびついて行った。僕も父ちゃんに「その箱何」と聞くと、父ちゃんはうるさそうに首を横にふって、高いタンスの上にのせてしまった。

「さあ、めしは」と、いってお勝手の方へ行った。僕はすぐぬくめにかかった。「新聞でも見とりいよ」と言ってあの箱の事を考えながらたいていた。すぐぬくとまったので父ちゃんにつけてやった。父ちゃんはうまそうに二三回ずずーッとすすってから、何か考えていた。

その間に僕は向こうへ行って、タンスをよじ登って細長い箱をちょっとめくって見たら空色にぬった鉄だった。僕は「仕事の道具やわ」と思ってそのままだまっていた。

母ちゃんも早く帰ってきた。その時僕は、お勝手で借りて来た本を読んでいた。本をしまって行こうとすると、となりの部屋で何かボソボソ話をしている。僕はもう一ぺんこしをおろしてその話を聞いた。母ちゃんの声だ。

「してその金は」と、言っていた。その後何も声がしない。やっと「氷屋の方がええ」と小さい声で言ったのは父ちゃんだ。

それからねどこにくるまってからも、その事を考えてみた。父ちゃんが今日重たそうに下げて来たのは氷の機械なんだな。この間二三千円もする、といっていたのに、金でも借りて買ったのだな。今日上津へ行ったのも機械を買いに行ったのかも知れない。次々に小さい頭でいろいろ考えているうちにねむってしまった。

それから四、五日たっても、やっぱり元のフルーツジュースの店だった。毎日がっかりしながら帰ってきた。

だが、おぼんも近づいた十日の日、学校から帰ってすぐ店へ行った。自転車で東太田町の角をまがって、ふと向こうを見るとむねがドキーンとした。氷と書いた小さな旗が、ひさしの所からヌッとつき出ていた。とうとう氷屋になったんだなと思いながら店へ行くと、やっぱり空色にぬった機械がどっかりと座っていた。僕はこれから、よく売れるぞと強く思った。そんなことをやっているうちにとうとうおぼんになった。父ちゃんは金もなく、する事もないので八時半だと言うのにグーグーねていた。母ちゃんは落合からも岩村からも、多治見からもおはか参りに来るので家にいた。みんなにとって楽しい今日も僕は心配していた。それは、ごはんだ。方々から来てごちそうをしなくてはならないのに、家では不景気におそわれているのでどんな物を出すのだろう、気が気ではなかった。うどんや代用食ばっかり喰っている家でなぁ、と思って家にこもっていた。

昼飯までには誰も来なかったのでよかったが、夕方までには親類じゅうが全部来て、夕飯も近づいた。むねをどきどきさせて、何のごちそうをするいなぁと心配していたら、お勝手から、サバをやいているらしいジャー、ジャー、という油の音と、うまそうな魚のにおいがしてきた。「魚だな。」僕は心に強く感じた。そう思った時は本当に何とも言えないうれしさだった。

少したってから、「みんな、ごはんやにー」母ちゃんがよんだ。落合の勝好も、秋子も、勝子も、僕も全部合わせて九人のちびが、はん台をずらりと囲んだ。母ちゃんは一人一人に「うまいぞ」と言ってつけた皿を渡した。そうしておはちをぱっとあけた。ゆげがもうもうと煙のように上がった。みんなじゅんじゅんに渡した。僕にも茶わんにもれるほどの、麦一つ入っていない白い飯。母ちゃんは「喰えるだけ、喰えよ」と言った。僕は四杯も喰ったが、やっぱりどろどろうどんよりかうまかった。みんなはらをふくらませて休んでいた。後かたづけをしている母ちゃんに「あの魚いくら」と心配しながら聞くと、声を小さくして「落合のとみちゃんが、土産に持って来てくれたのや」と、ごしごしこすりながらいった。後で母ちゃんに聞いた事だが、「おかずなんかにゃあ心配しんでも、こいつでやりゃあええわ」といってくれたそうだ。僕は、兄妹というものは、ありがたいものだぁとつくづく思った。

その日もとっぷりくれて夜になった。駅の方から楽しそうな木曽のなかのりさんが聞こえてくる。丸山や落合の方から遊びに来る人のげたの音が、ガランガランとやかましくひびいた。家では小使い銭もくれずに「落合の坊んたぁ遊んでやれ。」と言うだけだった。

となりの征男ちゃんや茂ちゃんが「興ちゃん、町行こまい」と言って呼びに来るのだったが、金がなくてはたるいので、勝坊達と遊んで辛抱していた。母ちゃんは、夕飯喰ってすぐ「今日は、もうけんなんぞ」と言って店へ行った。

次の日は学校も休みなので、朝っぱらからみんなが呼びに来るのに今日も又行けれんか、と思いながら朝飯を喰った。八時頃に、にわとりにえさをかいていると、母ちゃんが来て、「昨日で千五百円売れたぞよ。あの機械の代もじきとれるわ」とうれしそうに言った。それから又、「おんしにも小使一銭もやっとらんにほれやるわ。大切に使えよ」と言って十円札をにぎらせた。五十円。そう思った時は、本当にうれしかった。ポケットにつっ込んだ。町はやっぱりにぎわしい。

その夜又、征男ちゃんが呼びにきたが、「今日こそは行けるぞ。待っとれよ」と言って、五十円ありったけ、アメ屋、かし屋、オモチャ屋とまわった。どの店も子供や大人で一杯だった。前かけをかけた母ちゃん達が、氷をかいたり、ラムネのせんをあけたり機械のように動いていた。ていぼう工事も忘れて、何だか嬉しい気もちになった。

（六年生）

コトバ（石田）

興二、むかしに過ぎてしまったことでも、いまこうして書いてみると、いろいろのことがわかり、いろいろの問題が一つのことのなかにからみあって含まれていることに気付くだろう。ていぼう工事、おぼん、氷屋と一つのことが次々に新しい生活をうみだしていく。興二がその中にあって果たした役は大きいものだ。けれども、頭の中だけで考えたりわかっているだけでなく、細かいところにまで気をつけて生活を良くするための行動をしなくてはいけないぞ。

（二）ありの子学級の版画・綴方　◆作品3（一九五〇～五二年）

ありの子学級の綴方2　山口明子の綴方

こおろぎ

よく晴れた十月の中ごろの日曜日であった。

日曜日なので、朝ねぼうして七時半に目をさました。目をさましてみたら、もう表ではみんな三りん車にのったり、野球をやったりしてあそんでいた。にわのぼけの木では、すずめが「ちゅんちゅん」とないていた。

私はもっとねようと思ったが、おじいさんが「もう、おきれよ」といったので、「へーへ」といってしかたなくおきた。

もうみんなごはんをたべ終わっていた。私はみんなでごはんをたべたほうがよかったので、おこってちゃわんを「がちゃがちゃ」と音をたてて戸だなへしまった。そうしたらおばあさんが「なにをしよる」といっておこったので、「しらんぺっだ」というと、「こっちへこい」と手をひっぱったので、「おいたわ」といかなかった。きっとまた表へひっぱって行くだろう。いつもおこると表へつれて行くで。そう思っていると、お祖母さんは目をまんまるくして、まゆげを上へやって口をひらきななめにして「よぅーし」といった。そのときのおばあさんの顔はおにみたいであった。そして井戸ばたへいって、みんなにみてもらわなしょうがつかんと男みたいにおこった。

私ははずかしいと思って柱にしがみついて《ママ》。

私は柱にしっかりとしがみつくと、こんどは「ここへはいっておれ」と風呂場へおしこんだ。私はまんだ井戸よりいいので、すなおに入った。私を風呂場へおしこんでしまうと、おばあさんは二階へほどきものをしにあがっていった。

風呂場の中といっても、むかしは風呂場であったがいまは物おきになっているので、たびのやぶれたのにほこりがいっぱいかかっていた。

私はおくからむしろを持ってきてすわった。そうして顔が表から見えないように板ではしのしきいと風呂場のおけのあいだにのせた。

かべのすみにこおろぎが一ぴきとまっていた。こおろぎはぴょんととんで、私のひざにのった。私はあやまりなさいといっているようにみえたので、くやしくなってこおろぎを手でつまんでなげた。またつまんでこおろぎの足をのばしたら、だいぶながかった。足をひきちぎってみたら、ちぎったところがぴくぴくしていた。

むかえの二階でむかえのおばさんがせんたくものをほしていた。風呂場の窓から見えるのではずかしくなって、小さくなっていたが、いやになってでようと思った。むし暑いのに窓からさす光線でもうもうのほこりがみえたのでいやになったのだ。

ふろからでてみると、おばあさんはまだ二階にいた。おばあさんのところへいって、あやまろうと思ったが、あやまるかわりにまだちゃわんがあらってなかったので、ちゃわんをあらうことにした。

洗いながら、これもこおろぎのおかげだ、こおろぎがあやまりなさいと教えてくれるからだ、とも思った。茶わんを洗ってしまうと、ついでに室をぞうきんをかけてそうじをした。べんじょもぞうきんをかけてした。そうじをしてしまうと、たいへんきれいになったので、私はもうゆるしてくれるだろうと思った。

手を洗いに井戸へいったら、みんな小さい子は三りん車、大きい女の子はなわとび、男の子はラムネをやってあそんでいた。

おなかがすいたので戸だなをあけたら、きのうおやつにもらった柿があったので、ろうかですわってたべた。柿をたべながら、くりかえしくりかえしさっきのできごとを考えてみたら、おばあさんがいやになった。そして、富山へいきたいなぁ、もし富山へいっていたらこんなにしかられなくてもよかったのになぁと思った。一郎は幸せだなぁと思った。

いまにおばあさんは鬼になるわ、むかしの学問しかしらないで、おこって、なにいばっておれる。おかしいなぁと心でいった。

おばあさんはおこるばっか。明子は詩を勉強してえらい人になろう。そして世界の人のためになろうとも思ってみた。いつもおじいさんは「明子はきっと詩が上手になる」といっていた。私はおじいさんのとくいな千代にまけんぞと思った。

私がこんなことを考えているうちに柿のかわが日でしおれてしまっていた。

まだおばあさんは二階でほどきものをしていた。

私は、いつまでもおこっているなぁと思った。

（五年）

おこたで考えたこと

十二月十一日しょうちく館へ「空気のなくなる日」という映画を四、五、六年のものと見にいった時のことだった。その帰り道、私はけさ学校でいるお金をわすれたのでついでにもってこようと思ったら、ちょうど近江絹糸の前であった。おばあさんはおつかいに行くところであった。私は「あ、おばあさんがおつかいにいく。」と思っていおうと思ったが、私はおばあさんに道で「お金をけ（くれ）」なんて、みんながみとる前でいきなりいうのは、はずかしくていえなかったが、西尾さんが「あれ、山口さんとこのおばあさんがいきょうら（行くところだ）」といったので、私は思わず大きい声で「おばあちゃん、お金け」というとびっくりして「なんやね、道で。いくらいるね」といったので、学校でいるもののせつめいをせず「五十円」というと、「どういうお金やね」ときいたので、よくこまかいことをいう人やなぁと思って、「せつめいはあとでするで」というと、かいものかごからさいふをだして、めんどくさそうにお金を五十円だしてくれた。

私はおばあさんがさいふをあけたとき、今日はたくさんお金がはいっているなぁと思った。私はいつも「ありがとう」といってもらうが、今日はおおぜいいたので、いうのがいやになっていわなかった。

いつもおばあさんにお金をもらう時、ありがとうといってもらうが、今日はいわなんだのですまなんだと思ったが、その時ではもうどうにもならなかった。

教室へきて、なんだかそのお金を松村さんにだすのがいやになった。私はこれをそのままおばあさんにやればうれしがるであろうと思ったからである。

うちへかえっても、おばあさんにせつめいをすることをわすれていた。そしたら夕ごはんをたべる時におばあさんは「今日はなんのお金やったね」ときいたので、『あ、そうそう、今日、おばあさんに映画にいったかえり、お金をもらって、せつめいはあとでするといってそのままわすれていた』とあとできがついた。おもいだしながら、「今日映画をみにいって、五円と冬休みの友だい十五円と育友会ひが三十円」というと、「ふん、このごろはよくいるね」といかにもこまったようすであった。

そのつぎの日、ちょきんをもってこいと先生にいわれたので、私は「ああ、またか」と思ったが、その日はつうちょうをくれなかったのでもっていかなかったが、つぎの日つうちょうをくれたので、家へ帰っていやいやおばあさんにいうと、「まったくこまる」とはなの上にしわをよせて、そっぱのは（歯）をみせた口をななめにしていったので、私は「しらんわ」というと「富山からちいとお金をおくってもらわな、やっていけん」と目をつむっていった。私はちょっとたるかったので、「このあいだ、手紙をかいてやったに」というと「そいでもよこさないかね」とおこったようにいいながら、お金がはいったふくろをもってきて、さいふをだした。お金はこのあいだよりずっとすくなくて百円さつが九枚ぐらいで十円さつが五十円あった。まだこまかいお金はあったが、私はきのどくになって「三十円でいいわ」というと「こんどは三十円もっていきんさい」といって、三十円くれた。私はこんどは「ありがとう」といってもらった。

それから私はごぜんになっておこたにあたっていて、こんなことを一人で考えてみた。

いつかとなりの組の子が五年三組へ算数にきて、松村さんのとこへすわった。ちょうど松村さんは会計部であった。そこへいれておいたお金がなくなって、しらべてみたら二組の子であったということがあったが、あれはびょうきでお金をみるとすぐとりたくなるそうだ。

けれども私はそんなことはしない。

あの日、先生がかえり道にたきかわ先生の家からすこしいったところで「山口さんはおかねにこまったらどうする」といわれたので、「おじいさんかおばあさんにもらうわ」というと、「もしおじいさんもおばあさんもくれなかったらどうする」といったので、「お父さんかお母さんにもらうわ」というと「その人もくれなかったら」といったので「クツみがきをするわ」といったら「ほんとうか」といわれたことがある。私はそのことを思いだして、自分でお金をとって、おばあさんやおじいさんをよろこばしてやりたいと思って、私が土曜日と日曜日にクツみがきをやって、おばあさんをらくにさせてやりたいなぁと思ってみた。

また、わたしの家は新しいバケツはあるが「まだもったいない。つかえるうちはつかわな」とおばあさんはいったのでつかっていない。それなのに古いバケツでまわたのきれいなのをはさんで、それで水をくんでいる。おなべもむかしのすこしかけたのでまにあわせている。

私はこのおなべやバケツをあたらしくしてやりたい。みた人のかんじもわるいだろうと思った。

そのほか私のいえには高等学校のおねえさんがふたりと、高等学校の女の先生が一人下宿して、その先生には二階にある二間のうちの一間をかしてやっている。もう一間はうちのものおきになっているのである。下の二間も、その一間はおねえさんたちがつかい、私のいえは一間きりである。けれどもこれがうちの商売なのだ。

おじいさんはもうとしよりではたらけないし、この下宿をしてみえる人たちがよそへ行ってしまったら、どうしようとも思ってみた。今年も下宿の人を探すためにおばあさんは二週間ぐらい中津も、おちあい、のじりなどの学校をかよう人たちを、夜になっても十時頃までさがしてあるいたほどだったから。私はそれを思うとおばあさんがきのどくになってきた。

いっしょうけんめい勉強して、もっとおばあさんをよろこばせてやりたいと思ったら、もうこたつにじっとしていられなくなり勉強したが、またつい考えこんでしまった。

そうしているうちにこんなことを思いだした。

おばあさんが「あしたは米のはいきゅうをとりにいかんならんし、しょうゆもみそももらいにいってこんならん」とふへいそうにいった。それをじっときいていたおじいさんが、「おれか、明子が富山へいって、もしおれが富山へいったら明子とおばあさんと二人でくらし、おばあさんはやとわれてよそのしごとをして、明子が中津でいえのことと勉強をすると、すこしでもらくになる。それをお父さんに話すとみんないっしょにおらないかんというし、死ぬよりしかたがない」といったとき、私はかんたんに「死ぬ」とおじいさんにいわれて胸がどきっとびっくりしたことがあった。

そして、その時私は大きくなるまで詩を勉強しようと思っているのに、死んだらなんにもならん。そんなことはいやだ。私は学校のかたてまにクツみがきをしてでも生きていたいと考えているのに。おじいさんの生命はかんたんにできているなぁと思ったこともあったのだ。

とここまで考えたとき、もううすぐらくなっていて、ふと、とけいをみたら四時三十五分であった。私はだいどころへいったら、おばあさんは、いそがしそうにごはんのしたくをしていた。私は学校でつくったまえかけをしててつだった。

えなさんはさむそうに雪をかぶっていた。からすが山へかえるのとみえて、「カアカア」とないてとんでいった。

叱られた晩

私の二年生の時の冬であった。ちょうど母が東京から富山へひっこしして行くので、と中に中津へよったのだ。

きて四日目、家でじょう会をすることになった。近所の人が多ぜいみえた。げんかんには、ちがったげたがたくさんきちんとならべてあった。二部屋のしきりのからかみをあけた。赤ちゃんのなき声が聞こえてきた。ひばちにかけてあるやかんからゆげが出てきた。

一郎は二つであった。二階に母と一郎がねていた。

私はおばあさんのそばでみんなの話を聞いていた。しばらくしておゆがすんだのでおばあさんが「明子おゆがすんだでお勝手のこんろにかけてあるやかんを持っといで」といったので、私はお勝手は寒いし、おそがい（こわい）ので「おいた」というとおばあさんは、はなの上のとこにしわをよせて「なんやね」と私が行かないのでしかたなしにたった。くらくらのおゆが入ったやかんをだいふきでつるをつかんで持ってきた。

やがてじょう会が終わる頃になった。九時半頃にじょう会は終わっておきゃくさんはみんな帰ってしまった。みんな帰ってしまった部屋は海のなみが引いたようにしーんとしていた。二階から一郎をねかせたので母はあと片づけに来た。

みんな片づけてから、おばあさんは、お勝手で立ったままますこしおこったような声で「持っておいでといわれたら小さい子らしく『はい』と持ってくるもんやで」といった。私は、ちょっと赤くなって「そんでもお勝手はさむいし、こわかったで」というと、さっきよりももっとおこって「なんやね二年生にもなってそのくらいのことがこわいなんて」といった。私は母の方を見たら母はおちゃわんを洗ってふいていた。私はおこって「しらんぺっだよ」といって、おこたの方へとんで行った。すぐあとにおばあさんはぼってきて「ちょっと来い」といって手をひっぱった。私は足の先が冷たかったので「足がつめたいに！」というと、せなかをすこしきつく「ぴしゃん」と二つたたいた。私はあまり痛くはなかったが「わ！」と泣いてお母さんのいるお勝手へ行った。お母さんは「なにしたの」と聞いたが、だまって泣いていた。するとおばあさんが「明子がちゃめなので、たたいたのや」といった。私はすぐ大きな声で「ちがうわ！」といって、お勝手のひらきをあけて表へとび出た。

あまりくやしかったので、たびはだしで庭を走った。星はまっくらのそらでぴかぴかと光り冷たい夜風が顔をとおった。どこかで赤ちゃんが大きな声で泣いていた。近江絹糸の窓から電気の光りが流れていた。時刻はだいたい十時頃であった。私はなんの目あてもなしにとんでいった。みどり町の店はみんなまくがしまっていた。たびのやぶれたところがしびれつくように冷たかった。どんどん走って行くと、駅があまり明るかったのでそこを目あてにして走った。

どうしておばあさんはちょっとしたことでおこるんやろう。どうしてうそをいうやろう、と思うと、なみだがほほにぽたぽたと流れた。その流れおちるなみだはあつく、つめたいほほにしみるように流れた。私は駅のだあれもいない、うす暗い所に浮浪児のようにすわった。その時風がぴゅーとふいてハーフコートをめくった。冷たい手に、はーはーと息をかけた。そしてそこで、すこしうつりうつりと目をつぶった。寒さも忘れてねてしまった。

駅の時計が十二時を大きくうったので目がさめた。ぶるぶるふるえて立った。今までどうしたかわからなかった。そしてここがどこだかわからなかった。それでもすこしあかりがともったので駅ということがわかった。もと来た道をとぼとぼともどった。みんな電気を消していた。たびはだしであったのでおともたたなかった。遠く近江絹糸の電気がまぶしくひかった。そしてとうとう家へもどった。

家ではまだ起きているとみえて、電気があかあかとともっていた。おばあさんとおじいさんはなにか話をしていた。私はそーっと、たきもののつんであるかげへかくれた。そして家へ入ろうか、ここで朝までいようかと考えていた。しばらくしてお母さんがどこかから帰ってきた。そしておばあさんたちに「いなかった」とひくいさびしい声でいった。

私はその言葉を聞きとって「ああ私が家を出たために」と思うと、大きな声で泣きたいような気がした。だがじっとしているとまたお母さんが出て来て表へ行った。

私はたまらなくなってお母さんの後をついて行った。そして旭座の方へ行ったので幼稚園の前のだれもいない所で「お母ちゃん」と思わずさけんだ。すると母はちらっとうしろをむいたが私にきがついて「あっ、明子……」といってそばへよって来た。そして、「どこへ行っていたの、もう一時になっているに、心配したよ」と、なみだを出していた。私は思わずわーっと泣いた。そしてお母さんのなみだが私の頭にあたった。

私はただ泣いていただけでなにもいえなかった。お母さんは「さあ、家へ帰ろう」といって手をひいた。私はおばあさんにきっとしかられると思って行けなかった。母はすぐそれがわかって「おばあさんはおこっていないよ。心配していた」といって、くるりとまわってせなかをむけて「おんぶしなさい」といってすわった。私はおんでもらって家へいった。おばあさんもおじいさんもねていた。

私は二階へお母さんと上がった。音のたたないようにそーと上がってみると一郎はすーすーときもちよさそうにねていた。私はいつもは下でおばあさんとねるが今日は二階でお母さんとねた。いつもならねまきを自分できるが今日はきせてもらった。大きくしゃっくりがでて止まらなかった。お母さんは「なぜいうことを聞かなかったの」といった。私はなにもいえなかった。お母さんはつづけて「もし、お母さんが富山へいってかなしいことがあったら手紙をよこしなさい。きっときいてあげる」といった。そしてお母さんといっしょのふとんでねた。二時をうった。私はあたたかいこたつにもぐりこんでねた。

いけえれん

「ガチャガチャ」とちゃわんをうごかして、私はちゃわんをあらっていた。今日から三日間農繁休みだ。下のおばさんは朝ごはんのしたくをしに台所へきていた。おばさんは「ええね。今日から休みやで」といった。おばあさんは「そうよ。てつだってもらえるで。そんやけど三日しかないでねぇ」とわらって話していた。私はなんともいわずにただおこらずに、にこにこしていた。


ぞうきんかけもなにもかもしてしまった。みんなしてしまうと気持ちがいい。みんなしてしまわないと、あ、まんだぞうきんがけもせんならん、あ、庭をはかんならんとあそんでいるにも思いっきりあそべん。なぜかそわそわしてしまう。けど今日は大きな声で歌を歌ってもなにをしてもいい気になっている。私はかいだんを「おおぞら晴れて、ふかみどり、心もはずみ、みをおどる」と歌いながらあがっていくと、おばあさんもじょうきげんでかお鏡にむかってといていた。「今日は、きげんがええね」とおばあさんは私をみてにこにこしていった。いつも私がおこってかいだんをおじいさんのまねをして「ドシンドタン」とあがってくるのをしっているので、今日はそんなことをいうのだ。

おばあさんはいつでも、うすくおしろいをぬる。それで今は六十さいだけど、五十ぐらいにみえる。目のすぐ下にほくろの大きいのが一つある。おばあさんのかみをいうのがすんだので、こんどは私があたまをいってもらった。

私が勉強していたら、おばあさんはおつかいにいった。しばらく勉強していたら、おばあさんは青い顔をしておなかをかかえ、すこしこしをかがめかい物かごをもって、かいだんをあがってきた。私は「なにしたの」ときくと、机にむかいながら「みぞおちがいたい」といって机にうつむいた。わたしはちょっとびっくりして「そんならふとんをひいてやるでねりいよ」といってたちながら、おし入れからおばあさんのふとんをだして、鏡の前へひいてやった。おばあさんはのそのそとふとんにはいったので、かけぶとんを風のはいらないようにかけてやった。

私は勉強をやらんならんと思って、また机にむかったが気がいらいらして、ちっとも身にしみなかった。そのあいだもおばあさんは「うんうん」とうなっていた。ひっきりなしにねがえりをしていた。二十分ぐらいたって、おばあさんは「かいろをいれてくれ」といったので、マッチとかいろをもってきて火をつけた。パチパチと火がとんで、もんぺにおちた。あわててはらったら、すこし小さいあながあいていた。ハンカチにつつんでやった。十時ごろおばあさんはさっきよりよけい「えらい。いたい」といいだした。私は気が気で勉強なんかできない。私は心配になって「下の先生をよんできてやろか」というと「ええよ」といかにもえらそうに、おこったようにいう。私はまた机にむかったが、まだえらいえらいというので、「そういってきてやるわ」といって「なんていってこよう」ときくと「ええ」といったが、しらんかおしてかんだんをおりていった。下へいくとちゅう（なんていおう。どういってたのもう。）と考えていった。ローカについたけど、まごまごしていた。思いきって「おばさん」というと、中で「はい」といってしょうじをがらっとあけた。私はちょっと下をむいたが、思い切って「あの……、おばあちゃんが気持ちがわるいで、先生にみてもらってけ」というと、室の中で先生が「ふん」といったのでかけていって、おばあさんに「こいとさ」というと、おこって「なんでいってきたね」というので「ほらぁ、みてけをいうたさぁ」というと「なんやね」としかたなさそうに、こしをかがめておりていった。三十分もたたないうちにおばあさんはあがってきた。私は早いなぁと思って「はいみてもらった」ときくと「ふん、下へいってくすりをもらっといで」といったので「ふん」といっておりていった。下のろうかでまっていると、先生はくすりではなく、なんか書いた紙をもってきて「これを大わきへもっていけ」といったので「はい」といってうけとった。おばあさんに「これを大わきへもってけと。そうやでもっていくに」というと「ふん」といった。

大わきへいくと、先生はいなかった。おばさんがでてきたので、すこしどもりながら「あの……、家のおばあちゃんが病気で……、これ横田先生がもっていけといったので」といって、かいてくれた手紙をだした。おばさんはそれを受け取りよんでから、薬をつくるところへはいっていった。私はそこにすわってまっていたら、おばさんはわからんような顔をして「先生はただこれを見せれといっただけかね」といったので、私は「はい」とうなずいた。おばさんはまた薬を作りはじめた。十分ぐらいして「どうもわからんで、先生のとこへいってくるで、そのあいだここでまっとってけんか。すぐくるでね」といって、小さい女の子をつれていってしまった。私はびっくりして返事がでなかった。

たいくつだったので、そこにおいてあった本を見ていた。子どものみるような本は一さつもなかった。表をみたりして三十分ぐらいまっていた。そのあいだに一人お客さんがきた。「ごめん下さい」といったので、私はむねがどきどきしてきて、どうしたらいいかわからなかった。「あんた、お客さん」とむこうでいったので、私は返事だけ「はい」といっておいた。二十ぐらいの女の人で子どもをおんでいた。「ここの人おるす」ときいたので、「ふん」というと、「すまんけど、さくら町の黒田というものがさっききたのんでおいた薬をとりにきたとそういっといてけ。今いそがしいでね」とすーっといってしまったので、私はこまってしまった。口の中でさくら町の黒田、さくら町の黒田と口にしながらまっていた。

それからまもなくにおばさん達が帰ってきた。そうしてすぐ薬を作ってくれた。私はたのまれたことづけだけして帰ってきた。

二ふくろで一ふくろはとんぷくという薬がはいっているのだ。

家へ帰って、すぐおばあさんにわたしたらとんぷくだけすぐのんだ。

ちっともなおらんので、下の先生にいうとちゅうしゃをするといった。大わきへかんごふさんが自転車でちゅうしゃをとりにいった。おじいさんは「大わきみたいなあかん。小川へいかな」とおこっていた。しばらくしてかんごふさんが帰ってきたが「今先生がみえんで、薬がわからん」といったので、下の先生はこまってしまって、こんどは山川へたのんだ。山川ではすぐきてくれた。おばあさんはまだいたいいたいといっていた。二階へあがってもらってみてもらった。はじめちゅうしゃをした。なかなかいたみがとまらないので、横田先生や山川先生、おじいさん、かんごふさんたちで話していた。おじいさんはとくいになって「私もいっかいいけえれんをした。その時は旅行中で汽車の中でひどいいけえれんになってしまってなぁ、その時、今の金で二万円もっていたもんで汽車からおりれたのや。そいでタクシーをよんで病院へいったけど、あのときはえらかったよ。ひやあせがぽとぽとおちてなぁ」といったけど、下の先生はうわの空できいていたようだった。またおじいさんはいいだした。「あの時、二万円もっとらなあかなんだでなぁ」ととくいそうにわらいながらいったので、私はにくらしかった。おばあちゃんがえらがっとる時にそんな話をして、なにをいっとると思った。下の先生はかんごふさんに小さな声で「お茶をもってこい」といったので、すぐかんごふさんはもってきた。私はすまないと思い、またおじいさんはそんな話をしとるまにお茶をわかせばいいのにと思った。おじいさんは「これは、これは、すみません。うっかりしておって」といって、お茶をのんだ。私はあの時まったくにくらしかった。おじいさんはいい人だけど、おこったりするときはきらいだ。また今みたいな時もにくらしいと思った。

おばあさんは山川先生がいってからも「いたい、いたい」といっていた。三かいぐらいまっきいのつばみたいなどろどろをはいた。私はびっくりしてせなかをさすってやった。そいでもおじいさんはしらん顔して、じっとねていた。

それから夜までおばあさんはそんなにいたいとは口ではいわなかったが、私が「まんだいたい」ときくと「いたいよ」といっていた。夜ねる時、私は「いたかったらおこしいや。すぐおきたるで。いいか」といって電気をきやした。

そのつぎの日もおばあさんは一日おきれなかった。下の先生がおかゆしかたべてはいけないといったので、私がおかゆをにてやったり、おつかいにいってきたり、おばあさんのこまづかいをしたりして、ちっともあそばなかった。おばあさんは「明子が休みのうちでよかった。学校をやすませんなんとこやった。」とうれしそうに下のおばさんがおみまいにきてくれていたときにそういっていた。

私はおじいさんもおばあさんもだいすきやけど、おこったりするとむかついてくる。ほんとうにおじいさんやおばあさんたちをいたわるにはどうしたらいいか。どうしたらおばあさんたちをもっとおもしろくしてくらせるようにすることができるのかといろいろ考える。

私は農繁休みはこうしておばあさんのかんびょうでおわってしまった。

おばあさんと夜

先生がずっと前、学校はどこへいくかということを一人一人きいた。私はそのことがあるとはしらなかったので、こまってしまった。なぜかというと、まだ富山の父のところへいくか、中津の中学へはいるかきまっていないのだ。なんといっていいかまよってしまった。とうとう私のばんがきた。先生が「どこの学校や」ときいたので、「まだ中津におるか、富山へいくかわからんも」とやっといった。

そのばん、おばあさんにそのことをいうと、「明子はどっちにおりたいよ」ときいた。私はほんとうは富山へいきたかった。だが、そういうと、おばあさんがせっかくそだてたのにと思ってかなしがりやせんかと思って、「どっちもおりたいわ。そりゃあ中津だっていいこともあるし、富山のいいとこもあるで、はんぶんはんぶんや」といったら、おばあさんはわらっていた。おばあさんは「中津のたるいとこはなんや」といったが、だまってわらっていた。ほんとうは、私の心は中学になるとおかねもいるし、ほしいものがあってもいいにくいのでこまった。私は夜ねてから、やっぱし家ぞくはいっしょでなけりゃあいけないなぁとつくづく考えた。そのつぎの朝、おばあさんが私のことで、富山へ手紙をかいてくれた。それは私が富山へいくかいかんかのことだ。

手紙をだしてもちっともへんじがこないので、おばあさんは「かんじんの時は、お母ちゃんはちっともはよへんじをくれん。そうして自分がいそぐ時はやかましくいって」といって、おこっていた。

それから一週間たって、へんじがやっときた。その手紙には「もう一郎も一年生だから、明子が富山へきて勉強をおしえてやってくれんか」ときた。私は、はじめはうれしかったけど考えてみればたるかった。七年間もおじいさんとおばあさんのそばでそだててもらって、ごおんがえしもしないと、プイッといってしまうことはつらかった。私はおばあさんに「おいた。いかへん」といったが、おばあさんはいかんとはいわないが「富山でこいといったで、いきんさい」と小声でいった。私はたるくて、もうすこしでなみだが出そうだったががまんした。

本を学校へうりにきた時、私は富山のことが思いだされた。本はどうしようとおもうとたるかった。一人でぼんやりまどにもたれてそとをみていると、うめの花がちるころは中津とわかれんならんと思って、じっとうめのつぼみをみていた。

あぶらげ

二十一日の日曜日の夜であった。今日は昼前は学校へ遊びに行って勉強は出来なかったし、昼からはおばあさんについて、鉄道の官舎にいるもがみさんの家へ行っていってしまっていたので勉強をした。おばあさんは、おふろへ行ったのであん気にやれると思ってこたつばんにいっぱい広げてゆうゆうとやった。昨日出さなかった新聞を作ったり、昨日見に行ったレ・ミゼラブルの映画の感想を書いたりしていたら、おばあさんが帰って来た。私はいつもよりおそかった気がして「おそかったね」というと「ふつうやったよ」とにこにこして上がって来た。おばあさんはクリームをつけた。としよりでクリームをつけるのかと思って「なんでクリームなんかつけるの」ときくと「顔があれるで」といった。

しばらくして、おばあさんが「明日のおべんとうのおかずは何にするよ」といいながら鏡に向かって頭をといていた。私は勉強はすまい（済ませ）てかりてきた本をよんでいた。むちゅうでよんでいて、いいかげんに「何でもええわ」といってまた続けてよんでいると「かつぶしと豆をいれて行きんさい」といったので、私は本をよむのを止めて「あぶらげを持って行く」というと「そんなら明朝早く起きて買って来てやきんさい」といったので、「うんうん」とめんどうくさいと思ってしらん顔してまた本をよんだ。

おばあさんは、つかれたようなふりをしてうでまくらを作り横になって「どっこいしょ」といってねた。私はすこしおかしかった。まもなく時計が九時をうった。おばあさんはむくりとおき上がって「もうねよう。新聞やってふとん持っておいで」といったので私はだまってとりに行った。

私の一家は一間きりなのでおしいれがない。おしいれは貸してやってあるとなりのお姉さんとこのへやにあるのでそこにふとんがしまってある。半分ずつにして、家とお姉さんたちとで使っている。

私はふとんをひいてねた。なかなかねむれなかった。ふとんの中で、私はどうしておばあさんにもんくをいうようになったかしら、よく口答えをして、おじいさんがいつも「やい？　けんかをしとる」というがいつから口答えをするようになったのか、思ってみたがわからない。

ふと上を見るととなりのへやで、お姉さんがまだ起きているとみえて、電気がついていて、すき間からこちらにあかりが流れてくる。おじいさんは大きないびきをかいてきもちよさそうにねていた。そのいびきを子守歌のようにききながら私もしらずにねていた。

朝おばあさんに起こされたが、あぶらげを買いに行くことをわすれてしまって、またねてしまった。すこしたって目をさまして見たら七時になるとこだった。あわてて起きて台所へ行った。すると、あみでっきにあぶらげがやいてあるようだったので、（あ、しまった。買いに行くのをすっかりわすれてしまった）と思って「あぶらげやいてあるのか」とおこったようにいうと、顔をあらっていたおばあさんが、こっちを見ずに「見なさいよ」といった。私は「わからんに」とわざとふざけていうと「やいてある」とおこったようにいった。私はいつもおこっていると思いながら顔をあらいに行った。

ごはんをたべる時、おばあさんは「ここを見なさいよ。おしょうゆがついて茶色になっとるに」ときり口のとこを指していった。私は「へいぇ」としかたなくいった。私は朝早く起きてやけばよかった。そうすればおこられはしなかった。けれども、おばあさんもちょっとしたことでおこりすぎやないかと思う。

くつ下つぎ

農繁休みになって次の日、おばあさんが大井の親せきの家へおばあさんのふくろをぬってもらいに行くといって、朝からしたくをしていた。私はその前の夜、ねるときにあした大井へついていきたいなあと思ってねた。

その次の日、そのことをおばあさんに言うと「六年生にもなって、大人のあとばっかりいくのでないに」と言ったが、私は大井へ一回もおりたことがないので、町をみたことがない。どうかしていきたいなあと思って、さんざんねだってつれて行ってもらった。その時は、やぶれたくつ下をはいて行った。この間遠足に行ったまま、やぶれたところをついでなかったからだ。

帰ってからくつ下を見ると、かかとなんかやぶれていなかったのに、大きなあながあいていた。私はさっそくあらった。

せんめんきに入れてうらをひっくりかえすと、つぎがいっぱいあたっていたのでおかしかった。

その日は大へんいい天気で、あらって日当たりのいいところへほしていたら、昼からはもうかわいていた。その晩私は、農繁期だから自分でやろうと思って、いつもおばあさんにやってもらうのに、自分でやったのでおばあさんはよこになってねていた。そしてもつま先の方はうまく出来なかった。どうしてもおばあさんに「むつかしいねえ、どうやってやるの」と聞くと「かたいっぽの手を中に入れて、やりゃええに」と教えてくれた。ひとところだけやったけど、まだたくさんあった。私はたくさんだなあと思って、くつ下をぐるぐるまわしてあなの数をかぞえた。かたいっぽで、七つもあったので、目をまんまるくして「うへっー」と言って、また針のみぞに糸をとおした。九時をうったので、おばあさんは「ねまいか」と言ってむくりとおきたので「やれんところはあしたにしよっ」と言って、針箱をちゃだんすの上にあげた。

そのよく日も、またひまさえあればやった。むつかしくてちっとも出来ない。時々手を針でさしたり、足がとうせなくなったりして、よほどあばあさんにやってもらおうかと思ったが、せっかくの農繁休みだと思って、またやった。夜はもうかかとが二つだったので、かんたんだった。かかとはちぢんでいたのでやりにくかった。どう考えても出来なかったので、おばあさんに「どうやるのやね」と聞いたら「なにを」と言った。私は、くつ下がちぢんでやりにくいといったら「さかずきを一つもっといで」と言ったので「うん」と言ってかいだんをおりた。「どこにあるか知っとるの」と言ったので「知っとるさ、そんなもの、いつものとこやら」と言っておりて行った。いつものとだなには、いくらさがしてもなかった。下で、「どこにあるの」と言うと「ほれみよ、しらんに」と言って「ごはんを食べるとこの大きいとだなよ」と言ったので、あけてみたら大きな木ばこに「さかずき」とかいてあったので、その中から一ばん小さいのを取って二階へもって行った。おばあさんはそれをくつ下の中に入れて、そのまわりをぬっていた。

私は見ていて「ほー、けっさくですなあ」と言って、ちゃめてやった。「こうすると、しわくちゃのがぴんとなるでやりええのやに、おぼえとかな」と言った。私は、ああ一つものごとをおぼえたんだと思った。

私はくつ下つぎをしたとき、おばあさんはねておることが出来て、えらいことがやすまった。

私は一つおぼえた。私は小さいことだが、おくふかく考えれば大きいことになるんだなと思った。

思い出

富山に父が一人で寮にいたときは私の三年の時であった。

母は神奈川県に一郎とすんでいたが、会社で社宅ができたし、父がすいじをしなくてもいいので富山へ家族でいくことになった。行きに中津へよったので私とおじいさんとが富山へあそびにいくことになった。家は下宿屋をしているので、おばあさん一人るすばんをした。

一郎はとても汽車がすきで私と母は汽車によってねころんでいたが一郎は窓をみてよろこんでいた。

富山へいってみると駅には会社の人がむかえに出ていてくれた。次の朝、新しい社宅に入ることにした。そこはまだあまりできていなかった。

庭に出ると私の胸の辺りまで草がはえていたのでびっくりした。昼から大きなすいかを買ってきて、てつだってくれた二人の人や家内ぜんぶで食った。母はあまりたべなかった。父はとても好きでたくさんたべていたので母は心配して「そんなにたくさんたべてもいいの」ときいたが父は母の気持ちも知らずによけいにたべていた。

その次の日からおじいさんがむしろをひいて、そこにすわって草むしりをした。おじいさんは二年生の時神経痛で半年ぐらいねていてあまり出てないのでそんなことをしたのだ。

父のるすに母と私と二人で荷物を整とんした。とても暑いので母は「やりきれん、やりきれん」といっていた。

夜はおじいさんの肩や腰をもんでやっていた。おじいさんは「おまえはもむことがじょうずやな」といってほめてくれた。母は私たちにちっとも手伝わせなかった。母といっしょに生活したのは私が生まれて二回目であった。なんだか小さくなった気持ちで私も甘えていた。

母の悪いところはしみたれであった。いつも服をきていると一枚を着て二枚目にスカートだけにして手をとおすところをとってまえかけでおさえていた。

いまでもおじいさんはよくいっているが「お母ちゃんは人よしやで、おまえも人よしだ」というのだ。

富山にいるとき母は家にラジオがあるので、その料理の時間に紙切れにラジオでいうことをうつして料理をつくってくれた。トマトがあるころだったので、トマトとじゃがいもと油であげたのと、肉にぱん粉をつけてとんかつをあげてくれた。私はこんな料理をたべたのははじめてであったのでとてもおいしかった。おばあさんは日本料理しかやってくれないので、そのことを母はよくしっていた。母は「中津へいけば食べれんで食べたいだけ食べれ」といって毎日のように作ってくれた。また父は魚釣りの名人で毎晩魚釣りにいっては私ににてくれた。

母は私に食事の時間になると「目がつりあがっていたが、だいぶなおった」とごちそうをつくっては私が喜んで食べるとうれしそうに私の顔ばかりを見ていた。一郎も「明子ちゃんにやる」といって魚をよく私にくれた。

母はまた体が弱いので、茶わんを洗ってやると「ようやるね」といって五円か十円私にくれた。一郎が遊びにいっているるすにお客さんにだした残りのお菓子を私にくれた。

母は、おばあさんによく叱られた。母は「身体さえじょうぶなら、勉強のようなことはあまりやらんでもええ」と言ったのでおばあさんは「いまの女も勉強は大切だ。とろいこというな」とおこった。そしていまでも「富山へ行くとええぞ。勉強はせんでもええで。毎日遊んでばっかおれるで」と私によく言う。

私は母の言ったことで、いまの女は昔とちがう。りっぱな人になるには勉強はたいせつだ。母のいうことはいけないと思う。

母は「あんなにおこるなら、明子もりくつをいうようになる」といっては悲しんでいた。そして「東京にいるときにあまり中津でよこせよこせというもんで、ついひっぱられてしまった。あの時いつまでもいっしょにいたかった。そうすればすなおないい子に」と言って「なんでもほしいものは、手紙でいえよ」といってくれたが手紙を書くとかならずおばあちゃんにみせんならんでつまらない。

よくおばあさんに叱られると富山にいる母のいったことばが思いだされる。富山へ行って生活したいと思う。小さいときはそれほど行きたい行きたいと思わなかったけど大きくなるにしたがって母がこいしい。

終戦後よくおばあさんは物を売ってお金にしたので母はそれを知っている。母のだいじなじばんで、私が大きくなったらやろうと思ったじばんをうってしまったのでとても悲しんでいる。それでアメリカの母のいとこからもらった服を「ぜったい売っちゃああかんに。売るとアメリカの人にしかられるで」といっていた。また「なんであんなによくひがむのやろう。いつからあんなになったやら、前はあんなにひがまなんだに」といっていた。

コトバ（石田）

明子、お前のお母ちゃんはいい母ちゃんだな。母ちゃんについてのおもいでもほんとうにたのしいおもいでだ。おもいでというものは、いくらでもありなつかしいものだぞ。

そのなかからほんとうにおもいでとして（自分の成長に役立ったもの）残ること、考えることのできることがたくさんほしい。たしかに思い出はなつかしいものではあるが、ただ、たんに思い出を思い出として、なつかしんでいるだけではいけない。その思い出となることが、自分にどんなに役立っているのか、それはどういうわけでか。それはいまどういかさなくてはいけないのか。いろいろ、今の生活を向上させるために、役立たせ、考えなくてはいけない。

明子は、中津は住みよいといっていたが、とうとう富山へ行くことになった。富山へ行くと、中津が思い出となるであろうが、この中津での生活をこれからの明子がどう生かして行くかが大切なことなんだ。明子、丈夫で勉強しろな。

ありの子学級の綴方３　今枝英子の綴方

しがみ顔のおじいちゃん

私が二年生の頃の、ある日の夕方のことであった。

戦争が長く続いて、まずいりょうぶめしをたべていた頃で、毎日生活も、そう楽しくはない頃である。私は、きっと、マンガの本を読んでいたと思う。

おばあちゃんが、「ごはんやに」とよんだ。私と兄とおじいちゃんは、いそいで、おかってにはしった。その日のごはんも、いつもと同じように、りょうぶごはんであった。みんな、自分のちゃわんに向かって、ほんとうは、だれにいうのでもないが、「いただきます」をおじいちゃんにした。

私と兄が、となりの子犬のことについて、ぺちゃぺちゃしゃべるので、おじいちゃんの顔は、きゅうに、大きなですこ（おでこ）に二本の線がよった。私たちは、そこで、おじいちゃんの顔を見るなりさっと話をやめた。けれども、私は、少しもおじいちゃんがこわくなく、おじいちゃんなんか、へいきだったので、そのおじいちゃんの顔をまねした。兄とおばあちゃんは、「うふ」と、しかたなさそうにわらったが、まただまってしまった。

その時、おばあちゃんは、配給の金のことをいいだした。おばあちゃんは、おじいちゃんに、「こんど十日分の粉と米のはいきゅうがあるが……」とりょうぶのちゃわんに目をつけていった。

おじいちゃんは、たべかけのちゃわんを、そのままにして、一口もしゃべらず、さっと立ち上がると、そのまま、むこうの財布のしまってある室に行った。しばらくおしいれの戸をガタガタしていたが、自分の財布を手ににぎり、おかっての、私たちのすわっている所まできて、おばあちゃんに、その財布をまるけて（まるめて）にぎったまま、ぶっつけた。そしてこういった。「そんなに金をおしむなら、かってにもってけ！」いってしまうと、またごはんにとりかかった。私たちは、おじいちゃんの顔を見て、ごはんをたべていた。

　おばあちゃんは、しばらくだまってその財布をじっと見ていたがそおっとそれをひろうと、静かに自分のふところのあいだにしまいこみ、ポロッとなみだをこぼしたが、おじいちゃんのさしだした、おしい（おしる）のちゃわんをとった。

　おばあちゃんは、学校もろくろく行かなかったと、いつもいっていたが、その時のかんじが今も思いだされる。でも勉強はよくできたそのしょうこのほうびが今でもしまってある。そのためおばあちゃんは、だれからでもばかにされると思うとかわいそうになる。母も、むかむかとしたかしらないが、だまって口をぎゅっとつむって下を向いていた。

　おじいちゃんは、はんぶんぐらいおしいをのんだ時、こんどはそののみかけのちゃわんを、ほうかった（放った）。みんなの顔は青くなり、目は大きくぎょろ目になった。するとそのちゃわんが、私の目の横にあたりそこから血が流れだした。おばあちゃんは、あわてててながしに行き「ぬのはどこにあるの、どこにあるの」と、ないところをさがしていそがしそうにしていた。母は自分のふところにいれていた、ぼろつぎで、私の目をふいてくれた。おばあちゃんも、おなじように、そのおしいの流れて行くのを、ふきんでふいていた。みんなの目には、なみだがいっぱいたまっていた。

　おじいちゃんは、自分でそんなことをしておいて、まだしがみ顔でむこうの室に行き、すましてタバコをパアパアすって、おこたにあたっていた。

　その夜、母は家出しようと思ったのか、私をおび、兄の手をひいて、夜道に出ていった。

　こんど、新道の大きな明るい道に出るというとき、しょうじをかたにかつぎ、田口の修ちゃんが「なんやね、こんなおそくまで」といいわらいながらさっさとどこかへいってしまった。おばあちゃんは私たちよりさきに、どこかへいって、家は、おじいちゃんだけであった。

　せんろの前までくると母は、「英ちゃん、茂ちゃん、もうすぐ汽車がくるで、ここでねころんでいて死のか。そうすりゃ、こんなみじめなことなんか考えられなくてもいいから」と心ぼそくいった。もう兄は大きくなっていたので「ぼく、やっとう生きとりたいよ。もっと世の中をみてから死な」と小さな声でいった。私は「母ちゃんの行くところについていく」といった。母はふみきりまでいったが、まだ汽車の音はしなかったのであきらめたらしく、なみだをポロポロだしてさっき来た道と同じ道を、かげをのこして家に帰った。

　おばあちゃんも来ていて、一人でにわにむかってなみだをポロポロこぼしながら、みずばなをすすっていた。私と兄は思わず、「おばあちゃん」といい、おばあちゃんのひざにすわった。おばあちゃんは私たち二人のあたまをなでながら、「よく生きていてくれたね」といって、私たちのなみだを、かるくすっとなでてふいてくれた。

　私は、おじいちゃんが、どんな顔をしとるかしらと思って、おじいちゃんのいる室にいって、「おじいちゃんあたらして」といったら、それまで、しがみ顔だったおじいちゃんが、きゅうににっこりしておしいれにしまってあった、お金ののこりの四円を私の手の上にのせてくれた。おじいちゃんは、そのお金をじっと見ていて、また自分の手の上にのせて見た。そしてすぐ、おばあちゃんに、「おばあ、ふとんひけ」といったので、母とおばあちゃんは、いくらおじいちゃんがおこってもみんなおなじように、二まいずつしいてやった。

　おじいちゃんは、ふとんをしいてもらってからも、まだ、考えごとのあるように、おこたにあたって、目をつむっていた。

　それまで、みんなの顔が、プンとふくらんでいたが、私がうつむいていて、今まであったことをふりかえってみて、ふきだしそうになったので、「わははは」とわらったら、みんなも、わらいたそうな顔をしていた。そして、その夜は、それぞれ、ふとんにまるかった。

　そんなことがあってから、母は、かくごして、名古屋の宿屋に働きにいったのだった。

　今でも、母は、名古屋で働きながら、盆やお正月には、私たちにいろいろの物をおくってくれる。

　このあいだおばあちゃんに、あの時のことを話したら、おばあちゃんは、なみだをだして「そうやったね」といった。

　私はお金がないと人間がおこりっぽくなるのだなあ、と思った。

コトバ（石田）

　ことしの一月、みんなで「しがみ顔のおじいちゃん」の共同研究をしました。そのとき「戦争ちゅうのくるしかった、生活をよく思いだしてかいてあるが、だれでも、これとにたようなことがあった。これからは、世の中を、ゆたかな平和な民主的なものにしなくてはならない」ということになりました。今枝さんは、その後の新しい気持ちを、つぎの文にかきました。

生きていこう

私は、五年の時「しがみ顔のおじいちゃん」を書いた。

私はそのことについて「こう思う」ということがたくさんある。それで、そのことを色々書きたいと思う。それはこういうことである。「せんろの前まで来ると」というところから、もう一度原稿用紙にまとめたいと思う。母が「英ちゃん、茂ちゃん、もうすぐ汽車が来るで、ここでねていて死のか」といった言葉が、今でもかすかに頭の中にのこっている。「生きる、死ぬ」ということは、ほんとうに、むつかしい。それに「死ぬ」という言葉を口に出してはいけない。

いつでも「死ぬ」というどんぞこまで、おちぶれないように、自分から生きる方へ生きる方へと進まなければならない。いつでも「死ぬといわず、みんなが困ったことを話し合って「それならこうすればいいじゃあないか」といったように、色々とかんこう（工夫）していくと、少しでも、生活が楽しくなると思う。

それにまだこんなこともある。

「十日分の米と粉の配給がある」といったことも、もっと深く考えればなんでもわかりそうなことである。もし、おじいちゃんが「おれが、こんど、あそこの家で、これだけの金がもらえるで、その金で配給をうけよまいか」といえば、おばあちゃんでも、だれでも「そんなら、そうしてもらえば、あとは、わしが行商に出て、ちいとでも金をとるわというし、そうすれば、私たちでも、「今は、お金はとれないが今まで貯めた金をちいとでもたしてやるわ」といい、みんながほがらかになるが、あの時のように、すぐ暴力をつかうので生活が暗くなる。なんでも、みんなおたがいに相談して、生活していけばよい。

それに話はちがうが、ちゃわんなど、ぶつけるまえに、もっとなんかなりそうだ。おじいちゃんも、もっと深く考えて「こんなことをしてその後、世界の者が幸福になれるか」ということを考えなければいけない。それが、まだそのころは「考える」などということは、しらないからである。そしてまだこんなこともある。

私たちが、だれいうのでもないが「いただきます」を、おじいちゃんにした、というようなところでも、そのころは、男女同権ということになっていなかったので、「男には、女が向かってはいけない」などというようなことがある。

おばあちゃんは、おじいちゃんといっしょに、今まで人夫をつかってかいこんした畑に行って、あせをたらたらながして、真っ黒い顔で、おばあちゃんの体についてただけの仕事をしているのだ。いくら働きぶりが、にっすい（弱い）といっても、それはおばあちゃんにとってはあせにまみれてえらい働きだ。それなのに、おじいちゃんだけに「いただきます」をしたという時も「少しおかしい問題だ。これは、どの家でもありそうなことだ。どうしてだ。」と思うことがたくさんある。それを深いところまで考えて、そのむつかしい問題をといていかなくてはならない。

私は、まだこんなようなところも、みんなにしらせたい。私の二年生の頃のある秋の日のことであった。戦争がながく続いて、まずい「りょうぶめし」をたべたが、そう毎日たべたのではないということをみなにしらせたいのだ。そして、少しのことでも「死ぬ」といわず、私たちはどこまでも「ぐんぐん」生きて行かなくってはならないから「ぐんぐんやるのだ」ということをわすれずに、あのように、にっすくたく「死んでやる」といわないで、どこまでもぐんぐんやるのだ。「死ぬ」というほど、たるいものはない。これからは、ぐんと力を出して生活することだ。

（三）ありの子学級をふり返る　◆回顧録1（一九八五年）

私とつづり方　杉山満寿子

住く春の残光を背にして、一人の初老の紳士が我家の玄関を訪れました。

「石田先生ですか」私は思わず聞いていました。

「そうです」にこやかに、その人は答えました。

三十数年間、私の脳裏には、六年生を卒業してお別れした当時のままの若い先生の姿しかなく、自分は確実に年を重ねているのになぜか、先生が年を取った姿を想像さえしなかったのは、今考えればおかしくもあり、また不思議なことでした。

突然で、思いがけない再会は、またあまりにも意外な内容を含んでいました。私が当時書いたつづり方や日記などが、先生の手によって一冊にまとまり、しかも教育実践資料として使用されるとのこと……。

石田先生の、たくさんの教え子の中から、なぜ私のものが、そして古い時代のつづり方がなぜ今、時を超えて現代に甦ったのか、私には分からないことばかりでした。

ただ、今まで三十数年間、私を、私の心の中でじっくりと見守りつづけてくださった、本物の石田先生を目の前にして、万感胸に迫り、お世話になったお礼の言葉さえ忘れ、私は先生の顔を見つめていました。

短い刻が流れて、私に背を向けて、先生が立ち上がった時でした。私は思わず五年生の子どもに戻って先生の背中に寄りかかっていました。しかし、その感触で、現実に戻りました。先生の身体は、年齢というにはあまりにも弱々しく、今まで相当な無理を重ねて来られたことを、その身体がはっきり物語っていたのです。晩春の日ざしが、名残を惜しむかのように散る中を、同行された野崎先生とお帰りになるその後姿に、私は長年のご無沙汰を心の中でお詫びしました。この四月二十日のことでした。

その石田先生に、私が子どもの頃与えて頂いたいろいろなものを、今からお話ししたいと思います。

さて、私が初めてつづり方を書いたと記憶しているのは、石田先生に逢ってからでした。それ以前、たぶん書いたこともあるかも知れませんが、なぜか印象にないのです。

それだけ、石田先生の指導がすぐれていて私の内面のものを引き出してくれたということになるでしょう。

そんなわけで、私が石田先生に出逢うまでのいきさつから振り返ってみたいと思います。

あれは、私が小学校三年の初夏でした。

その頃、木曽・野尻で、材木店を営んでいた父が、町から家へ帰る途中、木曽川のつり橋から転落し、帰らぬ人となってしまったのです。

嵐の夜でした。雨で足を滑らした父が、必死ですがろうとしたつり橋の、横板の一つに、クッキリと四本の爪跡がついていたのを、あとで知り、私は、何度もその場所へ行って指を触れ、見つめていたことを思い出します。

それまで、平穏に暮らしていた私たち家族は、父の死により一ぺんに奈落の底につき落とされてしまいました。

当時、母は三十九才、そして子どもは六人。そのうち末弟は一才でした。

私たちは、父の生家のある坂下へ移り住むことになったのですが、その日から、母の苦労が始まりました。その、母の様子は、後に石田先生の指導により「苦労する母」というつづり方になって発表され、今回の資料にも載っている通りです。

黒髪を振り乱し、洗いざらしの木綿の着物にモンペをはいて、日夜、文字通り身を粉にして働きつづけた、当時の母の姿が忘れられません。その小さな細い肩に、子どもたちの命を背負い、その行く末を思うとき、母はどんなにか心細く、淋しく、苦しかったことでしょう。

話は戻りますが、私はしばらく坂下小学校へ通いました。

そして、五年生になる春でした。

苦しい生活を思いあぐねた母は、私を中津の伯母の家へ預けることにしました。

人と、人の出逢いというのは、不思議なものですね。もし父の死がなかったら私は、赤毛のアンの小説のような、素晴しい大自然に恵まれた美しい木曽路のふところで、ごく普通の、しかし、きらめきのない少女の道を通ったことでしょう。したがって、中津の伯母の家でお世話になることも、まして、石田先生にめぐり逢うことも、なかったはずです。

しかし、その時の私には、私の人生に大きな影響を与える人に出逢うことになろうとは、夢にも思わぬことでした。

それは、東小の、二階の教室でした。

私たち五年三組の生徒は、担任の先生を待っていました。やがて、若い男の先生が入って来られました。油けのない前髪が白い額に垂れ、やさしい目をした先生でした。

その人こそ、私が永遠の師と仰ぐ、石田和男先生だったのです。

授業が始まって、私は教壇の先生の姿に、思わず息を飲みました。先生は、全身全霊を傾け、一所懸命教えているのです。それはまさに、命の炎が燃えるという姿でした。

その姿を見た時、私は子ども心にかつて味わったことのない感動で、身体が震えるのを覚えました。「何という熱心な先生だろう。こんな先生に逢えてよかった！」心の中でそうつぶやいていました。

その、火のように燃える授業を受けたその瞬間、私は確かに、石田和男という若き教師の魂の響を、小さな魂がしっかり受け止めた、手応えを感じたのです。

その出逢いの、強烈な印象は、今も鮮やかに心に焼きついています。

石田先生は、つづり方や版画を通して授業を進めました。つづり方を書き、版画を彫り、それを皆でガリ版に刷って文集を作りました。表紙の名は先生が「小さなありでも、皆で力を合わせれば大きな力になる」と言われ「ありの子」とつけました。

こうして「ありの子学級」が誕生したのですが、ありの子たちはつづり方や版画を学ぶことにより「仲間と力を合わせること、まっすぐに物を見つめる目、深く考える力」が次第に培われていきました。

学習は、ほとんどがグループ学習で、五・六人のグループが教え合って、全員が理解できないうちは、次に進めませんでした。そんなわけで、どのグループも一所懸命勉強したことを覚えています。それは、いわゆる今のつめこみ教育ではなく、一人一人がやる気になってみんなで考え、みんなが同じように進んでいく、血の通った学習でした。その成果は、五年生から急に私の成績が良くなったと記憶しております。

そして、何より私にとって嬉しかったことは、先生は、私の欠点も長所も、すべて把握しているのに、その私のすべてをそっくり受け止めながらも、なおかつ信用してくださったのです。つまり、私の存在を認め、ありのままの私を受け止めて、一個の人間として扱ってくれたことです。

決して、大人の物差で私たちを見ることはなく、いつも、子どもの気持ち、子どもの身になって接してくれました。今思えば、それは謙虚で思慮深い人柄にかてて加えて、つづり方を研究し、子どものつづり方に触れていたからこそ、私たち子どもの心の中へ飛び込んでくることができたのだと思います。それは、私ばかりでなく他のどの子にたいしても同じで、もし中に問題になる子がいたとしたら、それはクラス全体の問題として、つづり方を書かせ、私たちに考えさせました。

そういう過程の中で、石田先生を中心にありの子の心は一つになっていきました。

出逢いの感動もさることながら、私を信じてくださる先生にたいして、私の心は何のためらいもなく、開いておりました。

そんな信頼の絆の中で、私は「苦労する母」を書いたのでした。一九五一年暮、その作品が小学生全集に載った時、その本の裏表紙に先生が書いてくださったことばがあります。

「満寿子、お前には分っているだろうが、もう一度いう。つづり方は、生活をより良くするためのものであって、それ以外の何物でもないと言うこと。

つづり方は、どこで、どんなにしてみんなと力を合せたらよいかということを知るものであるということ」

その頃、私はクラスの男子の一人を淡いあこがれの目で見つめるようになりました。

少女期の真白なベールが、ほんのりと桜色に染まり始めた、精神的にも、また、脳の充実する時でもある、その大切なめばえの頃に、石田先生と、つづり方に出逢い、書くことの喜びと、考える目を与えられた私は、本当に幸せだったと思っています。

そうして卒業するまでの二年間、石田先生とありの子たちとのふれ合いの日々は、親元を離れた淋しさを感じるひまもないほど、充実してキラキラ輝くような毎日でした。

思えば、私の書いたつづり方が、今日多少でも価値あるものとして判断して頂けるとしたら、それは石田先生を信じ、「見たまま聞いたまま思ったままを、できるだけ詳しく」と指導された先生に、素直に忠実に従う努力をした証でもあるのです。

今回の、教育実践資料となった作品集を、三十数年ぶりに再会した、石田先生から頂いて読み、それは驚くことばかりでした。

大人には、とても書き表すことのできない世界が、そこに展開しているからです。今の私だったら、とても書けないような本音を、何のてらいも、ためらいも、恥らいもなく、実にありのままに、堂々と胸を張って書いていること。そして物事を見つめる目の、何と鋭く純粋なことか。子どもの目を通した世界が生々と躍動していて、やはりこれは、子どもの時期だからこそ、子どもにしか書けないものであることを痛感しました。

それだけ子どもは、その透き通るような目で物事を見つめ、しなやかな心で受止めているのかと思うと、今まで、不用意に我が子に接して来た自分の態度を省み、恐ろしくなりました。と同時に、石田先生が当時口ぐせのように言っていた「ありのままに書かなければ真実が分からない」ということばを思い出しました。ああ、そうだったのか、このリアルさが、三十数年経た今なお、みずみずしく語りかける原動力でもあるのかと、今さらながら先生の指導の的確さに感服しています。

そして、もう一つ驚いたことは、私がすでに書いたことさえ忘れていた幼児期の思い出、本当に懐しく、あの中で父に逢い、幼い自分を見つけたとき、四十年をタイムスリップして私を過去の国へ導いてくださった石田先生に、心から感謝しています。

個人的な感想ですが、私はこの作品集の中で「オーバー」が一番好きです。肉親の気持ちをひたすら想いながら、辛さ、悲しさを胸の奥にしまって、それでもなお現実をあくまでも冷静な目で見つめつづけている、少女の気持ちがいじらしく、この作者が私ではなく、そしてもし目の前に居るなら、抱きしめてやりたいとさえ思いました。そして最後の「私は質屋というところが、憎くてたまらなかった」その一行の中に、やり場のない怒りと悲しみを質屋へぶつけるより仕方のなかった子どもの心に、胸が熱くなるのです。

私はこの作品集を持って田舎へ行き、母に渡すと、母は涙を流さんばかりに喜び、父の仏前に供え、そして墓前に報告しました。よほど嬉しかったのでしょう。「あの苦しい頃これを書いたお前にボーナスをやる」と言って、あとで一組の赤い布団を送ってくれました。

幸せ薄かった、母の旅路を、石田先生が情の花で埋め尽してくださったような気がしてなりません。その母も、この秋、喜寿を迎えました。そして六人の子どもたちも、それぞれ年は取りましたが、苦しい時代をお互いに助け合いながら乗り切って来た誇りと、互いに相手を想うやさしさで、固く心が結ばれています。

私にとりましても、つづり方を学んだことは大いに役立ちました。先ず、国語が大好きになったこと。学習の基礎は国語からと言われていますが、国語が得意になれば他の教科もそれなりに理解でき、私はお陰様で中学へ行って、自分なりに努力した結果を得ることができたと思っています。

　そして、社会へ出てからも、心の支えというか、人生の道標のように私を導き、力づける何か不思議な働きをしているのです。

　例えば若い頃、理想と現実の狭間にいく度か苦い涙を流し、壁につき当たり、ともすれば自分を見失いそうになったとき、最後のドタン場で必ず私を守り、支えてくれたものがありました。

　それは、心の一番底に、どっしりと、そして静かに横たわる金の延べ棒のごとき存在の、石田先生とのふれ合いによって吸収したすべてのものと、つづり方によって培われた、もう一人の自分とでも言いましょうか、いつ、どこで、どんな時にも、常に冷静に物事を見つめている自分が一体となり「踏まれてもなお、芽を吹く雑草のようになれ、顔をあげて現実を見つめよ」とくじけそうになる私を励まし、ささやきつづけてくれたものです。

　それは、寒ければ寒いほど、青く澄み渡る月光のように、苦しければ苦しいほど、静かに力強く冴えわたり、私を見つめ、年と共にその感じが強くなっていくような気がします。

　私はこの世に人として生まれ、石田先生にめぐり逢えて、本当によかったと思っています。そして、つづり方によって与えられたこの心の財産を誇りに、励みに、残る人生を力強く、大切に歩いていきたいと思っています。

話は前後しますが、田舎から帰って、四日目のことでした。

　石田先生から、大きな封筒が届きました。不審に思って開いてみますと、それはあまりにも意外な物でした。大判のハンケチ大の布に、草花が描かれたものが出て来たのです。

　その幾枚かの中に混って二枚、歌を書いたものがありました。その一枚は、今年の年賀状に書いて先生に出したものですぐ分かりましたが、もう一枚は見覚えもなく、聞いたこともない短歌でした。〝これは誰の作った短歌だろう〟といくら考えても分りません。それなのに、その末尾に私の名前が記されているのです。

紡ぐ手を　休めて今朝の風涼し
四周の人々　皆汗ばみて　　満寿子

一瞬、どういうことなのか、訳が分かりませんでした。

そして次に、まさかと思いました。

もしそうなら、これは、私が中学の卒業式の翌日から社会人として勤め始めたA市の、紡績工場に居たときに出した手紙の中にあったものかもしれないのです。

しかし、あれからもう、三十年にもなるのです。もう一度、短歌《うた》を読み返し、記された私の名前を確認して、やっぱりそうに違いないと思いました。

その思いがけない贈物に、先生はずっと私のことを忘れないでいてくださったという喜びと、三十年もの間、肉親でさえ処分してしまう古い手紙を、大事にしてくださったその真心のありがたさに、感動の波のうねりがどっと押し寄せ、熱い涙がとめどなく溢れ、刻が止まったごとくむせび泣き続けました。

それらを包んであったボール紙に〝みんな草木染です。あなたが坂下へ行くといった日に染めてみました。ご笑納ください〟とだけありました。

その夜、お宅に電話して御礼を言いますと、

「あれは、満寿ちゃんがB紡績へ行っている頃に、はじめて給料を貰ったと喜んで手紙をくれた中に書いてあった短歌で、ああ今頃は坂下へ行っているな、と思いながら作ったものだよ」と、こともなげに言われるのです。

古い手紙を、大切にしていてくださったお気持ちだけでも嬉しいのに、その中に書かれていた短歌を、さり気なく染めて送ってくださったその心のおくゆかしさと、三十五年前の一人の教え子が故郷に居る姿を想いながら、忙しい時間をさいて、一生懸命、手間のかかる草木染を作製している石田先生の姿を偲ぶとき、先生の中に脈打つ、教育というベースの上に香る、崇高で雄大なロマンと、時の流れを超越した、静かで、確かな愛情が、一編のドラマを見るように私の魂に反映し、揺さぶられるのです。

その時の感動と感激を、私は思わず次の詩に謳って先生に送りました。

〝恩師手づくりの草木染に寄せて〟

草木染は
師弟の出逢いの日と
ふれ合いの日々に残した　足跡を語る
信頼の絆の温かさと
再会の日の　涙を語る
その中で　一きわ心を濡らすのは

十五の春に送った　短歌《うた》を保存し
さり気なく染めた恩師の深い愛と
謙虚な心づかいを語るとき
草木染に
古代から受継がれてきた歴史を見る
生きとし生けるものすべての
息吹を見る
いくつもの過程をくぐり抜け
変身して行く　ドラマを見る
その中で一きわ心に映えるのは
時を超えて教え子を慈しむ恩師の
ロマンと誠を見るとき

草木染は
火と土と太陽と
水と花と緑葉の匂い
故郷と父母と懐想と
汗と夢と明日の匂い
その中で一きわ心に浸みるのは
恩師の貴い　ぬくもりの匂い
永遠に消えない　真心の匂い

その二枚の短歌《うた》は、額に入れて飾り、他の草木染と共に、私の大切な生涯の宝物です。

先に述べました、石田先生が私の本の裏表紙に書いてくださったことばは、つづり方教育のすべてを現しているのではないでしょうか。自分や、まわりを見つめ、よりよい明日を考えるための手段。

そして、所詮、一人では力の弱い人間が、人と手を取り合ってこそ、大きな力が湧き目的を果たせる、そのことを考えるための手段。

これは、人が人として生まれ、生きて行くための礎であって、しなくてはならない教育だと思うのです。

物質文明の波の間《はざま》に、うつろな目で、すがる救命具もなく漂う、現代の子どもたちを見ていると、何か哀れな気がします。そういう今だからこそ、つづり方教育によって、子どもたちを導いて頂きたいのです。

実は、私の娘がこの一月末、中二の終りの時でした。三週間の間に約十日間、登校拒否をしました。原因は、男子生徒のいじめが引金になったようですが、良く聞いてみると、それぞれが孤立して連帯感がなく、冷たい教室の雰囲気が嫌だと言うのです。言い替えればそれは、いじめられたことにより、クラスの中で自分の存在感が薄いのではないかと意識してしまった心の問題もあったようで、学校へ出て行っても、どうしても教室に入ることができず戻って来たり、朝支度をして玄関まで行きながら、座り込んで泣いている娘を見て、私はどこか異常なのではないかと心配になり、臨床心理の門を叩きました。

結果は、明るくてきわめて正常な中学生と診断され、胸をなで下したもののしばらくは登校できませんでした。

そんなある日、一人の仲良しの級友が朝迎えに来てくれたのです。娘は喜んで登校して行きました。親ではどうすることもできなかったのに、また、先生方を含む多くの人たちの支援にもかかわらず、結局、一人の親友の友情によって救われたのです。

中学生の娘にとって、友達の存在とその交流が、子どもの心の中でいかに大きな割合を占め、また重要な意味を持つのか、改めて考えさせられました。また、娘の好きな音楽と絵が心の支えとなり、立ち直るきっかけの一因となったことも事実のようです。

こうしてまた、元通り普通の中学生として登校できるようになった日は、奇しくも石田先生が、私の作品集のあとがきを書いてくださった日付と一致することを知り、娘がこのまま学校へ行かなくなるのではという、不安と戦った日々に、最終的に私を支えてくれるものがなかったら、あるいはこの作品集を見ることも、石田先生と再会することすらできなかったと思うと、何か深い、目に見えないものを感じるのです。

それにしても、もろく、わがままな子に育ててしまった責任は、当然感じてはいますが今回のことの原因と、それにたいして娘のとった行動、そしてまた日常の子どもたちの言動などを見ていると、今の子どもたちは物事の見つめ方や受け止め方があまりにも幼く、物の考え方が非常に利己的でこの子は家族の一員であることすら理解していないのではないかとさえ思う時があるのです。

それは、あり余る文明の恩恵にどっぷりと漬っている複雑な社会と、またそれを反映する対人関係が、子どもたちの心をゆがめ、果ては思考力さえ失わせつつあると感じられてなりません。

娘にしても、高二の息子にしても、足の先から頭のてっぺんまで、生徒規約なるものでがんじがらめにされた、きびしい管理体制の学校で、学ぶことと言えば進学のための勉強ばかりで、子どもたちは自分を見つめるすべさえ知らないような気がしてなりません。そういう子どもたちが、少々の困難や試練に直面した時、また学校というワクの中に入り切れなかった時、屈折した心に戸惑って、家の子のように心を閉ざして登校拒否という型をとるか、あるいはまた、暴力・いじめ・非行などの一因となり現れるのではないでしょうか。

つづり方を書くということは、考えることです。書くために考えるのではなく、考えるために書くのです。そうです。人間は一生考えながら生きて行かねばならない動物だし、そのためにつづり方は考えるための手段、物事を正しく見きわめるための訓練なのです。

波間に漂う子どもたちが沈んでしまわないうちに、早く、早くつづり方という救命具を投げてやってください。子どもの時代のその純粋な目と時期を大切に活用してやってください。

それによって培われた子どもの目は、家族の中の自分の存在と立場をしっかり自覚し、始めてまわりに目が向けられます。そこで、友達や、家族や、みんなと力を合せることの意義と喜びを知ったとき、その中から物事をしっかり見つめることのできる、もう一人の自分が生まれて来るのです。それによって、本当に自分を大切にする意味を知り同時にそれは人を大切にすることにつながるということも分かるはずです。

この、人間教育とも言うべき、つづり方によって学んだ子どもたちの目は、必ず、生々と輝いてくるでしょう。それは心に、考える目が開かれた証なのです。

子どもたちが今気が付かなくても、いつの日か必ず、私のようにつづり方をやって良かったと思う日が来るのです。子どもたちの未来のためにも、そういう心の財産を、先生方のお力で与えてやってください。

そして、かつて石田先生が私たちにそうしてくださったように、ありのままの子どもを受止めて信じてやってください。そのことにより子どもは自信を持ち、心を開きます。開いた心は与えられるすべてのものを吸収する、強烈な作用を持っているようです。そして何より、子どもたちとの深い絆が生まれると信じています。

(三)ありの子学級をふり返る　◆回顧録2(一九八一年)

教室文集「ありの子」の頃

一九五〇年四月から私は中津町立東小学校につとめることになりました。校長は堀忠義先生でどれだけか承知していましたが、他は全くというほど知らない先生ばかりでした。私より半年ほど前に、丸山雅巳先生が来ておられ、はじめて丸山先生にお会いしました。赴任最初の日に、歓送迎会がもたれ、その席で何となく丸山先生と親しくなりました。

私は付知でこんなことをやってきて、生活綴方でなくては駄目だと思うというと、丸山先生も生活綴方でいかなくてはいけないといわれ意気投合したように覚えていますが、私は丸山先生に「いろいろ教えておくれよ」ということで、生活綴方教育に少し腰を落ちつけて取り組んでいくことにしました。

その年は五年生を受け持ちました。その子どもたちの六年生までの二年間一緒に過ごしましたが、その時に作った文集が「ありの子」という題のものです。

先にも申し上げましたような、付知小での端緒的な綴方の模索の経験しかありませんでしたが、私自身も年齢的に二一〜二二歳頃の体の頑張りも効きましたので、やったことは下手なことでも滅茶苦茶につき進んでいたように思います。

とにかく最初の本格的な取り組みということでしたが、何をどれだけやらねばならぬということもありませんし、わかりませんので、子どもたちの書いたものをよく読んで、その中から何か芽を発見して、つぎへ進めていったわけです。丁度、その頃になって『新しい綴方教室』という国分一太郎さんの本が出版されましたので、その本を何度も読み返しては、そこにあることを真似たりしながら、自分も何か新しいことを見付けだすことをしていたように思います。

特にあの本の最初に

「アメバ、アメナテ

カゼバ、カゼナテ
ダレ、ツケタンダベナ
イツバンハヤク、ダレツケタンダベナ。」

というような一年生の詩がのっていて、この東北弁による短い詩のなかに、子どもの疑問の深さを読み取る必要が述べられていたように覚えていますが、私にとっては、子どもの短い言葉のなかにある内容の豊かさへの着眼がどんなに大事なことであるのかを教えてくれた本です。また、あの本にはどのように書かせたらよいかということもたくさん書いてありましたが、「ねうちにむかう心」ということで、綴方の内容におけるねうちの高さへの目を開かされこともあります。そういう意味で、あの本はお師匠さんの役を果たしてくれたと思います。

ところで、その頃、何をどのように具体化していたのかということですが、順序だてたことは全部忘れてしまっていますので、いま手許に残っている資料によって、それこそくだらないことになるかもしれませんが、どれだけかのことをお話してみたいと思います。

私は、いまでもよく調査ということをしますが、どうもそれはこの頃からのくせのような気もします。手許の資料で、この時の最も古いものをみますと、四月の担任決定の直前、「いま、困っていることと、そのわけは」とか「あなたのうれしいことと、そのわけは」「先生に希望することとは」など、こうしたいろいろのことをペーパー調査の形でやって、子どもが何を思っているかということを知ろうとしていた跡があります。

また四月十八日とありますので、これも第一の調査から日が浅いうちですが「世の中の事でもっと知りたいことは」とか「一番尊敬している人は」「好きな科目とそのわけは」など、いろいろ聞いています。

このように、子どもたちにいろんなことを聞いてみて、そこから何かを学ぶというのか、自分を子どもたちに合わせていくつもりだったと思いますが、とにかく子どもたちをよく知らなければ仕方がないということで、こうした調査をいろいろな形でやっていたようです。

その調査から何を得て、それでどうしたのかということが、資料として残っていませんので、その調査の実践的意味をお話することはできませんが、自分が受け持ったとたんの四月一八日に「一番尊敬する人は」と質問していることなどは、私の影響が全くない時だけに、ある意味でのその当時の私の意気込みがいま、わかるような気もします。

この「尊敬する人」の調査結果はつぎのようです。

人名	男子数	女子数	合計
エジソン	十六	十九	三五
湯川博士	七	七	十四
リンカーン	六	六	十二
トルーマン	七	一	八
天皇	三	四	七
ライト兄弟	三	二	五
ベル	四	〇	四
野口英世	二	二	四
マッカーサー	三	一	四
キュリー夫人	三	〇	三
ベーブルース	二	一	三

合計数が二以下は、レントゲン、豊田佐吉、ヘレンケラー、ワット、古橋選手、ルーズベルト、ワシントン、三木本幸吉、キリスト、アランポオ、皇后、蒋介石などで、とりあげた人物は全部で二四名、そのうち日本人は七名ということになっています。

この子どもたちは、敗戦の翌年に小学校へ入学し、占領下に学校生活を過ごしていたわけで、日本は懺悔が多く、日本社会が具体的に不明な時代でもあったことがよくあらわれているように思えます。

また、カリキュラムも自分で編成することが中心になっていました。今日流にいえば「私の教育課程」ということになりますが、この年、この子どもたちと一緒に学習するためにたてた、私の社会科のカリキュラムでは、課題としての題名がつぎのようになっています。

一、人民の為の政府とその確立
二、衣食住生活の安定と向上
三、生産力とその発展
四、文化的水準とその向上
五、家族制度とその解放
六、基本的人権とその確立
七、民族の自主独立とその確保
八、国際平和とその実現
九、科学的、歴史的な考え方とその獲得

これにあわせて、それぞれ単元構成をしていったのです。その内容は資料として全部、残っていませんので、はっきりしたことは言えませんが、いまからみれば貧弱で粗末なことだったと思います。

たとえば第一の課題は「みんなの政治」という単元名にしていますが、単元設定の理由では「政治が生活を左右している社会において、人民の為の人民による人民の政治が如何に行われているか、また如何に行われなければならないかということを、地方政治を具体的に分析してみることにより、正しい政治のあり方を考え、民主主義政治への関心を増すことにある」と書いています。そして学習活動としての小問題では

「①私たちの政治への注文
②町会について調べる
③役場について調べる
④県会、国会について調べる
⑤政治の歴史について調べる」

という五問題を設け夫々の問題についての具体的な学習活動を列記していますが、県会、国会では、政党と政治ということで、各政党の政策、理想を聞くために、グループで手紙をだして調べるようにしています。

この「みんなの政治」の学習では、私は学習ノートを作成し、それでもって学習を具体的にすすめましたが、その学習の効果判定ということでは、綴方（中津の町の政治・税金）などとメモしていますように、綴方をこんな形でもとらえていた部分があったのかと、いま改めて思い直しているところです。

外側ばかりの話をしましたが、綴方そのものでは、『新しい綴方教室』にでていました表現能力の分布とか題材分布とかの表を作って、それに子どもたちの作品題名を記入して問題を探っていたようです。こんなことをいつもしていたわけではありませんが、この年の九月一五日の場合を示してみましょう。

九月十五日（金）第三、四時限
自由題（自分で書きたいこと。長く書けること）

題材分布

場所	題名	人数
学校の中の私	例・学校のかえり道（鈴木文）他は略	男二
家の中の私	略	男一一、女一七
クラスの中の私	略	男二、女三
社会の中の私	略	男一
町や村の中	略	男二、女三
自然の中の私	略	男七、女四

表現能力の分布

	自分	家	世の中	自然
くわしい表現	例・パン焼き（幸子）他は略	略	略	略
くわしくなりかけの表現	略	母に会えるまで（英子）	略	略
くわしくない表現	略	略	あそび場（博）	魚つり（野田）

こんな表にしてみて、全体の傾向をみたり、前の場合と比較してみたりしながら、いつも誰が、何を、どのようにということと、みんなが、どんなことを、どの程度にということに、どれだけかの気を配っていたと思います。

この表作りなどは、こうやってみるといいよと書いていた国分一太郎さんの真似ですが、真似でも何でも、自分でこれ以上のものが生み出せないうちは、それを割合、真面目にやっていたようです。そして、子どもたちがどこへ目を向けているのか、全体としてどういう力がでてきたのか、また、誰がどうなっているのかということを全体の中でみようと考えたのだと思います。

つぎにお話するのは、当時私の教育ノートの一コマです。そこには生活綴方についての私の考えがでているように思いますので少し恥ずかしい内容ですが紹介してみます。

十月十三日　金曜日——放課後の会話から

史子　私の家、仕事がなくなっちゃったも、先生。
石田　どうして？
史子　三井のおじさんが死んじゃったもんで兄さんが父ちゃんに仕事やめてくれ言ったもんで、まあ首切りさ。
石田　それでそうしとるの、いまは？
孝男　うわあ、そんなこと先生に話すかよ。
石田　どうして、いかんか？
孝男　ぼく、そんなことというと母ちゃんに叱られるもん。そんな恥ずかしいで言うなっていうも。
石田　何が恥ずかしいことやよ。本当のことやないか。なあ、先生にはみんなの家の事でも何でも、ほんとうのことを聞かせてくれな、よう教えんぞ。
史子　私は話したね、本当のことを。
孝男　先生に話すと損やでなあ。
石田　何が損や、先生はみんなの味方やないか。
孝男　もしも、警察なんかに言うと、母ちゃんが怒るでなあ。

結局、結論を出すまで話し合いをしなかったが、子どもたちの題材指導に一つの光が見つけ出せたように思う。それぞれの子どもの生活の中には、それぞれの重大な問題が隠されている。考えるともなしに、いや、考えようともしないで、子どもはその問題に重荷を感じながら、あきらめきろうとしている。そこで現在の俺としては、

一、綴方学習の目標をしっかりと子どもたちに与えること。現実の課題、何を考えるべきかを、また、如何に考えるかという考え方の学習であること。

二、教師の生活を素裸にして、子どもに見せつけること。見栄や外見から子どもを解放して、自由に語れるようにしてやること。

三、共に考えること。問題解決していくことを一人でしないで、共同の力でやるということを子どもに理解させること。先生を信じさせ、子どもを信じ、問題によっては、或るときは先生と二人だけで、ある時はみんなで考えるということを、平気でできるようにすること。

四、親の見栄を除去する努力と共に、子どもを自治組織体の中でフルに動かして、現実に問題を解決しながら、本質まで逆のぼって考察する癖をつけさせること。

五、課題指導について、長文指導から切りかえること。文字の習得、書く能力、体力の訓練から、社会問題への目を開くための指導をすること。

こんなことを書いていますが、これは、子どもとの会話のなかで、本物へむかっての題材選択、いわば、どういうものを書いたらよいのかということについてのヒントを、私なりに何かつかめたような気がして、少し整理してみたことなのだろうと思うのですが、五、にある長文指導ということでは、また思い出すことがあります。

長いこと書くという場合、とにかくくたびれてしまって書けないという子どもがいるため、長く書く練習ということで、いろいろなことをしました。たとえば、名作といえるような他の子どもの長い綴方を読んで、子どもたちに聴写させることをよくしました。句読点のうち方や、原稿用紙の使い方まで、それで理解させようと考えたのです。また、ある期間の毎放課後、私は子どもが帰ったあとで教室の黒板に名作としての詩を書いておき、翌日の朝、授業が始まる前に子どもにきちんと視写させるようにしたこともあります。それは白紙のノートにカットも自分で入れさせて、その期間の終わりには、一

冊の詩集に仕上げるといったものでした。
何しろ、書く癖をつけなければ仕方がないという思いが強かったようです。文字の習得、書く能力、体力の訓練とまでいっているほどですから、書くことをいとわないようにするという点で、相当あれこれしたものだと思います。
そして、先の会話で題材指導へのヒントを得ていますが、その次にこんなことがメモしてあります。

(問題をみつけさせるために例として考えられること)
・はずかしいことを書け
いままで、先生にも友達にも話したことのない、自分や家のことで、恥ずかしいと思うこと（綴方の題にならんと考えていること）を書け
・いちばん困ったこと、むかついていること、わけのわからないこと、たるいこと、いやなこと
(これで子どもの目を開いたらどうか)

こんなことは、今日では誰でもやっておられることでしょうが、当時の私は、何とかねうちにむかう題をみつけさせるために、発問の言葉をこんな格好で思いついたりしながら、それを具体化することをやっていたのではなかろうかと思うのです。全部を覚えているわけではありませんし、細かい実践ノートがありませんので正確には申し上げられませんが、いま、手許に残っている若干の資料でいえば、こんな状態をみることができるわけです。

こんなことをやっているうちに、子どもたちが割合に書いてくるようにもなってきたのです。ここにあるのは五年生の時の学級文集『ありの子』ですが、ここでは『望』（注・付知小での文集）とは質のちがった綴方作品をどれだけかまとめることができました。この『ありの子』の文集になると、丸山先生に教わって表紙の付け方も製本の仕方もちがっています。中扉をつけたり、目次やカットを色刷りにしたりして、気負っています。
いま一冊の『ありの子』は、それから一年後、卒業を前にして子どもたちが自主的に製作したものです。一人一人の文がどうにも長いので私がプリントすることができず、子どもたちで原紙を切りました。私は一人一人の文のあとに、その子どもへの言葉を短評のつもりで書いたものです。この文集の「はしがき」や「あとがき」は勿論子どもたちの手で書かれていますが、そこにはこの子どもたちの綴方の考えがあらわれていますので、それを紹介してみます。

はじめの言葉

僕たちは、卒業記念と六年間の作文のくぎりをしめすための文集を作るのです。「そういう文集を作るんだ」と云うことで、去年の十二月の終わり頃、級自治会を開いた結果「家でなんかもらわずに、おれたちみんなでかせぐんだ」と云うことになって、四人から十人位にまで組を作って、鉄拾い、紙袋はり、古新聞、古本売り、など、みんないろいろ働いて、二月の始め頃には三千円もかせいだ金が集まった。それに、級の執行部の者で、冬休みのひまひまに集まって来て、僕たちの彫った版画を刷って、五〇冊もの版画集を作り一千円の金をかせいだ。こうしたみんなの働きによって、生まれた文集でありま す。

中味のねうちとして、読んでくださる方に得てもらいたいことは、僕たち子どもが、今の日本を背負っている大人の人たちに訴えたいこと、今の生活の反省、どれもこれも大人の人たちに考えてもらいたいものです。僕たちが小さな頭で一ツ一ツ、エンピツを握りしめて書いたものです。

ある人は「たかが子どものことじゃないか」とか「子どものくせに生意気な」などと云われるかもしれませんが、そんなことを云わないで真剣に、いまの日本のことを考えている僕たちを思いうかべて、ぐっと深く考えてもらいたいと思います。

あとがき

やっとできあがった文集。おもしろいこと、生活に関連したこと、社会に深くつながっている文。三〇〇頁近いこの本。これは正しく僕たちの力だ！

それではどうして作ったか、一ツ一ツ拾ってみよう。

文集の原紙は級の執行部の者とその他十人位の人で切って、Ａグループから順番に刷ったものである。前々からやっていたのだが、いろいろでろくに原紙も切れず、今年になってから油を入れて作ったものである。先生の批評も入れてあり、去年の五年生の時の文集よりも、みんなで原紙を切ったことや、頁数がぐんとふえたことや、中味のねうちが変わったということだ。

四月には、もう一中、二中へ別れて行くのだが、中学へ行ってもみんなで力を合わせること、よく考えて働くこと、何でも正しいと思えばどんどん実行すること、を、がっちりとやっていきたいと思っている。

この文集からみても、やっぱりみんなの力は大きい。協力することは大切だ、ということがわかった。

それから、たくさんの字のまちがい、言葉のまちがいなど、この文集にみられれますが、これからは細かいことにも気をつけてやっていきます。

ここに書いていますように、二ヶ年間に子どもたちはこうしたつもりになっていったわけですが、その間の子どもについて、ある一人の女の子を例にして話してみます。

その子は安江満寿子という名ですが、この子どもの作品は、五年生の時の「苦労する母」というのがあり、よく知っておられると思います。その作品は、この子の夏休みの日記を私がみていて、「母の苦労をまとめてみたらどうか」と話しかけたことから、まとめたものです。また、六年生の時の作品としては「土地をねだるおじさん」というのがあり、これもよく知ってみえると思います。この作品は、卒業文集にのせているもので、大方、最後の作品ということになろうかと考えられます。

「苦労する母」と「土地をねだるおじさん」のあいだの未発表の作品が、どれだけか手許にありましたので、今日はそれを紹介して、子どもがどんな生活をし、何をどのように考えていったのかを知っていただきたいと思うのです。

まず、「友だちと勉強」というのがあります。これは家へ帰って友達と勉強をやっていることを書いたものですが、一人でやるよりみんなの友達が集まって、友達の家へ行って勉強した時に、ほんとうにおもしろかったというものです。

「とんだ高飛び」というのは、家の前の道路で近所の子どもたちと高飛びをして遊んだときのことが書かれています。

「口争い」、これは学校でグループ学習をやっているとき、グループ内で争いが起きてたるかった様子が書いてあります。

「百姓面の文を読んで」というのは、たしか「山びこ学校」にでていた百姓面という題の文のような気がしますが、それを私が読んでやったあとに書いたもののようです。

まだありますが、こんな題の紹介だけしていてもわかりにくいと思いますので、「苦労する母」よりあとですが、五年生時に書いた作品の一つを読んでみます。

ある夕方の出来事

五年　安江満寿子

八月一日の夕ごはんの時のことであった。姉が「ごはん。」とよんだが私は、その時、兄がこん虫さい集の虫にホルマリンという、虫がくさらない注しゃをうっていたので、そこでおもしろげに見ていたのである。

　そしたら又、姉の声で、「早くこんと、おしいがさめちゃう……。」とおこったような声がきこえてきたので、私はしかられるで早く行こうと思って、ごはんたべばへいったが、ちょうど私のちゃわんがなかったので、茶わんを出そうと思って戸だなをあけたら、あまりたくさん上までつんであったので、三つほど、「ガチャガチャ」と音をたて茶わんが下におちてわれてしまった。

　姉は、おそろしいかおをして、「ます子はなにをぼやぼやしとる。ちゃんと目があるくせに。」といった。

　私もまけずに、「そりゃ姉ちゃんなんかあんまり高くつんでおくでわるいわ。」といったら姉はさっと立ってきてらんぼうにも、手のひらで私のあたまを、「ピシャンピシャン。」とたたいた。

　私は、しかられてたたかれた時、ほんとうにくやしくて、なにかいおうとしたが、へんなことを大きい子にむかっていうと、又、たたかれると思っていわなかった。

　そのかわり、あまりのくやしさにとうとうなみだが出てきて、「めそめそ。」泣きだしてしまった。

　家にいるとよけいにむかつくので、どっかへいってしまおうと思って、みんながおくの部屋へいった時、そおっと家を出て、家から大またで二十歩ほどで行けるところに川があるので、そこへ行けばもう姉のいかりもとけるだろうと思ってそこへくやしなみだをながしながらいった。

　川岸の土手のところにしゃがみこんで、両手をひざの上にのせて、山から流れてくる川はば、二米ほどある川の水をみつめていた。

　その時、私はこんなことを考えていた。

　私はいつもそそっかしいことばかりして、しかられてばかりしておるしみんなにだってにくまれてばっかおるで、いっそのこと、いつか私みたい死んでしまいたい。そんなことを考えていた。

　三〇分くらいたったころ、さっきからくもっていた空から、雨がポツンポツンとおちてきた。私はぬれるで帰ろうと思って家の方を向いてみたがひょっとして姉がおこっているとまたたたかれるだけそんだから、と思いなおして、またしずかにすわって、家では母が心ぱいしているだろうなあと考えていた。そうしているうちに、ポツンポツンの雨はとうとう大雨になってしまった。

　川の水は、前はきれいな青い水であったが雨がふってくるとだんだん茶色になって岸のすぐ横までついてきた。その時私は三つになる弟が私のことを思って泣いていると思うと帰りたい帰りたいという気がした。

雨はだんだんひどくなるしよわったなあと思っていると、七つになる弟がこうもりがさを持って私をむかいに来てくれた。

弟は、私のことを心ぱいそうに「ますねえお母ちゃんが、す梅やるでこいって。」となきそうな声で私をのぞきながらいった。私は弟がせっかくむかえにきてくれたから、かえろうと思ったが、あんまりさっきのことではらがたっているのでまただまってしゃがみこんでいた。

そしたら又、弟は、「ます姉はいれよ。」といって、こうもりをさしむけてくれたが私は弟に「いいわ。」といってまた下を向いてしまった。

私が下をむいてしまったので、だまって弟は、こちらをふり向きふり向き帰っていった。

弟がいってしまってから私は、また川の水がだんだんふえてくるのを見ていたが、あんまり雨がひどいので、自分のかけていたたすきの前かけをぬいで自分のあたまへかぶった。だんだんふくやスカートがぬれて風を引きそうになったのでいくらなんでももうおこっていないだろうと思って、とうとうさっききた道をまたぼつぼつあるきながら下をむいて帰っていった。

家へ帰ったらまだごはんをたべていないのでうらからこっそりおかってへいこうと思った。うらの方へいく道のがけのようなところへからだをかくして、あたまだけあげて家の方をそうっと見たらとなりの家の、男の人と女の人が二人あそびにきていたので私はあの人たちに「ますちゃんどうして泣いたの。」なんてきかれたらはずかしいから道の上のたんぼのあぜにかくれてうらのおかってばの方へ走っていった。そしてふろ場の横から、うら口の方へまわって、小川で足をあらった。足をあらってごはんたべばへいった。入っていってガラス戸のしきいのところにぬれたままでこしをおろしてさっきの弟がむかいにきてくれてかえしてしまったこと、家を出てきたことなどをいろいろ考えていた。

母たちはさっきのお客さんとなにかむこうの部屋で、お茶をのんだりわらったりしているので私は、それたちがうらやましかった。

二十分ぐらいたった時、母がやかんにお茶を入れにきた。その時私は、ぞくっとして、向こうへにげていこうとしたが、母がすぐ目の前まできてしまったので、だまって下を向いていた。

母は、私のいるということに気がついて、「ます子は、そんなことしたって自分のそんだけやに。」と大きな声でいった。

私はなにもいわずにだまっていた。そしたら母が、やかんをそばにおいといて、私のふくをさがしにいった。ちょっとまっていたら服とモンペをおしいれからもってきてくれた。そして「ほれっ早くかえれ風ひくぞ。」とやさしくいってくれたので、私は、もうすこしでなみだが出そうだったがこらえて下を向いていた。

母は庭のコンロにかけてあるてつびんのゆをいれにいったので、私はそのまに服をきかえた。そして、そのぬれたのを外にあるたらいの中へほうりこんだ。母がやかんにお茶をいれにかえってきて、私のごはんをもって戸だなにしまっておいたらしくだまって戸だなから、茶わんにもったごはんを出してくれた。その上の戸だなからこんどは、つけものを出してくれていってしまった。

私は、さっき家を出ていった時から、なにもたべていないのでその時は、とてもおいしかった。その時、部落のじょう会にいっていた兄が帰ってきて、じっと私の顔を見ていたが、すぐ母の方へとんでいった。私は、「なんや圭助兄みたいいらんことや。」と心の中で思っていた。そして私が、見ていたら兄は母となにか小さい声で話しあっていた。

私は、だまってごはんをたべてしまった。たべてしまってから夕方あった、茶わんをわって姉にしかられて、家を出ていったこと、雨がざんざんふってきたことなどを日記にかいていたら、さっきあそびにきていた一人の男の人が、私のそばによってきて、「ますちゃんなにかくよ。」と私の書いている方をのぞいてみたがさっきあの人たちに母が、私のことを話したのではずかしくて、かおもあげずに書きつづけていた。

すると母がまたお茶を入れにきて、庭のところで「ますこはまったくこんじょうのわる子やでなおしてやってくれんかえ。」とあばけたようにいった。

そしてまだ口の中でなんだかぶつぶついっていた。だが私は、私がこんじょうのわるい子やということはしっていたのだ。

いまだって、こうした生活はたくさんあると思いますが、一つのできごとをこのくらいくわしくみつめてみることが一人の子どもの中で、できはじめてきますと、それがクラスの中に広がっていき、他の子もくわしくということが具体的にわかるようにもなってくるのです。

いいそびれましたが、いま話している作者の安江満寿子さんは、四年生時に父親が事故死したため、家族は坂下に住んでいたのですが、この子ども一人だけ母親、兄弟と別れて、五年生のはじめから、中津の親せきにあずけられていて、六年生を卒業して坂下の実家へ帰っていったのです。中津の親せきというのは、現在ではその場所が変わってしまっていますが、「やけ市」という屋号で仕出し屋をやっておられた家で、そこも家族が多勢のようでした。そこで親切に養ってもらっていたのです。

そうした生活環境の子どもでしたが、六年生時に書いた作品を読んでみます。

オーバー

六年　安江満寿子

一月十日のことであった。私は、坂下へ十二月三十一日から遊びにきていたので、もう今日は帰らなければならなかった。

朝起きると、今日帰らなければならないかと思い、たるくて仕様がなかった。顔を洗って、座敷の大きいこたつにあたり朝ごはんをたべた。ごはんをたべてから片付けて、こたつにあたると、母も来てあたった。

「今日、送ってってやるわい」

といったので、私は一人でいくよりよかったので、とてもうれしかった。母は、

「しち屋へ行っておとうちゃんのオーバーを売ってこにゃ、十五日正月はぜに一銭もない」と言って、二階へオーバーを持ちにあがっていった。私はこの時、(オーバーまで売ってぜにをかせいどりゃ、しまいに家はなんにもなくなっちゃあせんかなあ)と思っていると、母は、父のオーバーと弟のオーバーを二つかかえており て来た。するとどこからか、さっきはいなかった兄が部屋へ入って来て、

「おかあちゃん、おれ、中津川へ行って来てやろか」

と言った。母は、

「おお」

と返事をしたが、しばらくオーバーを見て考えこんで

「そいでもなあ、子どもが行くと馬鹿にして、安くしか買ってくれんかもしれんで……」

と心配そうに言った。兄は中津川の十日市を見てきたいと思ったのか、

「いいに、敏に売ってもらうで」

といった。私は、母が行ったほうがよいと思って

「おかあちゃん行った方がいいに」

と言ったら、

「満寿子、あんなこといって」

と母たちに笑われた。母は、

「敏に売ってもらやあいいわ」

と言った。敏というのは、中津川の近江絹糸へ行ってい

る敏江という子で、私の姉だ。
とうとう兄ちゃんが中津へ行くことになった。母は
「おとうちゃんのオーバーは、表だけのねだんでいい
で五～六百円で売ってこい。このオーバーは三百円ぐら
いでいいで、敏にそういってなるたけ高く売ってもらえ
よ」
といってよく念をおした。私が家を出るとき、母は、靴
がはけなかったら、
「どれ、こっちへ来い」
といって靴をはかせてくれた。私は母がこんなに親切に
してくれると、涙のでるほどうれしく、こたつにあたっ
ているみんなに
「アバッ」
と大きな声を出し、しょうじをしめて、家をふり返りふ
り返り出た。もう兄は、オーバーの入っているリュック
を背負って、自分で作ったスキーにのって、ずっと向こ
うを行くので、私の足もかるくはずんで、背負っている
リュックといっしょに兄の方へ走りだした。でこぼこ道
を通って駅へつくと、十日市なのでものすごい人がいた。
汽車に乗ると身動きもできぬような人で苦しかった。中
津の駅へおりると、まだ早いのか、あまり人が出ていな
かった。兄とおばさんの家へ行ってごはんをたべ、近江
絹糸の姉がくるようにたのんで、待っていた。三時四十
五分に終わるはずなのに、四時になってもこない。
とうとう、五時ごろになって、兄は帰れなくなったこ
ろ、姉がうら口からひょっこりやって来た。私はおこっ
て
「なにい、敏姉、どうして早ようこなんだの」
というと、姉がただ笑っているだけだった。兄が、この
オーバーをしち屋へ持っていって売ってこいというと、
姉はていさいがわるいらしく
「おいたぞ、しち屋どこにあるよ」
と言って、少しおこっているようにみえた。兄がオー
バーのつつんであるふろしきをかかえて、三人でうら口
から出てしち屋へ行った。しち屋の名は太平というの
だった。姉が
「ごめんください」
というと中学一年か二年くらいの女の子が出てきて
「はい、なんですか」
と言った。姉はかしこまって
「お母さんみえますか」
と言ったら
「はい、おります」
と言って中へ入って行った。入って行くとすぐ四十五、

六才の人が出て来たので、姉は兄のオーバーをとって
「こんなもの持ってきたけど、買ってもらえんかね」

と言うと、そこの人はびっくりしたように
「うちは買うんじゃないに、ひと月ならひと月あずけておいて、又、お金持ってこの品物をもって行くのやに」

とやさしく言った。私はなあんだと思っていると、姉はハイカラな言葉を使って
「あら、そう、じゃあ、あずけてもらおうかしら」

と言ってつつみをほどいた。しばらく女の人はオーバーをひろげて見ていたが、

「ちょっと待っていて、主人に聞いてくるから」

と言って、オーバーをたたんで奥の方へ入っていった。私は千円ぐらいならいいが、少しならおかあちゃんたち可愛想だなあ、と兄の方を見た。兄は中へ入ってこないで、表のえんがわの柱にもたれてこっちを見ていた。なんだか元気がないようで、私もたるかった。しばらくして、さっきの女の人が出て来て、

「こんだけでね、二百円しか、かせれんと」

と言って、さも私たちを可愛想に、姉の顔を見た。姉は、

「二百円」

とびっくりしたようにききかえした。私もびっくりした。母が千円くらいで売れると思っているのに、姉が、困ったように私達の顔を見て、

「どうしようかしらん、どうしよう」

と言っていると、女の人は、

「これはねえ、今の物じゃあないで、かわいそうだけど二百円でなけりゃ、かせれんに」

と言った。このオーバーは昔の物で、とってもいいから、きっと母の思っているぐらいだろうと思っていたのに、今の物じゃないからだめだなんて、姉はほんとうに困ったことだろう。姉は、

「じゃあ、どうもすみませんでした。おじゃましました」

となんどもペコペコはんでから、私たちと表通りの細い道をやけ市の方へ急いだ。

このまま帰ったら十五日正月はできない。姉は兄に
「もう五百円しかないで、二百円やるわ」

とさいふから二百円を出して兄の手に渡してやった。

「売れたら、福市で何か買ってもいいで」といっていた母の顔が、はっきり私の頭にえがかれ、なんともいえん悲しさだった。家へ帰ってから、私も母から「ほれ、百円やる。もうぜに一銭もないで、あるうちにやる」といってもらった百円を、兄に、

「これも家へ持ってってやれよ。いいで」

と言うと、私を可愛想に思ってか、

「五十円でいいわ」

と言ったが、私は、

「いいで、持ってってやって」

と言って、むりに兄に渡した。兄は、

「満寿子、ぜにないら」

と言ってきいたので、

「ないが、又、本売ってためるも」

と言った。私はこのとき、どうしてか悲しくなって、急に目がうるんできたが、兄に泣いたなんて思われると、また心配かけると思って、

「水のんでこよー。」

と、よそごとを言って、ながしへとんで行った。私は、しち屋というところがにくくてたまらなかった。


（一九五二年一月一六日）

こうしたくらしなのです。この子どもは実際には自分や家の生活についてもっといろいろな事柄を書いていましたが、ありのままに綴るということができてきているようでした。この文にもあらわれていますように、その時の状況をしっかりみつめて、詳しく描くということがだんだんできるようになってきたのです。

もっと作品そのものを紹介したいのですが、時間がとうに過ぎていてそれもできません。こうして綴方を少し深めていったのですが、学級全体では、私の新聞や私の本をつくるとか、文集や版画集、学級新聞を発行するなど、綴方をめぐって、やったことはいっぱいあったのです。

その中で、私たちは現実直視を合言葉にして、今日でいう自発性、その頃でいう「やる気」をどう引き出すのかということに中心を置いてきたのだと思います。とにかく子どもはやる気をもっているはずだということが、子どもをつかむ根底にあったようです。だからやる気を出させることをほんとうに大事にしたのです。

入江道夫さんは『児童生活詩の形成史』の中で「子どもは自らにして二つの顔がある。一つは学校的な子どもの顔である。他の一つはより重要な、我々の視点となるものであるが、あくまでも、子ども自身の生活の顔である。生活綴方の方法とは、この二重にズレた二つの顔を一つに重ね合わせて、子どもの実像を追求することからはじまるのではなかろうか」といっておられますが、先程からくどくどと申している『ありの子』の時期というのは、たいへん古いことで記憶のはっきりしないことが

たくさんありますが、私もやはり、子ども自身の生活の顔の実像を求めることを生活綴方の土台にする立場で、それを追求してきたのだという気がしてならないのです。その結果として、子どもたちと私との関係も深まってきたということだったと思うわけです。

第二部　一九五〇年代の論考

第二部解説

論文1は、『教師の友』一九五二年一月号に掲載された東小学校での実践記録である。

五年生の源一が、一九五〇年は「運の（悪い）年」だったと書いてきた。兄三人を戦争で奪われた源一に、「運の年」とはどういう意味かを問いかけ、綴方にして考えさせようとしている。この当時の生活綴方の指導において、石田が子どもとの鉛筆対談をおこなっていたことがわかる。

論文2は、石田和男編『夜明けの子ら――生活版画と綴方集』春秋社、一九五二年八月、一八一―一九七頁。

東小学校六年生「ありのこ学級」の版画と綴方を収録した、石田和男編『夜明けの子ら――生活版画と綴方集』（春秋社、一九五二年八月）の「あとがき」である。手紙という形式をとって、中津川の地域の歴史や産業など子どもたちの生活基盤や、この作品集が生まれるまでに子どもたちが何をどう考えていったかを、子どもたちの綴方等を用いて解説している。「『夕焼け小焼け』と子どもたち――学級共同研究の報告として」（『恵那綴方教師』二、四号、一九五一年）の内容も含まれている。

論文3は、『教育』（一九五二年一二月号）に掲載された。「共同研究」とは園部三郎（音楽評論家）がこれに応答する予定であったからである。編集部の「おことわり」には、石田が高熱で執筆を辞退したが編集部が寄稿を切望し、その結果、原稿送付が予定より半月延びたが、園部が「こんなにぼくの気持ちを打った報告ははじめてだ」と編集担当に告げ、単文だが応答文を寄せたという事情が記されている。園部は石田から学んだことの一つは「今日の音楽教育というものが、じつに、子どもたちの現実の生活から遠いものであるということであった」と述べている。

論文4は、『教師の友』一九五三年四月号に掲載された。「教育的直感」をよりどころにして毎日の教育の営みをおこなっているが、その事実から教訓や法則をみつけ、論理的、体系的にくみたてる努力を怠ってきたのではないかと書き出して、新年度へ向けた「心がけ」を述べている。一つは、綴方をはじめ、日々の子どもや教育の記録をつくり、それを持ち寄っていくことであり、もう一つは「父兄」（親）と地道に社会的課題を共有していく上での文化人としての教師の役割についてである。署名は「（岐阜）和田　実」。

論文5は、『教師の友』一九五五年三月号に掲載された。『夜明けの子ら』に収められた版画に東小学校六年生がとりくむようになった経緯や版画の表現がどう変わっていったかがよくわかる。また、その後、三年生を受け持ってからは、版画教育で得たものを生かしながら、図画教育へと移行し、図画の表現を発展させていくうえでの困難について、具体的な作品に即して述べている。図画教育は、一九五二〜五三年度に担任した学級での実践である。

◆論文１（一九五一年）

源一と運の年

私が、「運の年」というコトバを教わったのは、『一九五〇年ほど運の年はない。運の年というのは、わるいことばっかつづく年のことです』と結んであった〝病気の時〟という源一の綴方からである。

太平洋戦争の魔の手が極度に勢を増し「東洋平和のためならば」の名のもとに、人々の暮しがさんざん打ちのめされていた頃、どこからかはっきりわからないが、いま住んでいる山奥へ引っ越して来て荒れた野山を少し手に入れ、開墾しながら生きてきたという、根っからの百姓でもない貧農の六男息子で「粗暴で飽き易い」といわれた源一は一体何を〝運の年〟というのだろうか、それにしても源一めたいへんなコトバを考え出したものだ、と思い、私は早速鉛筆対談ノートで無口な源一に〝運の年〟のことをきいてやった。

それから一週間ほどした雪の降る朝、源一は返事をよこした。

先生、運の年は神様がきめたんやないと思います。ぼくはどうして運の年になったかようわかりません。

去年、ぼくの家は、一月一日に犬が死んで今年はちょうしが悪いかもしれんと思ったらその夜に母が病気になってねたし、八月には母が死んだし、ジェーン台風で小屋がつぶされたし、牛が流行せいかんぼうで、十万円もする牛が死んだし、兄が手をおって、ぼくと父はくれには病気にかかってねたし、そんで運の年です。

運の年はまったくいやです。

（おわり）

一一才の少年にしては堪え切れない問題を背負い、追いかぶさってくる苦しみに、せい一ぱいの反抗を示している源一への返事は、〝源一、運の年は決して源一の家だけやないぞ。俺の家もやっぱり運の年やと思うんやがなあ〟と書き出してやった私の手紙に対しては、余りに実直な、いらだたしさをむき出しにしたものであった。

源一の運の年は、私を越え、教育を越えた彼方にあって源一を苦しめ、私たちをまどわせているのではなかろうか。

肌弱い源一にしてしまわないで、源一がなっとしくて、その苦しみを打ち破るために、私が為してやることができるせめてもの源一への助力は——。

源一、運の年の返事ありがとう。運の年という題で綴方を書いてみないか。そして運の年がどういうもので、どうしたらいいのかもっとよくみんなで考えてみることだ。

源一と同じ運の年はほかにはないが、いつものみんなの綴方にでもあらわれているように、運の年はどこにもあるんだから、今度みんなで、運の年について考えてみよう。

それで、おまえはおまえの運の年を知るために綴方を書いておけよ。

（いしだ）

鉛筆対談ノートにまた便りしてやるよりほかなかった。

次の朝、源一は気まり悪そうな顔をして私のもとへやって来た。

「先生、おらあけち（変わり者）やで、あんな綴方書けんも、そのかわり詩を書いて来たあ」

何を言うひまもなく、昨夜、あの十間のいろりのくろででも書きなぐってきたらしい、しわくちゃの紙に綴った〝しも〟の詩を私の前に置くと、にたっと笑って素早く去って行ってしまった。私は「何や、源一」と思いながら読みはじめた。

詩　しも　田村源一

かれてくさった、ぼやけたかれ木をはこんだじめじめしたかれ木
重い松の枝
その上に白っぽいものがのっていた
それはくさった木についたしものやつだ
ぼくはしょいにきたのだから、つめたくてもどうでもはこんでいかなあかんとかくごした　ねえやもきた
ねえやはつめたそうに、指の先をまっ赤にしていた
かれ木にさわると
手のさわったとこから、音もたてずに
すらすらと、たっていたしもがとけていく

手の指先をさして、しもやけにするしも
いたくなるしも
すべらせるしも
風が吹くとすぐにこおるしも
ぼくたちのほっぺたをもも色にしてつめたくするしも
そうして、くっつくしも
たきぎをかついでもっていって、太陽のねつでほして殺してやる
そうしな仕事ができん
朝は、しもがいっぱいひろがっていばっている
ひるはとけて、すべらせていばっている
いまにみていろ
春になれば、しもは死ななん
冬のあいだいばっていたしもも、春になればもういばれまい
早く春になれ
早く太陽があたれ
ぼくは待っとれんで、早く家へ帰って火で殺してやる
ぼくたちの顔を青ざめさせるしも
ぼくたちの仕事のじゃまをするしも
ぼくは木をはこぶんだぞ
手もかおも、ちゃんとあるんだぞ
もう、こうなればぼくたちのものだよ
ぼくは、そう思った。

読み終った時、私は、源一の詩によって、自問自答の状態から立ち戻って行くチカラがこみ上げて来るのを感じた。

こんな一直線の明るい生き方こそが、源一には源一の運の年のカラクリをあばかせ、それをくずれ去らせていくのではなかろうか。

運の年の綴方はけち（変わり者）なら書かなくてもいい。源一が、こんな物の感じ方をし、こんな意志を持ちつづけ、みんなと力をあわせて教室の限界を越えた一切の苦しみに対しても、たくましい行動をし続けることこそ、俺が源一に願っていたことではなかっただろうかと。

私が、運の年を源一から教わってからもう一年近くになり、また一九五一年の年末が迫って来た。今年の源一にはどんな運の年が追いすがって来ただろう。

それにしても兄三人を太平洋戦争で失わせられた源一は、一体、どんな気持で戦争の声をきき、平和の声を耳にしているのだろう。

源一のたしかな意志と行動が、私の魂をゆさぶり、私

のたしかな意志と行動が、また、源一の魂をゆさぶらせる。それのみが、私の為せる、せめてもの源一への助力であり、源一との〝運の年〟への協力であり反逆なのではなかろうか。

吹雪はひどくなってきた。

（一九五一年十一月二八日）

◆論文2（一九五二年）

M先生への便り

M先生、お忙しいことと思います。

今日は、先日お送りいたしておきました私のクラスの子どもたちの作品（版画と綴方）について私の感じていますことをお知らせいたします。少し長くなるかもしれませんが、そして、それが書くことのできない私の文では、どこか間が抜けているかもしれませんが、その点はなにとぞお許しください。でも、あの作品とこの便りについて、先生が、私にまたきびしいご批判をくださるであろうと、私はひそかな期待と喜びを持っているのです。

〈1〉

M先生、はじめに何をお知らせするのがいいのでしょうか。やっぱり、まとまりもつかないままですが、あの作品を生みだした子どもたちと私との関係（それは、あの作品の中に出ているのかもしれませんが）そして、この土地についてお知らせするのが順序なんでしょう。

M先生、先生はこの私たちの生活している土地、中津川についてはご存知ないでしょう。全国市町村勢要覧の中には、小さい活字になって出ていて、いつかの日の、何かの折に、それが先生のお目にとまったことはあったかもしれませんが、やっぱりそれらは、いま想い出そうとしても、想い出すことができないほどの平凡なものとして、先生のご記憶の隅っこにおしやられてしまっているのではないでしょうか。先生、私たちの愛する街、中津川はそれほどに平凡な街なのです。

名古屋から中央線にゆられて二時間半、海のない岐阜県の東南端にあります。石器のほりだされるところや古墳の趾もあり、歴史的には、そうとう古い時代から開けた土地の名残りもあるのですが、現在の中津川は、慶長年間に徳川将軍が大いに街道を修め、宿駅の処置を行ったとき、笠に木の葉の舞いかかる木曽路への西の関門として（中仙道四十六次）中津川駅を置いたとのことで、それが、附近の農業生産に支えられて、宿場町として発展してきたのです。いまでも、かつて飯盛女が、やるせなく木曽路の旅人をかい間見たであろう、暗い格子戸が、そのままの形で、残っていて、私たちにうら若い飯盛女を想像させてくれるようなこともあります。

明治になってからの中津川は、近くの村々と併合して、農商を生業とした地方の中心地として、維新以後の世のはげしい流れの中に、その活路を求めてきたのですが、この土地の南に迫る木曽の山なみ（それは徳川封建の時代に尾張大主の直轄山林となって、山の民の自由な入山を拒んでいたのです）が、ごっそり「御料林」に移される場合などには（明治九年）この土地の人々は宮地と民地の境界査定で、役人と激しいたたかいをしなければならなかったようなこともあったのです。当時の記録では、境界調査のための延人員が七百余人で、そのうち、従業員中原善蔵などという人が、小菅谷赤滝で墜死したなど、この土地の人々の生々しい歴史がうかがえるのです。

その後日清・日露の日本資本主義の戦いの後では、その余勢をかっての産業の発達にともない、当時の陸軍参謀山県有朋の出張まで求めて、軍事力の背景による産業の発展のために、明治三十五年、中央線が開通されてからは、この土地もその流れの中に発展を求め、近代資本主義的な色彩を濃くしてきたのです。附近の農村からたやすく求められる労働力を使って、いかだ流しの急流をせきとめ、発電事業を起し、官民境界査定の跡もいえきらぬ木材を原木とした製紙工場、附近の養蚕に目をつけた製糸工場等、土地の資本家による産業資本の開発で、近代への芽ばえがはじまったのでした。その頃、それに職を求めた人々の様子を、「昔のことを調べた綴方」の中で、幸弘はおじいちゃんにかわって次のように訴えているのです。

家のおじいちゃんがまだ若いころの話をききました。そのころの人の働きはまったくつらかったそうです。まず王子（製紙）のことを話そう。

その頃は朝六時から夜の六時まで、夜どおしででもやっていて、ちょっとも休むひまはなかった。それに、紙ひろいの女は、朝行って晩帰ってきたのだったが、一日中やっているのに、紙が山とあるので、その中にはばらばらになったのやそろっているのもあるが、それでもそろったやつの方がいいとみえて、そういうのをえってばかりいたそうだ。ひると晩とは一週間おきだったそうです。えらいといって休んでいると火のでる機械もあるのでした。それで休まずと（休まないで）いっしょうけんめいやるということは、まったく昔の人はしんぼうづよいことだと思う。

つぎに糸ひきのことを話そう。

そこでは、工員をやとって朝は三時に起こして夜は十一時ごろまで働かせた。そして工員がだいぶんもうけた時に給料をへらして、その人はだんな様になったそうだ。労働者はあいかわらず貧乏だったのです。

（「昔の人の働き」——梶田幸弘）


このたどたどしい綴方にも、時代の流れとしての問題がいくつかあり、この土地の人々だけではどうにもならなかったことが、今になって、孫の鉛筆を通して、今日の教室へ持ち込まれて来るのです。

さて、こういうような産業資本の芽ばえにともなって、この庇護のもとに、この中津川は、近隣の農山村と木曽路に暮らす人々とにはけ口を見出し、昔の宿場は、商業都市として飛躍的に発展したのでした。

それ以後、第一次大戦後の不景気時代からは、この街も、どこの街にでも見られるようなジグザグの道を歩んできたのだと思います。

小さな店が戸をおろし、行商や日雇への転落を余儀なくされていった、そのくせ、昭和七年の市街中心部を木曽川へおしやった水害後の街は、やけに美しく彩られ、いちかばちかをかけたショウウィンドの輝きも、さして長くは持ち続けることが出来なかったのです。

かつて、市街周辺の農家にその労働力を求めた産業資本の近代工場も、過重労働と低賃金のおしつけで不況の波へ漕ぎだしてもどうしても切り抜けることができなく、破産と経営者の変転のうちに、大資本へと解消しなければならなかったのです。

そして、生活の路をさえぎられた、あり余る農家の労働力は、周辺一帯に拡がる三〇度内外の傾斜地へ目をつけて、その水無き土地に果樹を植え、そこを新たに切り拓いて再び土地にもどるか、あるいは、中京工業地帯に生活の路を求めていったのでした。

ついで第二次世界大戦中には、軍需産業の進出もみましたが、やがて、聖戦の悪夢を破られた敗戦の日の、安堵と怒りの中から、中津川の人々は、また勇気と希望を抱いて生活の路を探しあて、暗く閉ざした老舗の重い戸を引き上げ番台に大福帳を繰る旦那の姿も、平和産業に切り換えられた工場の中へすい込まれてゆく労働者の群も、土地改革をされ平均八反の田畑に一息ついた林野なき農家の主が、鎌持つ姿も、四囲の自然が持つ牧歌的な美しさの中に溶けこまれたように見えたのでした。

M先生、これで「めでたしめでたし」といいたいのですが、そうはいかないのです。これまでは、私の観たこの子どもたちの土地の歴史的な背景だけをお知らせしたのであって、この子どもたちの生活は、ここからはじまっているのです。この子どもたちは、敗戦の次の年、昭和二十一年に小学校に入学したのです。

私がこの土地に子どもたちの教師として、（教師というには余りに貧弱な者であるかもしれませんが）中津川の子どもと一緒に勉強するようになってから、もう三年になります。私は、はじめの一、二年間をこの子どもたちと生活したのでした。この子どもたちにとっては五、六年生の間なのです。

M先生、御想像ください。平凡な街の学校で、ボンクラな教師と平凡な子どもたちが、無心にたわむれている姿を。それは無心にたわむれていた私が、教師としては余りに情けない存在であったのかもしれませんが、でも私は、その中から、ただそれだけではいけないということを学んだのでした。それと共に子どもたちもまたいくつかのことを学んだのでした。先日お送りしたあの作品も、そういう子どもたちとの連続した平凡な営みの中で、平凡な営みを累積して発展させるための最初の手がかりとして、あるいはその状態を示したものとして、生まれたものであり、その全過程（いわばそれが教育だとも考えているのですが）を抜きにしては、あの作品について考えることができないのではあるまいか、と私なりに思っているのです。先生、こんな生意気なことを申す私をお笑いください。


〈2〉


M先生、これからは、私が、この子どもたちと何をしたか（もちろん、その全部は申し上げるほどではありませんが）、そして、その中で、子どもたちは何を見つけ何を考えていったのか、そのことについてお知らせしたいと思います。それは、前に申したような土地に生活し、その歴史を受けついだこの子どもたちをどんな子に育てていったらよいのか、そのための教室での営みの中で、ああいう綴方や版画の作品は、どういう役割を果たしているのか、ということについての、おろかな私の考えをいくらかなりでもお伝えできると思うからです。

前に私は、ただ子どもたちと無心にたわむれているだけではいけないと気付いたと申しましたが、なぜそう気付かなければならなかったかということからお話したいと思います。「ただ無心だけではいけない」ということは、教育という字面を見ただけでも考えられることなのでしょうから、以前からでも別に全然考えてみなかったというわけでもありませんが、私の場合は、ただそれをまんぜんとしか考えていなかったわけなのです。

たとえば、行きずりの路で会った親の口から「ちったあ、うちのやつも、勉強しようるかな」と問われたり、「やっぱり、意見一つよういわんようでも困るなも」など教えられても、それが、ただ学校へ子を出している親のありきたりなコトバぐらいにしか理解しなかったのです。けれども、ありきたりなそのコトバには、この子を持つこの親の激しい生活のたたかいの中から把みとられた悲願がこめられているはずなのでした。そのことを私は、この子どもたちを受け持ってすぐ、「教室への声」として、この子たちの親から求めた筆記返答によるいくつかの声をきいた時、はじめて考えさせられたのです。たとえば

「この子をどんな子に育てたいとお考えですか」

という私の質問にたいして、真面目に商売屋を営んでいるH子の家からは、

『正直ナ、スナオナ、勝気ナ、ホガラカナ、ドナタニデモスカレル　イイ子ニシタイト思イマス。』

と返事が寄せられ、ある会社に勤めていて、トントン拍子に、といっても並たいていではなかったでしょうが、とにかく出世して、いまでは相当な上役になっておられる、S男の父さんは、

『真面目で責任感強く、どんな事でも安心して任せておける人、しかし円満で融通の効くユーモアのある人、立身出世を希望しない訳ではありませんが、それは第二義的で、先ず人として誰からも信頼され親しまれる人。』

と、その人間像を示され、また、この市街の周辺にあって、傾斜地を開墾して営々と一家を築きあげられた農民としてのY子の母からは、

『すなおで、はきはきした、しんぼう強い、責任かん念の強い、何事も最後までやりとげる。』

などというさまざまな、深みのある声に接して、本当に教育という仕事が、誰のために営まれなくてはならないのかということを、しみじみと、私などにはおそろしいまでに考えさせられたのでした。

教師としても、子どもたちにしても、その現実をみつめ、みつめさせることから教育は出発しなければならない、そしてそれを、より高く、より確かな現実にまで導いてやるために、その進歩と発展の方向を、子どもたちと一緒に探しあてなければならない。いまやかましく基

礎学力などといわれるものでさえそれを基盤として考えられなくてはなどと、多くの人に教えられながら、私なりに考えはじめたのは、それからなのです。

それからの私は、無心でなしに、意識的に子どもたちにまじって話をしました。いそがしくても話ができないときには鉛筆対談を試みたりしてみました。

周辺の農家で五反の田と三反の畑をたがやしているだけで、牛一頭だけを有力な財産としているM子の家では、畳数にして二〇畳ばかりの広さしかない家屋に親子八人の家族が住んでいるのですが、M子についての親からの声を求めたとき。

『身体については　カラダマメ
性格については　ハキハキシテイル
学習については　ヨクベンキョウシナイ
友達については　ヨクアソビナカヨクスル
行動については　ナカナカビンショウ
食物については　ナンデモタベル
仕事については　ハタラカナショウガナイ
……………………………』

などという御返事をいただき、いささか驚きもした後で、この親のたしかなM子観から何を学び、何を実践によって答えてやらねばならないかなどと、同僚の教師と、たどたどしいその筆跡を前にして語り合ったことがあった程でしたが、そのM子との対談の記録の中では、

「M子、いま何にいちばん困っている」

「先生、ことしは雨がようふるので困ります。」

「雨がふるとどうして困るの」

「兄ちゃんが日よう（日雇いのこと）やもんで、ぜにとりができんし、もうじき工場へ入れるようになるかもしれんが、そうやもんでぜにがはいらないから、私の長ぐつも買ってもらえんし、N夫のふくがやぶれてもつげんので困ります。」

「そうか、兄ちゃんが工場へ入れるといいな。でも、雨がふるとN夫のふくがつげないのはどうしてか、ぼくにはよくわからないがな」

「N夫はふくが一まいしかないもんで、洗えんもんでつげんのです」

「よくわかった。ぼくがぼんやりしていたのだったな。でも、M子のそんなにいやな雨がどうしてこんなにふるのか、そのことはわかるか」

「………」


こんなようなことをM子の訴えにつれて語り合って

いったのでした。
同じ雨の日のことでも、百姓だけでどうにかやってい
ける中農の娘K子は、その降り続く雨にたいして、

いやな雨

父がおきたと思うと、もう母とけんかしている
そうっとすきまからみていると
あのたくましい父の手が
いまにも母のところへとんでいきそう
私は、びっくりして、そこにすわってしまった。
きっと、
仕事がたくさんあるのに、雨が降るので
仕事のことでけんかしていたのだろう。

と、M子とはまたちがった感じを秘めていたのでした。

こういう様々な子どもたちの現実が、もっとよくたしかめられ、共通の問題として、多くの子どもたちの中へ持ちこまれるためには、どうしても、ありのままをありのままに観た綴方を書かせなければ、そして、そのことは子ども一人一人にはうすぼんやりしていたものを、たしかな認識にまで発展させ、そこでの自分の生活をより高いものへと向上させることの確かな方法となるのではなかろうか、などと私なりに教育の方法としての綴方の遺産への信頼と確信を増したのです。


父は「おれのいうことをなんでも、へえへえ聞いておれ、ごうじょうっぱりちったらありゃへんに」と自分でもごうじょうっぱりのくせに、目をつり上げてなんともいえないおそがい（こわい）顔をしていった。

私は、父の言うことばっかはきいてはいられないと思った。

父はそのことをあたり前に思っている。私は少したってからふとんの中に入った。そしたら母のさまざまなことが頭の中にごちゃごちゃになって入ってきた。

私は、ふとんにくるまって泣いていた。さっき父が母をけったことを思うと身ぶるいがした。私はこれからもっと母に仕事を手伝ってやるよりほかに、母を楽にしてやることはないと思った。
・・・・・・
私の母は、父に見えないくさりでつながれているのである。

私と母が見えないくさりをとくにはどうしたらいいのだろう。

私にはあまりわからない。母は昔の百姓とおんなし

ようだ。
大関松三郎君の詩にある「めめぞ」と母とおんなしだ。
（「見えないくさり」久生恵）

ここにも見られますように、日本の農家、特に私たちの街に根強く残っている封建的な生活様式と、そこに根強く巣喰う封建意識の問題などは、それが、どこから何によって発生し、どんな場所で、どんなに形を変えていようとも、それらは、子どもたちの身辺にいくらでも見ることができ、そして知らぬ間に子どもたちの健康さをむしばませている共通の問題として教育の前に立ちはだかっているものなのです。

そんな問題にぶつかった時、私は、ちょうど私たちの「恵那綴方の会」の機関誌『恵那綴方教師』が問題研究作品としてとりあげていた、他村の子どもが綴った「夕焼小焼」（百合出版社刊『恵那の子ども』参照）の作品を教室へ持ちこんで、それを日本のどこにでもある問題として子どもたちと一緒に研究し、その結果をまた機関誌に発表して、私たちのまわりにいる子どもたちみんなの問題として考えてもらい、私とクラスの子どもたちとの研究を批判してもらおうとしたこともあったのです。

少し長くなるかもしれませんが、その時のようすもお知らせしたいと思います。

夕焼小焼の作品ははぶきます（＊文末に参考資料として掲載）が、私は最初に子どもたちにこの文を読んでやって、その印象的な読後感想を書かせ、それによって討論を進めていったのですが、その読後感のなかで、子どもたちは、

これは僑君のお父さんとお母さんとけんかをして、僑君が姉さんと二人でお母さんをかばい、お母さんを思う毎日を送っている。そしてお母さんが在所へいって神様が「五年間帰ってはいけない」というので、僑君がいっしょうけんめい母の帰る日を思い、がんばっているという僑君のたいへんがまん強い心が書いてあるのだが、それは、お父さんとお母さんがけんかしたのが原因で、そのまたもとはお父さんの考え方が女をたわけにしている古くさい考え方や、僑君の家が貧乏でか何かわからないが、姉さんが学校を卒業してからどっかへ行かなければならないからだ。（満寿子）

なんで僑はお母さんとわかれるのやら、それにしても、

姉さんのことでなんでけんかをしたのやら。

姉さんのことで、頭に傷をつけて、お父さんはどんな気がするのか。なんでお母さんはそんなにされてまで、あやまるのだろう。（昭一）

お金がなかったらなかったように、家中みんなで、働いて楽しくいていかなければならない。私だったら母と父がわかれるようなことはまちがっていることだから、母にばっか父にばっかついているようなことはしないでほんとうは何が原因かよく考えてみてから、まちがっている方をなおしてやるようにする。（英子）

釜戸の「おんたけ様」におがんでもらって「五年も帰れん」などということを信じているくらいなら、そんなら自分で父に話して帰った方がいいか悪いか聞いた方がよい。やたらに信じてもだめだ。悲しい時は泣いてもいいが、これからどうする。姉さんは働きに出ないのか。（興二）

僑のお父さんは、家の父ちゃんみたいに話がしまいまで聞けん人やなと思う。よう、しまいまで話は聞かんとよくまちがえるでいけないと思う。（満子）

僑の生き方では、どうしたら母が帰ってくるか、母が帰ってくるにはどうしたらよいかということをもっと考えるとよい。（龍三）

など、自分の現実生活の中にも現れて来るであろう問題として、それぞれに僑（「夕焼小焼」の作者）への同情と協力の気持ちを語っていたのです。そして討論の結果は、

一、作者が「夕焼小焼」でいちばんみんなにいいたいことは何か。
二、なぜ作者の家はこんなふうになったのか。
三、作者の家が平和になるためにはどうしたらいいか。
四、作者の考え方のいちばん間違いは何か。
五、作者はどう生きたらよいか。
六、作者の家に似た家は私達の間にはないか。あったらどうしたらいいのか。
七、これを研究したことによって私達はどうしなければならないか。

この七項目にわたる研究問題への一応の結論となり、

結局は自分たちの問題として、具体的な毎日の生活の中で消化し発展させていったのでした。

子どもたちの現実に対する眼が、だんだん開けてくるにしたがって、子どもたちの日々の生活の中に横たわっているいろいろな問題が子どもたち自身によって見つけられ、教室の中へもちこまれて来ました。

子どもたち一人一人の「私の新聞」の中に、それが発展したクラスや学校の壁新聞の中から、あるいはまた、子どもたちが生活の中で得た感動としての詩なり音なり絵なりから、私が語り、子どもたちが目を輝かせてきく教室での話の中から、時には、子どもたちの自治会のその議題や討論の中に、放課後のしんとした教室の黒板に書かれた落書の中にすら、平凡な街、平凡な生活の中にあらわれたいくつかの矛盾は、教室を通して子どもたちの生活へかえって行かなければならない運命を持っていたのです。子どもたちの間に発生した小さな矛盾は、子どもたちみんなの手によってどんどん解消されていきました。そのために子どもたちの自治会は、また大きな役割を果たしました。

実践ノートの中から、クラスの子どもたちが学校自治会の役員選挙に当たって動いた頃のようすをひろいだしてみます。

子どもたちの学校生活の中にくすぶっていた、「学校から子どもボスをなくしよう」の声は、学校自治会役員選挙を機に急速に高まっていった。

激戦のあと当選した役員はそれぞれ、その感想や、抱負で

みんなの組に絶対する

会長　加藤興二

東校の大体の組は、力の強い、組の大しょうがいて、組のことを勝手に決めるのと、一つの組織を中心に組のみんなが決めて行くのと、どちらか二通りになっている。

前のような組では力でいばり、自分一人で決めることが出来る組を作って行く。組の中の多ぜいの者を自分勝手に動かして行く。力のために自分勝手に出来るのだ。もしも何かの事で、みんなに無理なことだので、誰かがおいたとでもいえば、自分の持っている力でなぐる。

そんなにするから、みんなは、級大会にもおどおどして、あまりよう意見を云わない。そんなように一人の大しょうのために、まるっきり組が無茶苦茶だ。

みんなから選ばれて会長になった僕は、みんなの力で、みんなにとっていちばんいやな、組の大しょうをやっつけ、みんなの組に、絶対するのだ。（ＰＴＡ機関紙　飛賀志より）

学校から子どものボスをなくしたい

副会長　塚田卓男

僕が副会長になる前は何だか胸のどきどきするような生活だったが、こんど副会長に当選してからは、僕のうしろには一三〇〇人のものがついていてくれているということを思うとどきどきするような生活はなくなってきた。

前は、クラス五三人だけできらくだったがこんどは東校全部がついているということは気がえらくなった。

副会長になった以上、立会演説の時に公約したようなことは守ろう、守ろうとしているが、まだじゅんばんにやっていこうと考えている。

僕はまず、学校から子どものボスをなくそうという問題からはじめているが、みんなどきどきして、多数決でも敗けようとしているので、うんとがんばってボスをなくそうと思っている。（ＰＴＡ機関紙　飛賀志より）

と、このように述べている。

そこで、これらの者が中心になって、この声を、運動として組織していったのであった……

こんなときに、最も勇敢に「子どもボスたいじ」の先頭に立ったのは、かつて、クラスのボスといわれた照雄たちなのでした。

みんながいばれ

菅井照雄（五年）

おれはボスになってしまったので、勉強をすることをわすれてしまって、みんなのいやがることだけをして、おれはうれしがっていた。時間中に勉強をしらずに、しゃべってばかりいたので石田先生によく、おこられたこともあった。

ある日の帰りの会で桜井君が、おれのボスのことについて相談してほしい、という問題をだしたので、おれはむかついたが、みんなが「賛成」をしたのでおれは何もいえなかった。

みんなおれのことについてどんどんいいだしたが、みんなのいうことは本当のことばっかだったので、おれはだまっていただけだった。その時、おれはよく考えてみた。「こんなところで人のいやがることをして何になる。よく勉強してみんなのためになることのほうが正しいのやないか」と考えたのでそこで、おれは心をいれかえた。

　石田先生は、たまたま、まちがいがあったときに「議長」といって手をあげて、うまく相談を進めていくだけだった。「もう、これで帰りの会は終わります」という声がしたとき、おれはすぐ家へ帰った。いつもなら、みんなと帰るのだったがその日は一人で帰った、家へ帰ってすぐねてしまった。あくる日、学校へ行きたくないような気がしたが、心をいれかえたのだと思って学校へ行った。いつもならみんながおれのところへごちゃごちゃと来るのだったが、その日は、だあれも来なかった。だあれもおれのところへ来なくても、おれはなんにもくやしくなかった。

　おれの心をいれかえて、なおしてくれたものはみんなだ。みんながおれをなおしてくれたのだ。みんなの力は大きいものだ。いくら大ボスでも、みんなの力にはぜったい勝てない。みんなの力　にはだあれも勝つ者はいないのだから、みんながいばればいいのだ。一人なんかがいばってはいけないのだ。


M先生、だらだらとまとまりのないことを申しあげて来ましたが、もう私の申し上げておきたいことも終わりに近づいたようです。

　M先生、こうしたくだらない営みを続けているうちにも、子どもたちの現実の生活の中から主要な問題として教室へ持ち込まれて来たものは、やっぱり「戦争と平和の問題」なのでした。

　戦争で父を失い、兄弟を殺された子どもたちの、人間的ないきどおりもさることながら「戦争と生活の破綻」の問題は何にも増して大きなものになっていくのでした。一々具体的な例は申しませんが、この子たちを、私が受け持った時、「事実に即した教育を」と希望された、この子どもたちの親に、事実を事実として勉強し、「もっと生活し易い事実にするにはどうしたら良いか」を子どもたちと相談し、考えもした結果、子どもの生活を直接間接に貧しくし、苦しませているいちばん大きな事実は「戦争」だから、私は「戦争と平和」について、この子どもたちの親にアンケートを出して、平和を守る方法と、平和のための教育について、その声をきかなければならなかったのです。

　けれども、それらの総ては、「平和でなければ」、「日本人らしい教育を」という声なき民の要求と希いに満ち満ちていたのでした。

〈3〉

M先生、先生への便りもようやく終わりになりました。

M先生、先日お送りしました子どもたちの作品は、こうした私の営みの中から、ありのままをありのままに把み、その中でよりよい生活を求めている子どもたちの綴方と、現実の生活の中で、感動したことをありのままに版木にきざみつけ、その美しさをより美しいものにまで高めようとしている、そのための版画なのです。

この現実をみつめて、この子どもたちと、生活を営むとき、本当にこの子どもたちの生活をより高め、一人一人の子どもの幸福を築きあげてゆくために、いい換えますと私たちの愛するこの街の前進と発展に役立つための教育では、私が、一人の子どもの声をさげて、一人の親とひざつきあわせることのほかに、どうしていいのかさっぱりわからなくなる時がしばしばです。

M先生、本当にくだらないことをだらだらと書きとめましたが、はじめに申しましたとおり、作文のできない私の文は、どこか間がぬけているかもしれませんが、そのことはなにとぞ御了承ください。それにしても、やっぱり私は、先生のきびしい御批判とお教えを待っているのです。

M先生、お体を大切にしてください。

一九五二年七月一日

恵那綴方の会

石田和男

〈資料〉参考作品

共同研究作品　綴方「夕焼小焼」

武並町立藤小学校六年　A夫

「僑君、お母さんおいでたか。」

と、つとむ君がたずねましたが、僕は答えられません。

それはこのあいだのことでした。

やかましい声がしたので、僕は目をさましました。目をとじてきいていましたが、

「おれはきかせん。」

「そんなことはない。こないだそういった。」

といいあっているのはお父さんとお母さんだとすぐわか

りました。その問題というのは、姉さんが卒業してからどこへ行くかが問題で、今はどちらが良いかわかりませんが、行く所は二カ所あり、お母さんは名古屋の方がいいといってもう今日見に行くことになって、お父さんにお金をもらうためにお母さんはお父さんの所へ行きなさいました。

そこで問題がおきたのです。

お母さんは前にお父さんに名古屋のことをいいなさったとおっしゃり、お父さんは聞かんという問答でした。

お母さんはしかたなく台所へ行きなさいましたが、その後から、お父さんがはんてんをきなさったと思ったら、あらあらしくお母さんのあとをおいなさいました。

またいろりばたで問答がはじまりました。どたんばたんと音がしたのではねおきてみますと、お父さんがいろりの中にいろいろなものをほうりなさり、お母さんがひろって見えました。

僕はけんかになるかも知れないと、きがきではありません。

さむかったのでこたつにもぐりこみましたが、どうなるか、平和におさまればいいのにと心の中でいのりました。

ところが、しょうじがたおれる音とともに、姉さんの「ひゃー」という悲めいがしましたのでとんで行きました。

だいどころにはだれもいません。

ただしょうじが一本たおれていましたので外だとわかり、かどへとびだしました。

あたり一面うすい雪がありました。

かどの前のたんぼに、お父さんがお母さんに馬乗りになって、火ばしで、お母さんの頭をたたいていらっしゃった。

姉さんは必死になって、お父さんの手にしがみついています。

お母さんはやっとのことでたちなさいましたが、ふらふらとして、あるけません。すぐたおれてしまいなさいました。

お父さんはまだたたこうというかまえです。

姉さんは、お母さんに、

「あやまりい。」

というのでした。

お母さんは、ふらふらしながら、お父さんの前に手をついて細い声で、

「ゆるして下さい。」

とおっしゃって、後ろへたおれてしまいなさいました。

お父さんは、気がすんだと見えて、まがった火ばしを持って家へ入っていきなさいました。

僕はお母さんのそばへ行きました。お母さんの頭からは、たらたらと黒い血が出ていました。

姉さんは、お母さんを、だきおこしました。僕はお母さんが死んでしまいなさるかもしれないと思いましたから、自然に涙が出て来て、僕はもうすこしで声を立て、泣くところでした。

姉さんは、

「細久手の人を、よんでこい。」

といったので、僕はいこうとしましたが、自分がパンツ一つしかはいていないことに気がつき、弟にいいました。

「ズボンを持ってきてくれ」と……。

弟がなかなか持ってきてくれないので、家へズボンをはきにいきました。

ズボンをはいて、お母さんのいなさる所へ行きました。するとだれもいません。

どうしなさったかと思っていると、池で血を洗い落として、こちらへきよりなさるのにあいました。その足どりは、もう力がないとゆうようにふらふらしていました。

僕はお母さんの手をとって、

「どうやよん、いたいかよん。」

とききますと、

「たいしたことはない。」

といいなさいました。つづいて、

「僑、メンソリ、持っとらんか。」

僕は、かくしをさがしますと、出てきたので、なりたけいたくないように、きずにつけてあげましたが、きずが大きいのでよいぐあいにつけれませんでした。

お母さんは、

「話せば分かるに、たわけじっさやなあ、こんなひどいきずをつけて、どんな気がする。」

とおっしゃった。僕もそう思った。

「つちで、どずいてやろうか。」

といいなさったが、姉さんが、

「今そんなことをしたら、家庭がみだれてしまうで、おきんさい。」

と、とめました。

それから、家へ行って足をあらいました。姉さんはお母さんにいいつかって、さんばさへ行きました。電球でてらして見ると、ひどいきずでした。お母さんは、まだ早いのでねなさいました。

僕達は、ごはんを食べて学校へ行きましたが心配でした。

学校で早く帰ろうと考えていましたが、ついおそくなり、帰ったら姉さんも僕も弟もいっしょでした。家へ入って、お母さんを見に行きました。ところがお母さんはいらっしゃいません。一番小さい弟がねているばかりでした。

僕は、仕事に行かした。いやそうやない、あんなきずでは働けない。だからきっと家かも知れない。それにしても姉さんがなんともいわないのがへんだぞ、姉さんに聞いてみよう。

そこで

「なあ、公子、お母ちゃんはどこへ行かした。なあ。」

ときくと、姉さんは、

「おんじゃそんなこと聞いてどうする。はよう雨戸をしめれ。」

こう言われては、なんとも言えません。

それから、七日たった日の事でした。僕が給食のバケツを持って行こうとすると、校長先生が、

「僑君、中学校でお母さんが用事があると、電話がかかってきたので、早く行きなさい。」

といわれました。

お母さんに会える。

僕はうれしかった。

なんの事だろうと思いながら、中学校へ行きました。坂の中腹に、緑色の手袋をはめて、ほほづえをついている人を、役場の前で見ました。

お母さんは、あんな緑色の手袋を持っていらっしゃらない。それでもと思いながら、近づいて行きました。

はたして、お母さんでした。

僕はうれしいので、ほほえみながら、そばへ行きますと、

「きてくれたか。話があるで、ちょっと、きてくれ。」

と、僕の手をにぎりなさいました。

その手は、あたたかいので、僕は両手をひっけて行きました。

お母さんは歩きながら、ぽつりぽつりと話しだされました。

「おれは、こんど家へ行けば、きっと、ころされる。公子の意見はきいた。おんしはお母さんが、家にいた方がいいか、いない方がいいか、どっちや。今は民主主義やで僑の意見をききにきた。釜戸のおんたけ様に見てもらって決める。姉さんや兄さんはどっちともすすめないといわした。僑、どっちがいい。」

僕はもうのどがつまって、なんにも言えなくなり、涙が出るばかりです。

お母さんも、しまいの方は泣き声同様といってもよいくらいでした。

お母さんは、

「さっきここで、考えとった。すわれ、姉さんにもらってきたげんこつや、食いながら話そまい。」

そこへ姉さんが、カバンを、さげてやって来ました。

お母さんは、泣きながら
「どっちがいい。」

「お母ちゃん、お母ちゃん、行っちゃあかん。」

といって、僕は泣いてしまいました。

お母さんは、

「そんなら、お父っちゃんが、この間みたいに、なにしにきた、というから、僑、おんしはお母ちゃんがおらんと、家が立っていかんでつれてきた、と言ってかばってくれんところされちゃうで……。」

姉さんも
「子供はみんなお母ちゃんのみかたやもんで……。」

としんみりいいました。

お母さんが、

「そんなら、明日かあさってきてくれりゃ、学校へ行くふりをしてくればいいからなあ……。」

となみだをふきながら、おっしゃった。

姉さんがしょんべんまりに行った時に、僕はお母さんに
「おらあ、お母ちゃんといっしょにおりたい。」

と泣きながらいいますと、お母さんも泣いてみえました。

姉さんが帰って来て、

「そうなくな。」といった。

「それならぼつぼつ行こうかな。」

とお母さんは涙をこらえておっしゃいました。

お母さんは南、僕と姉さんは北、背をむけてわかれるのでした。

僕は姉さんと二人でいろいろ話して帰りましたが、僕は学校へよりましたが、割木しょいがすんだところでした。

少し勉強してから、家へ帰りました。

それから二日たちました。

「公子とのばたへ行きゃせんか。」

と言うと姉さんは、掃除をしながら、

「今日は、おれはいけんで、おんしいってこい。」

と答えました。

どうしてだか、僕にはわかりませんでした。それでズボンだけかえてカバンを持って出かけました。

との畑までカバンを持って行ってもいいけど、それよりここにおいていこう、と思って、つぐらの中へカバンをかくしました。

それから学校へ行って、湯をわかしてから行きました。ふみ切を少し行くと十時の汽車がきました。早く行こう、早く行こうと思いながら足をいそがせました。

家が近くなると、なんだかこわいような気がしてきましたが、勇気を出して歩き、かどまで来て少し立っていました。

思いきって、

「ごめんなさい。」

といいましたが返事がありません。もう一度、

「ごめんなさい。」

といいますと、

「だれですか。」

とお母さんの声がしました。障子をあけるなり、

「おお、僑か。」

とおっしゃいましたが、のどがつまって、なにも言えません。

お母さんは、つづけて、

「公子は……。」

「用があって、これん。」

と、やっとの思いで答えました。

「いもきりぼし持ってきてやるでこい。」

とおっしゃってえんがわの方へ行きなさいました。

きりぼしを持ってきて、

「僑、こっちへこい。」

といって庭の間の方へ行きなさったので、僕もあとをついて行きました。

お母さんは、

「この間なあ、釜戸のおんたけ様に見てもらったら、今行ったらころされる。前は毛一すじでたすかった。そんで（お母さんはもう目に涙をうかべてみえた）五年ぐらいたたにゃ行けんと（泣きながら）そんで、今は公子がおるでいいけど、もうはい卒業で、おんしが一番大きいわけやで（僕はもうこらえておれず、腰からハンカチをとって、涙をふいた）くろうさせるが、しっかりやってくれ。つらいことがあったら、こいよ。」

と、やっとの思いでいいなさいました。二人はハンカチで涙をふきました。

「僑、きりぼしをくえ。」

「うん。」

「せつ子の所から本を持って来てやる。」

といって、いきなさいました。

僕は涙をふきながら、きりぼしいものやわらかいのを食べました。

お母さんは、

「家の光しかなかったね。」

といって、もどって見えました。

僕は、ペラペラと見て、良いと思ったのを読みました。

そのうちに、おばさんがいらっしゃいました。

お母さんは、僕に、

「きたちて、そういってこい。」

といわれましたので、ぞうりをつっかけて、おばさんの前へ行って、

「お母ちゃんを、見にきたに。」

というと、

「ようきて、くれたなあ。」

とおっしゃいました。

かえってくると、お母さんは、

「細久手のおばさんやとうぜん坂のおばさんに、お母ちゃんは当分おいでんといって、そういってくれ。」

「ふん。」と短く答えました。

本を読んでいると、おじさんが、いらっしゃったようだったので、あいさつに行きました。すると、

「心配せんでもいいぞ、僑ちゃん。」

「ねずみに食われんようにしておくからなあ。」

とやさしくいって下さいました。

僕はこんなよいおばさんやおじさんやお母さんがあって幸福だと思いました。

昼食の時には、おじさんが、

「お父ちゃんはいつごろ起きらっせる。八時頃か、六時頃か。」

とききなさったので、

「なんやあしらん、おそう起きらっせる。」

「早よう起きらっせん時にゃふとんをめくって見よ。」

「そんなことをしたら、たたかれちまうわ。」

とお母さんがおしゃいました。

おばさんが、

「障子をあけといて、にげれるようにしてめくって見よ。」

とおっしゃったので大笑いをしました。

「何時間ぐらいできたや。」

とおばさんがききなさったので、

「二時間できた。」と言うと、

「早よう来たなあ。」

とおしゃった。

御飯を食べてから、お母さんが、

「服をついでやるわ。」

といってついで下さいました。

それは学校から着たので、おぞい服をきてきたからです。

お母さんについでもらってから帰ることにしました。

するめとげんこつ（にぎりめし）をもらって行きました。

それで、お母さんが、武並と三郷の境の所まで送っていってやるとおしゃったので、お母さんと、ならんで話をしながら歩きました。

お母さんは、

「なにか用があったら、電話をかけてよこせよ、武並八番といえばいい。」

僕は武並八番と言うのがわからなかったので、

「武並八番……。」

とききなおすと、

「三郷八番や」と笑いなさいました。

だんだん別れる所に近くなりました。

「つらいことがあたらこいよ。これなんだら、電話で、武並八番、やない、三郷八番でよこせよ。」

しまいの声は涙になっていました。

僕も涙をふきながら、わかれました。お母さんは手をふっていらっしゃるので、それに答えて、僕は涙にぬれたハンカチをふりました。お母さんも眼に手をあてて、右手をふって下さいました。僕もいっしょうけんめいにふりました。

僕がだんだん見えなくなったので、見える所まできて、両手をあげなさいました。僕もお母さんが見えなくなるまで、ふりつづけました。

しまいにはもう泣くばかりでした。

だんだん行くと三時の汽車に出会いました。行く時は、お母さんに会える一心だったので二時間で行きましたが、帰る時は、もう悲しさで早く歩く気にもなれません。

それで、家についたのは、五時でした。

だから三時間で帰ってきたわけです。

昨日先生が僕を呼びなさったので、なんだろうと思って行くと、先生は、しんみりと、

「僑君、力を落としてはいけない。お母さんはきっと帰って見える。君の力で帰さなければならない。そう心配せずに元気を出すんだ。二宮先生は……リンカンは……。」

といろいろ話して下さって、リンカン伝と尊徳伝をかして下さいました。

僕は涙の出るのをこらえていた。

そこへ兼英君が入ってきたので、いっしょに家へ帰りました。

兼英君と、とうぜん坂でわかれ、僕一人になったので僕は思いきり泣きました。

西の空が夕焼で真っ赤でした。

ほほをつたった涙は、夕焼にそまって、大地に落ちました。

僑よ
お前は　いつも　清く　正しく立派な人に
お母さまや　先生や　神様は
いつもお前のそばにいる
清く正しく　生きるのだ。

◆論文3（一九五二年）

共同研究・音楽教育

歌わぬ子ども　歌えぬ教師

1

やっぱり最初に申しておかなければならないことは、私が音楽教育について語ることはたいへんおこがましいことかもしれないということです。私は、にんげんにとって音楽がたいへん大切なもので、その如何がにんげんの前進に大きな役割を果たすものであるということを考え、私自身、音楽というものについていろいろ学びたい、そして、子どもたちには音楽を正しく自分たちの生活に役立たせることができるにんげんになってほしいと願っているだけで、それ以上深い知識もなく、音楽にとって重要な役割をもつ技術に至っては、オルガンを単音で弾けるだけ——それも正確なものであるかどうかについては、私が正確になろうとつとめるだけで、どれほどのものであるかはわからないのです——、声にいたれば美声といわれる何の要素ももちあわせていない、ただうたうことはたいへん好きで正しくうたおうとするが、それもバン声にかき消されて、いつのまにやら口ずさみといったものになってしまい、歌の内容ともなれば、きびしい自制心もなくて、風のむくままにあらゆるものにひかれる、といった程度で、私個人が決して音楽を愛する人といわれる人の持ちあわせていなければならない一片のきびしさも持たないにんげんであるということです。

そして、「音楽教育」を推し進める教師としてみれば、その程度の差は別として、「俺は音楽を教えることはできない」と自らあきらめようと努める多くの教師——じつは、私も教師といわれるようになってからわずかしかたちませんが、でもその大半はあきらめようと苦しみました——。自分の技術がないだけに、音楽の授業を進めながら、果してこの子どもたちの幸福に役立っているだろうかと案じなければならない教師。そういう自信の少ない不安定な個所へ「音楽は技術なり」なんていわれたりすると、もう全く身のおきどころもないまでに苦しみもがかなくてはならない教師。ラジオで子どものど自慢をきき、学校音楽コンクールで軽やかに「トルコ行進曲」の合奏をやってのける子どもたちを見るにつけ、器楽とて十分に得られない教育予算の不遇もさることながら、自分の教え子の顔つきを連想してみなくてはならない教師。バイオリンをかかえて才能教育へ通う子どもに「なんやそんなもの、おんしんとこ（おまえのうち）しんしょう（金持ち）やもんで……」とケンカをふっかけいやがらせをいう、よれよれの服をきて裏街に住む自由労務者の息子「源吉」を、天才バイオリン嬢の訴えにしたがって、何とか説教しなくてはならない苦境に追い込まれ、いやが応でも「天才とは何ぞや、才能とは何ぞや」と考えなくてはならない教師。わが身の貧しさをなげき、音楽学校出と同じほどにピアノ奏法を身につけようと悲願をたてて、毎朝一時間早く出勤する教師。最後に、音楽教育の得手を探すために、学習指導要領〈音楽編〉をひもといて、「おはなをかざるみんないいこ」は「音楽美の理解・感得を行い、これによって高い美的情操と豊かな人間性を養う」（指導要領一頁）ことによってつくられるのか、してその「音楽美の感得とは？」とやっと、探しあてた得手の宝庫で、再び迷路にまよいこんでしまわなくてはならない教師――。それでも、どうにかしなければ、と考えなければならない教師――。

そういう、およそに「音楽の先生」と名のつく教師にはえん遠い「音楽の先生」と名のつかない、そして別に「音楽の先生」と名のつく教師にもなりたくない存在であるのです。

だから、こういう私のような教師は、音楽教育について、理論も実践も共に貧しいのですが、それだけに、そしてそういう教師が、そうでない教師より、より多く存在し〈私の独断であったらお許し下さい〉日々の営みを続けている、また、続けなければならないからこそ、私は私が音楽教育について語ることなどおこがましいことなのかもしれないと考えながらも、貧しい意見と実践について語るのです。いわば、音楽教育における「声なき民の声」なのかもしれません。

2

〝世の多くの親たちは、てさぐりで生きてきて、生活の歩みのための広いみとおしをもっていないのです。なんどもおなじ考えに、ゆきつもどりつし、ときとすると目のまえがハタとくらくなり、もうふみだすところもない思いにかられ、あげくのはて、ごまかされたりだまされたりして、にがいにがいくるしみをなめてきているのです。

それゆえ、自分の子ども、自分のあとにくる子どもたちだけでも、せめて、このようなめにあわせたくない——いや、子どもにこそは、あのかんがえればかんがえるだけこみいってしまい、身のおきどころもなくなるようなことをなくしてやりたい、子どもにこそは、じぶんたちの美しい土地がなげやりにされたり、まったく見も知らぬ人間によってふみにじられたりして、からだのうえをけむしがはうような思いをすることをなくしてやりたい、子どもにこそは、心にもないおついしょうをいわねばならなかったり、こずるくたちまわらねばならなかったりするようなみじめなめにあわせることをなくしたい。上のものにも仲間のものにもだまされないようにさせてやりたい。

もっとはっきりいえば、かしこくなって、広びろとした道を、一人前になって、胸をはって生きてゆけるようにさせてやりたいと、ひとの子の親たるものはかんがえ、それをまた、心から切にわが子の師にねがうのです。

この親たちの真情こそは、子どもの魂をかたちづくるもの、子どもの魂の技師となるものが、なによりもまず、その仕事のなかで生かし、つらぬきとおさねばならないものなのです〟

少し長い引用かもしれませんが、これは、福井研介先生の著書『魂の技師たちに』の六頁に語られているコトバです。

私自身「魂の技師」といわれることにたいし、現在それに応え得るどれほどの資格ももってはおりませんが、ここには私たち子どもを教えるものが、少なくとも教師といわれるものが、最初にもたなくてはならない、そしてその実践のなかにたえず示さなければならない最も重要な条件が語られているのではないのでしょうか。そして学校教育はすべてどんな小さな営みでも、その条件に応えるべき責任の上に営まれなければならないものだと思うのです。それはまた、その日の生活にあえがなければならない私たちの悲願でもあり、その肉体のおくにひそむ私たちの善意な意志なのかもしれませんが……。

けれど、この善意な意志も、教育におけるこの最初の条件に応じようとしない今日の、このボー大な力をもつ教育機構のなかにあっては、全く行く手がないまでにさえぎられ、迷わされ、マヒされてしまうこともあり、そうしたときその善意な意志は、自分自身の育った大地の条件とは別個な条件のもとで、たゆみなく教育を営まなければならなくなることもあるのです。

　私の営んだ音楽教育の大半は、やっぱりそういう性質のものであったと思うのです。それは、私が「生活綴方の教育」において、正しい科学的な世界観・人生観を確立するための、自然科学・社会科学の基礎となる「ものの見方・考え方」をほんとうに子どもたちの生活の中で身につけさせるために子どもたちの現実の生活、そしてそこにおける具体的な事象・行動を大切にしていたのに対し、その現実をよりよく把むために、欠くことのできない、いのちのアンテナとしての感覚――文部省流にいえば高い美的情操と豊かな人間性――を正直に、真実の方向において育てなければならない使命をもつ図画や音楽の教育の場合においては、図画や音楽が必然的に持たなければならない高い技術とその形式にのみとらわれてしまって、そのいのちのアンテナの根底となる現実の生活から生まれた子どもたちの生活感情を大切にしていなかったのにほかならないのです。

　図画も音楽も、現実を正しく把みそれを表現するためには、それぞれ独自の形式と方法をもつものではありますが、それにしても、より直截な音楽の場合、私が、その音楽教育の場において子どもたちの現実生活の感情を大切にし、それを出発点としなかったということは、やっぱり私の不勉強とうかつさからなのだと考えられます。

しりとりのうた

　私が、×組へいくと「しりとりのうたをうたいなさい」といったので、私はひとりでうたっていたら、みんなが「わはは」とわらったのではずかしかったからかおをかくしていたら、×××先生が「はやくうたわな」とライオンみたいなこえでいったのでびっくりしてうたいました。そのときは、はい（もう）、いぬやのおきゃくのところをうたっていましたので、またびっくりしてぶるぶるふるえだしました。そして、ふるえがとまったと思ったらこんどはしっこ（小便）がまりとうなった（したくなった）のでちょっとのあいだこらえていたらすぐおわったのですぐべんじょへいってきました。

（三年　田口千歳）

　この綴方からは、そうした子どもたちの生活感情を問題にしていなかった私の営む音楽教育が――現在でもなお多分にそういう状態のままなのですが——、私自身だけでなく子どもたち自身にとってもおよそに無感動なものであり、非芸術的なものであることをくみとることができるのです。そして、ここではむづかしいことはさておき、せめてもこれだけは子どもたちに得てもらいたいと願った「しりとり歌」（教育出版、小学生の音楽三年）を通しての、基礎としての拍子やうたい方の音楽技術はその一カケラも子どもたちにとって得ることができなかったという、子どもたちの無言の抗議すら感じるのです。一時間を費して奏でた「しりとり歌」の授業は、あわれ、千歳にとっては、「しっこ（小便）」の思い出となりはててしまうのでした。

　こういう千歳の小便を促進するだけの音楽教育は、武にとっても、源吉にとってもその程度と方向に差こそあれ、大同小異の結果をもたらしているのです。そうしてこの変異な音楽教育の累積の最後には、子どもたちをして「音楽はきらいや」と叫ばなければならない不満足なにんげんに追いやってしまうことになるのです。

　それなら、この場合ここではっきりしているような、教師の教育技術の貧しさだけが、子どもたちを不満足なにんげんに追いやるすべての条件だとして、かねてからの私たち技術貧困教師の悲願である、その技術習得のための状態を、あらゆる闘いのなかでつくりだし、その悲願を達成した暁に、再びこの子どもたちと対決すれば、それで事態は収拾でき一切は解決するものなのでしょうか。私は、音楽教師としてのすぐれた技術を未だ身につけたことがないのではっきりはわかりませんが、たしかに音楽教育においては、教師自身のもつ音楽についての形式理解と技術の高さが必要で、それに加えて、子どもたちを興味のままに誘導し、ここをおさえれば子どもたちの音楽にたいする興味の喚起満点という、音楽授業上のカンどころまで含めた音楽教育推進のための教育技術が優れていればいるだけそれにこしたことはないのですが、ただ音楽専門家を養成することを目的としているのではない、にんげんのための音楽教育を営まなければならない私たちの場合、その教師自体が持たなくてはならない音楽についての技術と、教育する場における技術とが、その教育を推進するにあたって、絶対というものでもなく、まして「ウソかマコト」かのぎりぎりの点で子どもたちに対決する場合、それらの技術が一切を解決するものでもないのではあるまいか、と考えられるのです。

　本来、技術は、にんげんがその生活を発展させるにあたって、何を、誰に、どうするか、というところにおいてこそ考えられ、創造され、伝承されたものであって、それは、教育の場合でも、現実の子どもたちを、人類の発展の方向においてその現実から一歩前進させるためにこそ、問題とされなければならず、また、その現実を前進させてこそ、役に立つものなのであって、無定見に使われる場合、それがいくら善意なものであっても、逆コースといわれる今日の教育機構の中では、むしろ、発展と逆の作用を及ぼすことが多いのではないだろうか——技術は、きびしくとりあつかわれなければならない——とさえ考えてしまうのです。

それが音楽の場合、その技術が高度なもの——高度であるということは、にんげんに、広く、深くその影響を及ぼすことだともいえましょうが——であり、指導要領によれば、音楽が、にんげんの社会における現実の真実とは無関係に、とのことはまたいいかえますと、にんげんの生活の発展とは無関係にということになるのではないかと思いますが「音楽は、人間と同じように生きている。そして音楽独自のことばで、その楽想を語るのである。独自のことばとは何かというに、それは音そのものであり、音の運動である。」(「学習指導要領」(音楽編)三頁)というように、音そのものであり、その前提のうえにくみたてられた音楽教育であるだけに、私たちが音楽教育を営み、その技術について考え、それを駆使するとき、よりしゅうねんに、現実の子どもたちの生活感情を問題の対象としていなくてはならないのだと思うのです。

3

いままでの私の音楽教育の営みを大きく三つにわけることができるとすれば、それは、

一、音楽教育を即技術教育と考え、しかも、その内容や方向において無批判的であった頃

二、音楽教育の内容や方向に矛盾を感じ、技術主義に抵抗を試みた頃

三、音楽教育の根底が、子どもたちの現実生活における感情を大切にすることであり、その上にこそ真実を求める音楽教育を営まなければならないと考えているが、その具体的な教育方法がわからず苦しんでいる頃

——現在以上のようにわけることができるかとも思います。

「一の頃」「二の頃」

その頃、私は六年生の子どもたちを受けもっていました。ちょうど私が「生活綴方」の教育方法を知った頃で（一九四八、九年）教員組合の運動も、またはげしく、コア・カリキュラムの運動も、またはげしい頃でした。

私たちの生活の気分は昂揚し――私が幼すぎていたのかもしれません――綴方にあらわれた子どもたちの生活の問題も、その生活としんけんにとりくむ子どもたちに育てることよりも、その問題を一挙にとりのぞくことの方がより重要で――いまでも、とりのぞくことが重要でないなどとは考えていませんが――それがあたかも瞬時にしてできるかのごとき考えに私自身とらわれていた頃です。だから「綴方」においても、書かせるだけがそのめあてですらあったわけで、全く「生活綴方」の「このよきもの」をわきまえぬ、いわば、背徳者とでもいうべきものでしかあり得なかった頃なのです。

そういうような私自身の間違いが、たくさんあった時ですから、たとえば、教育上欠くことのできない「人類文化遺産の伝承」や「よみ・かき・算」といわれる「基礎技術の収得」に至っても、それを子どもたちの具体的な生活を媒介として身につけさせることもなく、方向こそ異なれ、その方法において裏返しの旧教育といわれる観念的なつめこみ主義を、いのちをかけて続行していたようなわけでした。だから、人間性の教育といわれる「音楽」や「図画」においても、他にあらわれた欠陥はそのままそれらの教科の営みにもあらわれていたのでした。

さきほど私が「抵抗を試みた頃」というのもじつは、それが本当の意味における抵抗であったかどうかはわからないのですが――。

私は、ここで、いらぬことを長く語っているのですが、これは私の前罪を侮いた感傷的な坊主ザンゲのつもりではなく、この背景の上に営まれた「音楽教育」ということをよくわかってもらいたいからです。そしてそういう教師自身の問題や、それから生まれる教育の営みが、現在でもなお根強く私たち幼い者の根性に残っていると思うからにほかなりません。

「音楽」といわず、すべての教育において考えなければならないこと、それは子どもたちの生活を発展させるため、魂の前進のためというかもしれませんが。そのために具体的な発展の方向とその姿勢、そしてそれに必要な基礎的能力を確実に身につけさせてやることだと思います。音楽教育でいえば、その基礎的能力が学習指導要領、教程一覧表（六頁）にあらわれた

一、音楽の要素（リズム、旋律、和声）に対する理解と表現
一、音楽の形式及び構成に対する理解
一、楽器の音色に対する理解
一、音楽の解釈

の内容をもつものであるかもしれません。

だが、このすぐれた内容をもつ基礎能力も、それが子どもたちの生活感情に間違いなく土台があって、その上に系統だてて組みたてられていれば、問題はさして起こらないのだと思いますが、現実の生活にうちのめされた子どもたちに、その現実の生活に希望と勇気を与えるために、少くともその希いをこめて、文部省発行のすぐれた内容をもつ教科書（そのころ私たちはそれを使っていました）を希望と勇気の確信にみちて使ったのでした。それは全く、その教科書に全幅の信頼を寄せていたからなのです。

その結果は、「しりとり歌」と同じことなのでした。わずかに「歌の上手な子」といわれた、そして中農以上の生活内容をもつ、数人の女の子が「五月の歌」に声をからし「歌をわすれたカナリヤ」に乙女の感傷を寄せきっていただけなのでした。うたうことを忘れた他のいたずらな子どもたちを叱ることもできず、さりとて夢みる乙女たちをほめることもできず、私は悲しみにぬれて、この歌わない子どもたちに、人間性を養うべく次の道化芝居を演じなければならなかったのです。合唱にしても、輪唱にしても、そんなてだてだけには子どもたちはのってきませんでした。

最も重視さるべき音楽創造力の養成（指導要領）の作曲指導とて同じことでした。

1、多くの児童に、できれば全部の児童に創作の体験を味わせるようにする。
2、豊かな想像力を持たせる。
3、創作教育はりっぱな作品を作ることを目的としないで、児童に創作の体験を味わせることを目的とする。

（学習指導要領八二頁）

の指導目標にしたがい、「創作の中心を旋律に置くが、進歩の程度に応じて、和声（伴奏）に対しても教育を行う」（同）どころか、お上《かみ》の学年心理発達段階がどのようなものであれ、それに準じて成長して行けない（その理由がどこにあろうとも）子どもたちに、「せめて第一

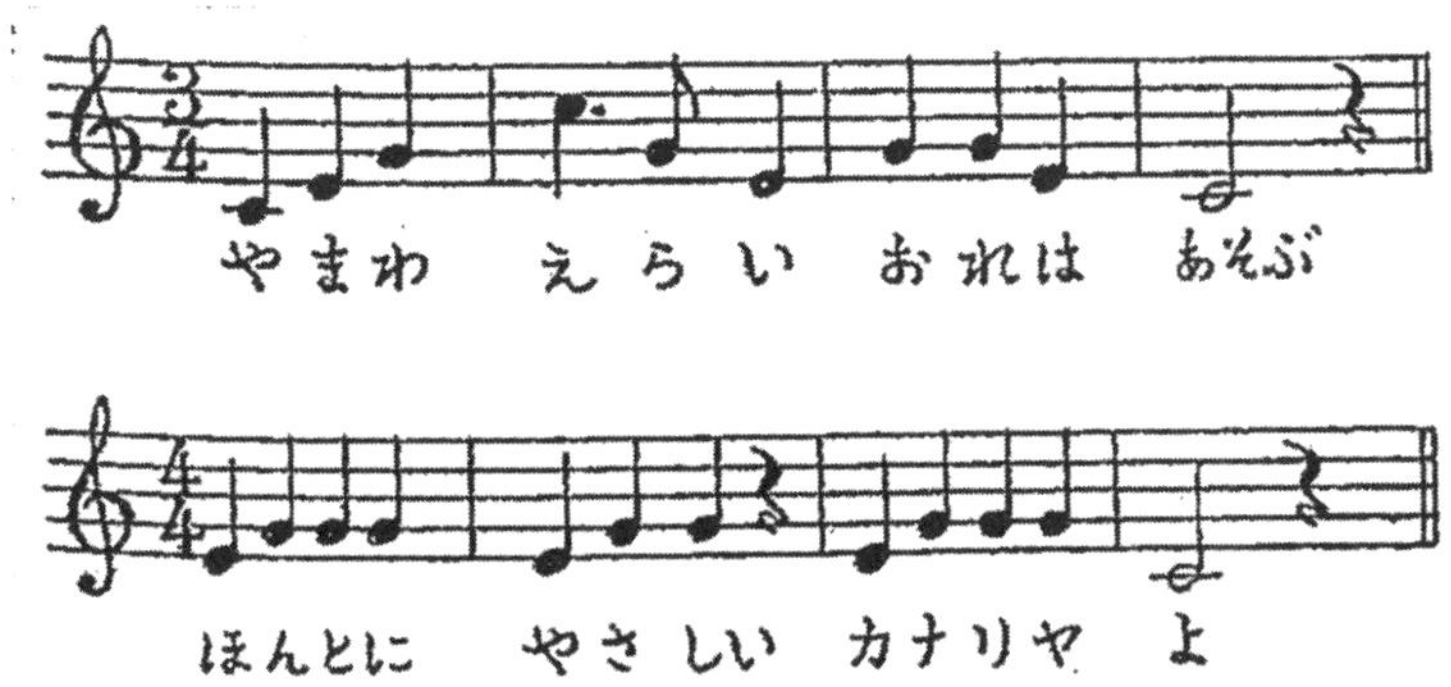

和音を使った作曲をしてほしい」と切なく願う私の気持ちにたいし、裏木曽の人知れぬ里にその日の糧を求める山林労務者の長男「保」のくれた答はこうでした。

やまわ　えらい　おれはあそぶ

また「五月の歌」に声をからす、「歌の上手な」純情乙女、里子の夢は、

ほんとにやさしい　カナリヤよ

のゆたかな想像力でした。

器楽合奏の場合だって結果において、それは大差のないもので、うたうだけよりは、珍らしい楽器にふれ、なぶって（触って）音をだしてみることに、多少、興味が多かったまでのことです。

その頃、器楽熱がさかんで、全国的な波にのって、私たちの学校でも、自治会クラブに「器楽クラブ」が設けられましたが、設立と同時に率先してクラブメンバーに加わり、学習時間内で十分に得られない興味と研究心を満すためにつとめた子どもは、私のクラスの場合、かの純情な「歌の上手な」乙女たちだけなのでした。

そのクラブは、指導もよく、順調に成長して、半年もたった頃には技術的にもすぐれた向上を示し、時々に行われる、子どもたちの集会や、大人の会合には、その進行次第の中に仕組まれるレクリエーションと申す時間に、一張羅の服を着たクラブメンバーによって軽やかに、しかも重々しく「時間的芸術」としての音楽を奏でる、演奏芸術家として、その教育的効果を累積していったのです。

そんな時、私は、「ほれ見ろ、練習さえすればあんなにうまくなれるんだ」と歌のきらいな私の小さい友だちに教えさとす勇気もなく、じっと両方の子どもたちをみつめていなければならなかったのでした。

この間にあって「音楽の総合理解の基礎として、音楽の形式並びに構成に関する知的理解を持たせる」(学習指導要領七八頁)べく教えたはずの「楽典」は、テスト(学習結果の考査)によれば、あわれにも、私のねがいをむざんにふみにじるばかりでした。

こういう「音楽教育」の営みのなかで、私は、いくつかの教訓を得ました。教師の指導技術についての問題もありますが、それよりなお強く私をして考えさせたものは、他の教科——それは社会科が中心になるものかもしれませんが——で私が教えて、あるいは子どもたちに得てもらおうとしていた教育目標にたいするその内容(教育の方向というものかもしれません)と、私の「音楽教育」の方向、その具体的表現としての歌そのものとにくいちがいを見つけたことでした。

それまでのようなことを音楽教育における「技術偏重主義」とでもいうことができますならば、私は、その技術偏重主義の教育に抵抗するために、それからは、別の営みをしなければならなかったのです。

さきほども申しましたとおり、その頃の私は、子どもたちの現実生活を媒介とした教育の方法を行うことができませんでしたので、音楽教育の場合でも、それは子どもたちの生活感情を問題とすることなく、ただ私の勝手なプラン——それは私の好んだことではありませんが、その時はそうするより仕方がなかったのです——にしたがって行ったのです。

日本の民謡を探し求め、それが現代では、日本人本来の感情とは別個に仕上げられているのも知らずに子どもたちにうたわせ、その生活がくらい子どもにたいして、健康で明るいものでありさえすればなんでもいいとして、そのうちの背景としての社会状態も考えることをしないで「健康なうた」といわれる大人のうたもうたわせたりしてみました。時には流行歌でさえ教室へ持ちこんで、そのメロディのだらしなさを他のうたとくらべてみさせなければならないこともありました。

名曲といわれるものをどんどんかけて、うたといえば「流行歌」と「学校のいやなうた」しかしらない子どもたちに、うたのない音楽をきかせて「これがほんとうのうたなんだ」などと、子どもたちがきいてもちょっとわけのわからないようなことまでいわなければならないこともありました。

「ウタのない国ニッポン」（高倉テル）の話をし、日本に子どもの良いうたがないことを考え「作曲家」の概念すらはっきりわからない、まして、そのコトバさえ正確に文字とすることができないような子どもたちといっしょに「児童作曲家」のタイマンをいかり、なげき、そして最後に子どもたちから、「そんならおれたちはなにをうたえばいいのだ」「どうすればいいのだ」と質問をうけ「こうすればいいのだ」とはっきりいってやる何の用意もなく、ただ迷い苦しまなければならないような悲劇もいたるところでしでかしていたのです。しかもそれらは、何か子どもたちに満足される「健康なウタ」を私が教えてやれるうちはともかく、そのタネが切れてしまうと、子どもたちは私におかまいなく、流行歌の中から自分のうたいやすいうたを教室へ持ちこんできてしまうのでした。

そこではもう、作曲どころか、ぜひ教えなければならない音楽における基礎技能としてのいくつかのことも、体系と系統がないままに、ちぎれちぎれにその場あたりで教えるよりどうにもならなかったのも、いつわりない告白です。「荒城の月」で何を基礎技能として教え、次に来る「しごとの歌」（ロシヤ民謡）で次の段階として何を子どもたちの発達心理学にしたがって教えなければならないのか、名曲鑑賞ということにしても、どうしても名曲解説書にしたがって子どもたちに、その曲の楽想を解説してやらなければ、それだけの予備知識がなければ、てんできこうともしない子どもたちに、どうやって音楽の本質を理解させることができるのか、と馬鹿げた私のボウケンにいまさらのごとく悲しまなければならなかったのでした。

そうこうした、私のいらだたしくもどかしい抵抗意識にもえた音楽教育の営みの中で、それらがすべて駄目なものではあったのでなく、やはり、いくつかの教訓も得ました。

×　×　×

はく手、ワライ、どれもこれもみんなうまくいったが、もう一歩中へつっこんで考えてみよう。どの歌も花を木を自然をうたっているのだ。

　さびしい歌、そればかりだ。オレたちの仕事の歌は生活のよろこびの歌なんだ。でも最後には、ある女の先生が二人、顔見合わせて「無茶な歌だねえ」といったきり。

（六年　花田敏二）


　この文は、そのころ学校で全校音楽会があったとき「仕事の歌」の合唱（男女全員）で出た私たちのクラスの子どもが、その後「学級新聞」で発表していた音楽会感想文の一部ですが、これによってもわかるように、音楽を生活にむすびつけることが必要なことであっても、ただ「生活」——まんぜんとした生活——のためというだけではだめなんではないのだろうか。もっと一人一人の子どもの生活のその奥深いところに音楽と対決させなければならない問題があるのではないのだろうか。そうでなければ「平和」ということのために「平和」のうたをうたい「民族の独立」のために「民族独立」のうたをうたうこと、それで問題が解決されたとすることと同じことになるのではないのか。こんなことなら「戦争」のうたによっていつでも「戦争」にかりたてられる気持ちができるにんげんしかできないのではあるまいかと、私は私なりに考えさせられ、子どもたちの現実の生活感情を媒介としないで生活を問題とする裏返しの観念教育をまざまざとみせつけられたのでした。

　このほかたくさんの教訓はありますが、ともあれ、この間における私の「音楽教育」が、私の善意をあわれにもうちくだき、その教訓を生かし再び音楽教育を営む意志を失わせるまでに私をうちのめさせてしまったのでした。そして、最後に——「音楽教育はおれにはわからない」「おれは音楽を教えることができないのだ」と自ら諦めなければならない弱きものにダラクしていくのをとめる何の具体的方法もわからなかったのでした。

　このことは、決して私一人が勝手に音楽についてなやんでいたわけでもなく、私たちの不勉強の結果からでもありましょうが、私たち音楽について同じように考えていた者の共通の苦しみなのです。私たちはよく音楽について語りあいましたが、それを、教師と名のつくあらゆる人と語り、それらの人から教えられることをしなかった——できなかった——いわば、共通の問題として十分研究しなかったところに私たちの大きな誤りがあったわけです。


「三の頃」

それから二年、私は「音楽教育の営み」はしませんでした。「音楽の先生」と名のつく先生によりすぐれた営みをしていただき、私が音楽教育を営もうなどと、せんえつに考えないことにしていたからです。

今年は、三年生の子どもたちを受けもっていますが、音楽教育の授業も担任しています。それは、別に深い理由があり、すぐれた方法を見出したからでもありません。ただ、もう一ぺん、この子どもたちと対決して音楽教育について研究してみたいという欲望が起きたからなのです。それだから、別に変わった方法もすぐれた技術もあるわけではありませんが、以前とちがっている点は、音楽教育でいちばん大切にしなくてはならないのは、子どもたちの現実生活の感情であり、それを正しくのばすためにこそ、音楽におけるあらゆる技術が使われなければならないのではないのだろうか、ということを、最初に考えていたということだけなのです。この場合、私が、最初に手がけなければならなかったことは、子どもたちの生活をよく知ることであり、その生活感情を正しく把むことなのでした。

「生活綴方」はそのためにもやっぱり重要な方法ですが、その他あらゆる教科の営みと、子どもたちをとりまくあらゆる場所と、機会とで心掛けていることによって、おぼろげながら私には把むことができたのです。——その広さや深さについては、問題があることでしょうが——

たとえばこの綴方においても、利男（子どもたち）とその生活における音楽の一端を知ることもできたのです。

ふろへいったとき（三年　山下利男）

きのうのばん、ふろへいくときに、ぼくはおそがい（こわい）ような細い道をとおっていきました。そのとき一人だったのでおそがいのでぼくは「月がでたでた」とうたっていきました。

ふろのそばまでいくとラジオのおとがしました。そのとき「三つの歌です」というおんがくがはいりました。ぼくはどんな歌がでるかな、と思ったが、きゅうにガガというおとできこえませんでした。

それからふろをでてからまた細道にきたので「月がでたでた」とうたっていきました。そのときどっかのおばさんがきたので、ぼくははずかしかったのでだまってとおっていきました。そうして家にかえると、ちょうど、「三つの歌」がおわりました。

そのほか、子どもたちがその生活の中で、どんなに音楽となじんでいるかということは次のいくつかの綴方からもくみとることができるのです。

三つの歌（三年　武井勉）

ぼくが、きょうひにちをみたら、月よう日で二十日でした。それなので三つの歌がある日でした。いま七時でした。もうあと三十分でした。はやく七時半になればいいなあと思っていたら七時半になった。ぼくは、うれしくなってきた。ええ《ママ》だい一ほうそうでは三つの歌、だい二ほうそうでは、えんげいかいとラジオがいった。三つの歌にした。いちばんには三つの歌のうたがはじまりました。あかいふくをきて、ももいろのスカートのおこさんですな。ではこのうたはどうでしょう。村のおまつりです。かわいそうです。村のかみさまのおまつりでふえふきたいこたたきああやかまし。いちがい《（ママ）》ます。じかんがたってきました。かーん。あきませんでした。どうゆう歌がすきですか。ええむかしのうたです。とゆうと、はいこの歌はどうですか。そうらにさえづる、ああとうちゃんやかあちゃんがええこえやなあといってきいていました。こんどはこの歌はどうですか。といって、あんたはようしかられるねといってしかられて、しかられて、あの子は町までおつかいにといいました。手をたたいていました。はいこれで二つうたったね。といって年をきいて、ええ年は四十ですというとかあちゃんたちがううとわらいました。いまちょうど五分たちました。あと二十五分きけるとぼくがいいました。こんどの人は男の人で若いようですねといいました。いちばんさいしょはあかとんぼでした。そしたらその人はうたいました。こんどは、ぽぽぽとゆううたをはとぽぽはとぽぽおてらのやねからおりてこいまあめをやるからみなでたべよとそこまでうたうとそのぽぽとちがいますというと、ぜんぜんほかのはしりませんとゆうと、じかんがきました。かーんとなりました。そういってかあちゃんや、とうちゃんや、ああこときいていました。

オルガン（三年　山内えつ子）

おにいちゃんが、ばんがたオルガンをひいておるので、にかいへあがっていって、しっとる歌をうたっておると、たんとひいてくれるので歌っていると、そうすると、下へいったので、じぶんのしっとる歌をひいちゃあ歌っておるとまたおにいちゃんがきて目をつぶってひいたので、私もまねをして目をつぶってやったら、ドレミファソラシドシラソファミレドとドレミファまでしかひけませんでした。

あまこんごっこ（三年　鈴木康之）

きのうようちゃんとぼくとであまこんごっこをしてあそびました。ぼくがだれがさっきにうたうのといって、きいたら、ようちゃんが、やあちゃんうたいんさいといったので、おいたようちゃんさきうたいいよとぼくがいったら、ようちゃんがそんならうたうはといって、まーちのゆうかぜとうたったので、ぼくがかねをもっていってかーんとならしました。こんどはぼくがまえへでてぽぽぽ、はとぽぽまめがほしいかとうたうとかーんとかねがなりました。そしたらともちゃんがきたのでぼくが、いれたろかと、ゆうとうんいれてくれといった。ぼくはいれたるで、いまうたいいといったら、よしといって、みど《（ママ）》みのおかのあかいやねとうたったらかーんと二つなりました。

× × ×

だが、時にはにんげんの生活をうちくだきにんげんそれ自体の感覚をマヒさせる――もう、その効能を露わにむきだしはじめたかもしれませんが――ことにでも役立つ（役立たないとはいえぬ）巨大な音楽の魔力のなかでこの子どもたちに、真実をつかみ、現実をすなおにとらえるそのための音楽を営むとすれば、どうしても、子どもたちの音楽における形式主義、綴方教育のことばをかりていえば概念主義、それと対決しなければならないのでした。そしてそれは子どもたちの音楽表現のうえにあらわれるべき、生活感情の概念化にほかならないと考えたのでした。

　そこで私は、そのために、子どもたちの音楽表現上における実態をつかむ必要にせまられ、音楽理論において最もやかましい形式を一切知らない子どもたちに創作教育を試みたのです。――このことはたいへんムチャなことであるかもしれませんが、創作表現以外に子どもたちの魂にくすんでいる概念化の状態を知る方法がみつけだせなかったからです。また、この方法がいちばん正確だと思ったからです――。

　それは「五線の上に書かなくてもいいから自分でうたをつくってうたってみろ」ということなのです。子どもたちは、はじめのうちはなんのことやら、と、びっくりしたような顔をしていましたが、そのうちに、そのことが最も簡単で自分の意の趣くままにやれることだとわかると、さあたいへんなんです。「うたなんかようつくらんも」と反対する子もありましたが、それでもだいたいの子どもたちにはこの上ない容易なことなのでした。

　「さあ、これから『はらっぱ』（クラスの文集名）音楽会をひらくぞ、前へ出てきて勉からうたってみよ」

へこき（武井 勉）

なえうた（此原 稔）

水くみ（小川文子）

水のみ（寺西康祐）

こうして、順番にみんなにうたわせて、そのあいだ、私は一人一人のうたについて気のついたことをメモしておいたのです。

大部分は、そのうたのなかのどこかにいままでにおぼえたうたのフシが加わっているようなうたで、そのメロディなり、リズムなりはその子の現実生活とはおよそ似つかないような、いわゆる現実生活の反映としての音でありメロディではなくして、ほんとうに音だけのカラッポな空虚なうたであり、そのなかには感動の一かけらとて見出すことはできなかったのでした。けれども、そのなかにも、私がひそかに期待していたような子どもたちの現実生活を反映し、その生活感情をどこかにうたい込もうとしているうたが全くないわけではなかったのです。右図のうたは、そういうものに属するうたではないかと思うのです。

たとえば、これらのうたのうち、「なえうえ」のうたをみましても、百姓の息子「稔」は「なえうえ」(田植えのこと)にたいしても決して「お百姓さんごくろうさん」調のあまい感情をうたうことができないのです。稔の生活にとって田植えは決してうきうきするほどたのしいものでもなく、どこか重苦しいそれでいて放ってしまうことができない存在であるからなのです。

このように、自分でうたをつくり、自分でうたうことをおぼえた子どもたちは、時々に「私のうた」をつくっては、私のもとへ発表しにきてくれるようになりました。私は、それらのうたをできるかぎり楽譜に書いておき――私の技術が貧しいため十分に書きとることができないときもあります――音楽の時間になるとそのうたをもどかしい単音で弾いてやりみんなの子どもにうたわせるといっしょに、このうたが「ほんものであるかにせものであるかを」私も加わり、子どもたち自身によって話しあいをさせ、「うそ」の感情のものであるのならどこがどうしてうそであるのかをみつけさせ、どうしたらいいのかを研究させせたりしてみるのです。

また時には、このように子どもたちがうたいあげるうたを中心にして、これが、忘れてしまわれたり、なくなってしまったりしないための、あるいはもっとよく研究してみるための道具としての音楽の文字や形式を、その形式の簡単なものからだんだん複雑なものにまで至るように、教えることをぽつりぽつりとやっているのです。唱歌や鑑賞といわれるものも、この子どもたちの素朴なうたにあらわれる、その生活感情をぬきにしては教えることができないのです。

例えば、教科書を使って「汽車」の唱歌を教えるときにも、やはり、子どもたちに「汽車」のテーマでうたをつくらせてそれとの対比のうえでしか「汽車」を指導することができなかったりするのです。そういうとき、なにもそれまでにしなくてもいいのではないか、などという気持もあるのですが、それも私が貧しすぎて私に自信がない故に心配でたまらないのです。

まだそのほか、くだらない試みはしているのですが（器楽活動ともいわれうる分野についてはやっていません。でもそれも子どもたちの創作活動に支えられ、あるいは、その生活感情を発展させるためにこそ営まれるべきものだとは考えますが）こういう貧しい実践のなかで、「音楽教育における概念くだき」の具体的な方法すらもたしかにつかむことができないでいる私は、もちろんその系統的なプランなど、まして、民族教育のための音楽教育の具体的方法などについては全くわからないのです。

それよりも、もっと心配なのは、これらの営みがほんとうに子どもたちの人間性を高め、いのちのアンテナの成長に役立つ「音楽教育」というものではなく、この子どもたちを、よりいっそう不幸な状態におとしこんでいるのではないのだろうか。また、子どもたちが、自分のうたを私や友だちにほめられて、身のしびれる感激をこめてうたっているのが、この高度な形式をもつ音楽の世界では、うたということができないまでの、子ども自身のたわ言であり、それをうただといって教えている私は、子どもたちに大ウソをついているのではなかろうかということなのです。

そして最後におねがいしたいことは、この営みが時間つぶしであり「音楽教育」と名づけられないものであるならば、ほんとうに子どもたちの生活を発展させるに役立つ音楽教育はどういうものなのか、そしてそれはどう具体的に営めばよいのかということと、もし私のこの営みの中で正しい「音楽教育」といわれるものがあるとしたらそれはどこをどう発展すればよいのか、ということについて、教えていただきたいのです。

註　本文中の楽譜は子どもたちのうたにしたがって筆者が書いたもの。

◆論文4（一九五三年）

計画性をもつこと――新学期をむかえて

教育のおもしろさというものが、私なりに分かりかけた当初の私の教育の営みは、子どもたちの幸福にとって役立つと考え、やらなければならないと思いついたことを確かな計画と深い思想のないままに、シャニムニ実践してきたというようなものでした。

時には、なかまの先生方から、その無計画性をこっぴどく批判され、自分ながら悲しい想いをしなければならないこともありました。けれども不勉強な私は、その悲しさをのりこえることについてはさしての苦しみもしないで、幸に現場の教師として職業的に持ちあわせている、教育者的直観とでもいうようなものを、大切なよりどころとして毎日の営みを続けていたのです。時たま起こる突発的な出来事に対しても――そしてそれが、それまでの経験にはなかったことであっても――そこがカンとやらいうもので、特別にとまどいなどはしなくてもよかったのです。

けれどもこの直観で営む教育は、その営まれること自体には、それ相応の正しさと合理性があっても（偶然的に）しょせんそれは、個人的、職人的なものでしかあり得ず、それを客観化し、論理化することができないところに、教育の営みを広く計画的に発展させることができないという欠陥を見出すことができるのです。

科学性ということを大切にするのだと心得ていたはずの私も、その教育の営みにおいては、非科学的なカンをよりどころとすることに疑問を感じなかったということは、私がよっぽどウカツだったからなのかもしれません。

このことは、科学性を尊ぶ者のだれもが持ちあわせていなければならない〝事実から教訓をくみとる〟という態度が私になかったことで、私が、私たちの教育の営みから教訓と法則をみつけ、それを論理的・体系的にくみたてる努力をしなかったということです。

さて、くだらぬことを述べてきましたが、四月からこんな心がけでやっていきたい」ということについて考えてみるとき、「四月からの心がけ」がきちんと自分の胸のうちに用意されていないという、最大の欠陥にいまさらながら気付かなければならないのです。だからこのようなくだらないたわ言を最初にのべてきたわけなのです。

けれども、ここまで考えてくると、そのうちで「心したいこと」を私なりに考えつきましたので以下そのことについて述べてみます。

(1) 私たちの日常の営みをこそ、大切にしなくてはならない。

最初にも述べましたとおり、私は、私たちの毎日の営みに対し、あまりに無反省でそれを大切にしていなかったのですが、私たちが綴方などを通し、子どもの生活を発展させようとするときには、どんなに意味深く高度なことでも、その綴方にあらわれた個々の子どもの(あるいは子どもたちの)その現実——考え方の深さや行動のたしかさ——を足場にしないかぎり問題とすることが出来ないように、私たちは、この毎日の教育を発展させるためにはやはり私たちの、この現実としての日々の営みをこそ大切にし、そこにあらわれたどんな小さな実践でも、それに対する工夫や創意でも、あるいは欠陥や失敗でも、ほんとうにそれをみんなのものとして、相互に交流し、研究し合っていく態度が大切ではないでしょうか。

もちろんそのためには、諸外国の教育事情についての研究や、それを紹介しあるいは日本の土に植えなおしてくださった学者先生の研究作品としての、立派なそうていの本を読み、そこから学ぶことが大切でしょう。けれども私たちの現場で教育研究に関するサークルができ、そこで毎日の営みにあらわれた教育の実践についてみんなで討論し、研究しあった折の記録が、うすいガリ版刷りのパンフレットででたとしたら、それがいくら素朴で土くさいものであったとしても、誤った現場主義から生まれるセクト性と英雄主義がないかぎり私たちは、それもまた(それをこそとある人はいうのかもしれません)私たちの尊い教育財産としてないがしろにしない心がけが要るのだと思います。

そのために、私は、日々の子どもの記録にあわせてでも、教育の内容や方法についての覚え書きをすべての先生が記録し、それを持ちより自由に研究することが必要で、それはいつでもどこでもできることなんだと考えます。できれば、各学校に一つの、こういう基本的なサークルがつくられ、その上なお熱意が湧き暇が見出せたら、サークルの新聞をも発行し、雑多な(であろう)

研究の記録をまとめ個々に保存しておくとともに、その新聞にみんなの声が反映するようにでもしたら、その新聞は、職場の声として無限の発展を可能としそのサークルにもまた無限の発展を期待することができるのです。

この道は、私たちにとっては予想以上に困難な道なのかもしれません。でも私は、四月から、この心がけに身をひきしめて一歩一歩この私たちの道を進みたいと思います。

(2) 私たちは、父兄とほんとうに手を結び祖国の教育を守るたたかいをおし進めるとともに、そのなかでおくれた父兄の意識を前進させる、その役割がある。

このことは『教師の友』の読者である教師の、誰もが考え、誰もがやっていることで、私もそのためにいろいろやってきましたが、それでも「四月からの心がけ」ということになると、現在における私たちの欠陥として、どうしても大きく浮かび上がってくることなのです。

例えば、先日の国会解散で一時おながれとなりました「義務教育教職員法案」の反対闘争の折でも、いつもはあれほど教科書代などにグチをこぼしていた農民の父兄が、反対署名を求めにいきますと、案外わからず屋さんである場合が多いのです。仕方なくそこで根気に、この法案が、どんなに教科書代と結びつき、いかに教育をハカイし、戦争へ導くためのものであるかということについて説明すると、もちろん、説明や説得のさせ方にもよりますがそのときはそれで、一応のリクツに負けたとでもいうわけで署名してくれるのですが、その後がいけないわけです。「でもなあ、先生」とこうくるわけです。そしてその次には「仕方がないわ」なのです。

ここに私たちは、農民の心にひそむ善意といきどおりとをくみとることができても、意識化され、行動に立ち上る姿は、しんじつ観ることができないのです。

また破防法反対闘争の折にも、都市の労働者があれほどの団結力を示してたたかっているのに、私の会った戦後自作農の親父さんの、その心ある意見はこうでした。

「破防法なんか、おらのような百姓にとっちゃ、あってものうてもどうでもええわ、ありゃあ共産党のサエズリがちったあふせげるちゅうもの、かえってあったほうがええわい。先生も、そんなアカのまねみたいなことはやめて、家の坊主に孝行せよとでもいっておくれんさい」

もちろん、農民の父兄といっても、こんな意識の父兄ばかりではないことも知ってはおりますが、何としても、私たちの接する農民の場合、案外こんな意識で事をすませている人が多いのです。

　でも私は、こういう意識だから悪いのだとは決して思いません。ただ、こんな考え方をしていると、この人が抱いているそのほのかなる幸福感すら持ち続けることができないばかりか、私の受け持つこの人の愛する息子までが容赦もない不幸の中にたたきこまれる、そのことを恐れるのです。そしてその日が来ることは、とりもなおさず私たちの教育が破壊しつくされ、ふたたび私たちがウソを教えこまなければならないことであり、日本が永久にドレイの国となることにほかならないと考えるからです。

　そこで私は、貧しい町や村における文化人の数にも入らぬ一人として、日教組員であると自らももつ労働者の自覚に支えられながら戦争屋の牙城としてのおくれた意識の農民にそれこそ蟻のはうようにでも進んだ文化の息吹をそそぎながら、おくれた意識を一歩一歩高める仕事をすることこそ、祖国独立にとって、私たち貧しい村の小さな文化人こそが果たさなくてはならない、また果たしうる最も重要な課題ではないかと思うのです。

　この道もまた極めて苦しさが伴う道なのだと思いますが、私たちが教室で、子どもに真実を教える自由を得るためにも、片方で子どもにすぐれた教育をすると同じように、また片方では村の文化の光をそそぐ、社会教育家の役割を忘れることはできないと思います。

　そして、その方法は――

　それについては優れた実践の報告が、各所でなされておりますが、私の経験からいえば「歩くことにおっくうがらない」こと、ということだと思います。暇をみつけて根気に歩くことを土台にしないでは、そして、その歩きの中から、父兄が抱く子どもや教育への、その他さまざまなものへのひそかなる願いのその奥にひそむ感情までを、ほんとうに私たちのものにしないかぎり、私たちが意識の変革までも願う父兄との交わりはとうてい望むことができないでしょう。

　子どもの綴方をもって、本を持って、時には紙芝居や幻燈機をさげて、うすぐらい室のいろりのばたに腰をおろすお母さんと、野良に一腹するお父さんと、息子の綴方をよみながら、また娘の武勇伝（教室での）を語りながら、綴方にあらわれたその家のくらしについて、あるいは子どもの幸について、その他さまざまな親のねがいについて、静かに語りあうことは、じつにめんどうくさい仕事なのかもしれません。それは、子どもの綴方を観るように、いやそれよりも、もっともっとわずらわしくて気むずかしい仕事なのかもしれません。

そんなとき、私たちは話したいことをよく理解してもらうために、小説を読んでリクツぬきの説明をしたり、絵をみせて同じように感じ入ったり、ちょうど私たちが教室で、子どもたちに教えるとき、すぐれた芸術的教育方法の威力を利用するように、細かな配慮がいることと思います。

また、そこで出た問題を家庭通信によって多くの父兄に伝えることも、私たちは決して忘れはしないし、いとわしくも思わないでしょう。何となれば、私たちは、一人の父兄の問題がみんなの父兄の問題として、考えられ解決の途を歩むとき、父兄がなかま意識にもえて、自らの力で組織され、「仕方がない」あきらめに「仕方がある」文化を私たちがそそいだ日になるからなのです。

四月から身をひきしめて、こういう心がけで進みたいと思います。

まだ〝教室の教育〟や〝教師の変革〟ということで、心がけたいことがありますが、紙数が尽きましたのでこれで止めます。

◆論文5（一九五五年）

〔実践報告〕

版画から図画への道

一、版画教育、それは図画教育への出発点であった

1、生活綴方の営みの中から生まれた版画

いまから四年ほど前、六年生の子どもたちを受け持って生活綴方の教育をけんめいに営んでいた頃、農繁期の労働を中心に学級詩集を編もうということになり、その編集について子どもたちといろいろ話をしているうちに、「絵があるといいなあ」ということがでて、それではどのようにして絵を入れよう、同じ絵が何枚もいるのだが、というとき、ふと、思いついたのが、私がまだ子どものとき学校で彫らせてもらった「富士山の絵」の版画のことであった。あ、これだということで版画を彫らせたのが、私の営んだ版画教育のそもそものはじめなのである。

そのときは、生活綴方教育運動のなかで、私にもばくぜんと「ほんものの教育」のあり方について、私なりに考えてみるだけの知識もついていたので、かつて私が彫ったような、「富士山の絵」だけは彫らせなかった。後になって、箕田源二郎さんから指摘されたように、そのときの版画詩集は、一年生の絵日記のようなもので絵でもなければ詩にもなっていないというようなものにしかならなかった。それでも、そのときのねがいである「絵入りの詩集」が一応できたのには真実嬉しさを感じ

丸山で働く人　6年　加藤興二

たのだった。いまから考えてみればそのときの自分が気の毒なような気もするが――。

その版画が、どのようにして意識的な絵の教育に発展していったか、ということこそが重要なのであろうが、そのためには私の場合、生活綴方運動を知らなかったら、おそらくそれはそれだけで終わっていたことだろうといえるのである。

その頃、私も子どもたちも生活綴方教育の営みのなかで、「現実をみつめる」ということを大切にしていたので、その版画詩集で子どもたちと研究会を開いたときは、子どもたちが「こういうような絵をかきたい」「版画で生活をあらわしたい」といった言葉から、それがその頃私が同じ子どもたちに何の喜びもなく描かせていた図画とはただちに結びつかなくても、私がまだほんとうに気付かずにいた、「人間と絵」ということについてしんけんに考えるきっかけができたのだった。

また、生活綴方の教育運動は、私が箕田源二郎さんにめぐり会えるきっかけもつくってくれた。これらのことがあったからこそ、あの版画集が、私の版画から図画への営みの出発点になったのである。

2、図画教育は私にだってやれるのだ

絵についてほとんど自信のなかった私が、絵の教育をしんけんに考えはじめ、「図画の先生」でなくてもほんとうに絵の指導をしなければならないし、やればできるのだ、ということに気づきはじめたのがそれからである。

あの版画詩集については、その頃私たちのなかまとも話をしたが正直にいってちょっと変わった試みだ、ぐらいで絵の教育・感情の教育としては問題にまではならなかった。やはりその文集の中にある詩の方が話し合いの中心になってしまった。そんなことからも、版画については私も余り深く考えてみることもなくもう忘れかけていたとき、突然箕田源二郎さんが私たちの会へ来られて、一夜を絵について語り明かしたとき、例の版画詩集が問題になって「いままでの話の中で明らかなように、絵の教育が大切だとすれば、それとしんけんにとりくまなければならないだろうが、一体何からどのように営みはじめるのだ？　すくなくともこの版画とは全く別個にはその道が存在しないのだろう。石田君、一体君はこの版画をどう発展させようとしているのか」と問われて、ぎゃふんとした想いもしたが、あの版画を彫らせたことの中から私の学んだことは、自分はいままで技術ばかりに気をとられて、自分の技術がないことから図画教育に恐怖

を感じていたのだったが、この版画の場合から考えてみると、絵の教育でも綴方を書かせるときのように「何を書くかによってどう書くか」を子ども自身に考えさせることもできるんだな、という一応の明るさを覚えたのであった。そのときに箕田さんから「この版画の内容を絵にすればよいのだ」といわれたのだったが、そのとき本当には私によくわからなかった。

3、版画は図画への突破口になっていった

それから、私の感動主義の図画教育（正しくは版画教育）がはじまった。詩的感動と絵画的感動とは異なるであろうが、私は子どもたちに詩を書くときのことを例にして絵についてよく話をした。「何を描くかということを考えない者はいないであろうが、その何をこそが実は絵の中心でそれは現実生活の中で得た感動にほかならないのだ。」と——そして子どもたちもそのことがよくわかったらしい。子どもたちにとって版画は詩の付属物ではなくなってきた。それまで図画のきらいな子も、版画だけはむしょうに喜んで彫るようになった。版画そのものについてわからない私は、それから版画技術について勉強したがる子どもたちの要求にはとても追いつけなかった。版画技術は、子どもたち相互の批判、研究の中で生みださせることにして、私はもっぱら絵画感動についての指導をした。

子どもたちにとっては全く新しい世界が開けたらしい。それまで綴方の題材にしかならなかったものが、絵の題材にもすることができるようになってきたことはたしかに喜びにちがいがなかった。その証拠には版画である限り絵が生き生きとしてきたのである。個人文集などのカットからもマンガ絵がだんだん消えていったが、その中から矛盾がでてきた。いわゆる図画作品となるとてんで感動がでてこないのである。私もこれが同じ子どもたちの絵なのかと思うとひやりとする想いがしたが、色に抵抗を感じている子どもたちの絵は、色をぬる段になると、それはもう全くきたない紙片になってしまって、どうにも手がつけられなくなってしまうのである。

4、版画だけではどうにもならなくなってきた

こうした営みで版画はそれなりに偶然の面白さを含みつつ、一見順調に発展していったが、私の困ってきた問題は、版画でも感動主義だけでは絵にならなくなってきたことである。はじめはそのものずばりで、人間なら人間の顔だけ描いていたのだが、子どもたちの要求も私の要求もそれだけでは満足しなくなり、よりそのものが感

動あるように描かれるためには、綴方と同じようにその物の存在している周囲を抜きにしては絵にはならないことに気付いてきたのであるが、そうなると周囲との関係において物を把える力が必要となって来るし、例えそれらが綴方の中などでつくられているとしても、それを絵に表現しようとするとき、子どもたちの前には遠近法にはじまる絵画表現の技術の問題が出て来て、版画教育以来最初の大問題にぶつかってしまったのである。それと同時に順序を踏んでない図画教育の悲しさは、また一方では、色が感動を殺してしまう作用を子どもたちに意識しはじめさせたのであった。また版画だけでは、絵のスケールが小さくなってしまうことに対しての不満も湧いてきた。でもそのときには私はこれという方策を見出せなかった。なかまの問題にしても、生活綴方のなかまだけではなしに図画教師とよばれる人々とのでていけいの問題がでてきた。

　その頃は、子どもたちの卒業も迫っていたし、私も本当に困った。そのあげく私は、うんと大きな紙で図画の共同製作をすることによって打解の道を見出そうとして、それを試みたが、集団意識の教育には役立っても結局は図画教育の問題が発展するわけではなかった。版画もマンネリズムにおちいりはじめた子どもも苦しんでいるの

乳しぼり　6年　堀井征三

エンピツを持つ手　6年　大野龍三

朝　6年　加藤興二

が版画をみていればよくわかった。

私は、それまでの版画教育の成果は、あの条件の中では大きかったとしても、いつまでも版画の中で問題をほじっているのではどうにもならなくなってきたことがよくわかるし、図画教育の在り方こそが版画教育の問題の本質をとく鍵だということを感じて、「こりゃあ版画をこの子どもたちからすてさるべき時がきた」と考えて、版画を彫るのを止めてしまったのである。子どもたちからも「それでも版画を彫りたい」という要求はでてこなかった。私は子どもたちが版画教育で得なければならないものは、すでに汲みつくしたという感じで一ぱいだったのである。ただ具体的な発展の方向がはっきりしないままに、生活感動主義の版画教育の成果だけをふりかえっていたのであった。

5、版画教育で得たもの

こうした版画教育の営みのなかから私は、絵の教育は、ほんとうにみずみずしい喜びに満ちあふれているものであり、それはまた、生活の中での生きた感動をぬいては考えることができないのであって、それならば私にでもできる教育である、むしろ生きた子どもをほんとうによく知っている私たちでなければ営むことができないものですらあるのだ、という図画教育への確信を得たのであった。それは子どもたちに感動を教育することこそが図画教育の当面の任務であり、それならば私にもできるのだという喜びなのだった。

版画教育の中で本当に得なければならなかったもの――版画教育の中に含まれ、次第に発展してきて遂には版画をすてさることこそこの子たちへの教育の真実の姿なのだ、というまでに露わになっていた、「版画教育だけではどうにもならない。版画は図画教育全体の中で練りなおさなければならない」という絵画的感動と表現の問題をこそ正しく解明すべきであったのに、そのときの私は、浅はかにも感動にのみ図画教育の方向を求めてしまったのである。しかしそれも束の間の喜び、やがては矛盾に苦しまなければならなくなってきた。その営みの道を私は図画教育の道と呼ぶことにしよう。

二、図画教育の道、それは生活感動から絵画的認識へ続いてきた

1、具体的にわからない図画教育

版画教育の対象であった子どもたちが、卒業していってしまったあと、私は三年生の子どもを受け持つことに

なった。けれど三年生の子どもがわからない私は、感動だけに方向を求めていても、実際の図画教育は、具体的にどう営めばよいのかてんでわからなかった。

最初は綴方と同じように、現実の子どもたちを知るために、黙って好きな絵をかかせてみた。それは当然のごとく感動とは別個の作品なのであった。そこで私は考えた。色は感動をより高く表現するために存在するはずなのに、色を使えば使うほど絵が感動から遠ざかっているこの現実は、あの六年生の場合とかわらないではないか。色の本質を私も子どもと共に学ばなければならないが、色のことはさておいても、色を使わなくても感動のないこの現実を、一体どうほぐしたらよいものであろうか——と。

2、感動主義はとたんに失敗した

私はまず、生活の中での様々な感動を絵画的感動として意識化させるために、題材を意識化することにつとめた。例えば、「お父さん」を描かせようとすれば、それは何時何日のどういうときのお父さんで、そのお父さんはどんな感情を抱いていたのだろうか、等と。——最初にはそれらの方法も成功したかにみられたが、それがだんだん強くなるにつれて、感動の内容が文学的な要素ばかり発展して、かつての版画詩集が、あぶはちとらずに終わっていたように、絵でない絵、説明ばかりの絵になってしまったのである。説明画へ説明画へと進む子どもたちの創意は、あるとき、絵で説明できない部面は文字で説明することを生みだし、それがたちまちに拡がって、私が困った困ったと苦しんでいることにおかまいなく、絵はたちまち絵日記的なものへ転化していってしまった。

これでは、一年生の初期における子どもたちの現実認識を高める方法としての絵日記のように、文と絵を未分化の状態にしておいて、両方を用いて事柄を説明させることには役立つかもしれないが、文だけが単独に書ける子どもたちへの、図画教育にこめている私のねがいとは、およそ縁遠い結果になってしまって、私があわてふためいたのも一通りでない。

感動主義の図画教育は、これで中座するかに感じたが、しつような私は、感動主義からそう簡単にぬけきることができなかった。版画教育の中で得た方向は、具体的にはわからなくても、何故だか間違いないものに考えていたし、私はこの中からきっとほんとうの図画教育の道が見出せるにちがいないと信じていたからだ。

こんな頃、同じように考えていた人たちと、いつも研究会を開いた。全体の中で研究会を開くには、私の主張する感動主義が余りにかけはなれていたし、それを具体的に説明するためには、現実の絵日記的図画ではどうにも説明がつかないし、というような私の弱腰から、感動主義の成果で、あるべき絵日記的図画の研究会はいつも苦しかった。でもその中から、絵をかくこの子どもたちへの、教室での中心スローガンとして、「感じがよくあらわされているか」の指導語を生みだすことができた。私はそれをひっさげて再び子どもたちにぶつかっていった。

3、「感じがよくあらわされているか」「物をよく観ているか」

そのときのことで、いまも印象的なことに、つぎのようなことがある。

ある日、自由題で絵をかかせたとき、二人の子どもが同時に経験したことで「道でチョコレートをおとした人のこと」を絵にするといって、「感じがよくあらわされているか」のスローガンにしたがって、そのときの絵をかいた。出来上がった二つの作品は、一方が型通りの説明画で道の真中で親子が歩いていて、チョコレートをおとしたことをかいていたのに対し、もう一人の子は、落ちたチョコレートそのものを画面一ぱいにかいていた。それは、どちらも相当の説明がなければわからないものだったが、それらを並べて子どもたちが研究したとき、「絵では、ことよりものをかかなければならない」ということを発言して、むしょうに嬉しく思ったことである。

でも「チョコレートそのもの」の絵が、誰の胸にも何の感動も湧き起さないことから、それはそのときの状態がまさしく描かれていないからなのだということになり、「物がよく観てあるか」のスローガンが生まれたのであった。

それからは、感じをよくあらわすためには「物をよく観ること」というわけで、物をよく観るための方法をとらなければならなかったのである。

感動主義の教育は、いわば絵におけるガイネンくだきの教育にもあたるわけなのだが、それはガイネンつくりの場合とちがって、すべて抽象から具体へと進むものらしく、物をよく観るための方法として行った。デッサン・クロッキー・精密画の場合でも、まず全体がどのように正しく把まれたか、ということからのみ問題にしていったのである。このことは、いまになってもはっきりしないのであるが、実際には、意識するとしないにかかわらず、そう進む場合の方を用いていたし、その方が子どもも私も自然だったのである。

こんなころ三年生が終って、私は引き続き四年生の受け持ちとして、この子たちを受け持った。

4、感動主義はテーマ主義まで進んでゆきづまった

物をよく観ることによって、子どもたちの絵はたしかに図画教育の本道へ返ったかにみえたが、それもしばらくぬけきれない感動主義は再び頭をもたげはじめた。よく観つめたが、力のない絵に対する不満が、その場合、観つめ方の不足へ向うこともなく、画材としてのテーマへはけ口を求めたのである。

A―かつえたごはん　牧野　明

「何を描いたらよいのか」の研究の成果は、「ねうちのあるものを」のスローガンにかわり、感動が、観つめ方の不足から感情の表現へと移っていって、スローガンをならべたてたような、ぎすぎすした絵が出てきてしまった。画題も「おれがかつえてめしをくっている」（A図参照）などというものになり、現実認識の中での問題意識とあいまって、何か絵ではないムリを感じはじめた。

しかしそれでも、かつての絵日記的な絵よりは、はるかな進歩を感ぜさせられたし、現実生活での問題意識が、そのまま絵になっていたことにも、それがそのまま本物でないという不安は感じたが、これが本物への道すがらであるというように私は考えたのである。

だが、この道すがらもマンネリズム化してくるにつれて、いいようのない不満が湧いてきた。子どもたちも苦しんだ。ちょうど版画教育の後期のように感情を最大限に表現するために、へんに抽象化する技法を使いだした。そうすることによって表現された感情はますますゆがめられ、絵が感動とは程遠くなってしまったのである。

感動主義が絵の本道に入ったかに感じられたとき、それはもう感動主義が破綻をきたし、感動主義の教育がほんとうに行きづまってきたときであった。私は私なりにもがいた。

5、感動主義の末期は危険なときであった

でも、感動主義の末期は私の中にも存在した。このもがきの中からのがれる道を、私はテーマによって見い出そうとした。

創造主義の美術教育に疑問をもちながらもテーマ主義による本物の子どもの絵ではない姿から、教育すべき本来の子どもらしさについて考えてみた。放ったらかしの子どもらしさ――偶然性と幼稚な認識のおもしろさ――は、教育として図画をとりあげる場合の子どもらしさではないのだろうか。「よりねうちある感動を」のめあてにしたがって営んだ私の図画教育も、やっぱり私の求めていた子どもらしさへの道ではなかったのだという現実は、さしもの感動主義への確信をゆるがせてしまったのだった。

感動主義が、それ自体としてはリアリズム教育の道（現実直視の方法）とは逆の基盤に立つ思想であった以上、テーマ主義の誤りは直ちに現実直視の方法へとかえることなく、全く逆のテーマ主義にとってかわる安易さをもっていたのである。私はその安易さのなかにぬけ出る道を求めた。

メルヘンの夢をテーマにし、用具の変更と画面の拡大とによって、面白い子どもらしさは現れはじめたのであるが、生活綴方の教育などで確信をもって描いていた、素朴でたくましい子どもらしさ、いわば教育の結果としての面白くない、あたりまえの子どもらしさは、依然として現われはしなかったのである。

いま、私はこの時期を、私の営んだ図画教育の最も危険な時代として考えている。生活綴方の教育を通しての本来の子ども、教育すべきものを教育した結果としてのあたりまえの子どもを知らなかったら、私はメルヘンの夢の中にいつまでもひたりつづける子どもを本当の子どもと考えて、面白いものが多い子どもらしさの教育の中で、果てしなく画面を拡大し続けていただろう。

6、メルヘンの夢も破られた

メルヘンの夢が破られたのは、この道に歩みを求めてすぐのときである。アンデルセンの童話「人魚のおひめさま」を読んでやって、それの絵を描かせたとき、私はたしかな信頼をもって（いわゆる子どもらしさの発展に対して）教えていた。

私が読んでやった話の中心的な部分を把えて、それを絵にしたのである（B図参照）。その場面を把えただけでも、私には「F（古橋）よく把えたな」といいたかった程だったのに、その絵はまた、話の中心部分である高

B—人魚のおひめさま　古橋省三

度の感動を表現するのに適切な構図をとっていたのである。採色（ママ）にはやや難があったとしても、私は内心Ｆの描いたその絵を高く評価していたのである。それは「人魚のおひめさま」におけるかぎり、最も面白くない子どもらしさにみちているからである。それを他の子ども、Ｇ（後藤）が描いた面白い子どもらしさの作品（Ｃ図参照）と共に、ある研究会に提示したら、私がひそかに高く評価していたＦの作品は、「面白くない。うますぎる」という評の下に一ぺんにとりさげられ、Ｇの作品が「子どもらしい。構図がおもしろい」という理由で高く評価されたのである。Ｆの作品が評価されなかったのは、余りにも当然なゆがみ、面白いという面がなかつたからであろうが、そのとき、私にはそれを反撥するだけの理論も、勇気もなかったが、「Ｆをいちばんよくしっている者はやっぱり俺だ。Ｆの絵は決してウソの作品じゃない。決して大人の絵じゃない。教育すればこうなるのだ」という想いがして、面白い子どもらしさへの疑問はより深くなり、また、つぎの道を求めたのである。

C—人魚のおひめさま　後藤靖彦

7、生活感動と絵画的認識の統一を

それからは、対象のより正確な認識と感動とを統一することを、ひたすら図画教育の中心にした。教育の方法としては、やはり対象を正しく認識させようとすることに主力をそそいだ。それも以前とちがってより部分的な対象認識を要求した。スケッチ帳を持たせて、手当たり次第目にとまるもの、心にうつるものをこくめいにスケッチさせた。それをスケッチ日記というような性格のものにさせて、時にはそれらを組みあわせて絵にさせたりした。

スケッチ帳の活用は、子どもたちに絵画的認識への基礎を固めさせた。ばくぜんとした対象への興味は、より深くより部分的に把握しようという要求にかわり、かつて感動したことに対してのみ興味を抱いた子どもたちが次第に形や色そのものへ興味をもってきた。

教育は再びクロッキーやデッサンの方法を必要としてきた。だが私は、ここで一人一人さまざまに異なる子どもたちの、対象認識とその表現の発展に対して、具体的な系統と段階を把むことができないでいたので、個々の子どもに適切な認識と表現の方法を示し、考えさせることができない悲しさにぶつかったのであった。このときほど私自身にとって、図画教育とりわけ絵画的認識の発展についての系統と表現技術の豊庫とが必要に感じられたことはなかった。図画を教える者が、最低心得ておかなければならない要素などについても、「図画の先生」といわれる人たちと話し合った。そこでもはっきりしたことは出てこなかった。

8、安易な喜び、感動と認識が統一されたかにみえたとき

私の場合、対象を正しく認識させるといっても、感動と認識を統一させようとしてのことだから、クロッキーやデッサンにも当然限界があった。子どもたちが形や色に興味をもってきてクロッキーやデッサンの方法を用いたといっても、そこでは認識への指導性が失われていた。――もちろん、系統がわからないことが中心だろうが、クロッキーやデッサンも、子どもたちの興味のあるものばかりが対象になっていたことだけは間違いがない。クロッキーやデッサンが、これだけはどうしても教えなければならないという、きびしい教育の要求に支えられてはいなかったのだ。

けれどこうした営みから、ある意味では新しい図画教育の方向が見出せた喜びも感じた（D図、E図、F図参照）ので、その基礎に立って、感動との統一のために再びテーマにとりくむことにした。

同じ写生をするにしても以前とは異なって、人間のあらわれるもの一点ばりから、人間のいない市街地などに画材をみつけださせたりした。画材も安易なものから複雑なものへと要求をかえていった。

子どもたちの絵もわりあいに落ちついてきて至極自然なものへとかわりつつあった。そんなころ、子どもたちの中から、より正しい表現のために遠近法の内容が問題となって、私がどのように指導すべきか困っているあいだに、子どもたち自らの力で発見してしまうというようなこともあり、私としては、それこそぼんやりとでも、

感動と対象と認識とを統一することができた満足を味わうことになったのである。だがその満足も満足でなくなる日がきたのであった。

9、図画教育の中だけでは感動と認識は統一されなかった

　四年生の修業も迫り、四年生最後の図画の時間、私は、自由なテーマで思いきり絵を描く喜びを味わせようとして、子どもたちを教室から放り出したのだった。そのときのこと、出来上がった作品はそれぞれに子どもの努力のあとがみられて嬉しかったが、その中に二枚だけ非常に対象的な作品があったのである。私の図画教育の営みで、いつも私のホームグラウンドに入りこんできて、私の教育方針を素直に受取り、そのときの状態を最も特徴的に示してくれたM（牧野）が描いた絵と、先程も「人魚とおひめさま」のひきあいにだしたFの絵である。（※文中のMは牧野、Fは古橋、Gは後藤を指している。）

　FはMとちがって芯の太さが感じられる子どもで、絵の表現は決して立派だとはいえないが、物事（対象）に対しての感覚が極めてするどく、そのものの本質を、ズバリと見ぬくことができる子どもなのであった。だから私は、このMの忠実さとFの大胆さとを図画教育の中でいかに統一させるべきかと考えて、それをうまくやりこ

D―働らく母　古橋省三

E―先生　後藤靖彦

F―先生　牧野　明

なすことが、対象の認識と感動との統一というように考えていたのであったのだ。それが、修業前最後の作品をみるまでは、なんだか統一されていたように思っていたのであったが、その二つの作品をみるに及んで、統一されていたという思いは全くの思いあかりで、依然として別個の質をむきだしにしていたのである。

Mの作品は、「学校の便所」（G図参照）を描いたものだが、正確に描こうとした努力はうかがえても全く感動の湧かない絵であったのに反し、Fの作品は、「芽がでかけた木」（H図参照）その感じを描こうとしたものだが、生き生きとしているにもかかわらず、実際には、正確に対象が把握されないために粗雑な絵になっていたのだ。私は何か重大なことを忘れていたような気もした。Fの絵は、一見私たちがむかし教わったような古い写生画の様式に似ていたのにかかわらず、Fをよく知っている私には、その絵が決して古いものではなく、何かそれが今後ほんとうに発展してゆかなければならない図画教育の方向（何にも面白くない絵、それでいてゆるぎがたい強さを持っている絵）をさししめてくれているだけではなく、その方向が決して間違いでないということを（それ以前には全くちがった絵を描いていた）、Fの質的発展の中で実証してくれたように思われて仕方がなかった。あのFがこんな絵を描くのか——と。

けれど、Fのこの絵の限りでは、誰もFの実証に注目してはくれないであろうし、「古い絵だねえ」の一言の下に、はねつけられてしまうにちがいないということも私にはよくわかった。Fの絵は発展の方向を示している。だが誰もこの絵では納得しないだろうという喜びと悲しみのなかから私は、Fの絵が誰をも納得させるためには一体何が不足なのかを考えてみた。その結果、Fの絵からは、対象をより正確に把握しようとする、たんねんな努力があまりにも少ないことを得たのである。

私はMの絵についても考えてみたが、Mの場合、Fの不足していた部分を持っているとはいえようが、Fの持つ人間的な強さと、するどい感覚をMが持たないことが、Mの絵をこうも生き生きとしないものにしているのではなかろうか、と考えてみたのである。

10、図画教育の独自的任務、その基本方向

結局私が図画教育の方向として見出し、それができたと思っていた対象の正確な認識と、感動との統一は実際にはできていなかったのであり、しかもそれを図画教育の中に求めようとしたことに大きな誤りがあったのであって、Fの絵が示した方向に連なる人間的なするどさ

G―学校の便所　牧野　明

H―芽がでかけた木　古橋省三

と強さは、子どもたちの全教育・全生活の中で指導し育くまなければならないものであって、図画教育そのものの基本的方向は、対象を絵画的な認識で正確に把握させることにあるのではなかろうか。そしてそれを系統的に発展させること、それこそが日々の図画教育の営みの内容になるべきではなかろうか、とばくぜんと考え出したのは、この修業最後の絵をみてからなのであった。

だが、そのときにはもうこの子どもたちではなく、一年生の子どもに対決しなければならなかったのだ。

11、基本的方向ははっきりしていなかった。具体的には手がつけられない

「物をよく観る」いいかえれば対象を正しく認識するということを、ぼんやり考えていただけでは、一年生の子どもの場合、何の役にもたたなかった。

私にとって、わからないことばかり多い一年生の子どもたちに対して三、四年生の子どもに対するように「物をよく観ること」だけのスローガンでは、いかにも使いものにならなかった。そのスローガンだけでは、絵には何の反応も示さないのだ。入学早々、私のこのおしつけに対して反発した子どもたちによって私は自信を失いかけた。

一体どこから手をつけていったらよいのか、私にはとんと見当がつかなかったのであるが、その頃すでに私は大きな失敗をしでかしていたのである。それは、子どもたちに、対象を正しく認識させようとして、かつて感動主義のころ用いたガイネンくだきの方法から教育を進めていたのである。

12、再びくりかえした感動主義の失敗、子どもたちは対象の正確な認識を求めていた

それは個々の対象を具体的に把握させるということをしないで、全体を大まかに把ませようとしたために、子どもたちの絵が、「よく観ること」即ち「さまざまなことを説明する」という結果を示し、絵がより多くの行動と存在とを物語りさえすれば良いということになって、対象が正確であるないよりは、絵にあらわされる生活内容が、対象認識とは別個に、より多く語られていきさえすればよいということになってしまい、子どもたちが本質的には要求していたはずのガイネンつくりを忘れてしまっていたのである。

例えば、子どもたちが描いた絵の研究を、子どもたちと一緒にやっていると、いくつかの絵のなかには、特にA子の絵などには、絵本調が現れていて、それがまた巧みに描けている場合など、子どもたちは、その絵に対して「うわあ、うまいなあ」と叫び、全体の中から「どれがよい絵だね」と質問しようものなら、すべての意見は一致してA子の巧みな絵を評価するのである。そう評価されたA子の絵には、たしかに一般の子どもが描いているような不自然な面白さはない。ただその絵はA子でなくても、少し絵を描く技を覚えれば、誰でも描く絵なのだが――そういうとき私は全く困ってしまうのだった。A子の絵は、A子自身が対象認識にはげんだ結果生れた絵ではないことがわかるだけに、それを評価することができない。それはむしろ借りものの絵の姿で、排除しなければならないものであるのだから、私としては何の評価もせずに、それよりもむしろ多くの子どもたちの中にある幼稚さにあふれた物語を評価していたのに、いつまでたってもA子の絵がすぐれているという子どもたちの認識が、はじめはただ絵というものを子どもたちが誤って考えているからだろう、ぐらいに考えていたのだったが、本当はどこにあるのか終いにはわからなくなってしまったのである。

だがそれは、A子の絵に対して「ほんものみたいやから」と評価する子どもの言葉にはっきりと語られていたのである。それをほんとうに私が問題にしたのは、一

年生も大半を過ごしてしまった二学期の終わりであった。その頃、子どもたちは、本物に似た絵を描きたいのであって、自分たちのいまの絵が本物に程遠く、面白いゆがみのみ多いことを知っているのだ。いつでも本物みたいに描ける力がほしいのであって、それをムリのないように自分たちにつけてくれるのが図画教育ではないか。受け持ち教師よ何をやっている。と、子どもたちは叫んでいたのであった。

　そのことから、私の入学以来とってきた図画教育の方法が全くの失敗で、私自身がもっと意識的に、ガイネンつくりの教育方法を考えなければならないと気付いたのは、もう三学期になってからのことである。けれども具体的にはやはり手がつけられないままに苦しんでいた私に、「よし、これならやれる」という自信をつけてくれたのは、ほんの二、三日前東京の友人が送ってくれた、ソビエト児童画の絵葉書と、日ソ親善協会発行の「ソビエトの児童画教育」というパンフレットであった。

13、ソビエトの児童画に教えられて

　一年生の図画教育の営みが失敗だったことに気付きながら、具体的に手のつけようがなかった私に、突然送られてきたソビエトの児童画は、私の受持っている子どもたちと同じ七才の子どもたちの作品が多いだけに、より参考になったが、最初それらの絵をみたとき、ほんとうに頭がぐらぐらとする想いがした。大きな鉄鎚でガンとうちのめされたようだった。その絵がどんな絵であるかについては、私は誤った伝え方をすることを恐れるので、ここでは説明をしないが、私がその絵を他の人にみせたとき、「すごいねえ」「ウソだ、とても信じられない」「これは大人が手を加えて描いたものだ、きっとそうだ」という言葉から、それらの絵がどんなものであるかを考えていただきたい。

　先日までうちひしがれていた私が、現在、来学年度の図画教育の営みにささやかな希望を持つことができるようになるためには、ソビエトの児童画とその教育を紹介したパンフレットが大きな教師の役割を果してくれるだろう。

　教えられたことはいっぱいあるが、図画教育の基本的方向に対してさまざまな失敗の中で得た現在、私の考えている方向が根本的に間違いでないであろうということの確信を強め、それの具体的な営みについても、日本のこの条件の中で、私なりの創意が生みだせそうなほのかな喜びが湧いてきたのは、何といっても私が営んだ、いやむしろ営みつつある中心の問題だからだといえるであ

ろう。

以上が、私の歩み来た「版画から図画への道」の大略なのであるが、それにしても、この道には、図画教育という面からだけでも、写生画や主題画ばかりではなく、もっといろいろな分野が入りくんでいたし、それが、教育全体の方向や体系の中では、私の教育に対する混乱ともからみあって、実際にはもっと複雑でじぐざぐの道であったのだ。そしてそれは失敗に失敗を重ねた誠に不甲斐のない道なのである。

× × ×

けれど、いまこうして「版画から図画へ」とたどった道の基本的な方向をふりかえってみるとき、たとえそれが失敗を重ねた道であったとしても、その失敗の中から私が選び、いまも選ぼうとしているその方向が、完全なものではなくても、すべての人々の悲願である、「平和と民主主義を守る」大道に連なるものであったのなら、やがてそれは、私自身を含めてみんなのたゆみない営みと、協力のなかで、ゆたかなものに築きあげられるであろうし、私もそのことをねがっているのだ。だが実は、それが全くの絵空事で、この方向とその営みが、真実の道とは縁もゆかりもないもので、この方向で営みを続ければ続けるほど、それは真実の道をおおいかくすのに役立つばかりなのだとしたら、一体私はどんな営みをすればよいのだろう。

私は、いままでの歩みが間違いなく正しかったのではないだけに、私のこれからの道について一応の明るさを感じてはいるにしても私なりに苦しみもがいているのである。私のこの道が間違いであったとしたら、今後進むべき正しい道をぜひ教示していただきたい。もしこの道が真実の道に連なっているのだとしたら、どこでどのように発展させればよいのかを教示していただきたい。私はこの稿を書いた権利として、信頼する「教師の友」のなかまたちに要求したいのである。

それにしても、今後ますますけわしくなるであろう「図画教育の理論と方法の確立」への道は、いままでの道が、私の道といいながら、ほんとうには私たちの道であったように、やはり私たちの道でなければならないであろう。そしてそれが、いままでよりもっと広くてゆるぎのない道でなかったら、吹きつのる嵐にはたえられないであろう。

〔一九五五年三月十八日〕

第三部　自伝的論考

第三部解説

論文6は、対談＝若月俊一＋石田和男『人間・医師・教師――医療と教育の接点』（あゆみ出版、一九八三年）の一部（七～二九頁）である。師範学校の学生で敗戦を迎えた当時の心境や、思い出に残る教師のエピソードなど教育への不信や懐疑が語られる。師範学校で教生（教育実習生）のときに子どもを無性に可愛いいと思ったが、これといった信念もなく「デモシカ教師」として付知小学校に二〇歳で赴任し、子どもの生活現実と向きあう教育をつくることへの情熱と信念を抱くようになっていった若き日々を振り返っている。

論文7～13「自分史的地域の把握1～7」は、「教育における地域の意味を自分史的に問い直してみる」ことを趣旨として、〈1〉から〈5〉は、地域民主教育全国交流研究会準備会編集『現代と教育』（桐書房）1号（一九八六年一二月）から5号（一九八八年四月）に連載されたものであるが、〈6〉〈7〉は未発表原稿である。

〈1〉地域とは何かを考えるうえで、生い立ちにさかのぼり、教員だった父親の転勤で故郷と述べる一定の地域をもたずに育ったことや、戦時下の国策の強制に利用された「郷土」ということばへの忌避感などを思い起こしながら、石田にとっての地域が「恵那」と認識されるまでの、いわば前史について述べている。

〈2〉岐阜師範学校を卒業し、恵那の付知小学校に赴任して、地域を変える活動に参加しながら、スローガンではなく、考える力を子どもの身につけるための教育を求め、生活綴方に出会うまでの二年間の教師としての歩みについて述べている。

〈3〉付知小で六年生を二年続けて担任した後に、中津町東小学校へ転任して五年生を受け持ち、生活綴方教育に本格的に歩み出した。生活綴方を軸とする教育への確信となった安江満寿子「苦労する母」を全文引用し指導過程について述べている。さらに生活綴方は出発点であり、到達点であるとして、「ねうちに向かう心」と「ねうちに基づいて生活をみる目」を獲得させなければ、発展させることはできないとしている。

〈4〉憲法や教育基本法で平和と民主主義の社会を目指すことになっても、地域や家庭に目を向けると、封建的な考えが色濃く残り、また「衣食住の絶対的貧困」という現実があった。こうした矛盾に気づき、考えさせるためにも、基礎学力を身につけ、社会科学的な学習の重要性を論じている。その一つの具体的な取り込みとして、児童憲章を学びながら、児童憲章にはほど遠い現実との矛盾を子どもなりに考えさせている。また親への学級通信「蟻の便り」で、平和について異論も交えて考えあっていたことがわかる。

〈5〉東小学校の六年生が版画に取り組むことになった理由や、その子どもたちの綴方と版画が『夜明けの子ら』として出版されることになった経緯が述べられている。また、子どもたち一人ひとりが個人新聞や個人文集をつくり、自分の成長のあかしとして「私の本」をつくっていた。最後の文集に子どもが載せた綴方の一例として安江満寿子の「土地をねだるおじさん」が紹介されている。最後は、卒業式での加藤興二の「答辞」で締め括られている。

〈6〉教室での実践と同時に石田がおこなっていた組合や地域の活動について、主として述べている。恵那の教員組合活動は、「政経活動と文化活動は車の両輪」として、生活綴方を中心として教育実践を地域で進めていく「恵那綴方の会」の発足に重要な役割を果たしたことが述べられている。

〈7〉恵那の教員組合が文化活動を車の両輪と位置づけ、全国的な児童雑誌や教育雑誌を地域に普及していた。そうした縁で文化人が恵那を訪れて関心を示し、交流が発展して、「日本作文の会」と「恵那綴方の会」などが共催で「第一回作文教育全国協議会」が開催された経緯が述べられ、恵那の教師たちが当時どれほど文化人や研究者と活発に交流し議論していたかがよくわかる。また「恵那綴方の会」が作文教育にとどまらず広く教育について研究し実践することを志向していたことなど、石田をはじめ恵那の教師たちが愛読していたのは『教師の友』と『教育』であった理由も記されている。

◆論文6（一九八三年）

手探りで教育とは何かをつかんだ

――『人間・医師・教師』対談より

1　苦になった〝詰め込み〟民主教育

石田　若月先生のお書きになったものを読むと、戦争中に長野県の佐久へいらして、ここで新しい問題をみつけてやってこられたという状況がよくわかります。私の場合、戦争中は学生時代で、いちばん激しいときに学徒動員がありました。学徒動員で工場に行っていましたが、やがて中止になり、それから岐阜市の早田《そうでん》河原というところで開墾作業をやっていました。その仕事が切れて、一週間ぐらいの休暇を家で過ごしていたときに敗戦を知りました。

若月　私は軍隊にいきましたよ。

石田　私はそれまで、戦争が終わるなどということは考えてもいませんでした。ものには必ず終わりがあるはずですが、戦争が終わるとはどうしても考えられなくて、自分もいつかは死ぬしかないと思っていました。ただ、少しでも生きながらえていればいいと考えていたわけです。その生活態度も気の弱い、ちょうどチンピラみたいなもので、ほえて歩く〝咆哮〟と、さまよって歩く〝彷徨〟という二つの気持ちをもっていたのですが、そういうものがプッツリ切れてしまいました。これがいちばん強い印象です。

戦争は終わったが、さて、これから先はどうなるのかサッパリわかりませんでした。世の中の先のことなど、とても読めない人間だったもので、非常にとまどった覚えがあります。敗戦で、とくに印象強く残っているのは、電灯がパッとついたということですね。それまで、米軍機による空襲のため、日本全土が灯火管制を受け、真っ暗だったのが、本当に明るい世の中になって、これで戦争が終わったということなのかと、うれしくなりました。

学校からはなんの連絡もありませんでしたので、学校が今後も続けられるのかどうか、まったくわかりません。たぶん学校もなくなってしまうのだろうし、自分の人生の先のことは何もわからないという状況でした。たまたま、敗戦後二、三日して学校へ行く用事があったので行ってみたら、学校が続いていた。当時、みんなも続ける意志はなかったのでしょうが、寄り集まってきて、それで戦後に入っていったということなんです。

戦後すぐの間は、学校もなくなると思っていた反動で、むしゃぶりつくようにいろんなことを学びました。〝民主主義〟ということばは、戦前には学校で一度も聞いたことがなくて、戦後、はじめて知りました。そしてそれに感銘を受け、ただひたすら〝民主主義〟ということだけで戦後をわたってきた、という感じがいまでもするんです。

二十年に敗戦になり、二十三年に学校を卒業したのですが、その間の学生時代が、私にとっては民主主義を知りえたひとつの復興期だったと思うんです。学生運動へはなかなか入っていけず、アウトサイダーのような立場でそれを見ていただけでしたが、その中で、はじめて勉強みたいなことを少し始めたわけです。

そのころ師範学校に行っていたのですが、当時、教員になるという意志は非常に不明確でした。しかし、卒業が間近になるにつれて、だんだん教員になるしかないと思いはじめたのですね。戦後、〝デモシカ先生〟ということばがはやりましたが、私もまさにデモシカだなと思いました（笑）。それしかないし、ほかに何の資格もないということで、それこそトコロテン式に教員になったわけです。

師範学校の学生は、当時、一か月ぐらい小中学校へ行って、教授のし方というか、教育のし方を教わる〝教生〟という時期がありました。そのときに、いまから思えば、ずいぶん不遜な態度で教生日誌を書いていました。いまでは先生に何を習って、どういう授業案をつくって教えたかということを綿密に書かされるんですが、そのころは、戦後間もないということもあり、すべてが混乱していましたので、それほど綿密でなくてもすんだようです。私自身は教育に対してどえらい意欲もなかったため、教生日誌に「忍従」という題をつけて、萩原朔太郎にのぼせていたので、妙な朔太郎ばりの詩を書いて提出したことがありました。

そういうわけで、まっとうに教育を考えるということは、なかなかできなかったんです。ただ、いま、ふり返ってみると、教生のときに子どもを知ったということは、その後、教員をやっていくうえで大きな礎石になりました。子どもだけは、無性に可愛かったですね。それまで子どもというのは、私の中に全然イメージがなかったのですが、教生時代に子どもを知ることができて、子どもというのは本当に可愛いものだと思うようになりました。それだけが取り柄で卒業し、現場へ入っていったわけです。それも、教師になるという確固とした信念もなかったので出席日数が足りず、今日でいえば単位が足りず、担任の先生の助けを借りてやっとのことで、卒業できた案配でした。そして、岐阜県恵那郡の付知小学校へ赴任しました。

私は、格別の教育論ももち合わせていませんでしたし、教育の民主化ということも、当時の状況からしてやらなければならないことだとは思っていたのですが、いったいどこからどう手をつけていったらよいのかもわからないまま、現場へ入ったわけです。

現場のほうも戦後の混乱期で、学校の中にも今日のようなきちんとした秩序はなかったですね。たとえば、教えるにしても、何を教えるのかはっきり決まってなくて、全部自分たちでつくらなければならないというような状況でした。いまでいうカリキュラムを、卒業したての私でも、ベテランの先生でも、みんな自分でつくらなければならなかったのです。

私はちょうど生意気盛りのころでしたので、自分勝手に自分の好きなものをつくりました。当時、社会科というものができたころで、私は、これこそ社会を改造するための教科だと考え、社会科という科目を通して子どもたちに民主主義を教えることこそ教育の中心だと飛びついたわけです。社会をどのように変えていくかを考えることが、当時の貧困や封建性とたたかうことの中心なんだということで、勝手にカリキュラムをつくったりしてやっていました。

私としては、子どもは小さな同志であり、いっしょに社会を変えていくものだというような思いで、いまから思えば、ずいぶんラディカルに働きかけましたね。私を含め、みんなが貧乏なのはいまの世の中や政治が悪いせいだ、というようなことをずいぶんあけすけに話したと思うんです。私自身の中では、そういうことが教育なんだという考えがあったんですね。

やったことは非常にラディカルだったのですが、逆に心の奥底につかえている問題もありました。学校で教員の機関誌、文集みたいなものもつくっていましたが、それに

とっちめて語らせし子は　さりげなく政府悪しと　意

味もなくいう

というような私自身の悩みを綴った歌ものっていいます（笑）。何かというとすぐ、「政府が悪い」といってしまう子どもになっていることに気がつき、自分でもこれではいけないという思いはあったわけです。しかし、実際にどうすることが教育か、ということはなかなかわかりませんでした。

結果だけを子どもに教えること、つまり、今日でいう詰め込みばかりやっていたのです。私たちが戦前に受けた詰め込み教育とは逆の、つまり、「民主主義とはいいもんだ。しかも民主主義というのはみんなでつくっていくものだ。いまの政治の悪さとたたかうことでしかつくれないんだ」というようなことを詰め込むことが教育なんだと思っていたのです。

しかし、教師であるかぎり、そういう詰め込みをやって、一時期、子どもが反応を示したとしても、それが真に子どもの胸の中に落ちたことばではないということだけはわかるのです。そのことが、自分でも非常に苦だったこともあり、それからは啄木ばりの歌をつくるようになったんです。朔太郎から急に啄木になるんですが、まあそんな形にあらわれるように私が思想的にも変わっていったと思うんです。いまでも残っていますが、私自身の当時の気持ちをあらわした、えらく生意気な歌があります。

啄木は日本一の代用教員と　雲と天才に書く　おれは
日本一の平教員と　反古《ほご》に数書く

といったりしてね。このような生意気な気持ちであったということは確かです。それだけ何かやらなければいけないという気持ちが強かったんでしょうけれども、同時に、子どもの心の中から教えていくとか、子どもに納得させるというようにしなければならないものを、実際は押しつけの詰め込みでやっていったということに、自分自身矛盾を感じるという時期があったんです。

当時、子ども向けの雑誌として『少年』とか『少女』が出ていましたが、同時に『子どもの広場』という、いわば民主的な雑誌も創刊されました。そこで、教師としてはどういうものを子どもに読ませたらいいか、という話し合いの中で、私の学校の先輩の民主的な教師は、「戦後、いちばん最初に出た民主的な雑誌『子どもの広場』だけを読ませるべきだ」と主張しました。しかし、『少年』や『少女』を読みたいという子どもも一方にはいるわけです。

私たちは、今日でいうアルバイトをやったりして金を稼ぎ、それで学級文庫をつくるというとりくみをしていましたが、子どもたちはその文庫に『少年』や『少女』という今日でいえばくだらないような雑誌を入れてくれといってくるのです。そこで私は、子どもの広場』を読ませようと思っても、それにただちに子どもたちが飛びついてこないのなら、子どもがほしいというものをも含めて『子どもの広場』を加えるべきで、その中から子どもが選んで、順次『子どもの広場』が好きになるように指導するのが教育ではないかとがんばりました。ある人は、悪いものを与えるべきではない、いいものだけを与えるべきだといいましたが、私は、子どもが順次いいものを選ぶことが大事なんだと主張した覚えがあります。この考え方は、いまでも私の中に残っています。

しかし、雑誌を選ぶときにはそのようにしながらも、教科内容では子どもに選ばせずに、結論として「政府が悪い」というようなことを教えたりしていたわけです。そのころ、子どもが俳句をつくると、「資本家は楽だ、労働者はえらい」というようなものになってしまうことがありました（笑）。これには困ってしまったのですが、結果としては、そういうふうにしか子どもたちに教えていなかったんです。

若月　長い年月の中には、そういうこともありますね。

2　クラス内泥棒事件で学んだ教育の心

石田　そういう時期に、私を大きく変えたひとつの事件があります。当時は、今日でいう万引きや非行がわりあいに多い時期だったんですが、私のクラスではそういう問題が起きていませんでした。子どもたちと私との信頼関係がうまくいっていると思っていました。ところが、あるとき、かなり大きな事件が起きてしまいました。

付知という町は南北三里もあるような非常に大きい町でしたので、山奥の子どもたちは学校にくるときに、必ずうちの用事をもってくるんですね。たとえば、税金を払うとか、買い物かごを背負ってきて、学校帰りに必要なものを買って帰るということも、子どもの仕事だったわけです。

そんな中で、私の担任していた六年生の子が、当時の金で七百円ほどの金を親から預かってきて、帰りに役場で税金を払おうと思っていたら、その金がなくなってしまったという事件が起きたのです。当時の私の給料が千三百円くらいでしたので、七百円といえば大金でした。

どこでなくしたのかと子どもたちと話し合ってみましたが、結局、いろんな情況から考えて、クラスの中でなくなったとしかいえないわけです。よその者が入ってきて取ったということは考えられない。いままで信頼していた小さな仲間の中に、泥棒が出てしまったということで、私は非常にショックでした。

なんとか金を見つけなくてはならないということにさし迫られたのですが、いくら聞いても子どもは何もいわないんです。その事件が起きてから丸二日間授業をやらないで、学級自治会をやりました。そういう自由が比較的あったということもありますが、校長さんも非常にいい人で、私が、「とにかくこの問題のカタがつくまで授業をやらないで自治会をやる」といったら、「きみの納得がいくようにしなさい」といってくれました。自治会の中で、私は、もっていくにはもっていく事情があるんだから、罪を憎んで人を憎まずというか、盗んだこと自体は病気のようなものであって、その人の性根が悪いということではないんだというようなことをいろいろいいながら、だれか白状してくれないかと期待していたのですが、ちっとも出ない。

こうなったらしかたがありません。税金は払わなければならないということを覚悟し、子どもたちが考えたことは、クラスの中でなくなったのだから一種の連帯責任だ、みんなで働いて返すよりほかはないという結論になりました。クラスには六十人ぐらいの子どもがいましたが、みんなが家から十五円ずつ借りてきて、さしあたりその金を税金分として納め、あとはアルバイトをして金を稼ぎ、それで家に返そうということを決めました。

学級自治会で「クラスの中で七百円ほどがなくなり、なんとかしなければいけないので十五円ずつ貸してください」という手紙を書いてそれぞれの子どもが家へ行って事情を話したのですが、そのころの親というのは素直でしたね、本当にみんな貸してくれたんです。そして、とにかく税金だけは払いました。それから、三日目にはアルバイトの作業を実行したのです。当時、砂や木を運ぶと五十銭とか、たきぎ一束で十銭とかになったんですね。そういう一日がかりの作業を二日もやると七百円ぐらい稼いでしまうという時代でした。そういうことをしていると、盗んだ子はたまらなくなったらしいんです。二日目の作業が終わったあと、私が教室で子どもたちと遊んでいたら、便所へ行った子が「先生！」といって飛んできたんです。便所に「石田先生へ」と書いた紙包みがあったともってきたんです。中をみたら、七百円のうち六百円ほどの金がありました。そして、非常にすまなかったというようなことが書いてありました。

そのとき、私は非常に喜びました。結局、子ども同士の気持ちが通じて、やった子が、自分からいいだすことはできなかったけれど、最後には便所に置いてくれたのです。それまで私は、もうみつからなければみつからなくてもいいが、「たとえば朝でも夜でも先生の机の中にこっそり入れておいてくれてもいいし、人を調べたいとも思わないし、とにかく病気を治すことが大切で、だれが病人かということはわからなくてもいい」というようなことを子どもたちにいっておいたのですが、そういう努力が実って本当に出てきたのです。

そのとき、私は、筆跡を調べればだれだということはわかるぐらいの知恵はありましたが、これをしてはいかんと思いましたね。私がここでだれの筆跡かを知ったら、もう教育はできないだろうとそのときに直感したんですよ。その子を私は偏見で見始めるだろうと……。それで子どもたちの目の前で手紙を全部焼いてしまいました。やはり私自身が恐れたのは筆跡で、それをしまっておけば、だれがやったかということを調べたい気持ちがいつか必ず起きると思ったんです。

こうして金が出てきたので、さっそく、喜んで報告をし、みんなの家にも知らせて金を返すことができました。少し残った金は学級で使いました。そのときに私の取った態度というのは、罪を憎んで人を憎まずで、本当にだれだったかを知らなくてよかったなと、いまでも教育とは何かということを考えるときに、思うんです。それ以後四十年近くたつのですが、いまだにだれが手紙の主であったのかはわからずじまいです。

とにかくお金が出てきて非常にうれしかったことと、みんなの気持ちは必ず子どもを動かすことができるんだということ、また私自身がその子を知ろうとしなかったということなど、こういうことが教育というものなんだ、とそのとき強く思いましたね。

あの事件の経過から得た教育観みたいなことについていえば、子どもを信頼しきるということはやはり事態を解決するうえで大事なことだ、ということなんです。覚えるということでも徹底して信頼していくということが大切で、詰め込み教育ではだめなんだということです。明けても暮れても社会批判をしているだけでは、子どものためにならんわけです。

若月　いいお話ですね。

石田　この事件で、私は教師としていろいろなことを学ぶことができたのですが、反対に、学生としての私の心に残った先生のことも少し述べておきたいと思います。

私の師範学校時代には、いろいろ変わったというか、個性的な先生がおられました。民主的な教育論や教師論ということとはまったくちがったことで、教師の味というようなことで二人の先生をあげてみます。お二人とも、すでに亡くなっておられますので、まことに申しわけないような気もしますが、一人は大村守伍という工作の先生でした。私はこの先生に二度なぐられたことがありました。この先生になぐられるというのはよほどのことで、めったに生徒をなぐるような行為に出ることはなさらない、気も小さく、正直で生まじめな先生だったからです。だから、私は大村先生になぐられたというほかの生徒のことは知らないのですが……。

一度は、工作の授業で先生が板木をのこぎりで引いてみる模範を示されたときです。先生は「仕事は気構え、仕事は腰つき、黙々追進」と、すこし濁りのあるアクセントでいわれながら、のこぎりを引かれたのですが、板木の止めがうまくいかなかったために、のこぎりにあわせて板木が上下し、どうしてもうまく切れていきません。気構えと腰つきと黙々追進だけはそろっていたのですが、何かが欠けていると思って、思わず「クスッ」と笑ったのです。先生は自分でもうまく切れないことに多少のあせりを感じておられたのでしょうか、ただちにのこ引きを中止して、「いま笑ったのはだれでしゅか」といってにらみつけられました。私が黙って手をあげましたら先生は泣きそうな顔でピンピンと二度私の頬をなぐられたのです。

いま一度は、その先生が寄宿舎の舎監として夜の見まわりに来られたときのことです。全員が廊下に並んで点呼を受けたあと、先生から注意の話がありました。その最後に「しゅとつ（一つ）火事、ふたちゅ（二つ）伝染病《しえん》、みっちゅ（三つ）泥棒、おわり」といわれたのです。先生の発音も少し変でしたが、私は、物事はこうして簡単にいえば、先の話はいらなかったのにと思って、どうしてか知りませんが「アハハ」と笑いをたててしまったのです。このときは先生の真正面に私が立っていましたので、「だれでしゅか」の質問は不要でした。先生はじっとこぶしをにぎりしめてがまんしておられたようでしたが、こらえきれなくなったのか、一歩前へ出ると一発、私の頬をなぐられました。そのときもまた、象のような目に涙がいっぱいにたまっていたのを覚えています。

この先生についてはほかにも多くの思い出があります。学徒動員中に自宅へ帰省して一泊余分に泊まってしまい、恐る恐る寄宿舎へ帰ったら、ちょうど大村先生が当直舎監だったため「ひとりで母の法要をしていて遅れました」といったら「敬神崇祖《けいしんしゅうしょ》の念はおおいによろしい」といって、私のうそをみすかしながら、黙認してくださったこともあります。

ほかのことをいろいろお話しているゆとりはありませんが、この大村先生が、私をなぐられるときに目にたまった涙だけは、教師の人間的真実のあらわれとして、私にはどうしても忘れえないことなのです。だから、大村先生には二度なぐられても、私にはなぐられた非が納得できますし、その私の非を自らの人間的傷みとして、ああした形でしかあらわすことができなかった大村先生の教育的真実は、また人間的真実そのものであったと思うのです。

いまひとりの先生は、土屋常義という美術担当の先生です。この先生も寄宿舎の舎監をやっておられて、美術の授業よりも寄宿舎の生活を通して接した時間のほうがうんと多いのです。この先生にも何度も叱られましたが、その叱り方が大村先生とは対象的でした。

寄宿舎からの外泊許可が出て、十里ほど離れた親戚へ行って、一泊したのですが、戦争中のことで電車が時間通りに動かず、そのうえ、乗客が駅に殺到していて、少しゆとりをもって切符を買いに行ったけれど、とても買えたものではありませんでした。寄宿舎の門限は決まっていましたので、それに遅れてはならじと、必死で駅員の人に頼んでもどうにもならず、結局、十五分ほど遅刻してしまったのです。その夜の当番の舎監が土屋先生でしたので、事情を説明して許しを乞いましたが、ものすごく怒るでもなく、ときにはにたにたされても、絶対許すとはいわれませんでした。

その夜、寮長といわれた上級生たちに水風呂へ入れさせられるやら、外庭の鉄棒に三十分間ぶらさがることを強制させられるやら、散々な目にあいました。そして少し後、私の父がその先生に父兄召換で呼びつけられたようですが、父はその日どうしても所用があって学校へ来られなかったようです。私は父が呼びつけられたことも、来なかったことも全然知らなかったのですが、ある日、先生に呼ばれて行ってみたら、父を来ないように工作したのはお前だろうといっておこられたのです。このときほど理不尽ということを強く感じたことはなかったのです。

その先生についていまひとつの思い出は、美術の課題として石膏像のデッサン提出を命ぜられましたので、私は、私なりに精いっぱい描いて、指定の期日までに持参しました。先生はそのデッサンをじっとみていて「これはうますぎる。君が描いたものではない。だれに描いてもらったのか」と問われたのです。私は自分で描いたことを主張しましたが、最後まで納得してもらえませんでした。それ以来、私は学校では一枚の絵も描かないことにして、卒業するまで黙って実行しました。

私はずいぶんひねくれ者だったということですが、ひねくれ者でも真実な面はあるのだということを前提にしないと、人間的な信頼はなかなかつくれないものだと思うのです。教師と子どもとの信頼を必要としたら、そのカギはやはり教師自らの内で探さなければならないと思います。

若月　医師と患者の関係でも、同じですね。

3　生活綴方の発見で変わった教育観

石田　詰め込み教育ではだめだ、徹底して子どもを信頼していくことが大切だ、ということを私自身にわからしてくれたのが生活綴方です。その最初のきっかけというのは、戦後の生活綴方の講演会が恵那ではじめてもたれたときです。国分一太郎さんが私たちのところへ来られて、戦前の生活綴方というものを紹介されました。私も当然その講演を聞きにいったのです。国分一太郎さんはそのとき、新潟で寒川道夫先生が指導された『山芋』という詩集の中の詩を紹介されました。国分一太郎さんは東北の人ですので東北弁で、「ぼくらの村」という詩を紹介されたのですが、本当に感激しましたね。私が受け持っているのと同じ六年生ですが、六年生の詩とは思えないほど、水準の高いものの観方をするわけです。

そういう能力が生活綴方というものによって生み出されることを知って、自分が教えていた、いわば詰め込み教育がどんなにだめなものであるかがわかりました。たとえば、先ほどもいいましたけれど、俳句などをつくらせると、「労働者はえらい、資本家は楽だ」というようなものをつくるのです。さすがに私もそういう俳句にはまいるわけです。いくら非定型の俳句だといってもね（笑）。

私はこの生活綴方にふれて、なんとすばらしい教育の世界があるのかということを知り、それではじめて、子どもたちが自分でものをみるということ、それを支えることが教育なんだ、詰め込むことではないのだ、いくらいいことをやっても子ども自身が発見することがなければ教育ではないんだ、ということを痛いほど知ったんです。

これは、教師になって一年半ほど経た時期のことですが、その後の自分を支えてきたことの中で非常に強い印象として残っています。先ほどもいったのですが、たとえば本の選択にしてもいいものを与えなければならないということと、悪いものを与えないほうがいいということは、結局、子どもたちに自分で選ばせなければいけないということになるわけですね。それは選ぶことができる子どもをどう育てるかということになりますが……。先ほどの『子どもの広場』と『少年』、『少女』という雑誌を学校が一方的に選択して、これしか与えないというのはだめなんだという考えに連なるものと思います。それでは選ぶ力と選ぶ目を実際にはどこでつけるのかという場合、子ども自身が現実を自分の目で確かめてみるということが大切です。生活綴方というものによって子どもたちに培われる目は、実は自分の生活を土台にして、自分で選択する力をもってくるんだということですね。

はじめは、何かいいものしか与えてはならないんだということを考えていたのが、子ども自身が選ぶ力をどうつけてくるかということに、生活綴方という教育が大きく寄与しているのだということが少し理解できました。以降いろいろな過程を経るのですが、そこのところがどうもその後の私の教育のひとつの大きな支えみたいになった気がするんです。

そういう意味では子どもを信頼するということが、子どもの発達を保障するというか、そういうことにつながると思います。その当時、発達という用語は学問的にはあったでしょうけれども、私たちのまわりの教育の場では使われていなかったように思います。発達といういい方をしたのは六〇年代以降のような気がするのですが、当時の五〇年代では子どもが伸びてくるとか、やる気をもつとかいういい方だったと思います。子どもが伸びていくということは子ども自身が自らの力で伸びていくことだろうと思うんです。

若月　同感ですよ、私も。

石田　それから、そのころは、マルクス・レーニン主義といいましたが、今日でいう科学的社会主義の理論もずいぶん学びました。しかし、私には、その理論で子どもや教育をみるということがなかなかできませんでした。それは、政治や社会をみる目になっても、あるいは政治主義的に子どもや教育をみる視点にはなっても、私の実感にあった教育観のもとになるようには学べなかったからです。けれど、どうしたことか、毛沢東の『実践論』や『矛盾論』は、そのころの私には実感によくあうような気がしました。それはまた、私だけでなく、そのころ、生活綴方教育にとりくんだほかの人々も、『実践論』や

『矛盾論』からのことばを引用して説明されることがよくあったのです。

そうした意味では、『実践論』『矛盾論』は、当時の生活綴方教育におけるひとつの哲学的基礎みたいなものだったようにも思うのです。このことは、私が教員になったばかりのころというよりも、生活綴方運動がさかんになった五〇年代のはじめごろのことです。けれど、私が唯物弁証法としての『矛盾論』を、子どもの発達や教育の問題として理解することができた基礎は、四八～四九年ごろの教育実感にあったということで申したまでです。

考えてみますと、教員になった当初の私には、やみくもに経験する以外、理論といえるものは何もなかったというわけで、ほんとうに〝デモシカ〟だったのですね(笑)。

ところで、いま申しあげているのは教員になって最初の一、二年のことですが、その時期に知った教育観にかかわる大事な点では、ひとつには、子どもには、今日流のことばでいうと、発達する芽といいますか、すばらしい力があるなということが、生活綴方の発見の中でわかったことです。もうひとつは、盗みの問題のときに、集団のもつ威力が子どもを変えていくいちばんの力になると思ったことです。いくら私がお説教をしても何をしてもやはり金は出てこなかったと思うのですが、子ども自身が働いてみんなで金を返したというときに、きっとその子の矛盾を刺激したんだろうと思います。教育というのは子ども自身を動かして、子ども自身を変えていく作用なんだなというようなことを、直感した最初のキッカケのような気がしますね。そのころは理屈ではちっともわからなかったのですが……。

◆論文7 (一九八六年)

自分史的地域の把握1

地域の把握は脚の長さで

軽い気持ちで引き受けてしまってから、いざ事にあたって「しまった」と思うことはよくあることだが、私にとってこの原稿はまさにその部類にはいっている。

いま、地域の民主的再生と発展が極めて重視されるとき、教育における地域の意味を自分史的に問い直してみることは、それなりに必要なことだとは考えても、限られた時間にそれを私自身の課題として具体化するとなると、何からどのように手をつけていったらよいのか、いまの私にはとんと重荷でどうにもさっぱりしないのである。

ほんとうなら、それなりに問題をはっきりさせて、どれだけかの想を構えて書きはじめなければならないことだろうが、それをするゆとりも気構えもないまま、原稿用紙に立ちむかってしまったのが実情である。

仕方がないから、中心である教育や地域の問題にあまりこだわらずに、自分史の側から記憶をたどりつつ、教育や地域への接点を探りだしていくことにする。それでは面白くもないし意味もないことになるのかもしれないが、それより他に手のつかない私の貧しさをご寛恕ねがいたい。

はじめに

私が誕生したのは一九二八(昭和三)年ということになっている。自分には記憶もないし、そのことについての実感もないが、この年は日本で最初の普選法による総選挙が実施され、さらに三・一五恨みの日といわれる共産党弾圧事件が起きた年である。絶対主義的天皇制のもとで、男女不平等の決定的な弱点を含みながらも、成年男子への一律的な選挙権が与えられるということで、日本社会の民主主義制度がどれだけか芽を開く一方、真の民主主義的発展の芽を摘むために日本共産党を弾圧し抹殺しようとする矛盾が、社会的に同時進行したわけである。

　こうした日本社会のもつ基本的な矛盾は、必ずしも私の誕生したこの年だけに限らず、それ以前から以後にわたって続いているものであり、そのあらわれに強弱、深浅はあったが、一九八〇年代の今日ではまた激しさを加えてきていることも事実である。

　還暦借二（還暦まであと二年）という齢になって、いま自分をふりかえってみると、誕生した年の露骨な社会矛盾が私の体内に深くとどまって、それが私の生き方や人生を創ってきているのかもしれないな、と苦笑してみたくなるが、この民主主義的社会矛盾を教育的に感覚し、意識するところから、実際には私の教育や地域の自分史的把握がはじまったのであろう。だが、それはいま、いつの何のことというようにはっきりしているわけではない。

　けれど、それはすくなくとも私が教員という職について目前の生きた子どもたちの人間に接し、その生活に目を注ぎ、子どもたちの幸福への自分のかかわりを自覚しはじめることによって、生みだされつよまった私の、私たちの意識であり、行動なのだと思うのである。

　だから、この稿は私が教員になった一九四八年からを自分史的にたどってみればよいのだとも考えられるのだが、きっと後に述べることになるであろう私の生活綴方教育発見にかかわって自覚する自分の少年期の貧しさがもたらしていた問題は、地域へのめざめにかかわる生活綴方教育の発見にとどまらず、地域の自分史的把握の遠因となっている内容と思われるので、あえて地域の自分史的把握の前史ともいえる頃のことから述べてみたいと考えるのである。

古里心《ふるさと》の欠落

　前述したように私は一九二八年秋に誕生したと戸籍にあるが、それは私の記憶になくても正確なことと思う。誕生の場所は、現在の岐阜県恵那市中野方町だったと聞いている。それは父が教員として、当時はそこの学校に勤めていて家族が中野方に居住していたからである。私の物心がつきはじめる三歳のとき、父は転勤で現中津川市坂本に居を移したが、私の幼少の生活の記憶はそこからしかない。

　父の転勤のため子どもが居を移すということは、通常あり得ることでやむを得ぬことだと思うが、それは子どもにとってその後の地域——むしろ故郷といった方がよいのかもしれないが——の体験的把握に欠落のようなものとして残ってしまっていることもたしかだと思う。

乳児の頃のことは記憶としてほとんど残らぬものだとしても、家族だけでなく近隣の人を通して与えられ、支えられる生育への人情や慣習は、その後を同じ地に住むことで聞かされもするし、追体験的に見ることもできる。同じ土地で共に生きる人びとの子育てへの素朴な交情を通じて、最も原型的な地域の味ともいうべき地域の心情を理解することができるものだと思う。物心つかぬうちにそこを離れると、そこは自分にとって化石的な地域であっても、生身の愛着といえるような心清の湧かない他所の土地でしかない。いわゆる故郷ではなくなってしまうような気がしてならない。

だから私は、地域や故郷をうんと生育的に狭くとらえた場合の古里といえるような、意識以前の地域把握では、その地に生まれ住みついてきている人のもつ、郷愁ということへの理解が欠けているように思うのである。

それは地域をつかむというとき、単に損得だとか、理屈だとかいうだけでない、その土地、その場所、その生活としての自然や風土を含めた愛着というか執着を、軽く見過ごしてしまったりする危険が、自分の生育過程に弱さとしてあると考えざるを得ないのである。

このことは地域紛争といわれるような町村合併や学校統廃合などにかかわって発現する巨大ともいえる地域住民のエネルギーをみるとき、理論だけでは理解できないものを実感できないことがあるし、誕生以来その地で生活してきている子どもたちがその地で遊んでいるときの安心した顔つきなどをみるとき、狭いながらも、そこの人間にとっては自らを内包している自然的存在ともいえる、生きる足場の安定をうらやましく感じることとなってあらわれるのである。

郷土へのこだわり

物心つきはじめた頃から小学校五年生の中頃まで居住した地は、当時では純農村といえるところであったが、そこには兵舎と呼ばれる陸軍の演習場があった。私の人生のいまに残る最初の記憶は、その演習場へ向かうタンク（戦車）の列と地響きである。私の住んでいた教員住宅は国鉄の駅から近い国道に面していたので、その駅で降りて兵舎へ向かう軍人や軍馬、軍用車の隊列をみかけることはよくあったが、とにかく最初の記憶はタンクの行進である。いまから思えば、戦車といっても極めて軽量のものであったが、日章旗（日の丸）をひるがえして、狭い未舗装道路を砂ぼこりをあげ、轟音をひびかせて行進するさまは、当時の私には勇姿どころか恐ろしい存在であった。

幼少年期の大部分をそこで過ごした私にとって、郷土といえるものはそこになるが、その郷土を形づくった時期は、ちょうど満州事変のはじまったときから日華事変（日中戦争）の最中、ノモンハン事件の起きたときまでであった。ただでさえどの村でも軍事色が強まるときであったのに、陸軍演習場を持つこの村は、たえず軍隊が出入り、駐留していたため、軍事色一色におおわれていたといっても過言ではあるまい。

その詳細を述べているゆとりはないが、私の幼少年期の地域環境がこうしたところであったことは、私の地域把握の内に潜んでいるであろう郷土観に潜在的影響をもたらしているように思えてならない。

今日、私（私たち）が地域としてとらえようとしている対象のなかには一般的にいって郷土も含まれるものであろうが、そして時には郷土が中心となった地域観で地域がとらえられているのかもしれないけれど、私には、地域と郷土は矛盾した存在となっているからだ。

『広辞苑』によれば、地域とは土地の区域、区画された土地で、郷土とは生まれ育った土地、ふるさと（故郷）、地方、田舎、村ということになっている。この限りでは、地域は単なる区域としての土地に過ぎず、郷土こそ人間とその生活をかかえたところとして重視されなければならないのであろうが、たとえば、「地域の郷土化」とでもいうことになると、私はピンとこないどころか反発を感じてしまうのである。

それは前に述べたような私の幼少年期の地域環境が、郷土のためを錦の御旗として私たちに軍事色化をおしつけてきた歴史的事実があるからである。いつ、どこで、誰に教えられ、押しつけられたのかは、はっきりしないが、兵舎（演習場）の存在は村（郷土）の誇りであるし、戦争（聖戦）遂行のために軍隊協力することは郷土人の務めだ、というたぐいのことを私たちは幼いながらにたき込まれたのである。

教科書に「ススメ　ススメ　ヘイタイ　ススメ」があった時代だから、どこでも子どもたちの遊びでは兵隊ごっこや戦争ごっこがはやったのであろうが、兵舎（演習場）の影響があったせいか、私たちはとりわけよく戦争ごっこをして遊んだ覚えがある。学校でも、ある先生などは体操の時間だけでなく、その他の時間でも、裏山へ学級全員を連れだして戦争ごっこをやらせることを自慢としたものだった。

私は、この戦争ごっこが全く嫌いだったとはいえないが、みんなで相談することがなくて、隊長になった誰かの号令で、無理でも突撃して死なねばならないことの繰り返しにはどれだけか疑問を抱いて、「大将にならん者は損やなあ」と思いこんだ記憶がある。

けれど、私は軍人になりたいとか、大将・元帥を夢みることはできなかった。殺人を職業とすることはどうしても名誉と思えなかったからだ。だが、それを否定する知恵も勇気もなかったこともたしかだ。

郷土といえば、強制的な神社参拝だとか害虫駆除だとか、あるいは忠魂碑の清掃とかいろいろ嫌な思い出がある。だから郷土はどうも、と単純にいうつもりはないが、自分の幼少時代をふり返ってみると、郷土の名を冠しておこなわれた事は、実際には国策の強制であったし、郷土にさからえば国賊的にみなされたことが実感となっているることはいなめない。

そして、もっと大事なことは、私がいまもそこの土地で人間臭をなつかしく思いだしたり、ほんとうの生きる知恵や技として学び得たことは、またそれを可能としていた人間関係や自然関係としての生産をも含む人間的な生活は、郷土意識の外れたところでの、ごく日常的で共同的な土地の人間としての暮らしであったという事実なのである。

私はその土地でのその人間的・共同的な暮らしを名づけて地域の生活と捉えていたわけではない。けれど、郷土に組みこまれない自然で人間的なその生活こそ、土地と人間の本来的なあり様ではないのかとばくぜんとながらとらえていたのだと思う。

このことは、郷土が利用されゆがめられた結果のことで、本来的に郷土こそ人間の生活的基盤であるという人もいるかもしれないが、それでもなお私は、自分史的地域把握ということでいえば、私の体験した郷土生活がもたらしてきている郷土意識には、それが地域の中に含まれることについてこだわりつづけたいのである。

そのことは、私が教員になってから、故郷ということはいっても安易に郷土という言葉を使わないし、子どもたちが地域を郷土ということですり替えて理解しない気遣いとなってきた。しかし、それだからといって、地域について正確な地域観を持たせたということにもなっていない弱さがいっぱいあることは承知している。

異郷への同化の苦悩

小学校五年生の二学期から、私は父の転勤で飛騨の入口にあたる山間の地(現下呂町)へ移住した。

父は校長ということだったが、複式学級の尋常高等小学校は、あまりにも小規模であったし、異学年生と一緒に同じ教室で授業を受ける教育にはたいへん驚いた。同じ県内で隣郡といっても、子どもの私にとってはそれまでその存在すら考えてみたこともない異郷の地は、誰一人知る者もいない心細い場所でしかなかった。当然、その地の学友たちもそれまで私の住んでいた恵那の地のことなど知るよしもないから、私をみる目は異郷人を眺める好奇さに満ちていた。その上、私は新米校長の息子ということであるから、よけい珍奇な存在として学友の目に映じたにちがいあるまい。だが、そこは子ども同士だったのだろう。珍奇な異郷人でも気易く受けいれてくれる態度はうれしかった。いまではそれが何であったかは忘れたが、最初は私のことと、それまで住んでいたところのことについて、どんどん質問してきいてくれた。それで私はその学友たちの中に溶けこんでいけるような気がした。

はじめのうちは気づかなかったが、私は相手と話をするとき「僕・君」ということで距離を保っていたようだった。少し馴れたころ、もっと溶けこむために「俺・おんし（お主）」という言葉を使ったようだ。恵那でいえば、「俺・おんし」は地域に生きる者の同族的な親愛度をあらわす言葉で、友だち同士でそれが使えなければ、それこそ異郷人のように思っていたので、私は飛騨の地で異郷人から脱するためにあえてその言葉を用いたのであるが、「俺・おんし」は「僕・君」という一般的な異郷人とはまた違う、特殊な異郷人としての地肌をさらけだす結果にしかならなかった。私が急に「俺」ということのおかしさはともかく、「おんし」の言葉は学友たちにとってはじめて耳にする外国語のようなものであったらしい。みんなは「ウハハハ……」と笑い、それはどういうことかと問うたのである。「君」ということだが、親しい間柄で使う言葉だという意味の返事をしても、しばらく「ウハハハ……」の笑いは消えなかったし、子どもとしてさっそくそれを使って遊んでみるというふうにもならなかった苦い思い出がある。

言葉については、それから私なりの苦悩がはじまったのである。学友たちの会話をよくきいていると、異郷人である私には、和男君とか君とかいうが、学友同士や学齢差のある場合は「わりやぁ（吾）」と呼んでいるのである。私には「わりやぁ」という言葉はいかにも耳なれない言葉であるだけでなく、汚なく野卑な言葉に感じられて親しみが持てなかったが、それでも私が「おんし」というかわりに「わりやぁ」が使えなければ学友たちに溶けこみ、その土地の人間になることができないと考え、密かに「わりやぁ」の練習をしたのである。

放課後になると住宅の近くにあった神社の森へ行き、

独りで杉の大木に向かって「わりやぁ」と呼びつづけてみた。しかし、そのアクセントや、それに接続する言葉の内容となると、そんなに簡単に「わりやぁ」が自分の言葉にはならないのである。放課後、帰宅してからどれだけかの時間を練習に費して、よし、明日はだれかに吐いてみようと思っても、翌日学校へ行くとその機会はなかなかみつからない。そこでまた放課後、練習をするというようなことを四、五日続けたのである。が、その密かな練習はその現場を高等科にいた上級生の一人に発見されて笑われたため、止めてしまったのである。そのときの恥ずかしさといったら泣きだしたいほどだったことは、いまでも忘れない。

それで度胸をきめて、翌日、最も話し易かった学友の一人を相手に「わりやぁ」と呼んでみたら「おお」と返事をしたので、それからはさほど抵抗なく言えるようになったのであるが、異なった土地で普通に用事を足すだけではなく、同じ言葉によってその土地の人間になるためには、それなりの苦労がいるものだと思うのである。私は子どもだったから言葉に集約した形での関係同化に迫ったのかもしれないが、土地の人間になることは言葉の内容としての生活とその生活を通した関係を同じくするという点で、単に同化という方向だけではかたづかない問題を含んでいるのであろう。

それは、風習（風俗、習慣）では、短い期間に実感的に同化することはできないからである。私は「わりやぁ」の言葉での悩みがとれても、風習のちがう生活での困難はいっぱいあった。

山村でもまたひとしきり山奥ともいえるところにあった学友の家へ遊びに行って、大便がしたくなり、便所を借りたところ、そこに紙類は一切ない。厚さ〇・三センチ、幅二センチ、長さ二〇センチほどに割りさいた木がたくさん積んであって、その横に糞跡がこびりついたその木片を入れた箱が置いてあるのみなのだ。そこでは紙のかわりに「シャー木」と称しているその木で肛門をぬぐうのが、大便の後仕末になっていたのである。私はどうしても木片での後仕末ではすっきりしなかったが、郷に入れば郷に従うで、わかったような顔をして便所を出た覚えがある。

そして後日談になるが、川に大水がでたあと、川岸に流れ残っているシャー木を拾ってそれを集め、家のたきつけにするといって持ち帰っていく学友がいたが、その効用はわかっても私はどうにも拾う気になれなかった。

川ということでもうひとつ苦になったことがある。その土地へ転校していった年は、水浴び遊びというのはほぼ終わっていた季節なので気づかなかったが、その翌年の夏になって、いざ自分も土地の子どもたちのなかまとして水浴びに行って驚いた。

高等科の子どもたちはモッコ褌《ふんどし》をしているのだが、尋常科（小学生）の学友たちは素裸になっているのである。前年まで私は坂本（恵那）の川で水浴びをよくしたが、パンツをはくのが普通で、素裸ということはなかったので、どうしても素裸には抵抗があった。まだ陰毛とてはえていない頃なので、ここでみんなと同じにならねばと思い、勇気をふるつて素裸になって遊んだが、素裸になることは水浴びのたびに苦になったものである。

ところで、その素裸の学友たちの中に、ただ一人だけモッコ褌をはずさないで水浴びをした土地の学友がいた。理由ははっきりしなかったが、高等科の人たちを含めて学友たちはそれを難じた。難じるといっても、それは褌姿を揶揄したりからかったりするのである。褌をはずさない理由を勝手に性器の発育のせいにきめつけて「チンボてれむけ連隊長」などといって、いじめていた。みんなにそういってはやしたてられるとその学友は真赤な顔をしてにらみつけていた。そんな姿をみて、私は、ほんとうに大人みたいに陰茎の包皮が反転しているのかもしれないなと思ってみることもあったが、それでも、みんなと一緒になってその学友をはやしたてることだけはできなかった。それは私の中に素裸になることへの苦としてあった性の風習のちがいについての学友への同情だけでなくて、他所者としてそのことには割り込めないなにかを感じていたからだったように思えるのである。

このように土地が生みだしてきている風習のちがいは、馴れとして相手のことが気にとまらなくなるだけでなく、自分も相手と同感覚になってその風習を実感化するまでになるということは並たいていのことではない。

ともすると、郷土はその同化を要求するものではないのかと案じられる。土地の言語や風習を無視することはできないし、そこであえて異なったものを対置する必要はないけれど、実感的に同化できないものはそれを大事にして、それでなおかつ一緒に生きることを探ることが、地域に生きる基本ではないのだろうか。

根なし草の実感

幼少年期に何度も土地を転居した私は、その時期を同じ土地で過ごした人には理解されにくい地域観のようなものがあるかもしれない。

かつて住んだことがある土地とか、なじみ深い土地をも故郷だという『広辞苑』の解釈からいえば、私にはたくさんの故郷があるわけだが、たくさんあるということは、ほんとうにはひとつもないのと同じではないのかと思う。

私にはいま、小学校時代の同窓会が二つある。案内をいただいてもいろいろな都合で参加出来ないことばかりになっているが、そこにはどうしても参加せずにおれないとは思わない私の内側の問題がないとはいえない気がしている。せめて小学校六年間を全部一緒に過ごしていればとか、以後その地に住んでいればとかの思いが先走り、同窓の人びとに対してある懐かしさはあっても、同郷人とはいえない他所者的な気おくれがないとはいえないからである。だから、個人に対してならば同級生であり竹馬の友としてふるまえても同窓会となると、別の都合が先立ってしまうのである。

これは一体、何なのだろうかと考えてみることがある。自分はほんとうに土地ということでは根なしの浮草なのだろうか。そして、それは自分の生育歴が必然的につくりだしてきた宿命的なものなのか、あるいはまた根なし的に思うのは自分の考え方におけるこだわりや間違いのせいで、根なしということでみれば、小学校全生活をそこで経たものでもさして変わりがないのではなかろうか、と思ってみたりするのである。

そのことはまた、同郷会などという集まりについても同じ感じのことになってあらわれる。同郷会ということのもつ意味がよく理解できないこともあるが、その土地にいつからどこまで住んでいた者を同郷の士と呼ぶのかということについて、誕生から幼少年期のすべてを同じ地で生きたことのない私は、こだわってしまうのである。

しかし、考えてみればこのこだわりはそれなりに地域のもつ意味について大事なことを含んでいるようにも考えるのである。民俗としての人生の節目は、地域の風俗を通じておこなわれるのであるが、幼少時にそれが一貫していないことは、土地の人間という点で資格を持たないからである。それはただ、お七夜や初詣、七・五・三や入学・卒業といった子育てのことだけでなく、氏神様の祭典参加や、地域の防災や保健、道路や用水などの環境保全に住民のひとりとして共同的に責任を負うことでも、地域に生きた経験が欠落していることを物語っているように思えるからである。

幼少年期、土地はちがっても私はたしかにそこの氏神様の祭典には欠かさず参加したし、その土地の子ども行事や住民参加作業にも加わってきた。それは土地が異なるだけに、種類としてはかえって多かったのかもしれない。けれど、一貫性というか、歴史的伝統性という点では、継続していないのである。

そしてなお、問題なことは、継続性がないということが、参加に主体性がないことになるということである。いつも入れてもらう立場が主で、一緒に入ってやれよという立場にはたてないのだ。それはまた、行事や出来事について自分たちのものとして実施する自治性の欠除にもなるわけなのだ。

こうしてみると、私の幼少年期には究極のところ、地域に生きることについての主体性と自治性のなさが、連帯性の弱さとなっていて、いまだに同窓会や同郷会への気おくれとしてこびりついているのかもしれない。

地域は間違いなく、そこで人間が生きるに必要な、そしてそこを保全継承していくための、人間と生産・自然にかかわる子育て、健康・生命保護、災害防止と安全、娯楽と文化を、主体的・自治的につくりだしてきたし、それを継承・発展させる機能を共同体的に維持せねばならぬ重荷を背負っているのだと考える。

幼少年時にたとえ無自覚的であっても、その地域のなかで共同体の一員として継続的に生きたものたちに身についた故郷への愛情と人間関係の気易さは、宿命的とはいえ根なし草として一貫性をもたない私には、簡単に身につけることはできない資質とでもいったものではなかろうか。

恩師のことば

その土地に密着し、その土地の人間になることをめざして言語・風習の異なりに意欲的に挑戦していった幼少年期を過ぎると、私は進学の関係で大垣市や岐阜市を中心に、思春前・後期を過ごしたが、その時期は土地に入りこむことへの必要や関心もないままに、その土地に対してはただ見学者か旅行者のような気分で厄介になっていたのである。

とくに学生という身分は、学校に拘束されることを通じる以外、そこの地域に直接的に拘束されることは何もない気安さがある。だから、その期間のことで前史的に述べることはない。けれど、その期間は、土地を離れて他の土地に住み、さまざまな土地に生きてきた人間と接することで、土地のとらえ直しというか、土地を客観的に眺めることができる大事な時期であった。

それを、いまここで詳細には述べないが、その期間を通じて私は、自分の故郷は恵那地域だということを自認したし、私の地域が単に私の居住する町村というだけでなく、恵那として広がってとらえるようになったのは事実だ。

しかし、それは、恵那全域がわかったり、恵那全域的に自分の目が広がったことでは毛頭ない。自分の立場として恵那が自覚的になるのは、本章で述べねばならないが、やはり教員として恵那の地で生きるようになってからのことだ。

また前史的に述べねばならぬことでも、地域の把握についてはまだたくさんの問題があるようだが、紙数もないので最後に地域をどれだけの広がりとしてとらえるかということについてだけ述べておきたい。

一九七〇年代以降、地域の荒廃と破壊がとみに目立ちはじめた。それはまた地域での子どもたちの生活と人間関係の希薄ともなってあらわれてきた。私たちは、子どもたちが地域に根をもつ生活をつくりだすため、また、それを通して親たちが地域の子育てをすすめるため、異年齢集団による地域子ども会づくりと、その活動創造を学校教育としても意識的・意図的に取り組んだ。

その結果、子どもたちは地域に異年齢集団としてのどれだけかの共同生活をつくりだし、その人間関係でも自治的連帯性をひろげることにはなった。面白いことはそれからだ。子どもたちは学校の特活やゆとりの時間に、地域子ども会の相談会を開くと、その時間を誰が名づけたのでもなく「地域の時間」とよぶようになったのである。

この場合、その子どもたちにとって地域というのは、自分が居住している部落という範囲をでないのである。行政区画としての市、町、村は地域の範囲をはずされたものになっているのである。私の幼少年時代には、地域という呼称は用いなかった。前にも述べたように郷土はあったが、それは上から押しつけられたもので、そこには自分たちの自主的な生活はなく、大体は行政区画としての町村を範囲としてとらえていた。いまの子どもたちの地域と同じように、自分たちの生活の場はやはり部落で、それは「中切」とか「保井戸」とかの地名でとらえていた。

大人になっても、地域というとせいぜい部落や、いくつかの部落を集めた行政区画の範囲をでない人もいるが、また市町村区画どころか、広域市町村の範囲を地域としてとらえている人もいる。

全世界的視野でみれば、日本も東アジアに存在する一地域に過ぎないという観方もあるだろうが、単一的な日本の国家社会の中で地域というときは、住民の生活権、居住権、生存権にかかわって自主的・自治的な共同生活機能が存置できる場所を地域として主体的にとらえるのではなかろうか。

その場合、地域は自分の視野と足場にかかって範囲がきまるのであろうが、それについてかつて恩師の三宅武夫先生に聞いたことが思い出される。ある機会に「地域というのはどれだけの範囲のことをいうのでしょうか」と問うたら、「それはそこに立つ自分の脚の長さによるもんだな」と答えられたが、この脚の長さこそ自らで生みださねばならない地域にかかわる諸認識と諸実践の自覚的な結節点といえるだろう。

さらにひとつ、地域をとらえるうえで忘れてならない言葉がある。それは一九七〇年初期に上原専禄先生が言われた「地域の地方化」ということでの警告である。それは、地域が国家機構の地方的存在と化してしまうことに対する上原先生の危機感の発露であろうが、地方化の観点からみれば、地域の範囲は大きいにこしたことはないのである。

列島改造論以降、支配政策は地方という言葉をことさら避けて、地域開発、故郷づくり等の名で広域的に地域をとりこにし、実際には地方化をすすめてきていることはたしかだ。それだけに、地域の範囲は、そこの土地に生きている人たちの脚の長さできめることが何より大事だと、思うが、そのためにはまた、部落の範囲だけでも、それを主体的に地域としてとらえている子どもたちにも学び、そこに住む人びとの要求に基いた共同的、自治的生活を内実としてたくさんつくりだすことが基本にならなければなるまい。だから、地域の広さだけを求めるのではなく、いまの脚の長さでの地域を地方化されないように、自らの生きる土地で活動をすすめ、みんなと共に自らの脚をきたえながら、活動を広げることで脚を長くすることがなければ、地域の再生と発展にはならないのだと考えるのである。

いかにも問題がすっきりしないままに、紙数を埋めただけにしかならないことを恥じている。

◆論文8（一九八七年）

自分史的地域の把握2

地域はスローガンだけでは動かない

同郷の人間関係の苦悩

前号で述べたように、故郷ということでは根なし草のような実感しか存在しない土地であっても、自分がこれから生きていくということで考えたとき、そこに住み、そこで働き、そこの人となるということで恵那の土地を「地域」として心にきめていたことは、他郷で学生生活をしていた私にとって、ひとつの安心でもあった。

同級生でも上級・下級生でも、岐阜県恵那郡の人は身近に感じられたし、教師でも恵那郡出身の人には親しみを覚えようとしていたことはたしかだった。青年前期の多感な時だから、考えや関心ということでの親友ともいえる人や仲良しというような人は、必ずしも同郷人とはならないけれど、それでも恵那郡の人というだけで一種のなかま意識が働いていたのだった。

しかし、人間だから好き嫌いということはどうしてもつきまとう。恵那郡の人というなかま意識のなかに散在する好き嫌いの感情は、消し難いものであったが、それでもこの人たちとこれから一緒の土地で生きていくのだという運命は、他郷の人への好き嫌いとはまたちがった対応の仕方を私の中につくりだしていた。それは嫌いな人ならどうでもよいということだけで無関心になってしまえない、同郷の人間関係における苦悩でもあったが、「地域」を心にきめた安心のなかには、同じ土地で一緒に生活しあわねばならない者同士が抱きあう重荷も含まれていた。

が、私は師範学校の卒業にあたって、赴任地の希望をきかれたとき、即座に恵那郡内の小学校希望であることを返答した。そして当時は、戦後の混乱が続いてもいたし、教員不足の頃でもあったので、私は父の知人である人が校長をしていた学校へ発令されることを望んだ。

師範学校時代全体を通じて、彷徨と咆哮をくり返し、教員になることへの強い情熱や希望を抱くことのなかった私であったが、卒業が近づくにつれて、他になにとてのめあても自信もないために、だんだん教員になることへの臍《ほぞ》を固めていたけれど、とうとうそれが実現してしまった。一九四八年三月三十一日付で恵那郡付知町立付知小学校への赴任が発令されたのである。

付知町というのは恵那郡北部にあって、町の中央を裏木曽の山脈から発する付知川が北から南に流れていて、町の八五％が山林で、耕地と街並は付知川をはさんで東西に細長く続いている土地だが、町全体は南北約一二キロにもなる、いわゆる〃ふんどし町〃なのだ。

当時は、北恵那鉄道が中津町から付知町まで約三五キロほど敷かれていて、日本一のろくて高運賃だといわれた電車が走っていた。

私は、父が住んでいた隣村の福岡村下野というところから、付知小学校へ通うことにしたが、下野の住宅から電車の駅までは、一・五キロほどの坂道をくだり、電車に二十分間乗り、付知町の南端にある下付知駅で降り、それから、三・五キロほどのところにある小学校まで歩かねばならなかった。

往復一〇キロの道を歩き、電車に四十分ゆられる通勤は、いまならとてもできないが、さして苦痛ではなかった。毎日の通勤時にいろいろな人にであい、顔なじみになるというほか、付知の街では、受持ちの子どもたちと連れ立って歩けるということが、教員になってみて味わうことのできる喜びでもあった。

また当時の付知小学校は、北と東に分校をかかえていたが町内一校だけの小学校で、児童数が約九百名、職員数が分校を含めて三十名ほどの規模だった。校長は父の知人であっても私は一面識もなくまったくの初対面であったが、実におだやかで知性的な人だった。その学校の東分校に私の実姉が一年ほど前から勤めていたが、姉を知る他職員のだれとて見知っていた人はいなかった。みんなが私をどのように見ていたのかわからないが、私はみんながどう見ているのだろうかということなど、思ってもみなかった。とにかく教員になったのだ、先生として子どもたちとのつきあいができるという、ただそのことだけで浮き浮きしていたのだ。

赴任の最初の日、担任がきまった。六年生が三学級あって、私はその一クラスを受け持たされた。受け持ちの子どもは六十名だった。

付知弁になじむ

教員になった最初が恵那郡内の小学校で、職員のほとんどが恵那郡の人であったため、地域ということにかかわって、同郷的安心が先走っていて、いろいろなことがわかっているつもりでも、子どもたちや親の生活や、地域の問題などにどれほどの目もむかなかった自分であったことを、しばらくあとになって反省したのである。

さて、教員になって子どもたちとふれあうことだけで、てんやわんやながらも教育という仕事がやっていけるように思っていた私でも、自分が付知という地域にかかわって、そこに生きる人としての立場をつかまなければどうにもならないことに気づいていった。

ひとつは言葉である。恵那全域の中でも付知町には独特の方言があって、それが人情の機微をつくっているが、それは子どもたちとの関係においても問題だと感じてきたのである。私は前史的に見ても少年の頃、地域の方言で苦労したことがあるため、よけいに言葉が苦になったのかもしれないが、子どもたちとなかまとしてつきあうためには、子どもの使う方言の外にいては、やはり他所者でしかなく、子どもたちと同格にはなれないと思うようになっていった。

それは私が子どもたちを小さい同志として、一緒にたたかわねばならぬなかまと考えていたこともあって、言葉で気持ちが通じあえないことは、その土地の教員になったかぎりなくさなければならないという思いもあったからである。

たとえば、「……ですよ」という語尾は、「……やぜん」ということになるが、その「ぜん」はむしょうにあちこちで使いわけられるのだ。「……行きないたぜん」といえば、「……行きなさったよ」ということになるし、「……が吠えないとるぜん」といえば「……が泣いていらっしゃったよ」というぐあいになる。また、「……行きないたけん」は「……行きなさいましたか」であるし「……吠えないとるけん」は「……泣いておりますか」となるのだ。

文字で書くといかにも味気ないが、独特のアクセントをもって、一定の表情をともないながら、こうした言葉で会話が進行すると、それをききわけるだけでなくて、それで会話しなければ、付知の子どもたちと生活する教員とはいえない思いがつのり、私もそうした言葉づかいができるように心がけたのだ。また、その言葉づかいが単に子どもたちとの関係だけでなく、親、町民との間で異和感なく使用できるようになるため、父母、住民の中へどんどん出かけていったのだが、それはまた、付知の人という立場から地域をつかむうえでも大事なことだったように思う。

地域への目

いまひとつのことは、教員ならば当然のことともいえるが、子どもたちをどういう人間に育てるか、そのために何を教えるか、という教育の目標・内容にかかわって、地域へ目を向けざるを得ないし、そこで生きる人の立場を持たなくてはならないようになっていったことである。

当時は、いまのように学習指導要領に拘束されたり、教科書にこだわったりすることはまったくなかった。その年に学習指導要領（試案）がはじめて出されたほどで、何をどのように教えるか、そのための教育課程はすべて教員が自分でつくるしかなかったのだ。

文部省からは、試案の名が示すように、参考として物事が示されるだけだが、それにはコース・オブ・スタディとか、シーケンス、スコープなど、わざわざ英語がふんだんに用いられていて戸惑いをおぼえることもしばしばだった。けれど、教育はすべて学校で自主的、主体的に設定するものだったので、教員は誰もが教育課程を編成しなければならないし、それがまた教師の自主性を高めていた。

その状況を詳しく述べているわけにはいかないが、いま目前にいる生きた子どもたちの学習として、どういう目標をたて、何のために、何を、どのように教えるかを、毎日毎日の授業を含めたすべての活動として、一人の教師が自らで担当するものを全部、教育課程・計画として作成することは、苦労も多いが実に楽しいことだった。それは教師の教育的自由が最大に生かされる仕事であるだけに、やり甲斐の大きさだけ、勉強の必要も大きかった。

私は新卒一年生で、教育について何とてわからぬ小僧でしかなかったが、それでも先輩のベテラン教師と同じだけの内容あるものを作成しなければならなかった。その点では、学年会とか教科会でどれだけかの打ち合わせや研究をするものの、新卒教員でもベテラン教員でも、担当する子どもたちに直接責任を負う教師の任務ということでは、同質、同量のものが仕事として実感できて、その点では一人前として扱われるのがうれしかった。

ところで、その教育課程・計画の作成だが、それはまた地域と子どもたちの実態をつかみ、課題を選定することがなければ、できないものなのだ。だから、とりあえずは直観と教師個々の見解・判断によってつくられていったのだが、それは学校全体や学年、教師個々がおこなう地域の調査結果でたえず訂正・改善していったのである。

その仕事は日本の課題を地域の状況の中でどう具体化

するのかということと、子どもや親の生活の中で解決せねばならぬ教育課題はどういうものかということを、私なりに考えてみるうえで極めて大きい役割を果したたようだ。

いまから考えれば、私のつかんだ地域の課題といっても、それは誠に表面的、政治的なもので、教育的ということでは粗末なことにちがいないが、中心は貧乏（貧困）と封建主義の克服を実現する政治のあり方というようなところにおいていたと思われる。

そして、それを子どもたちのうえで具体化するためには、基礎学力と社会意識を大事にし、考える力と自治的集団活動を充実させることに力点をかけていたように考えられるのである。

国史、地理、修身、公民の廃止にかわって生まれた社会科は、どういう教科なのか漠然としていて、みんなであれこれ論議したが、地域の課題を学習するには格好の教科と考えられたので、私は社会科で子どもたちの生活現実や地域の実状や課題をとりあげ、この土地でよりよく生きていくためには、何を考えどうしなければならないかを学習することにして、社会科の教科課程を組んだのである。

当時の資料はほとんどないので自分でも詳細はわからないが、そのとき社会科の単元として選んだ課程表が残っていたので、恥ずかしいけれど示してみる。

〈私達の学校〉
自治の組織、子ども会の活動
〈付知町の問題〉
子どもの生活、生産と消費、町の政治
〈社会の発達〉
百姓と労働、団結の力、誰のための権力、機械と生産、組織と生産、労働者と文化、文化を破かいするもの、母の生活、女性の歴史、日本の政治、国際平和をきずくもの、社会の歴史と進歩
〈私達と学校〉
六ヵ年の歴史、来年は何をする

私はこの学校に二年在職したが、二ヵ年とも、六年生を受け持った。社会科ということではどちらの年度の場合もほぼかわらなかったと思うけれど、この単元表にあらわれているような上すべりなことで、地域をつかんでいたというわけにはいかないが、生活そのものを向上させ、生きる場としての地域を民主的に変革することを、子どもたちに考えさせることが、子どもたちに地域をと

らえさせる基本だと思っていたことは間違いない。

地域を変える活動へ

教員になったはじめの頃、教育とのかかわりでいえば、以上にあげたようなことで地域を意識し、地域を変える方向で地域への目を広げ、深めていったのであるが、職場の同僚や地域内の民主的な人士たちの影響もあって、地域のさまざまな活動に私自身が直接に加わるようになっていった。

私は一年間のあいだに学校生活がたまらなく楽しいものになっていったし、地域のなかにもいろいろなじみもできて、付知という町が好きになってきた。そこで二年目は、父親とも離れ、先に付知で別居していた姉の下宿へころがりこんで付知町で過ごすことにした。

通勤時間がうんと短くてすむようになった私は、子どもたちともゆっくり遊べたし、家庭訪問も気軽にできるようになったし、言葉のこだわりもなくなって、地域の人ともつきあう機会がふえてきた。

中学校の音楽教師が指導者になってつくられていた町の合唱サークルにも入れてもらって、夜おそくまで練習し、帰りに青年たちと一緒に一杯屋をのぞくこともした。が、いちばん強い印象は、同僚の教師が首謀して地域の先進的な人たちでつくっていた〝付知民主化同盟〟に参加することができるようになったことである。

何人の人たちが同盟員であったのかは忘れたが、社会科学的見地から地域の問題を論じあうその場は、町の中で公然とまではいかない秘めやかさをもっていた。そして読みにくいガリ版刷りの機関紙もだしていた。

先進者たちは理屈が好きで、難語を用いて議論することが多かったが、主題は地域の民主化ということでも、現状の細かい分析からの具体的な活動より、こうあらねばならないとか、このようにあるべきだという「べきだ論」がほとんどだったように思う。

私もつまらぬ詩をつくってその機関誌に載せたこともあるし、議論に加わったこともあるが、それによって地域を変えるという点での意識が強まったことはたしかだった。

その夏、何がねらいであったのかはっきりしないが、私服の刑事（警備課）が私の下宿へ訪れてきて、ニタニタとつまらぬことを話しかけていつまでまっても立ち去るけはいがなかったので、その頃〇月革命論なる珍説があったことから、「おまえなんか、〇月革命でギロチン送りだぞ」といったら、すごい顔をして帰っていったことがあった。その警官は、もうどこかで余生を送っているのであろうが、つい十年ほど前まで、恵那の各地で民主的な活動に干渉したり、スパイもどきのことをやる警官の話がでると、きまってあの時の刑事の名が入っていたので、その度にあの夏の日が思い出されるのだった。

つまらぬ余談になったが、深夜のステッカー張りやビラ配りなども含めて、私が教員としてだけでなく一住民として地域を変えることにかかわった最初の地が付知であった。

自責の「考える力」

これまで述べてきたように、教員であった私は、子どもたちとその教育を軸に、地域へのかかわりを広げていったのだが、教育実践としてねらったはずの、「考える力」をきちんと身につけた子どもにすることで、地域の教育要求に応えたかということになると、誠に心許ないものしかない。

自治的集団活動という面では、今日の状況ではとてもできないようなラディカルなことがやれた。裏木曽の山峡から街での買物や用足しの仕事を背負って通学することが日常になっていたある子どもが、町役場へ納める税金をあずかってきたその日、学級内でその金が紛失してしまったという事件をめぐって、三日間ほど学級自治会を開いたり、賃取りとしての砂利背負いに全員で出掛けるなどするなかで、円満に解決したとか、あるいはまた、校舎から転落した年少の子どものことをめぐって、授業を中止した緊急自治会が全校的に開かれ、校舎と運動場の狭隘を原因だとし、その責任は町にあるからといって、見舞金の支払いと運動場拡張の要求書をつくり、各種有力者の署名をとって町長交渉に自治会代表が出掛けたことなど、現実問題を直接的に解決することではさまざまな経験を成し得た。

けれども、事実を自分の内面との関係でとらえることを含め、観ることの中にある思考作用だとか、分析総合の能力など、現実を直視し生活を変革するための「考える力」は、どのようにひいき目に見ても充分とはいえないのである。それは地域のための教育力の不足として担任である私の自責となって迫ってくるのであった。

自分が貧しい力しか持たない人間であることがわかっているだけに、素晴らしいといえることはできなくても、もっと子どもたちの人間を引きだすということができるのではないのか、このままでは地域に生き、地域をすみよいところに変えていくこと――地域の貧困や封建主義をなくして、独立・平和・民主の日本をつくっていくこと――のできる人間に育てあげているのだとはいえないという思いが強く、何とかしなければというあせりにも似たものがあったようだった。

弁当を持ってこぬ朝鮮の子
名古屋へかわるという朝
新築の木の香いたく目に染む

これは当時学校誌にのせていた私の落我記のようなものの一つである。この子どもとその生活について詳しく説明していることはできないが、生活の絶対的な貧困が、子どもを家の労働力にし、子守りに忙しくて学校へもたまにしかこれない状態にしていた。そのため学力も不足していたことはたしかだ。その上に在日朝鮮人という重荷を背負っていたので、この子どもに対し、教育という面で生きる希望と生きる力を私なりに何とかつけてやりたいと思っていた。その子が登校できた日には、六十人の子どもたちの中でもできるだけ話しかけ面倒をみていたつもりだった。けれど、秋のある日、突然に家族が名古屋へ転居するということで連絡があった。たまたま、学校では新校舎ができ杉の木の匂いがまだ褪めやらぬときだった。私はその子の教育に対して何ほどの力にもなり得なかった淋しさと、生活現実のもつきびしさに圧倒された思いでこの落我記を書いたのだった。

地域と教育というとき、地域という枠内ではどうにもならない日本社会の現実をみせつけられ、自分の教育力の非力さを痛感したのである。

生活綴方の発見

直接的な地域把握ということにはならないが、地域把握の精神というか、地域に生きる命運としての人間的重みとでもいったものをわからせてくれたのは、生活綴方であった。子どもたちへの自分の教育が、どこか上すべりしていてこれでいいのだという自信が湧かないその頃、恵那郡教育研究所（一九四九年に町村負担で設立され、五年後には教組に加担しすぎるということで閉所される）と教組恵那支部文化部の共催で開催された国分一太郎氏の講演会は、私を大きく開眼させてくれた。

内容はその頃『教育新報』を通じて提起されていた「生活綴方の復興と前進」ということであったが、かつて小学生の頃、綴方ということで書かされた記憶しかない私にとって「生活綴方」というのは新語でもあった。その頃教組分会の役員の一人でもあった私は、分会役員と相談し、学校を半日休暇として全職員でその講演会に参加するようにした。

いまその会場は、中津川営林署の敷地にあって跡形もないが、当時公民館であったところで国分一太郎氏の講演をきいた。あちこちの紙誌に何度もそのときの感慨を記しているので改めて述べるのはいかにも体裁が悪いが、その講演の末尾で紹介された大関松三郎の詩「僕らの村」にたまらなく打たれた。

それは、大関松三郎少年が、自分と同年代に生きていた少年であったことと、大関松三郎がその少年時代、私が考えてもみることができなかった社会を夢みていた事実と、何よりもそうした詩をうみださせたのが寒川道夫という教師の存在だというおどろきだった。

その後、〝魂の技師〟という言葉で教師のあり方を教えられることがあって、その言葉にたいへん魅力を覚えることになるのだが、この国分一太郎氏の講演会で知った寒川道夫先生こそ、魂の技師そのもので、魂の技師の秘密が生活綴方教育にあることを、もちろんその時は魂の技師という言葉は知らなかったが、それが私の求めていたものであることを感知したのだった。

その講演会以後、私はことあるごとに綴方教育の書を求め読みあさった。かつては岐阜師範学校在学中、教生実習で付属小学校長の野村芳兵衛先生から生活綴方教育の講話を受けていたのだが、それまではとんと忘れていたのに、改めて講義ノートを読み返してみたりもした。

必要は発明の母なりという言葉があるけれども、生活綴方は私にとって発明というまでには至らなくても古代遺跡の発見といえるほど新鮮なおどろきであった。

先にも述べたように、私の教育実践が「考える力」の内実において挫折し、何とか打開の道を求めていたことが、生活綴方教育へのおどろきと感激を大きくしたことは間違いないと思うけれども、自分の少年時代がわかるだけに、同時代に生きた大関松三郎少年の歌った「僕らの村」の事実はショックだった。

そしてその違いが、自分の能力はさておいて、教師の教育的力量としての質にかかわっていることが、いま自分の担任している子どもたちの現実との比で実感できるため、私は何としてもいまの自分をのりこえなければならないと痛感し、生活綴方教育の実践を具体化するためにあれこれさまよったのである。

非力の痛みとしての展望

三ヵ月間ほどさまよいとして生活綴方教育に熱中した。

家　　　　六年　熊谷　静

家は父がいない。母だけだ。

だけれど兄弟が大ぜいいるからさみしいということはない。けれどもいつもほがらかで楽しい家庭というほどではない。私の家は色であらわすと真暗な谷ぞこにつきおとされているように真黒だ。去年はまだすこしは明るいと思うこともあったが今年は一ども明るくてよいと思ったことわない。それだけ不景気になったのだと私は考えている。

家族がみんなあつまるとすぐ金のことにうつる。兄、姉、母、妹、私とが一つの小さなこたつでまるくなりなにかのうわさ話がはじまり、それから金のことに話がすすんでいくにつれてはじめはふつうだったみんなの顔がずんずんと暗くなっていく。

お母さんが兄さんに「もう工場でお金はもらえんか」といわれると兄さんは「おれにきいたってそんなものしらん」といってつんとする。家の者の気性はみんな無口でそれでいてなかなかむつかしいことを言うたちだ。よそえいってもろくにしゃべらないたちだからあまりみんながしゃべらないとお母さんは一人でぶつぶつ言いながら、なにか一生けんめいにやっておられる。

そんなようなお母さんは金のことと これからどうして喰っていくかということもあんまり考えておられるうちにお母さんにしてあまりひどい苦労にほおがこけ歯がむけてみじめな姿になってしまわれた。そのお母さんの顔をみていると私はたまらなくさみしくなり一人でに涙がでてくるときがたくさんある。

お母さんの言はれることをよく聞こうと思っているのだが、いざ仕事をあてられるとすぐおこって反対するたちがでてしまうのでお母さんはちゃんとプンとしておられる。はっ！　と気がついてお母さんの顔をみると悲しそうな顔にばっ！　と目があってしまう。私はそっと外へでてだれもみていないところでいくらでもないたことがある。家の者はみんなそのようにしている。ほっと気がついて外へでていっては泣く、家の者の前で泣くなどしたことはない。

お母さんは「家は貧乏だ。貧乏のことは貧乏だが貧乏や、といわれてくやしかったらいっしんに働いてお金をたくさんもうけてみよ」といいなる。私はほんとうにお母さんのいいなるとおりやと思うけれども働いても働いてもくらしがらくにならないのがいまの世の中ではないだろうかと思われる。だが妹はそう思ったとみえて、「私は姉さんと力をあわせてよく働いてお母さんの手助けを少しでもたくさんしよう」といっていた。

家の者は口には言わんがお母さんの言われる働く気を

失わないでいっしんに働けばこの苦しい中をとおりぬけてそれで平和な明るい家庭をつくることが出来るのだと考えていると思う。

あ、そうそう家の家族は八人だ。そして家もふつうの大きさの家だ。私の家はこういう家だ。

生活綴方の作品としてみれば、教師の指導性を含めて、あれこれの弱点がいっぱいあることは事実だ。けれど私は、この綴方を静が書いて提出したときは、ほんとうにうれしかった。大関松三郎の作品とは雲泥の差があっても、私にも生活綴方教育が実践できるのだと思ったものだ。

ありのままということからいえば、詳しくもなければ飾られすぎてもいる。けれど観念だけではない事実が語られていることに私は胸をおどらせた。「家は暗い」ということの内容が、当時の私には涙がでるほどよくわかった。静がこうした状況の中で生きていることがたまらなくいとおしく思えた。生活の事実とはこういうものだ、これまで生活が苦しいとか、貧乏だとか何べん口にしても、この綴方を通して理解し共感できるほどのものがあったのかという思いは、うれしさと共に自らの非力への憤りとして胸を衝いた。

私はこの作品で生活綴方教育の可能性と自信への見通しができた。が、生活綴方の作品が具体的に生活実感を客観化すればするほど、子どもたちの生活が抱えている現実と、その現実で構成されている地域は、通りいっぺんの調査でその真実をあらわにしてくれるものではないし、理論的、政治的なスローガンだけで、単純に動いていくものではないことがわかってきたのである。

肉身である親子のしがらみの中にも、隙間をつくりだしている貧困や封建主義は、教員のはなつ一片のスローガンで除去できるものではないし、その利害が混じりあう地域のなかで、教員として、特殊的に民主化を声高に叫んでいるだけでは通じないことが痛みのように私を襲うのであった。

◆論文9（一九八七年）

自分史的地域の把握3

地域の現実にせまる

地域把握の弱さを

二年後の一九五〇年四月、家庭の事情で私は去り難き思いを残して、岐阜県付知町立付知小学校から中津町（現中津川市）東小学校へ、自らの希望で転任したのであるが、それから三十七年後のいまに至っても、付知は私にとって故郷としての懐しさとともに、この町の動向がわがことのように気にかかる。

恵那の土地を私の地域と心して、最初に生きたのが付知であったが、その生き方は地域に生きるとか、地域と共に生きるとかいう点での、甘さがあったことはいなめない。そして、そこでの教育についても地域を変えるということでのあせりはあっても、地域に根ざしてという点で、浮わついていたこともたしかだ。

けれど私が教員になった最初に、付知の地へ赴任させられたことは、その後の教員生活にとって幸せだったと思えることがいっぱいある。これまではあまりにも自分本位のことを述べたけれど、校長をはじめ職場の同僚、先輩教師たちのつくりだしていてくれた自由な雰囲気や、教組分会としての民主化への意欲が、若僧の私をして存分に羽を伸ばさせてくれた主要な条件であることは間違いない。

教師であれば、子どもの生活を通して、あるいは父母との接触によって、その他諸々のことで地域をいやおうなしに意識しなければならないが、教育を地域のつくりだした固有の機能として、それを地域に根づかせながら、地域を変革するために作用させるということは、自然に放置していてもできるというものではない。

教育のうえで地域をつかむということは、極めて本質的なことであってもまた大変なことなのだと思う。いま私は失敗ばかりして人生を過ごしてきたような気もするが、教員最初の頃の地域把握といえば、この程度のことだったと記憶する。だが、めいいっぱい生きていたということでは、地域把握の誤りや弱さにかかわらず、赴任地が付知だったということは、その後に生きてきたように感じられるのだ。

　中津町は、私の祖先からの土地で、教員になるまでは父もそこに住んでいた。いわば実家のあるところだ。私が幼少の頃、十年間ほど生活した坂本村は、中津町の隣村であって、その頃私もよく中津町の家へは、父母に連れられてきたことがあった。だから私にとって中津町へ転任したというのは、本来の故郷ともいうべきところへ戻ったようなことだった。けれど、そこには、親戚ということで知っているほか、昔からの友人、知人という人は皆無といってよかった。家の故郷といっても、知人のいない町は、やはり異郷でしかないが、姉はこの町の女学校をでていたので、父や姉の関係から話をすると、割合にたくさんの人とあれやこれやのつながりがあることもわかってきた。

　その頃、父は退職していたが、母は五年前に死亡し、私より十一歳年下の妹がおり、父の再婚話などもあって、家庭事情も複雑だったけれど、そのことはどれほどかなりゆきにまかせ、私は学校のことにのめりこんでいった。自分にとって中津町が永住の地になるだろうと思っていたし、私はここを本拠として恵那に生きるのだと考えていたので、うかうかしてはおれないという気持ちがあったからだ。

　東小学校は当時千二百名ほどの児童数を有し、職員が三十名ほどいた。校区は町の中心的な商店街と東部の周辺農業地帯をかかえていたが、学校のすぐそばに近江絹糸の工場もあった。私の住居は校区ではなかったが、学校まで徒歩で二十分ほどのところだったので、通勤は楽だった。

　付知とちがって中津は昔からの中山道の宿場町で、北恵那から飛騨路へぬける接点でもあったし、人口も多く産業規模も大きくて、活気があった。子どもたちの姿も付知の素朴さからみれば何となくスマートな感じがした。

　付知にいた頃から名前だけはよく知っていた丸山雅己さんが、私より半年前から東小学校へ来ていたが、その雅己さんと赴任最初の日に懇意になり、二人でインターナショナルのうたなどを口ずさんで、学校も地域も古い意識がつよそうだけれど、生活綴方の実践を大事にして地道に頑張るよりしかたないな、と話し合ったことも思い出される。そこで私は、五年生四学級のうちの一学級を担任することになって、生活綴方教育を軸にした新しい出発をはじめた。

「教室への声」の重み

新しい出発といっても、ことがよくわかっていたわけではないので、見よう見まねのことが多かったが、子どもの問題や意識をその家庭の生活と結びつけてとらえようとすることだけは、付知の頃よりも意図的になっていたようだった。

それは、受け持ちの子どもたちとの出会いの最初の日に、調査をしてみるというようなことになってあらわれていたのだが、その調査では自分の家庭についての思いと、家庭の中にある問題を記入させる項目を設けて、子どもたちのもつ家庭への眼を知ることにつとめたのである。

家庭の生活とのかかわりで子どもをとらえようとする私のねがいは、家族が子どもをどうみているかということでも、家庭調査で新しい工夫を必要とした。

一九五〇年四月におねがいした調査で、私が設けた項目と、親から寄せられた回答の一例を示してみる。

○お宅のご意見、ご希望、お気付きの点をご記入ください。すべてお宅の子どもについてです。

身体について　　カラダマメ
性格について　　ハキハキシテイル
学習について　　ヨクベンキョウシナイ
友達について　　ヨクアソビナカヨクスル
行動について　　ナカナカビンショウ
読書について　　マンガバカリヨム
食物について　　ナンデモタベル
仕事について　　ハタラカナショウガナイ
家庭環境について　　ヨイトハイエナイ
金銭使用について　　ムダニツカエナイ
学校教育の方針について　　ワカラナイ
学習内容・方法について　　マチガイノナイヨウニ
学級経営・運営について　　マカセル
PTAについて　　アマリユケナイ
その他の事項で　　カネガカカラナイヨウニ

こうした調査は、教室の中で子どもをみているだけでは理解できない、家庭での子どもの生活ぶりや、また生活現実の重みを背負って、わが子にかける親のねがいの大きさや切実さが、それなりに私に伝わってくるのであった。それとともに、この地に生きている人びとが自らの仕事を通して抱いている子どもたちへの教育の期待が、地域の教育要求となって迫ってくるのだった。

子どもたちや親・家族たちの生活を通したねがいと問

題を具体的に知れば知るほど、それに応える教育実践のあり方は、また私の重荷となるのであったが、それは苦痛ということにはならない楽しい重荷であった。

その頃から私は、子どもたちや親たちの思いや意見を教育への声としてたえずきくことがとても大事に思えるようになってきて、内容や形式は違えても、学期ごとに子どもたちと親たちの声が寄せられることを実施するようになったのである。そして、そうした調査ともいえる「教室への声」を求めることは、その後も習性となって私は学級を担任するかぎり毎学期おこなわなければ落ち着けないようになってしまったのである。

生活綴方を軸に

生活綴方を軸にした実践といっても、それまで型どおりの作文を、国語の時間に書いていただけの子どもたちにしてみれば、いくら私が生活をありのままに綴ることの意味を説明したからといって、わかるものではない。

だが、「観ることが考えること」として生活綴方の効用をつかんだ私は、きちんと考えることができる子どもにするためには、どうしても観ることとしての生活綴方を子どもたちのものにしなければならないという気持ちをまげるわけにはいかなかった。

丸山雅己さんをはじめ、いろいろの人たちに子どもの書いたものを持っていって、どこに生活綴方の芽があるのかを教えてもらったり、また改めて昔からの生活綴方教育の図書を探し求めて読んでみるなどして、子どもたちに生活綴方をわかってもらうため、ほんとうにあれこれのことをやってみた。

それらはいまになっては恥ずかしいとしかいいようのないことばかりだったような気もするが、たとえば「綴方の学習手引」とか「綴方の教室」と題して共同研究用の作品プリント、あるいは十ページ前後の「蟻の子」と名づけた綴方テキストみたいな文集や、今日でいう一枚文集のようなものなど、なんでも思いつくと手あたり次第に教材化して子どもたちの中へ持ち込むといったぐあいだった。

それでも一学期の終わる頃になると、子どもたちの綴るものが変わってきて、生活綴方らしき文章があらわれるようになってきた。そして夏休み明け、子どもたちの夏休み日記をみていたとき、毎日、労働ともいえる家事手伝いに明け暮れていた1人の少女の生活が目についた。日記では一日一日がこま切れの労働生活として描かれているが、自分の家を夏休み全体の生活を通して描きながら、そこにある生活の現実をきちんととらえさせることができれば、もっと深く物が観えるようになるのではなかろうかと思って、「日記全体から一つの題をみつけて、まとめて書いてみないか」という問題を出した。「やってみるわ」といって日記を持ち帰っていった少女は十日ほどしたある日、「長うなったけど、やっと書けた」といって二十枚ほどの作品を持ってきた。

道標となった「苦労する母」

苦労する母

五年　安江満寿子

一　子守に行くまで

夏休みになる前の日に、坂下にいる母から「夏休みになったら家へ子守に来るように」との手紙が来た。

どうして私が子守に行かなければならないかというと、私の父が去年の五月三十日長野県塩尻村であまり酒をのみすぎて木曽川に落ちて死んでしまったので、私たちの一家は、坂下のしんるいの家へひっこしをして来ていたが、そこのおばさん（父の弟のおかみさん）があまり私の母をいじめるので、ほかの所へ一けん小さな家をたてて、そこに私たちは住むようになった。しばらくして、私は中律のおばさんの所に来た。

母は、一家を養っていかなければならないので、なんとかして金もうけをしたいものだと思っていると、家から二けん上へはなれた所のおじさんが、町の金持の人に「山に来て束ねてあるせんばを道の上まで運んでくれれば、ありがたいが」とたのまれて、その人は、母にでも、せんばの束ねてないのを束ねる仕事や、一わか二わぐらいは運べると思ったので、そのことを七月の中頃、母に教えてくれたのである。母はその山がどこかということや道順なんかを教えてもらった。そして「ほんとうにいい所を教えてもらって、ありがとうございます。ありがとうございます。」となんどもお礼をいって喜んでいた。

母はどんなにえらい仕事でも、一家を養っていかなければならないからといって、その日から、今、中学一年で、背は中学一年にしては小さいが体格はりっぱな兄に、三つになる目のぱっちりとした、かわいい弟のひでをつれさせておいて、今年十九才の姉と二人で、山へ金もうけに行くようになった。母と姉とが、一日べんとうを持って行って仕事をしても、百八十円ぐらいしか取れないというので、今度の夏休みには、ひでの子守を私にさせておいて、兄も母といっしょに行くといいだした。それで、ひでの子守に私が行くことになったのだ。

その手紙の来た日は、ちょうど土曜日で、学校が昼前だったので、今日行ってすこしでも母の手伝いをしようと思って一時の長野方面行きの汽車に乗りおくれないように、あわててしたくをした。おばさんがつくってくれた家へのおみやげを持って、おばさんの「はい、気をつけて行っといで」という声も、耳に入らないくらいにあわてて駅へ行った。汽車に乗って、坂下へ行くまでは、大へん汽車がこんで、えらくてつぶれて死んでしまうくらいに思った。そのうちに坂下の駅へ着いた。やれやれと思いながら降りて家の方へと向って歩いた。

駅よりずっと下の坂にさしかかると急に汗が出てきて暑くてしようがなかった。汗をふきふきのぼって行くと、私がはじめてぐらいなのでそこらへんに遊んでいた子供が、めずらしそうに私にばかり目をつけていた。みんなにあまりじろじろ見られるので、私はなんだかきまりが悪くなって、だあれもおらなくなるまで下を向いて歩いた。山をこえたり、坂をのぼったり、くにゃくにゃ道を歩いて行くうちに、なつかしい自分の家が見えてきた。家のそばの川は、きれいな青い水で私が橋の上まで行くと、私を見て「今日は」といっているように静かにすんでいた。

私の家は、だあれもいないかのように、白いしょうじがしめきってあった。だまってかど口から、ひでも元気でいるだろうなあと、ひでの顔を思いうかべながら、ざしきを通っておくの部屋に入って行くと母がひでをねかせていた。そのそばで、兄が水をあびてきたらしく、はだかでパンツのやぶけた所をぬっていた。

私が行くと、母は「暑かったら」とか「こんなに荷物があるでえらいはずさあ」といって私を見上げた。それと同時に、兄もねていたひでも私のそばへよってきた。母はにこにこ私の顔を見ながら、「うれしい！　今日からでも仕事をして、おんしんたあを楽にさしてやるでな、それまでしんぼうして働いてくりょよ」と私と兄にいいきかせた。

私は、かえって母が一生けんめい仕事をするのが、きのどくできのどくでたまらない気がするのである。

二　母の仕事ぶり

母は、もうモンペをはいて、てぬぐいをかぶって、山へ行くしたくをしていた。外へ出て行って、せいたをせおってきてから私たちのいる所へ来て、「そいじゃあ、満寿子、ひで連れとってくれよ」といって、こんどは兄に「圭坊、おんしはふろくんどいてくりょよ」といって、ひでがもうだいぶん遠くを歩いて行く母に「おーい」とよばるのに笑って手をふってみせて、てくてくと山へ行ってしまった。私は、その後姿を見送りながら、山へ行ってけがをしなければいいが、けがをして死んでしまえばもう私たちの両親はいなくなってしまう。私たちきょうだいはみなし子になってしまう。まだこんなに小さなひで達がいるのにと、つくづく考えていた。

その日は、母は、私がひでを一生けんめいに子守をしていると思って安心したのか、日のしずむ頃、くたくたになって帰って来た。母のあたまの毛は、ぼうぼうになり、そこらでつっかけたのか、いろいろのこまかい木の葉っぱが、いっぱいあたまの毛にのっていた。そして手ねぐいも、もう半分頭からおちそうになっていた。やせた青いような顔を私に向けて、ありがとう、ありがとうといって、さっそくひでにちちをのませた。私と兄とで作ったパンを、持っていってやると、母と姉は「うまい、うまい」といってたべた。母たちがたべるそばで、私は、母の頭の毛をといてやったり肩をたたいたりしてやった。

つぎの朝、私が起きて見ると、もう母たちは起きてごはんをたべていた。ねているものは、私と六つの弟だけだ。昨日あんまり働いたので、私はつかれが出て、ねぼうをしたのだろう。ひでは、あんなに小さいのに、よく起きるなあと感心しながら、まだねぶたかったので目をこすりこすり起きた。母たちはもうごはんをたべ終わって、山へ行く用意をしていた。母は私が起きて行くと「満寿子、今日山へ連れてってやるか」といって、ひでをだきねどこへ行って服をきせていた。私は、ひでの子守をだれがしているのだろうと思って「ひでは？」ときくと、母はちょっと考えていたが、「満寿子はじめてやで、圭介にもり（子守り）させといて連れてってやるわい」といって、兄に「圭介、ひで連れとれよ」と、ひでをわたした。私が山へ行くしたくをして、母と外へ出たら、すずしい朝の風がスーと吹いてきて、なんだか母と山へ行けるのが楽しかった。

山へついた時、母にこのせんばしょいの仕事を教えてくれたあのおじさんと私の姉とが、せいたで、汗をたらたらとたらしながら一生けんめい重いせんばを、一ペンに五わも八わもしょって少し上の道までしょい出していた。私と母がのぼって行くと姉は「お母ちゃん、圭介こなんだとこか」といって、頭にかぶっていた手ぬぐいをとり、そこをちょろちょろと流れているきれいな水を両手ですくってのんだ。母は、せいたにゆいつけて来たべんとうを、すずしそうな所の大きな木の下において、私に「満寿子、遊びたけりゃ遊んでもいいで、このぼやを切って、たきものをつくっといてくりよ」といって、上の方へのぼって行った。母がお金を取れないでも私を連れてきて、好きなようにしてくれるのが、なにより私をかわいがってくれているしょうこである。

私は、はじめのうちは、姉が水をのんだ近所の、大きな、木の枝のいっぱいついたのをおっては、ぼやを作っていたが、母にあまり働かせたくないと思って、たきものはそのままにして、自分のしょって来たせいたをかついで、母たちの働いている所へのぼって行くと、母は顔いっぱいに汗をかいて、せいたにせんばの束ねたのを三ばか四わつんでいた。私が「お母ちゃーん」と四メートルほどはなれた所から呼ぶと、母は頭を上げて、私の顔をにこにこ見ながら「しょうかよ、えらいぞ」といって汗をつつっぽのきもののそででふきふき、せいたをせおった。その時、ふらふらとなってたおれそうだったので、私はあわててとんで行って、せいたをおさえてやった。母は静かに、ゆれないように立ちあがって、私がせいたにせんばをのせていると、そばへ来てせおわせてくれた。

母は、重たそうに歩きながら、草をのけて、細い小道の少し坂になった所を通って、すこしひょろひょろしながらのぼって行くので、どこまで行くのだろうと思い「お母ちゃんどこ?」とせなかがいたかったので、せいたの下に手をあてながら、首をかしげてきいた。母は「そこ、もうすぐ林道よ」といって私の顔を見た。そして二三歩前へ進んで行った時パッと明るくなったので、なぜだろうと思って前をみたらそこが広い道になっていて、母はその道の左へせんばをおろした。「どっこいしょ」とつかれきった顔でせいたをおろした時、母のつかれきった顔に、あせが、もう頭のすぐ上まで来ている太陽の光にキラキラと光って見えた。私はその母の顔を見ていて、お母ちゃんえらいにもうやめんかなあと思ったが、母は金をもうけるためにやっているのだからと思い直して、私も母の横にせいたをおろした。母はせいたをおろしたままそこにすわって、頭にかぶっていた手ぬぐいを取って、ひたいから流れ落ちる大つぶの汗をふき取った。私は母の肩の横にすわって、たたいてやったら、すこし楽になった様子で立ち上って、せんばをせいたからおろした。私も母と一しょに下へおりて行きたいと思ったので、おいて行かれてはと、あわててせんばをおろした。私がしょってきたのはたった一わだが、なかなか重たい。母は私の四倍もだからえらいはずだ。兄は母より一わ多くても平気でせおってしまう。母は、つえをせいたの上に乗せて、また、いばらのはえた小道へ入って行った。

私もその後を追うように急いでついて行った。母は、姉に「べんとうにしよか」といって、さっきのおじさんに「おーい、おいでよ」とにこにこ笑い顔でよばった。

私たちは、べんとうをおいてある木の下で、ごはんをたべた。とてもすずしくてよい気持ちだった。ごはんをたべ終わって、母はそこで昼ねをした。私もまねして、手ぬぐいをまくらにかって目をとじた。が、すずしい風が強く吹いてきてなかなかねることができなかった。母の方を見ると、もういびきをかいて手をまくらにねていた。私はいくらねようとしてもねむれず、ありこが私のまわりによって来ていた。

母はすこしたって起きた。そばにおいてあったせいたをせなかにかつぎ、またせんばのある所へ、のぼって行った。

姉やおじさんも、ぼつぼつと仕事をし始めた。私もしょおうと思ったが、なんだかやる気がなかった。母は、ちょっともつかれたようすもなく一生けんめい仕事をしていた。だいぶ運んでから、家へ持って行くたきものをせいたにゆいつけていた。私も、さっきのぼやを作らにゃいかんと思って、ぼやの所へ行って、大きい木についているかれた枝を、ボキンボキンおっては、だんだんと、たくさん作って行った。母は、せいたに重そうなたきものを、いっぱいゆいつけながら、「満寿子、せいた持って来い」といった。私はぼやをそのままにしておいて、母の所へとんで行った。

母は、私のせいたの両方のつのの上へ、ぬれた重そうなたき木を十本ぐらい乗せてくれた。もう太陽がかたむいて来ていた。「もう帰る?」ときいてみたが、母はなんにもいわずに立ち上った。そして「はよ行くぞ」といって、私にせいたをしょわせてくれた。日のしずむ頃の山道は、とてもさみしく、なんだか、きつねかたぬきが出て、ばかしそうな気になったので、母の前へ行って歩いた。

おじさんと姉は、まだ、あのうすぐらい山の中で仕事をつづけている。母は夕はんのしたくをしなければならないので早く帰るのだ。家へ帰ると、ひでは大喜びで母の所へとんで来た。晩のごはんをたべてから肩をたたいてやったり、足をもんでやったりして、ちょっとでも母を楽にしてやろうとした。私も働きにつかれてえらかったが、母に心配をかけまいとしてだまっていた。

三　くろうする母

それから二、三日たったある晩のこと、仕事を教えてくれたおじさんのおよめさんが、私たちがごはんをたべていたら「たまえさー」と、その家の雨戸をがらッとあけて、大きな声でよばったので、姉は母のかわりにそばのガラス戸をあけて、「はーい」と、かれた声をむりに出して返事をした。すると、さっきのおばさんの声で「子供んたあ、みんな連れて来とくれや」といった。ごはんをたべていた母も、ガラス戸から首を出して「ありがとうございます」といって、ガラス戸をしめた。

私は何をしに行くのだろうと思っていたが、母と姉が「たいてい、もう千円ぐらいにはなっておるかもしれん」といったので、だいたいのけんとうはついた。それは、母たちが働いた、かんじょうを取りに行くのだろう。母はごはんをたべ終ってから、私たちに「おれよ」といいすてて姉と二人で出て行ってしまった。かんじょう日だといっても、母はそうもうれしいようすもなかった。千円ばかりなら、米の配給や税金や、いろいろのものに金を出さなくてはならないのでせっかく働いて取った金がすぐなくなってしまうから、ちょっともうれしくないのだろう。私はふとんをしいて、そのままねてしまったので母たちの帰って来た事は知らなかったが、つぎの朝、母は、「千八百七十円取れた。ちょっとものを買えばすぐすんじゃうわ」と、たるそうな顔をしていった。母は、自分の物は一つも買わずに、私たちの物ばっか買ってくれるので、今度は私が、大きくなったら、そのおんがえしに母に、いっぱい着物を買ってやろうと思っているが、そんなうまいぐあいにはいかないかもしれない。

弟が兄とけんかをして泣くと、母は元気のない声で「そんな事をしょうってみよ、お母ちゃんどっかへ行っちゃうに」といっては、働いているのです。私はこんないじわるの子だし、兄はらんぼうで働くことはきらいだから、母はどんなに悲しいことだろう。売物屋が来ると、姉は好きな着物のきれを一ぱい買ってよろこんでいる。そんなお金があったら母に一つでも買ってやればよいと思うが、自分かっての姉は母には目もくれないくらいだ。

母は、もう四十二才で、あんなにやせている。両手には、たくさんのおばあさんのようなしわがより、顔もほそ長く青白い。こんなにくろうにくろうを重ねて生活して来た母が、これから、小さな弟たちが、りっぱな一人前の人間になってくれるまで、生きてくれるであろうか。働いても、働いてもちっとも金が入らぬ母。せっかく働いた金が出ていってしまうような生活。こんなにくるしいらくでない生活が母の一生に続く間、母はどんなにくるしまねばならない事だろう。けれども時々、野尻にいた頃父が貸しておいたお金を返してくれるのでだいぶ助かるが、そんなものは十分ではないので、兄が学校へ出すのや教科書などを買う金に使えばすぐすんでしまう。母はある時、こんなえらい生活が続いて行く間に、どんな事がおこるかしれないと思ってだろう。「店をはじめろか」と、姉たちに相談した。私はこんな、町から一里もはなれたような山の中で店をはじめたら、みんな遠くの町まで買いに行かなくてもよいから、ちょうど良いと思ったから「始める！」と大きい声でいったら、母は笑っていた。

　私の家は畑も田んぼもすくないので、家をたてたじぶんは、近所の人達がおかずやいろいろにこまっているだろうと思ってか、毎日のように野菜をかごいっぱいに持って来てくれた。そういう時は母は心からお礼をいって、よろこんでいた。今も畑はすくないので、ちょっとの畑にねぎや白菜を作っておくと、たぬきが、夜みんながねてから畑へ入って畑をあらして、せっかく大きくなった野菜をみんなこいだり、半分かじったりしてしまうので、母は、そうされた畑をながめては、たるそうにくやしがっていた。どこからどうして来るのか、ちゃんとこの近所に家があるという事までしって畑の作物をあらしに来るのだ。

　母も、こんなにたるい家へ来てそんをしたと思っているだろう。朝は、まだうすぐらいうちからおきて働き、晩はおそくまで一人でつぎものや、おかって仕事をしている。母はこんなまずしさから一日も早くのがれて、もっともっとらくな、そしてたのしい日を送りたいであろう。けれどもこれから先、どんなに働いても、母には幸福の日がやってこないかもしれない。その幸福の日というものを作り出すにはどうしたらいいのだろうか？

四　私の考える事

　母は、父が死んでからどうしてこんなに苦しくなって来たのであろうか。

　母は父が死んだのも、生活が苦しくなって来たのも、みな運が悪いといっているが、私は初めから運などが悪いとは思っていなかった。そして母とはちがったことを考えていた。これにはわけが有ると思っていたのだ。

　母は私が大きくなって、中学三年卒業すれば、「かみ《かみゆい》いさ《さん》」になれといっていたので「かみいさ」になってお金をたくさんもらって、母に好きな物をどれでも買ってやってもう何もすることのないように私達がしてやって、ねころんで遊んでおられるようにしてやりたいと思う。けれどもよく考えてみると、そんなふうにはいかないと思う。もし私が一生けんめい働いても、母に送るお金はないかもしれない。それは、もし私の給料が一ケ月三千円とすると、一日のうち一食のおかず代やみそたまりの代に、二十五円ぐらいはいるとして、一日三食で七十五円いる。一ヶ月では二千二百五十円もごはん代がいる。その中自分の着物を買ったり、友達と映画を見にでも行ったりすると、三千円とも母に送る分はなくなってしまう。だから、私が「かみいさ」になっても、話は今と変らんと思うのだ。そんなら、生活の楽な人と楽でない人がいるのは、どうしてだろうか?

私は卒業してうまく「かみいさ」になれなかったら、母といっしょに田を耕そう。でも田んぼで働くだけでは、お金がもうけられないのではなかろうか。たべてだけはいかれるが、いろいろ生活にいるお金は手に入らない。それを思うと、私は心配で心配で母が気の毒になってくる。社会には私たちみたいに、びんぼうな人が、たくさんいるのだ。どうしてこんなにびんぼうの人がそろっているのだろうか、私は考えれば考えるほど分らなくなってくる。でも今に分るようになるにちがいない。

(『ありの子』より)

満寿子という少女は、木曽・野尻村に住んでいたが、三年生の時、父が事故死されたので、父の実家があった恵那・坂下町へ転居して四年生までは坂下小学校へ通ったけれど、通学距離や家計の都合で、五年生から中津町の親戚にあずけられることになって転校してきたのである。だから毎日町の中心部にあった親戚の仕出し屋から通学していたが、長期の休みになると、坂下町の実家へ帰って、母の手伝いをしていたのだ。

「苦労する母」と題したその綴方作品は、現実生活のきびしさの中で、家族が思いやって生きているさまが、リアルに描かれてるというだけでなく、満寿子がその現実に立ちむかって問題を把えようとしていることが——そのように目を拓いてきたことが、なによりもうれしかった。半年ほど前、付知で熊谷静の作品「家」に展望を抱いた生活綴方教育がようやく現実のものとなってあらわれてきたという点で、私にとって最初の道標ともいえるものになった思いがしたのである。

そしてこの「苦労する母」の綴方作品は、当時恵那の地域で結成をみた恵那綴方の会の機関誌『恵那綴方教師』で作品研究の対象として特集的にとりあげられ、地域的にもひとつの足がかりとなったのであった。

「やる気」と「吹き込み」

一人の悲しみをみんなの悲しみとし、一人の喜びがみんなの喜びとなるような学級ということで、ほんとうのことを自由にいい合うことのできる集団づくりを生活綴方の学級基盤と考えていた私は、「苦労する母」をみんなで研究することで、学級全体の眼を発展させることに努めた。

子どもたちは、自分の目の前にいて、毎日一緒に生活している友だちが綴った作品であるだけに、綴ることについての重さとでもいったことがよく理解できたようだった。生活の軽さというか、現実への軽薄な対応からはよい綴方が生まれないということが、満寿子のおかれている現実と生身の姿を知っているだけに、具体的に納得できたのである。いわば、一生懸命に生きることが生活綴方のもとになることについて眼を拓いたとでもいえるのであろうか。直接的な動機がこのことにあったのかどうかはわからないが、その後はたしかに子どもたちの綴るもの全体に重みが増してきたように思われる。

この子どもたちが六年生を卒業するまでのあいだ、『ありの子』という学級文集を軸に生活綴方の実践をとおして、子どもたちに生活をみつめ生活を変革させることを考えさせ、同時に私は、子どもたちの生活綴方によって、子どもの人間（内面）と地域の現実にふれ続けていったのである。

が、生活綴方は教育全体の営みでいえば、個々の子どもにとっても、あるいは学級全体にとっても、総体としての出発点であり、また到達点としての意味をもつものであるため、ただ一生懸命に生きればよい綴方を生みだすことができるというだけではなくて、ねうちに向かう心と、ねうちに基づいて生活をみる目を子どもたちに得させなければ、発展させることができないのである。そのため私はことあるごとにねうちを説いていたように思い出す。

当時、私たちは「やる気」と「吹き込み」ということでよく論議し合ったように覚えているが、なによりも子どもたちのやる気を重視し、それを引き出すためになにをどのように吹き込むべきかを考え合ったのである。「吹き込み」というと押しつけか扇動のように思われるのかもしれないが、そうではなくて、やる気の科学的根拠とでもいった、ねうちについての科学を説くというようなこととして考えていた。それは今日流にいえば「知は力」ということでの知を得させることであるが、生活綴方だけでは自然成長的に獲得できない質の高い視点を科学の見地で、子どもたちのものにさせる作用であった。

◆論文10（一九八七年）

自分史的地域の把握4

地域に現れる日本の矛盾

「やる気」と「吹き込み」〈続〉

前号の末尾にふれた「やる気」と「吹き込み」について、いますこし詳しく語れという意見が、近辺の読者から寄せられたので、まずそのことについて、補足的に述べておきたい。

敗戦による混乱は、連合国による占領――実質的にはマッカーサーを頂点とするアメリカ軍政と、日本人民の民主的諸要求運動の進展がさまざまに交錯しあいながらも、そのなかで、欽定憲法や教育勅語を無効とし、それにかわる新しい基定としての日本国憲法や教育基本法を生みだしたことによって、改革の方向と内容がほぼ出揃い、じょじょに落ち着きをとりもどしていた。けれど、それはまだ平和と文化の新生日本の方向が指標的に示されたというだけであって、地域での現実的な生活が、新生日本の状態になったということにはほど遠かった。

子どもたちの家庭や地域のなかには、「頭の中のチョンマゲ」といわれた封建思想が色濃く残っていたし、何よりも衣食住には、絶対的貧困が頑強に巣喰っていた。だから、子どもたちは、小学校の高学年にもなれば、格好の労働力として家庭の生産に参加しなければならなかったのである。それでも、戦後の全体的な生産力低下は、子どもたちの生活から貧乏を追いだすことができず、学校へ弁当を持ってこれない子や、冬になると夏物の破れた衣服を重ね着するしかない子が、どの学級にも必ず存在していた。

自分の生活が決して楽とはいえないものであっても、そうした子どもの姿を目にすると、胸の痛みはつよまった。こそっと、黙って弁当をわけてやることも、下着や足袋を買って持たせてやることもしたが、それでことが解決されるわけでもないし、担任教師としての任務を果たしたことになるのでもない。そのことがわかっていても、どうしてもそうせざるを得ない思いにかられるのがしばしばだった。

家庭訪問をして「生活保護申請」や「学費援助申請」をすることとの必要性と正当性を説いても、「そんな恥ずかしいこと」という親の頭の中のチョンマゲが容易にとれないで、困ってしまうこともよくあった。

新生日本の国是である民主主義が、子どもたちの家庭や地域の現実のなかでは、思想としても制度としても、まだ具体的な生活原理となっていない弱さがいっぱいあったのである。だから、子どもたちに、実感された現実の生活矛盾を事実としてありのままにみつめ綴らせることと同時に、生活矛盾を矛盾としてとらえる眼を持たせることが必要だったのである。それは、事実を見つめるより高い視点とでもいったものとして考えていたのだ。

たとえば、百姓における貧乏の問題は、当時でいえば、耕作面積のことを抜きにして、農法の改善を過重労働のことだけを生活実感的にみつめていても、実際に貧乏を克服する道はつかめないのだ。だから、百姓における貧乏の問題をより正確に考えるためには、耕作面積の広さと、その所有に眼を着けなければならないということで、私は「土地はだれ**の**ものか」といった問題を示して、子どもたちに土地の成生や、土地収得の由来などを含めて、百姓と土地所有のことを考えあわせるようにして、新しい視点をもつように配慮したものである。

また、今日流にいえば、「社会的本能」（クループスカヤ）とでもいえる「人びとのために役立ちたいねがい」と「役立ち得る能力をつけるねがい」を、人間の生きる価値の問題として子どもたちに考えさせながら、実際にその価値を具現した人物の伝記を読んでやったり、その価値を自己の人生と社会の進歩の方向で追求する場合、統一的な目標としてはどのようなものとして把むことが大事か、などといった生きる目標の視点についても、はっきりさせることにつとめ、その視点から生活の中のねうちを見直させることなども心掛けた。

これらは、当時「吹き込み」としてやっていたことの一例に過ぎないが、子どもたちの「やる気」（自発性）を何よりも大事にしたいがために、納得としての価値への志向を科学に裏打ちされたねうちある視点として得させるよう、子どもたちの状況と関心にあわせて、私が適当な問題を設定し「吹き込み」として、よく語りかけていたことが思いだされる。

「やる気」と「吹き込み」といえば、何か特別なことのように聞こえたのかもしれないが、何のことはない、いつでも誰もがやっていることであるし、私も教師として実践の場にいた限り、ずっと続けてやってきた、子どもたちの学習への対応の原理とでもいうことなのである。

基礎学力の充実

「六三制、野球ばかりがうまくなり」とは、戦後、アメリカ流教育が流入し、読書算に代表される基礎学力の低下をもじった川柳として、当時全国的に問題となった。

私たちにとっては、前任校の付知小学校のころから問題にして、基礎学力の実態調査や特別対策としての個別指導、ドリル問題集の作成などをやってきた。また、教組恵那支部では教文部が中心になって、基礎学力充実の特別練習帳付きの「冬の友」を学年別に編集し、地域の各学校で採用する努力をした。

こうした動きは、中津川町立東小学校へ勤めるころになっても続いていたが、基礎学力充実ということでは、もっと多様な実践として具体化していったのである。私も教室では、独自の漢字練習帳や計算問題集を作って子どもたちに配布したり、国語・算数の「勉強の仕方手引き」を作って学習の仕方をのみこませることに努めたりした。また、ある期間「蟻の子学習プリント」と題した基礎学力充実を専門とした学級通信を作り、そこへ教科書とはまったくちがった問題をのせ、毎日の家庭学習として楽しく勉強する工夫をしてみたりした。そのほか、全国的な関連では、学力向上研究会（『教師の友』の前身）が編集・発行していた歴史、地理の学習帳を取り寄せて——そのころはまだ、歴史、地理をまともに教えることにはなっていなかった——学習に使用するなど、学力充実ということではさまざまなことを思いついて実施した。

それらは、子どもたちの実態を見ていて、これではどうにもと感じることから、他の教師たちと話しあって思いつくことが多かったが、それには中津川へ転任してから味わった痛恨といえる苦しい出来事が重複していたこともたしかだ。

私がはじめて教員になった年、付知小学校で教えた子どもたちはすでに中学校を卒業していたが、そのころ勉強ぎらいで、私がよく説教だけしていた一人の子どもに、ふと、中津川の街で出会ったことがある。「いま、何をしているのか」と問いたら「中津の下駄屋で小僧の見習いをしている」といったあと「先生、おれはちゃんと勉強せなんだで、たるい（くやしい）ことがある。家へ手紙を出したいが、字を知らんもんで書けんのや」と淋しい笑顔で話してくれた。そのとき、私はまったく申し訳ない気がして「これからでも遅うはないのやで、字を覚えるようにせんか。夜ならおんし（おまえ）の都合にあわせて教えてやるで、俺の家へ勉強に来いよ」といって、それからしばらく、その子に自分で手紙が出せる程度の文字を覚えさせてやったことがある。子どもが義務教育を終えてしまってから、はじめて味わう学力不足の苦悩は、たとえ一年間だけであってもその子を担任した教師としては、痛恨というほかない自分の貧しさの苦しみであったのだ。

それだけに私は、基礎学力といわれるものの充実には気を配り、力を入れたつもりだ。が、子どもたちにとっての勉強は、生活綴方を基盤としたあらゆる学習の総体であるため、基礎学力についてのおどしや強調だけで、それがほんとうに身についたものになるということにはなるまいと思う。

最近になって、このときの子どもたちに会うことがあって、いろいろの思い出話をしているとき、当時、勉強が楽しくやれたということでは、グループで小先生をつくり、全員がわかり（覚え）きるまで、みんなで助けあうことを、グループ間の競争としてやったときをよく覚えているといっていたが、実はそのときこそ基礎学力の充実ということで力を入れていたときに他ならない。けれどその楽しくやったという当の子どもたちも、そのときの勉強の内容については、それが全体としてどんなものであったのかは記憶にないというのである。

こうしたことから考えてみると、基礎学力を含めて、ほんとうにだれもが身につけなければならない勉強の内容は、みんなで学びあうということが極めて大事なことであるし、教師は子どもたちとともに、みんなの学習をつくりだすことに本気にならねばならないのではなかろうか。

児童憲章を学び児童憲章に応える

一九五一年五月五日、「児童憲章」が制定公布された。法的拘束力は持たないが、国民的指標として、その具現のために努力すべきものだということでおろされてきた。

戦後、子どもたちが大事にされるようになったといっても、教育の場でみれば、子どもたちが学習の主体者で、将来の国家主権者であるということからいえば、まだあまりにも粗末な扱われ方でしかなかった。それは家庭でも同じで、ことあるごとに「子どものクセに」の言葉を投げつけられる存在であった。

たしかに、戦前、戦中のようにむやみに怒鳴られ殴られる形で暴力的に服従させられることは減ってきていたが、子どもたちは人間としての要求の持ち主で、その要求に応えてやる立場をとらねばならぬといった考えは、学校にも社会にも極めて弱くしか存在していなかった。だから、子どもたちはいつでもやらされる側にいるのが普通であった。

けれど、教育の場だけに限ってみれば、本物を求める民主教育実践では、そうした一般的な風潮に抗しながら、子どもたちの人間的真実性に依拠し、その自発性と自主性を尊重し、子ども自らが人間的自覚を高めて主体的に成長、発達するために、やる側に立つことを大事にし援助していたのである。

だから、日本国憲法・教育基本法の精神とその立場から「児童憲章」が制定されたことは、民主教育の実践を志向している者にとっては、たいへん心強いことであった。私たちは早速職場で読みあった。だが、現実に子どもたちのおかれている状況があまりにも児童憲章に比べてひどいし、憲章に拘束力がないということで「なんや絵に描いた餅やないか」という落胆の声もでるありさまで、全体での検討が深まらなかったことを覚えている。

けれど、私は、私ひとりだけではないが、それまでに私が経験の範囲でとらえていた子ども観の不足を補い、子どものあるべき全体像を学ぶためにも、「児童憲章」に固執した。そして熱意ある人たちと何度も読みかえしてどう理解すべきかを探った。その結果として思いついたことは、「児童憲章」を、児童のあるべきたてまえとして、子どもたちの権利要求の基本にすべきだということであった。

子どもたちはその場その場で、止むに止まれず、思い思いに要求を作りそれを表わす。それは人間的にみて当然のことであり、それはそれとして尊重しなければならないし、子どもたちもそれを自らで大事にし、その要求を――ときには不満・不平・反発・抵抗などの形をとるが、自らの人間的証として発展させてくれなければならないとは考えるものの、それが実際には、筋の通らぬ大人の理屈と、圧迫的な態度にであうと引き込んでしまう事実を見るにつけ、自らの要求の公正的根拠をはっきりさせてやらねばという思いが、私の中で頭をもたげてきたからである。

私は早速、担任する六年生の子どもたちと「児童憲章」を学習することを考えた。そして、その結果を「児童憲章に応える」と題した個人文集にまとめさせることにした。個人文集は、憲章の総則にもとづいて「一、児童は人として尊ばれる。一、児童は社会の一員として重んぜられる。一、児童はよい環境のなかで育てられる」という三節でまとめさせたが、「われらは、日本国憲法の精神にしたがい、児童に対する正しい観念を確立し、すべての児童の幸福をはかるために、この憲章を定める」という配慮にも、地域の現実生活を踏まえた子どもたちはきびしい答えを返すしか術がなかったのである。

私の文集

なにしても 子供は叱られる

堀井征三

こないだの事だった。僕が緑町を、ゆっくり、自転車でお使いに行く途中、まがり角で自転車にぶつかった。むこうが、反対側をスピードで来て悪いのに、僕におこった。

僕が「おじさんの方が、スピードをだしてきて悪いに」と言ったら、おじさんは「うるさい、子供のくせにそんなこと言うとなぐるぞー」と言って「どうした」と僕の足をみた。

気がついてみると、僕の足には血がたれていた。おじさんはすぐ、にたにたと笑った。僕は、しゃくにさわって、だまって自転車にのった。そして、おじさんからにげて行きながら、「くそおやじ」と大きい声で言った。むこうでは、「子供のくせに大人にむかってなんちった。もうしょちせん、こんどみつけたらひどいめにあわせるぞ」と言った。

道を行く人は、みんな笑って、そのおやじさんをみていた。僕は「大人は自分勝手で、子供のせわなんか、なんにもしてくれない人が多いのだなあ」「よく犬や猫をかわいがってばかりいる大人があるが、大人の人は子供より動物がかわいいのかなあ」と思った。

僕がよその竹やぶの竹の落ちているのを一本ひろって遊んでいた。その時よそのおじさんがきて、「それどこの竹や」といったので、僕が「ここに落ちとったに」といったら、そのおじさんは、「こりや、うちの竹やぶだ、竹を切ったのやら、正直に言え」といった。僕は、いくら正直に言おうとしたって本当のことがうそになんかなるもんか。

「おじさん、本当のことはうそになんかなおせんに」僕はそう言って帰った。

次の日、家の竹やぶへ、竹の子をほりに父と行ったら、どこかの人が竹をぬすんでいた。それは大人の人だった。「ここはうちの竹やぶやに」と言ったら、ぬすんでいた人は、「すみません」とあやまった。父は、「大人やで、まあいいや、子供ならもっと叱ったのに」と、おこって言った。

新聞はいたつ

柴山昭一

僕は、兄に教えられ、新聞はいたつをするようになった。新聞はいたつをしてみると、どこがどういう新聞だか、なかなかわからなかったのでいちばん困った。

僕は、まちがえたりすると、みんな、へんなぐあいになるからと思って、まちがいなくやっていっても、どこかでどうしてもまちがえるのでした。

また、いちばんいやな日は雨降りとか暴風のきた日だ。そんなときには、僕は、なんでこんないやな目をして働らかな喰っていけんのかと、よく思う。町の子のように、いい子になっていい生活をしてみたいと思うけれど、働かなければいい生活はできないと思う。

それでも、新聞はいたつをしていて、水野君とここまで来ると、多治見君と水野君がよく遊んでいる。僕は、そこで遊びたくなってくるので、新聞はいたつをわすれて、がまんができなくなって、みんなとじゅうさつをして遊ぶのです。

それから、いちばんおそろしいことは、はいたつをまちがえると、かんかんにおこってくるさかえさだ。僕はあの人がいち番おそろしい人だ。あの人がかみの毛も、いいぐあいにとかずにしていて、おこるとものすごい。おにか、まほう使いみたいな顔になるのです。そういう時は、僕は、なんでもかんでも、どんなことをいわれても、なんともいわずにあやまるのです。それでも、僕が子供だと思って、よけいなめてか、おこるのです。なるだけまちがえないようにしようと思っていて、つい、まちがえてしまって、さかえさにおこられる時ほど、こんなつらい仕事が、ほんとにいやになります。

子供は勉強

加藤興二

どこの家でもよくあることだ。朝ごはんの時など、子供が、

「今日のごはん、ばさばさしてまずいなあ」などと、へたに言うものなら、大人の人は、

「何いっとる、子供のくせに生意気な。そんなら自分でたいてみよ」と、いかにも自分がたいたのだぞ、というようにいばって言う。子供でもたき方を教えてくれれば、いくらでもたけるのに、教えてくれずとおいて、自分でたいたといばっている。

また、今子供は中学三年までは義務教育であるから、小学校もあわせて九年間の間は、世の中へ出てみんなの

ためにつくせる人間になるように、毎日こうして勉強しているわけだ。けれども、そんな時に、めしたきとか山へ木背負いに行くとか、いろいろ働いてばかりいて、勉強の出来ない子がいる。僕たちはそういう友達のために、みんなで相談して少しでも勉強が出来るように考えているのに、大方の大人の人は、そういう子のことはあまり考えない。

児童憲章などといっても、ただ紙に書いてあるだけで、働くばっかりの子が、勉強も出来るようになるだろうか。児童憲章を作る人が、子供、子供とさわぐだけで大はんの人は、子供を、勉強しなくてはならない社会人として、認めてくれてはいない。今のようすでは、働く子供という方がかえって良いだろう。

児童憲章は私達を幸福にするか

山口明子

私達を幸福にするために児童憲章はつくられたのだろうが、あれでほんとうに私達が幸福になれるのだろうか。ただそういうことをきめただけで、人民はきちんと守ってくれないと私は思う。それは人民たちみんなできめないからだ。それで守らない人もいるだろう。とくに町にいるチンピラは、子供が「あの人はりっぱやないに」というと、すぐおこったり、「子供のくせになにこいとる」といって子供をバカにする。この間、町内の班長さんが児童憲章のことを書いた紙をもってきたら、おじいさんはそれをみて「子供ばっかだいじにしれといっても、今の世の中が悪いで出来んわ」とおこったようにいって紙を手からはなした。こんなことをいえば、それは私達を幸福にしてくれる言葉ではないと思う。

ほんとうに私達を幸福にしてくれる人たちはだれだろう。そんなことを作った人たちが自分からすすんでやってくれるだろうか。

私は、この「児童憲章」学習を通じて、地域の現実に生きる子どもたちのしたたかさに驚きもしたが、うれしくも思った。「児童憲章」の理念には私も賛成するのだが、「絵に描いた餅」として示されただけでは、それで生活の変わりようもない子どもたちが、賛意を持ちながらも批判的に現実の矛盾を示さざるを得ない生活者の立場で、憲章に取り組んでいることがたのもしかったからだ。

平和についてのアンケート

いつ・だれに教わったということでもなかったが、私は新任当初から学級通信（家庭通信）を出してきた。いまみれば、よくぞこれだけ読みづらいものを、ということになるが、それでもそのときどきには精いっぱいの工夫をこらしたつもりになっていた。とにかく、教育には親の理解・納得が必須だと考えていたからだが、学級担任をしている限り学級通信づくりは私の仕事の内に入っていた。中津川東小学校の二年目のとき、私はそれまでの一枚通信をやめてノート通信に変えた。表紙に「蟻の便り」と題をつけ、一ページ目に「『蟻の便り』は家庭と教室とを結ぶ動脈です。真実の子どもを育てるために、腹いっぱいのコトバを知らせたり知らせられたりするノートです。貧しいけれども、ほんとうに役立たせたいノートです。」とプリントしていた。

私はそのノートに必要なことを一斉にプリントしたり、あるいはペンで個人的に記入したりして、家庭との連絡に使っていた。また家庭からの用件も、そのノートに書かれて伝えられてきた。ときには、そのノートで一斉にアンケートを出すこともあったが、寄せられた回答は別冊の「蟻の便り」に編んで配布した。

その年は九月八日にサンフランシスコで対日講和として単独講和条約と日米安全保障条約が調印されたが、朝鮮戦争の最中でもあるし、日本の真の独立と平和にかかわる全面講和と単独講和をめぐって、世論が湧いていた。敗戦と占領下にあって、平和と民族独立へのねがいは子どもたちを含めて国民すべてのものであるだけに、教室でも講和条件については問題になった。それは、ほんとうに平和をねがうなら、真の独立を達成することが不可分だが、それは全面講和でない限り実現できないのだという見解と、とにかく独立することが先決で、独立を認めてくれる国（主としてアメリカ）と一緒になって平和を守ればよい。そのためには単独講和でよいのだという意見とのちがいになるのだが、そのずれは子どもたちの間にも親の考えを通して入ってきていたのだ。そして私は二十三歳の若年で血の騒ぎも大きく、全面講和の是を信じて疑わなかったが、私の見解を子どもたちに押しつけることだけはしなかった。

そんなとき、私は「蟻の便り」（九月六日付）へプリントして、つぎのようなアンケートを学級全員の家庭へ出した。

①「戦争だ平和だ」とたいへんやかましくなってきました。再び子どもたちに戦争の苦々しさを味わわせないで、平和を維持するためには、私たち大人は何をしたらよいでしょうか。

②いま学校では、何をいちばん子どもたちに教えなくてはならないのでしょうか。
この質問に対し、翌日から「蟻の便り」ノートにはたくさんの回答が書きこまれて教室へとどけられてきた。私はそれらの回答を特集して、別冊「蟻の便り」として十月初旬に、また各家庭へ届けた。が、それについて忘れられない思い出がある。

アンケートの回答はほとんどの家庭から寄せられた。父、母、祖父、祖母、兄、姉など誰かが代表になってそれぞれの家庭の中にある意見を書いてくださったのだ。

たとえば、ある子の姉は「①日本の再軍備に反対し、外国に軍事基地を提供させないようにしたい。②ピストルなど戦争ごっこのオモチャを持たせぬよう教えてください」と書いておられたし、またある父親は「①あくまで文化国家樹立のため、あらゆる努力を惜しまない。現在、世界を支配する二つの勢力の何れにもかたよらず、中立を守る。②平和を愛する文化人となる素質」と書いておられた。

回答のすべてを紹介することはできないが、時代の状況もあって全体として平和への関心はたいへん高かった。その中で、当時、中津川町会議員（保守系）であったある父親から、つぎのような意見が寄せられたのである。
①に対して、日本のみの平和は現状としてはあり得ない。平和とは世界の平和でなければならぬが、さて世界の平和を日本の手でどうするかということはナンセンスでしかない。まして父兄会の問題として取り扱うことは適切ではない。②に対して、①の問いから受ける感じからまず国民学校（注・小学校の誤り）は、高等学校でも大学でもないということを再認識してほしい。国民学校なるが故に基礎学問と明朗な（せめて学校だけでも社会の複雑怪奇から離れて）徳育と礼節、体育のバランスをとって指導して、円満な人間を養成してほしい。
予測しなかったこの回答には驚いた。平和のことを教室で考えること自体に誤りがあるのだというように私には感じられたからだ。はて、どうしたものかと悩んだが、現実にこうした回答が寄せられているのだから、この意見に対し、私の思いを正直にぶつけてできるだけ誤解のないようにしないと、直接子どもが困るだろうと考え、早速、「蟻の便り」ノートに私の見解を書いて、再びその父親のご意見を求めることにして、その夜、自宅へ帰ってからノートへ手紙を書いた。

……前略……

あなたのご意見をおききして、私はいろいろ考えさせられました。複雑な社会と、それにまつわるさまざまな教育思潮と方法の中で、私は「何が本当に子どもたちの血となり肉となる教育なのか」「どんなことが子どもたちの幸福のために、学校で教えるべきものなのか」を、私なりにしんけんに考え悩みました。私たちが受けた旧い《（ママ）》教育で、一体、私たちは何を人間らしいものとして身につけてきたのでしょうか。考えることを忘れ、呼笛一つでどちらにでも動くことのできる、そんなロボットみたいな姿だけではなかったのでしょうか。けれども、読み書き計算の基礎能力だけは、まがりなりにもつけていただくことができました。――これは何も私の学校時代の恩師をどうこうというものではありません。

たとえば、私の六年生の時のテスト答案を見てみますと、読方の書き取りにおいて、神宮、桜、皇室という字が書けていて、商人、駅という字が書けていなかったのがあります。これは私が不勉強だったせいもありましょうけれど、こういうのが教育一般ではなかったのでしょうか。

そこで私は、人間一般が生活を営んでいく上においての最も基礎的な道具としての知識、いわゆる読・書・計算だけは（あなたのご指摘もありましたが）何とかして、受け持ちの一人残らずの子どもにつけてやりたいと思い、大切なものとして子どもたちに教えもし、要求もしているのです。そこでは指導技術の貧しさや何かのために、私が得てもらいたいだけの能力を未だつけていない子もおりますが、やはりそれらは私の責任として今後大いにその研究をしていきます。それが戦後のいわゆる新教育では、どんなことが公然と「子どもたちのためのもの」として行われているのでしょうか。

たとえば、雨の降る日に便所へ行く数（男女の差）を調べて表にしたとか、「郵便局しらべ」において、結論として葉書はポストへ出すものだ、ということがわかったに過ぎないとか、その他様々ありますけれど、それに大同小異のものが、「新教育」と銘うって、さも重大事らしく行われていたのです。以前、私もそんな風潮のなかでいろいろやってみて苦しみましたが、現在でもまだ行われているところがたくさんあるのです。

先学年（五年生時）の「教室への声」で、あなたは「事実に立脚した教育を行ってほしい」と私に要求し、教えてくださったことがあります。私は、あなたのおっしゃる事実というものについても考えてみました。

子どもたちの基礎能力の実態ということも事実に入る

でしょう。そこで私は、その子の能力に応じて、そこから高いものへ出発するための「その子の教育」を行うためにも、能力の実態調査などして、それにもとづいた指導もいたしました。現在でも、その子の能力に応じた解決の仕方を幾通りか選んで、それによって「その子に適した教育」を行っております。

また「事実」といえば、子どもたちをとりまいている環境が、子どもたちに苦しみを与え、悲しみを与えて、あるいは喜びを与えているというのも事実でしょう。綴方をみれば、それら子どもをとりまくものが、どんなふうに子どもたちに影響しているかは、事実としてわかるのです。

そこで、そういう事実を知れば知るほど、私としては苦しまねばならなくなるのです。何とかして子どもたちを一人立ちのできる普通の人間に育てようと思えば思うほど、子どもたちをとりまく事実に私は悩まされてくるのです。

五年の三学期にだした教室文集「ありの子」を読んでくださったことと思いますが、あそこだけにも、あそこからでも、子どもたちを苦しませている現実がいくつか読みとれるのです。私は、そこで、それらの事実を「もっと生活しやすい現実にするにはどうしたらよいか」を、子どもたちと相談し考えもしてみました。

結局、子どもたちの生活を、直接間接に貧しくし、苦しませているいちばん大きな事実は「戦争だ」ということになるのです。そうすれば当然、「戦争と平和」が問題となり、平和を守るためにはどうしたらよいのだ、ということに至りますと、子どもとしても、私としても、現在、どうしたらよいかということになり、そういう子を持つ親の皆様に教えていただこうとして、あのアンケートになったわけです。

○○さん、私はわからないのです。私たち教師が本当に子どもたちのために何を問題としていいのか、私はあなたのお答えを、この子たちの親からとしてきくとき、もうわからなくなるのです。

箱庭のように美しい教室だけから、本当に子どもたちは立派に成長してゆくことが出来るのでしょうか。読・書・算は教えます。けれども、ただそれだけで教育全体としていてよいのでしょうか。もちろん、あなたのおっしゃるように、徳育と体育と礼節とはバランスをとっていくのが必要でしょう。ただ、夫等のすべては何のために子どもたちの身につけさせたら良いのでしよう。むやみやたらに頭をペコペコさげていて、自分の意見一つ、よう言わぬようなことでも困ると思います。人に親切にすることも、人間が生活を営むうえには必要でしょうが、みんなに迷惑をかけるような者にまで親切をほどこしても何にもならないと考えられます。それと同じで、たとえ体だけは大きく立派にみえても、必要な時、がまんできる体でなくては何にもならないでしょう。

そのために私（私たち）教師は、「なんのために」「どんなことを」「どんな方法で」子どもたちの身につけていったらよいのか、相談もし、苦しんでいるのです。それにはまず、子を持たれる親としての皆様にお聞きすればよいと考えたのです。

○○さん、それなのに、あなたがこの問題に「ナンセンスだ」「適切でない」といって軽く身をかわされてしまったのが、私は悲しかったのです。

それならば、私はあなたが愛しておられる△△君を含む、私の愛する学級の子らに、何をこそ喜ばせ、何をこそ悲しませたらよいのでしょうか。何をこそ学ばせ、何を質問させ、何を返答したらよいのでしょうか。何のために、いのちを大切にすることを教えたらよいのでしょうか。空いた時間がありましたので、だらだらと書きましたが、私は、あなたのご返答やご意見からは、まだ私の求めたいものが求められなかったように思いますので、失礼をかえりみず再びペンをもった次第です。

……後略……

「蟻の便り」ノートへは「重ねて」ということで、その父親から長い返事が書かれてきた。いまそれを再録する紙数もないので紹介はしないが、視点のちがいはそのままでも、「平和」を問題とすることの必要性は認めてもらえたように思った。

私は「蟻の便り」ノートでの、この往復意見の全文を含め、各家庭から寄せられた回答のすべてをプリントして、別冊「蟻の便り」として各家庭へとどけた。冊子のはじめに引用させてもらった「講和の代償」と題した高島善哉さんの文章の抜粋や、表紙などは同じ職場にいた丸山雅巳さんにプリントしてもらうなど助けられて作ったものだった。

別冊「蟻の便り」の助っ人、丸山さんは本年（八七年）一月に逝去されてもういない。校長退職後は死の間際まで非核・平和の運動に献身されたのだったが、今日の核軍拡・日米連合共同体路線の危険性と、第二の反動攻勢のおぞましさをみるとき、丸山さんの無念さはよくわかる。第一の反動攻勢期といわれる五〇年代はじめ、単独講和によって真の独立をゆがめ、平和に影をもたらせた支配のつけが、いま危険の深さとなってあらわれてきているからだ。

また、「蟻の便り」ノートで教室（地域）で日本の平和を語り考えあうことはナンセンスだとお叱り賜うた、あの父親（元町議）もすでに逝去されたが、あの折にはまさか、今日の事態を予測されていたわけでもあるまい、と思える。

地域が日本の一部である限り、日本の課題はたえず地域の中でも考えられねばならないが、日本の課題を地域の中で具体的にとらえることは、また、地域の課題を日本の中で適切に位置づけてとらえることでもあって、それは大事にすべきことだと思う。それはまた政治と教育の関連を問題にする場合にもいえることなのであろう。

◆論文11（一九八八年）

自分史的地域の把握5

地域をみつめつづけた子らの巣立ち

生活を版画にする

人間は労働を発明した。そしてその労働が人間をして人間たらしめてきた。社会もまた労働の所産であり、労働こそが社会を発展させてきたのだ――といったことを「吹き込み」ながら、働くことの価値を強調していたその頃は、現実生活のうえで子どもたちの労働を必要とされるときであっただけに、子どもたちにとってもその意味はつかみやすかった。そしてまた、子どもたちは実によく働いたものだった。

農家の田植え時と稲刈り時は、一斉に四〜五日の農繁休校があり、その間子どもたちはそれぞれに家庭の百姓仕事に打ち込むのが普通であった。一九五一年初夏の農繁休校後、私は子どもたちがはたらいた仕事の中での思いを詩に書かせた。そして、その詩をまとめて学級の詩集に編むことを思いついた。そのとき子どもの誰かが「詩に絵がついとるとええなあ」といったことから、絵入りの労働詩集をつくることになった。

その頃私は、ガリ版での印刷は子どもたちにも必要な文化だと考えて、ガリ版による原紙の切り方をすべての子どもたちにやらせていたので、ガリ版で絵を描こうかということになったが、実際にガリ版を使ってみるとよくわかるけれど、鉄筆でガリ版を使って絵をかくことはとてもむずかしいため、他の方法を探すことになった。私は子どもたちが好む方法なら何でもよいと思っていたら、また別の子が「版画ならええぞ、あとからでもいつまでも使えるで」といった。子どもたちのほとんどは、版画を彫った経験がなかったが、興味も手伝って詩につける絵は版画に彫ろうということにまとまった。彫刻刀と板をそろえ、自分の詩を説明する絵を彫って、ガリ版で印刷したそれぞれの詩の下に版画を刷り込んで、最初の労働詩画集ができあがった。

それまで私は、自分では絵が描けないし、版画を彫る特別の技法も知らなかったので、子どもたちが見よう見まね、自由気ままに彫ることをまかせていたというほどだったが、できあがった詩画集をみてびっくりしてしまった。詩はまあまあにつくられ、書かれているのに、説明としての絵（版画）の何ともあわれなことがいかにも情けなかった。いくら絵心がないといっても、絵になっていない版画のお粗末さぐらいは私にもつたわってくるのだ。

普通の図画で描く絵は、特別感心するほどではなくても、まあまあに描くし、私の新聞や私の文集に入れるカットの絵などは、うまいといいたいものが描けるのに、この版画だけはどうしたのだと考えざるをえなかった。

生活を表現すること、それは極めて大事なことであるし、まして労働を表現することはねうちあることだから、意図に狂いはないにしても、どこか、何かが間違っているか、不足しているかと考えるしかないが、さて、それはということになると、とんとわからなかったのである。

ちょうどその頃は、生活綴方運動のひろがるときで、その運動を通じて東京の箕田源二郎さん（画家）などとも知りあいになっていて、箕田さんが来津された折に、子どもたちの版画作品を持参して教えをこうた。

箕田さんもその作品群に感心されることはなかったが、私と違うところは、駄作ともいえるその作品の中に、詩の心に通いあう部分をみつけて、それをきちんと評価され、なぜ評価できる部分が彫れたのかということへ着眼されたことであった。そして最後に、「君が生活画を描かせる必要を認めるなら、その生活画指導は、この版画から出発するしかない」と宣告されたのだ。

よく考えてみればそれが当然であるわけだ。あるがままの事実から出発する以外に教育はないのだから、現に私たちは子どもたちを受け持つと、そのときの子どもたちの実状から教育をはじめていくのだから、不思議はないわけなのに、このときに限って私は自分のめざす生活画は、もっと他の進歩した部分から出発できるように錯覚していたようだ。

けれど実際には、箕田さんが宣告してくれたように、いくらみじめであっても、その事実のなかに展望を切り拓く以外、子どもたちに生活を絵画的に表現させる方途はなかった。

何を彫り何を描くか

私なりに悩んだ末、わかってきたことは第一に、綴方、その他でみられる子どもたちの能力はすばらしいといえるものがあるのに、こと版画となると、このようにみじめになることのなかには、版画の技術にかかわらず、子どもたちの能力を引きだすのに何か間違いがあるのではないのかということであった。そして、それは版画表現に不慣れとはいえ、詩として感動したものに対して、その説明画ということで、感動を絵画的に表出することをまともに追求させなかったところに誤りがあったのではないのかということであった。第二は、実感や感動の表現ということでいえば、その内容としての「何を」ということをどうつかませるかが指導の中心であるべきなのに、その点での指導を放棄しておいて、「どう」表現するかということにのみこだわっていたからだ――しかもその「どう」ということでは自らの非力のうえで放置していたに等しいからではないのか、ということであった。

第三は、版画は白黒だけの抽象的表現であるため、多色によって陰影をつける絵とはちがい、感動の焦点を明確にさせない限り、版画の持性は生かせないのではないかということであった。

この三つのことは、基本的には生活綴方の実践のなかで得たものであったが、それからあと、子どもたちに生活を版画（抽象）で表現させるという点での私の意欲を支えたものになったのである。

私は、これを子どもたちに教育として具体化するにはどうしたらよいかを考えたが、結局、私の考えたこと、思いついたことは極めて単純なことでしかなかった。それは、版画として「何を」彫り、描きたいのかということを深めさせることだけであった。

それは絵画的感動の焦点というべきことなのかもしれないが、彫りたいこと、描きたいことの中心は、どういう情景のどこで、それは何を物語っている局面かということについて、子どもたちに迫った。それは別な形でいえば、詩的把握の瞬間とでもいえる情景のことになるのかもしれないが、とにかく私はそれを子どもたちに要求した。それは単に版画の題名であるだけでなく、版画の心とでもいった言葉としてはっきりさせることを迫った。

そうしてみると、最初のみすぼらしく、みじめな版画は、たちまちのうちに生気をはらみ、見違えるような活力に満ちてきた。子どもたちは、表現の面白さを知ったように、休み時間でも放課後でも、また、帰宅の途中でも生活を絵にすることに夢中になった。

実際には一九五一年六月末から五二年二月半ばまでの八カ月間ほどしか、版画による生活表現の活動は続けることができなかったのに、後年、その子どもたちの思いによると、五年生、六年生の二カ年間、ぶっ通しで版画を彫っていたという言葉にあるように、子どもたちにとってこの時期の版画活動は、生活表現として相当に真剣なものであったと思われるのである。

最初にも述べたように、ひょんなことから取り組んだ生活版画であったが、子どもたちにとって自らの、また地域の生活を、版画という限られた表現形態ではあっても、絵画的に表現することに努めたということは、地域を知り、そこに生きる人間に親しみ、地域の生活に愛着を覚え、美を感じたという点で大事なことであったように思えるのである。

地域に生きる子どもたちが、その地域の中に美の対象をみつけ、芸術的表現としてそれを感性化していくことは、地域に根ざし、地域を変革する教育の重要な実践課題の一つであるとも考えるからである。

なお、この時のこの子どもたちの版画作品が、綴方作品と共に編まれ、一九五二年八月に、春秋社から『夜明けの子ら——生活版画と綴方集』として出版されたことがあるが、この出版はその年の冬、『アサヒグラフ』が、子どもたちの版画を紹介してくれた号に、たまたま「チャタレー裁判」の判決場の写真が掲載されていて、そこに伊藤整氏と共に傍聴していた春秋社の野口兵蔵氏が写っていたことから、野口氏がその『アサヒグラフ』をみて「生活版画を彫る子どもたち」を知り、版画に感動されて出版の話がはじまったものである。私は担任として、その本の編者とされ、はじめて出版の経験をしたが、教育活動が書物となってひとり歩きする恐さを知ったのもそのときである。

文集で子どもと対話

ところでこの学級の二カ年間、私の営んだ実践の基軸は、何といっても「生活綴方」であった。前にも書いたように「苦労する母」（安江満寿子）の作品が道標になったとはいえ、それ以前もそれ以後も子どもたちに生活をみつめ生活を綴らせるためにはたいへんなエネルギーが必要であった。ここでは生活綴方の実践道程を詳細に述べることはしないが、いま現にここで私が苦しんでいるように、書くことはしんどい作業であるのは間違いないわけだから、子どもたちに綴ることの意義を強調するだけでは進展させることができないのである。

そしてまた、生活綴方は実際に綴ることを通さないかぎりその意味を自覚することができないため、作品としての綴方を記述する機会をできるだけ多くするほかに、あらゆる機会を利用して生活への着眼を表現させることも考えなければならなかった。

こうした綴る生活の組織化について私は二つのものを基本に置いて営んできた。その一つはもちろん、学級文集である。これは生活綴方の実践においては欠くことのできないものであろうが、それをどのように作るかということは、また、そこでの生活綴方実践のありようによって決まることなのだ。

後年、私は恵那の地でのある研究会で、文集作成の必要と意義についてつぎのように語ったことがある。

「やはり文集のある教室（学級）を作ってほしいということです。（中略）三〇年代の生活綴方運動のなかで、文集を持つことについて、非常に大事なことを言っておられる人がありますので、まずそれを紹介します。

『いったい生活綴方運動とはなんであるのか。それは、究極において児童文の問題に帰する。子どもと実践と児童文を離れての綴方運動はあり得ない。文集に結実しない綴方指導も実践的にはあり得ない。

文集とは、実践の収穫であり、指標であり、明日の実践への糧であり、その人の実銭が子どもに投影した全体像であり、生活綴方の原則を追求する基準であるからである。』（入江道夫『児童生活詩の形成史』）と書いておられますが、生活綴方のなかで私たちはもっと文集を大事にしなければならないと思います。文集には子どもたちをまっとうに生きさせるための真実の教育が投影されているともいえます。

その文集とはどういうものか、また、どう作ったらよいかということは、よくご存じのことと思います。けれど、私たちの求める文集は、何かの機会に、勝手に子どもたちに作らせておいて、担任教師すら読もうともしない文集ではなく、いつでもそこに教育が誇らしげに存在しているというような、教師の手書き文集ではないのでしょうか。

いま子どもたちが書いたものは、作品としての質が低いのかもしれません。だが、いくら低くたって、そこに子どもと教師の真実があるのだという意味で、大事にしたい文集、あとから何度もよみかえしてみなければならないような文集、そうした文集を持つような教育への根気がなかったら、綴方はなかなか実践できないと思うのです。

綴方が大事だということになれば、文集をつくることは至極当然のことになるのです。教師がガリ版を切って一人一人の子どもと、文集によって対話することは、必要不可決のことになります。綴方をガリ版で切れば間違いなく対話が生じます。この子はなぜこんなことを書いたのか、どうしてこんな言葉であらわしたのか、ほんとうは何がいいたいのだろうか、など、ガリ切りのなかで教師は問いかけられもしますが、また問いかけをしなければならないものです。それは、どんなに短く、つまらなくみえる文だっていいのです。すぐれた作品になれば、うれしい対話ができるでしょうし、つまらない文なら、教育的葛藤だけがつよく、無言の対話となる場合もあるのかもしれません。

いずれにしろ教師がガリ切りをして文集をつくりはじめたら、そこに対話が発生しないことはありません。その対話は、時に批評という形での教師の意見になることもあるでしょうが、ほんとうに子どもの綴方を文集に組織することを大事にしていけば、そこから必ず新しい発展の道が拓けるものだと思います。

たとえば、いくらガリ切りをしていても、どうしてもこんなものとしか感じることができない文に出会うこともあります。それをつまらないと思うときは、つまるようにしてやることを考えるものです。つまらんことが身に染みてわからないうちは、また、つまることも本当には考えないものだと思います。

私自身、いつもそうでしたけれど、今から思えば本当に恥ずかしいような文集を、それでも手書きで作ってきました。その時の状況でいえば、それがつまったものであったわけです。だから文集には、いつでもその時の状況が、つまったものとして反映しているのです。

綴方は最初からつまっていることはありません。必ずつまらぬ状態で出発するものだと思います。けれどつまらぬ状態であっても、そこにはその状態の中でのつまった部分があるものです。それは、一人一人の子どもでも、学級全体でも同じです。文集は、そのつまった部分を組織して、全体としてつまった部分を拡げ発展させていくものです。だから、いま、作品がつまらぬから文集を作らないという法はありません。いまのあるがままの姿を、あるがままに文集として自らにつかむことしかないと思います。（後略）」

後年になれば誰でもいえるようなことなのかもしれないが、そして当時はこんなにまで自覚していたとはいえないが、とにかく文集を作り、そこで学級全員の子どもたちの成長を、みんなの財産としてまとめ、作品を通して交流しあうことで、学級全体の次への発展の足がかりとして大事にしていたことだけはたしかだ。

私は受け持ち当初、子どもたちと相談して学級の名を「蟻の子」としていたので、当然、文集名も『ありの子』というものであったが、最初の文集ができたとき、私は「あとがき」でつぎのように述べている。何ともきざっぽいが、事実だから仕方がない。

あとがき

「ありの子」もどうにかあとがきが書けるまでになった。君たちが「私の文集」を書き終わるとき、そのときまでにと予定していたのが、頁数がふえて、君たちより半月もおくれてしまった。君たちの文をもう一度よみかえし、書いていったというこのしごとは、ぼくにとってたいへん嬉しいことだった。

いままであまりぼくと話したことのない人とも、綴方用紙にしっかりきざみつけられた鉛筆のあとにくっきりと浮ぶ、その人の、〃いのち〃の色や臭いから、さまざまの話をしかけられているような、そんな気持ちがわいてきて、一字一字に君たちとのかたい握手をとり交さずにはいられなかった。

はじめは綴方がきらいやったがいまではどこで「、」をうち、どこで「。」をうつかよくわかり、文もくわしくどんどん長い文がかけるようになった。――「一本の針」のまえがき。

僕も綴方はきらいやった。けれども書いているうちに綴方がすきになった。書くと下手やった。が、書いてみるとたのしかった。――堀井君「竹の子」のはしがきより。

作文はコトバのいいまわしや、文のていさいをおぼえるものではないということが、なんだかすこしわかるような気がする時がある。――「お金」のあとがきより。

いねころはもう川辺で灰色の玉をつけて、私にもっとよい生活をし、よい生活をするように、せわをやいている。――「一本のくぎ」のまえがきより。

この前にのべているように、君たちが綴方の勉強がすきになってからの一つのくぎりのようすをこの文集は示していてくれる。ただ一つのくぎりのようすというだけでこれでよいというわけじゃない。この『ありの子』を土台として、真実をさがし、真実を描きながら真実に生きる人になるために、しんけんな気持で固い鉛筆をにぎりしめ綴方用紙にたちむかおう。

「私の本」と「私の新聞」

綴る生活のいま一つの組織法は、前掲の「あとがき」にもでているように、子どもたち一人ひとりの「個人新聞」や「個人文集」であった。私は五―六年生、二カ年のあいだに「私の新聞」と名づけたワラ紙半裁表裏四頁の新聞を、週刊で九カ月間ほど作らせて、それぞれの時期でまとめて製本し「私の新聞集」にさせた。また、夏、冬休みのほか、年間的にワラ紙半裁表裏を使って、自由に書かせながら、適当な時期にまとめて製本した「私の本」を作らせていた。

それは「私の新聞」づくりとか「私の本」づくりとか名づけて、長期的に見通しを持たせて、自分流にそれを編ませ、それにしたがって暇をみてはあれこれのことを綴っていったのである。

そうした「私の新聞」や「私の本」の題が前掲の「一本の針」や「竹の子」などであるが、いま手許にある資料から、当時の子どもたちがどんな題をつけていたか、どれだけかを紹介してみよう。今日の子どもたちとのちがいを考えてみるうえで参考になるのではなかろうか。

〈五年生時「私の新聞」題名〉例

根　のこぎり　エンピツ　やかん　がまぐち　亜炭　野原　百姓

〈五年生時「私の本」題名〉例

かなづち　はし　お金　ごはん　若草　山の子　竹の子　はだか

〈六年生時「私の本」題名〉例

土方　ぞうきん　汗　蜂　はたらき蟻　力　くぎ　足

そして「私の本」の最後は、自分の生い立ちというか、幼少時から六年生までの記憶に残っている大事な出来事を〈自分史〉のように綴って卒業論文のようにまとめさせたのである。

「いもっころを喰った頃」（加藤興二）の本では「はしがき」で「僕達は、これから私の文集を書くのです。何のために、どういうわけで書くのか？　どうしてこれを書かなければならないのか、これから書く文集が社会のどんな役割をするか、すべてのものは社会とつながりを持っている。」と記して、内容ゆたかな本にまとめているが、ここで紹介できぬのは残念なほどだ。

とにかくこうした「学級文集」と「私の本」づくりが、子どもたちに書くことをいとわぬ気風を生みだしながら、同時に子どもたちの生活の眼をひろげ、ゆたかにすると共に、子どもたちの内面的交流をつよめ、そのつながりをかためていったことは間違いない。

五年生時、学級での綴方の道標となった「苦労する母」を書いた子どもが、六年生最後の文集にどんな作品を載せたのか――この時は子どもたち各自に、自分で作品を選ばせて、子どもたちの手で文集を編集、印刷、製本させ、私はそれぞれの作品のあとに、作品評の形で子どもへの言葉を寄せたのである——紹介しておこう。生活綴方実践二カ年間の足どりが子ども自身にとってどんなものであつたのかを、どれだけでも理解してくだされればありがたい。

土地をねだるおじさん

六年　安江満寿子

四月二十五日の晩であった。七時三十分ごろで外はうすぐらかった。

私の今いる「やけ市」のおじさんが、晩ごはんをたべて、店の火鉢のそばで、年をとった手にいっぱいしわをよせて、火鉢の中の赤いおきにかざしながら、ポケットに入れていたバットというタバコを半分きせるにはめてうす青色のけむりをはいて、静かにすわっている所へ、家の前の「食道楽」の向かって右に店を持っている支那そば屋の酒井さんが入ってきた。酒井さんは目がねをかけて、頭にうっすらとちぢれが生え、わりに体の大きい人だ。

酒井のおじさんは、少しおこっているように、何もいわずだまって入ってきて、おじさんのあたっている横へ大きな音をたてて、ドスンとすわった。酒井さんは、何かおこっているらしくじろじろ、おじさんの顔をにらみつけるように見ながら、なにもおかしくないのに、にやにや笑ったりした。そして少しずつおじさんに話しだした。

私は火鉢のそばで二人の話をきいていたらおじさんが何しに来たかわかった。酒井さんの、いまやっている店は、少しせまいので、もっと広くしたいがどうかとおじさんに相談にきたのである。どうしておじさんに相談に来たかというと、あの「食道楽」のおじさんの土地なので頼みに来たのだ。

家中、きこえるような声で、「久兄、平林ばっか店をなおさせてやって、おれがこないだ頼んだ時、いかんといってちょっとまちがってりゃせんか、えへへへ。」と、ひたいにしわをよせ、しゃべるたびに、目がねを動かしながら、おじさんが、きっとどんな顔をしているかと思ってかしらないが、真正面のガラス向きにじっとにらみつけて、さっきからだまって聞いているおじさんの顔をじろじろにらんだ。

おじさんは、あんまり、あらっぽく言われるので、少し、しゃがれたような声で、「平林は、もう材料をみんなそろえちゃっとったで仕方がないわい。」と小さく言った。酒井さんは、また、その顔を、おじさんの方へ向け、さっきよりおこったような声で、「いくら材料をそろえちゃっとったでといったって、ことわりゃいいやないかい。おればっか、作らせまいとしとるのやろ。」と、おじさんを叱りつけるような大きな声で言った。おじさんは、もう何も言う事がないらしく、だまってしまって何も言わなかった。

酒井さんは、おじさんの顔から目をはなさずまた、しゃべりだした。「おらあ、久兄がゆるしてくれんでも作る。あんな店をなおさにゃあやって行けん。」とおこっていってから火鉢に手をあぶった。私は酒井さんが、あんまりがんこなことを言うのでなんだか恐しくなって、おじさんがかわいそうになってきた。

私はおじさんのすぐそばまで寄っていってじっとおじさんをかばうようにして二人は話をきいていた。外はさむそうな風が強く吹き出して「食道楽」の人たちはみんな店の中に、あかあかと電とうをつけて、いそがしそうに働いているかげが見えた。そして余り広くないアスファルト道路は一人二人と通って行くだけで、あとはさみしく静かだった。

酒井のおじさんは、またおじさんをにらみつけるようにして話しだした。「あの店はどうしたってなおさにゃあ、気がすまんで。」と言いながら、酒井さんもタバコを吸いだした。おじさんがやっとしゃべった。「あんまりなおされると困ることがあるでなあ。」と言って、タバコを吸いながら、火鉢の中へボンと吸いがらを投げすてた。私はそばで「困ること」というのはなんだろうと思っていたがきいたりはしなかった。

私はおじさんと酒井さんの話を聞いていて、今の世の中では、これほど店を大きくし、きれいにかざらなければ、お客がこなくて店でたべて行くことができないのだなということがわかった。酒井さんは、「おれはなんといったって作る。明日一日休んで、大工さんを呼んで作らにゃそんや。」と、きつい声で言った時、おじさんは、さもたるそうに「たのむ、あそこで広くされると、役場でおこってくるかもしれんで。」と、しわくちゃのような手をなぜながら言った。酒井さんはだんだん話がわかってきたらしく、だまって下を向いてから「うん、それも、そうやが。」と言っていた。

おばさんは、ながしで洗い物をしていたが、時々洗うのをやめて、二人の話し合っているのをだまって聞いていた。それでも、酒井さんは、まだ店をなおしたいらしく、「役場でおこったってどうしたって、これはおまえの土地だからいいじゃないか。」と、よけいせきこんできだした。

その時「やけ市」の家の子供たちは、そろばん学校から帰って来たらしく、表の方で、みんなのかえってくる声がきこえた。中学二年のかっちゃんと高等学校一年のこうちゃんである。二人は家へ入ってきて、おじさんたちの言いあらそっているのを、ふしぎそうに、じっと、そろばんをかかえたままそばに立ってきいていた。

酒井さんは、みんなが見ていても、なんでも、さっきのようにおこった顔で、なおも、おじさんにたのみだした。「おれは道路なんか、せまくせりゃへんで、どさない（どうということはない）。もっとうしろへのばして長くするだけやで。そんならいいら、明日作ってやるに。」大きいような体の中にしわがよっていて、口にくわえたタバコも、話すたびにグラグラゆすれている。酒井さんは、こんなにもたのんで大きくしようというのにまだおじさんは、役場からおこってくると思ってかしらないが、それを承知しないのだ。私は酒井さんがにくらしくなって目でにらんだりしていたが、この間石田先生に聞いた「土地はだれのもの」の話を思いだした。

おじさんも、さっきから、やかましくいろいろ言われるので、しょげて火ばしを手に持っては灰の中のおきをはさんで灰をふるっていた。そして下を向いたまま、目をぱちぱちさせていた。

もう、そろそろ、ねむくなって来たと思ったら、時計が「ボーン、ボーン……」と十時をうった。

おじさんも、きっと店の物をしまわなくてはならないし、何とか答えたいが役場でおこってきて、あらそわなくてはならんようになるということで、おそれているのかもしれない。やっと「たのむ、たのむ、表だけは、なおさんようにしてくりょ。」と火ばしで、灰をつっつきながら、言ったきりだった。すると、酒井さんは大きな靴を両方へどたばたやってから「そんなら、前はなおさずに、うしろへ長くやりゃいいのかい。」と、いきおいこんで言った。おじさんは、そんなこときいとらんように下を向いたままだまっていた。

私は、さっきから今まで、火鉢のそばに、じっとしていたのだなあと思って火鉢のそばに、じっとしていた。中津の人たちは、土地のためにあっちでも、こっちでも、こんなあらそいをしていることだろうと、思ってみたりして――。

おばさんも、酒井さんの言うことが、あまり大きいので、洗い物がすんでも店の方へ出てこなかった。そろばんから帰ってきた二人も知らん間に自分たちの室へ行っていた。「おれんとこは貧乏かもしれんが、そら家ばっかは作らせてくれんと困るでなあ。」「ほんとに困るぜ、なあ、どうだい。」酒井さんは、このことは、前より強くいった。おじさんも「さっき、うらへ長くするといったで、うらだけ、なおしてくれりゃいいわい。」と、やっと承知してくれた。私はおじさんが、やっとあらそいを終わるような返事をはっきりいったので、すーとした。

酒井さんも、おじさんが、はっきり承知してくれたのをきくと、うれしいのか、何もいわなくなった。誰もなにも言わないが急にうちの中が、はればれとしてきた。もう酒井さんの来た時から何時間たっただろう。たっぷり二時間半はたったと思う。私はねむくなったので二階へいって、ふとんをしいて、その中へ入った。そのあと、たいてい、うれしそうに、ほかの話でもしていたことだろう。おじさんにお礼を言い言い話をしていたことだろう。

私はこの二人のしんぼう強さに感心してしまったが、やっぱり「土地は誰のもの」ということが忘れられなかった。

それから大分たったある日、酒井さんは本当に大工さんを呼んで、うらへ長く台所を作った。今ではきれいな店になってしまって、お客は毎日たくさん出入りしている。

酒井さんは、きっとこれだけ土地をふやすことができただけで、大はんじょうだからよろこんで「支那そば作り」の手にも力がはいることだろう。

「自転車泥棒」のラスト

一九五二年三月二五日、それは中津川東小学校で二年間生活を共にした「ありの子」たちの卒業式だった。その頃、イタリア映画の「自転車泥棒」が上映されて、私はひどく感激したが、とくにラストシーンの親子の別れは、忘れがたいものとして残っていた。

卒業学年を持った者は誰でもそうしたものであろうが、これまで一緒に生きてきたなかまとしての子どもたちが、進学して別の学校へ行ってしまうとなると、自分の実践に不足がいっぱいあることがたしかなだけに、何とも物悲しい思いがするものである。その足りなさを、いつまでも追いかけることによって埋めたいと思う気持ちが湧かないとはいえないものだ。

けれど、「自転車泥棒」のラストシーンは、子どもの先を見届けたい父親の切ない想いを、非情なまでに断ち切ることで、現実のきびしさをリアルに描いているのである。

私は、不足がいっぱいあったとて、力いっぱいつとめ、せいいっぱい共に生き、それでそれしかできなかったのだから、あとは子どもたちがそこで存分に生きることをねがって、決して後追い的な未練をもってはならないと心につよくきめていた。その想いは、キタキツネの子別れのようなものとして私に迫った。

その子どもたちが実際にはどんな想いで、卒業していったのか、個々のことは知るよしもないが、私の担任していた子どもの一人が答辞を読んだので、それを紹介することで、この時の子どもたちの状況を知ってもらえればありがたい。

この子は当時、全校児童会の会長をつとめていたので、答辞はこの子に代表して読んでもらうがよいだろうと、学年担任会議で決まった。私は、学級でそのことをみんなに伝え、「加藤君が書いて読むにしても、みんなの代表だから、みんなもそれぞれに自分の答辞を書いて、それを加藤君にみせて、みんなの気持ちが入るようにしたほうがいいだろう」といって、みんなにも自分なりの答辞を書かせた。それを一応目にして、その上で本人ひとりで書きあげたのが、つぎの文である。

答辞

昭和二一年の四月、ちょうど夜烏の梅や桜が咲きはじめた頃でした。母さんや父さんに手を引っぱられながら、僕達はおそるおそるこの東小学校に入学したのでした。

その頃の日本は、いらぬ戦争をやったがために、敗戦の身の上となり、その混雑した波が、僕達の家にも、僕達の体にもおそいかかり、入学して、四つの組にわけられ、はじめて知った僕達の仲間は、目ばかりギョロンと光り、ほうたんぼ（ほほ）には血の色もなく、どこかゴツゴツして、本当に大人の人が上からおさえつければ、ボキボキつぶれると思われるくらいのものでした。これは正しく人間のしいな（実のないもみ）に過ぎなかったのです。

そして、はじめて「あいうえお」や「一・二・三」の小さいけれども、本当に大切な、生活の道具を教わりはじめたのです。

今のプールにあたる所で、立派な大理石でこしらえた建物をその頃の六年生や大人の人達が一つずつ石をとってこわしているのをみても、それが何であったのか知らない僕達はただ「ええやつなのにもったいない」などとボンヤリ思っていただけなのでした。

一年も過ぎ二年になり三年になった時、組と組でけんかをし、弱い者をいじめ、力の強い者の言う事をきいて、それに従い、それを正しいものとしていた僕達は、あっちでもこっちでも先生を困らせて平気でいたのでした。

四年生になり、上級生ともなった僕達は、「ちったあいばれるぞ」とか「ちったあええふうにやらんとなあ」とひそかに思うようになりました。その頃教わった「大昔の人々」という社会科では、こういう僕達に、人間の力強さと、人間の生活について考える芽ばえができました。

それから五年生になりました。五年生になった僕達は、真けんになることを学びました。自分の生活について考えることも出来るようになりました。力の強い者の言うことなら何でもきくということは、自分の人間らしさを失っていることで、そういうことはいけないことだということも、また、父さんや母さんの苦労を少しでも楽にしてやるためには、家のことを考えて、しんけんに家のために働らかなければいけないということも、それまで気がつかなかったたくさんの事を、頭だけででも考えることが出来るようになりました。頭だけでなしに、真けんに生活を考え、新聞配達や鉄クズ拾いをした友達もありました。

またプール直しの計画や新校舎増築の計画が発表され、中津川や四ッ目川へ行って砂や石を運んできた時には、育友会の方々や役場の人達の努力に感謝しながら「早う出来たら」と僕達は喜んでいたのです。六年生になり、最上級生になった僕達は、児童会の中心となって、みんなの生活をよくするために、いっしょうけんめいつくしました。議会ではいろいろな問題を真けんに相談し学校や家での生活を良くするために、はやっていた水鉄砲やパンパンやカン鉄砲や、くだらない遊びはみんな止めました。どうしてそんなものがはやるのか、みんなで考えてみましたが、しんまではよくわかりませんでした。今では、ただ、ああいうものが僕達には必要のないもので、僕達の生活を良くするためにはいけないものだということがわかっているのです。勉強で、友達の困った時には、みんなで教えあい、考えあいました。そして、一人もわからない友達をなくするようにみんなで助けあいました。こうして、一つ一つ拾ってみればきりがありませんが、僕達はこの六年間に、こんなことを、学び、考えたり、やったりしてきたのです。

いま入学の日から六年を過ぎた春、あの時しいなだと思われた僕達は、毎日の新聞やラジオで見たり聞いたりするように、日本の大人の人達の「戦争になるかもしれん」「平和かもしれん」という声をきき、人間の生命の尊いことをしんけんに考え、この毎日の生活をどうしなければならないか、また、どうするのが本当か？などということを考え続けているのです。そして、そのまま卒業して行くのです。

昭和二十七年三月二十五日

東小学校第十九回卒業生総代

加藤興二

卒業式の最中、私はこの答辞を聞いていて喜びが湧いてきたことを、今、思い出す。

レーピンの描いた「ヴォルガの舟曳き」の絵にある若者ほどではないにしても、地域の生活に足をおき、日本の未来をみつめて生きる子どもたちの足どりが私の胸に響いているように思えたからだ。

今にしてみれば、余りに甘い私であったのかもしれないが、甘くても貧しくても、事実はそうであったことだけを告白しておく。

◆論文12（一九八八年）

自分史的地域の把握6

教育実践を支える地域の運動

これまでは教室での実践だけを述べてきたが、そのあいだいつも気にかかっていたことは、この実践を支えてくれていた背景のことだ。そこでこんどはそのことについて述べたいと思う。これまでの話と調子が合わぬのかもしれないが、おかしいことになってもご寛恕《かんじょ》ねがいたい。

教員組合加入は当然のこと

教員前史ということになるが、私が岐阜師範学校を卒業するとき、恵那の出身で常に感服していた同級生の高津昇平君が、卒業生を代表して答辞を読んだ。

その答辞の内容については、卒業式前夜に高津君の下宿を訪問して大体の内容は聞いていた。終章の部分に「私たちは卒業して教育現場へ赴任するが、教職員組合員として、新しい日本の民主教育のために奮闘できることが最大の誇りだ」という意味のことが書かれていて、そのことについて私も文句なしに同意していた。

卒業式当日、高津君がその答辞を読んだら、校長が真っ青になってふるえだした。私たちは、校長の動揺にあおられて、拍手をくり返し答辞に賛意を表したものだった。

つまらぬ事であるが、その卒業式に私の義祖父にあたる人が、県町村長会事務局長として来賓席にいた。卒業式後、私が義祖父宅へ挨拶に行ったら、「今日の卒業式の答辞は何だ。みんなが拍手していたではないか。あれでは教育の行く末が案じられる。」といって、たいへんお叱りを受けたことが思い出される。

そのように、どれだけの確固とした意識もない私でも、教師になったならば教職員組合員として民主教育のために奮闘するのが当たり前のこととして考えていたのが、私の教師になる前の状況であった。

だから私は、新卒として恵那郡付知小学校へ赴任したとき、当然のごとく組合員として迎えられたことに何の不思議もなかったし、それについて改まったセレモニーもないことが、おかしくもなかった。

あれやこれやの曲折はあったものの、恵那支部組合が結成されたのは、私の赴任一年前ということだったため、組合員経歴としてたいした差もない私は、結構一人前の顔をしていることができた。

鎌田惺和という活動家の先輩がいて、個別指導的にいろいろ教えてくれたこともあって、翌年には、分会選出の協議員（支部代議員）にまつりあげられるなど、組合活動に関心を深めていた。

その頃、私は青年として恋を欲する凡人の一人であったが、あることから知った女性への想いも、組合でのたたかいの中では打ち切られねばならぬほど、たたかうことが魅力であった。

たとえば、その当時書きなぐった詩（？）のなかにこんなのがあるが、いま改めて読み返してみるといかにも幼く恥ずかしい。

S子に――小市民の娘に寄せる――

「私を好きになってくれる？」
いつかの日　おまえは俺に聞いたっけ
だが　俺は　そのとき
好きだとも嫌いだとも　いわなかったな
しかし　現在《いま》
教育防衛闘争委員会の暇に
俺は　ひそかにつぶやいている
S子　おまえがいま　ここにいてくれたら
そして　闘いにむかう俺を　力づけてくれたら
俺はどんなにうれしいだろうかってことを
けれど　S子
おまえは　ほんとうのたくましい世の中を知らないよ
うだ
どんなに闘いが大事なものであるかを
ちっとも　考えないようだ
S子　お前が小市民の娘でなく
化かされた梢の先の花々を学ばせられず
ほんとうの憎しみをもっているならば
どんなに　俺はうれしいかわからない
S子
おまえが　汚いと思う職場に　つとめるがいい
そこで　ほんとうの女を　みつけるがいい

そうだ
今夜の手紙の　いちばんはじめに
勤めなさいと　好きだということを
書いて送ろう

そして、この娘さんへ寄せた私の生意気な想いは、娘さんの親からの「たたかいだけに娘を育てたわけではない」という、ごていねいなおことわりで、あえなく破れてしまったのだが、そのことで落胆したという記憶もないほど未熟だった。

が、とにかく、民主国家を建設し、民主教育をうちたてるためには、産業別のユニオンが確立され、そのナショナルセンターを軸にして労働者階級が団結した威力を発揮しなければならないと思っていた。

その頃はまだ国民の統一という思想には思い至らなかったこともたしかだ。

だから教師は日教組に団結すべきだし、地域の労働者は、それぞれの企業組合を基礎としながらも、産業別センターに加わることによって、日本社会の改革を共にたたかうなかまだと考えていた。そのため、学校分会としては地域の労働者（企業組合）との交流をはかることを大事にし、野球チームなどを作って定期的に試合をし、交流の機会を設けていた。私はその野球チームのサードかファーストをポジションとしていたが、下手であってもそれは楽しくて仕方のない日々であったことを覚えている。

話はそれたが、こうした組合活動は、地域の人びとと交わるうえにも大きく役立った。直接的には組合分会でなくても、それが基軸となって、町のコーラスサークルや、学習組織なども作られ、それに参加して友を得ることもあった。そして、小さい同志としての子どもたちとは、実に楽しい教室生活をしていた私は、生活の貧しさはあっても日々是好日という毎日であった。

ひとりよがりの校内民主化

若い自分たちが民主化の先駆者にならねばならぬという気負いは強すぎた。家庭をもたぬ独り身の気安さもあって、気が向けばいく日でも学校（宿直室）に寝泊まりした。

就職二年目の春のある日、同じ職場の先輩教師・鎌田悍和さんと宿直室に泊まることにして、あれこれ校内民主化の問題を語りあっていた。どこからどうして話がそこへ行ったのか覚えはないが、職員室の机列が口の字型になっていないことと、机上の前置きが邪魔していて顔が見合えないことが、ひどく非民主性のあらわれであることについて意見が一致した。するともうたまらない。全職員の机列をロの字型に変えることこそ、自分たちの任務であるような気がして、「これから二人で直そまい」ということになった。

早速、職員室へ行って深夜に二時間位かけて全職員の机をロの字型に並べ変えてしまったのだ。行事黒板のところに校長、教頭、事務官の机を据え、その横から学年順、学級別に三〇名ちかい職員の机を、机上の前置きをはずしながら勝手に移動したが、そのときはひたすら校内民主化のためのさわやかな苦労しか感じなかった。そして翌朝、二人はいち早く職員室で待機し、登校される職員ひとりひとりに、得々として、昨夜校内民主化のために机の配置変えをしたので、あなたの新しい席はここになったからよろしく、といった挨拶をして全員を新しい場所へ付けてしまったのである。

余りにも私たちが真面目であったことに面くらってしまったのか、あるいは気狂いに刃がたたないとみられたのか、「そりゃあ、ご苦労さんやったなも」という人はいても、正面きって文句をいう人もいないままに、あるいは誰かが「そんな馬鹿な」といったのかもしれないが、そんな声は私たちの耳には聞こえようもないほど、私たちがのぼっていたのかもしれないが、とにかくその朝から職員室の机はロの字に変わってしまったことはたしかだった。

この文章を書いていても、あの夜のことがまざまざと浮かんできて、つい笑えてしまうのだが、その頃の私にはこれに類したドン・キホーテぶりはいくらでもあった。

当時、付知小学校では「とんぼ新聞」という職場紙が出されていた。すごく頭が切れて几帳面な教頭（伊藤安雄先生）が、きれいなガリ版印刷で根気よく発行しておられた。そのなかに、「職員室風景」と題した発行子の一文があるが、そこには「前置の追放、職員室机列の九十度方向変換、校長室の追放と、明るい和やかな職員室風景は若葉のようなすがすがしさである。塵と埃と不要物の堆積場のようであった昨年と比べると、全く夢のような変わり方である。（後略）」（第十二号）と書かれていたように、深夜の机移動もこのようにおさまっていったことは確かである。

また「とんぼ新聞」には、「蜻蛉会員プロフィール」という欄があって、発行子の筆で全職員をときどきに紹介していた。第十号に「石田和男氏の巻」というのがあり、次のように書かれていた。

『石田卒倒生（注・卒倒生というのは、同じ職場誌

「蜻蛉」へ投稿する場合の私のペンネームであった）――この快男児、明朗居士卒倒大人については今更禿筆《とくひつ》を振るうまでもなく、横顔も正面も背面も会員諸氏の熟知せられるところ――（中略）当年二十二歳の紅顔の美青年にして独身。昨春師卒本校赴任という新人、天性の明朗性、天衣無縫式を発揮、大いに活躍しつつあり。

　新しい子どもの見方、取扱方に一新を画す。本年度は本校カリキュラム構成委員会のメンバー。又、文化部担当としていよいよ本領を発揮しつつあり。運動方面は、野球、庭球、卓球、排球、それにマージャン、何でも御座《ござ》れ――の男ではあるが、腕前の程はやかましい口ほどのことはない。

　好漢よ、自重せよ。』

　不必要な部分まで紹介してしまったが、この最後の「自重せよ」の一言に、職場の人たちの気分がこめられていただろうし、何より教頭氏の親切な思いやりがあったのだろうが、それをきちんと受けとめるほど自重できない私であったがため、ひとりよがりの民主化志向で、みんなに迷惑をおかけしただろうことについては、いま改めてここでお詫びしたい。

組合への抵抗と屈伏

　ひとりよがり、猪突猛進ということが多くても、とにかく組合はだいじ、組合の決定による活動には率先して参加しなければならないと考えていた私であったが、恵那地域、いや岐阜県全体と民主教育ということでは組合的に目のとどかなかったのもたしかで、地教委法が成立して、第一回の県教育委員選挙が行われた頃には、組合の方針が理解できぬまま、役員の人たちに喰ってかかったこともあった。

　一九四八年一〇月、日本史上はじめての県教育委員選挙が行われた。岐教組恵那支部では、恵那地域の重鎮である中津南小学校長であった西尾彦朗氏を推挙し、その当選のために猛運動がはじめられた。戦前からの自由主義者で、戦時中には若き校長として興村教育を提唱・実践し、県視学官も歴任され、恵那郡校長会長を勤めておられた大先輩であっても、私は一面識もない人であるし、戦時中に「カミソリ視学」と呼ばれたほど切れた人であったという以外、あまり深く事がわからなかった。

　「カミソリ視学」といわれたからには、利口な人であることはたしかだろうが、人の首切りもまた上手でするどかったにちがいあるまいと考え、そんな人が民主教育の行政者となることは不味いことだと思っていた。

そんなとき、組合から西尾彦朗氏支援のオルグが学校分会へやってきた。忘れはしないが戦後の恵那地域での民主教育活動の草分けともいえる近藤武典さん（丸山雅己さんの実弟ですでに逝去）であった。話はうまいし、筋は通るし、何よりも迫力があった。が、私は「カミソリ視学は、実際には首切り視学だったのではないのか」ということでずいぶん喰ってかかった。武典さんは、こんなところにこのような伏兵がいるとは予想もしなかったらしく、最初は「何を小僧め」という怒りをあらわしていたが、やがてこれではいかぬと考えたのか、過去の情勢の中での小さな失敗だけで物事を視《み》るのではなく、新しい時代の大局にたって、政治的、教育的に現状を分析し、将来を見通すとき、まして現在の保守的教育行政を民主的に改めさせるには、西尾彦朗氏を当選させる以外にないということを、民主教育発展の立場で理路整然と説明してくれた。

　そのとき私は、半分ぐらいはわからぬままであったが、組合の立場から地域に根ざすというか、地域と組合という点で開眼し、私的感情だけではだめだということを知ったのである。それで、カミソリが教員に向けられるのではなく、支配に対して向けられるようになることが大事だ、それには西尾氏の民主的な面を支援して当選させ、教育を守る力になってもらわねばならないし、それは可能なことなのだ、と思いなおして「納得する」という返事をしたことが思いだされる。

　西尾彦朗さんのことはまた後述することになるだろうが、その後岐阜県教育委員長、中津川市教育長、恵那教育会議議長、中津川市長の時代を通じて、直接に教えを受け、親切にしていただいたが、後年、最初に県教委選挙で反対した話をしたら、「そうやったかな。そういうことがあっても、真実というものはいつかはわかりあえるものだな。」といわれたことがあって、恐縮した覚えもある。

　とにかく組合の中でも納得できぬときには、生意気にも喰ってかかることはしたが、すべてに反対居士というわけでもなく、なかまの協調、団結という点でもそれなりに努めていたつもりだが、それは当然のことでもあるわけだから、ここで述べるほどのことはあるまい。

私たちは叫ぶ

　中津川東小学校へ転任しても、組合を大事に思うことは変わりなかった。特にこの学校には青年教師が多数いた——年によっては全職員の三分の二ほどを占めていたので、青年部の活動を通じて、若者の意見を学校運営に反映させることに努めた。

職員室の重要議題に対しては、運営委員会での検討のほかに、青年部会を開いて納得できる方策を考え、時には修正案を用意して臨んだりしたこともあった。また、青年部だけでのレクリエーションや学習の機会をもって交流につとめたが、全職員が参加できることについては、青年部が提唱し、みんなの行事として実施できるように配慮していた。

一九五二年秋には、中津川町全体の青年部会の結成を要求し、他校青年部と共に、全町の青年部総会を開いて、青年教師の要求をまとめ、親組合としてその要求実現に努力するよう折衝するまでにその動きは発展した。

その折、恵那教組中津川東小分会青年部で作成した要求資料『私たちは叫ぶ』から、当時の青年教師の状況の一部を紹介してみよう。表紙の作成と冊子の編集は私がしているが、そこには、

「なあ兄弟
羊と狼は自由の定義について
同意することはできない（リンカーン）とさ
ほんとにそうだろう
なあ兄弟
しっかり闘おうぜ」

とプリントしている。内容は、

私はこんなにくらしている二十二歳・二十四歳女教員	
十月もまた赤字でした	二十四歳女教員
結婚が望めない	二十七歳男教員
あんまりだ	男教員
私の一ヶ月	女教員
借金！　借金！	女教員
どうしてこうも賃金がすくないのか	男教員
生きるとは、こうもつらいのか	男教員

といったことが、家計簿や数字をあげて記されている。その中でのひとつ、小出信也君の筆と思うが「どうしてこうも賃金がすくないのか」は、つぎのように述べている。

〈俸給日のノート〉

手取		五五〇〇円
支払	本代	一二〇〇円
	宿直の飯代	三〇〇円

旅行の前借（毎月払い）　一〇〇〇円
　学級会計整理（提出ない児童分）　二〇〇円
　　生活協同組合払い　一〇〇〇円
　残額　二八〇〇円

教職四年、満二十二歳になるのに俸給の手取り五五〇〇円。これだけの賃金で一ヶ月生きて、教育という重大な労働をやらなければならない。五五〇〇円の賃金ではいったい何を食って何が着られるのだろうか。

そりゃあ、お粥でもすすってわらの草履でもはいて、紙の服でも着たら生きていけるのかもしれない。だが俺には五五〇〇円の賃金では生活ができない。俺は人間であり、俺は正当な教育という労働をやっている。みんな、俺の俸給日のノートを見てくれ、そしてその悲しみと怒りを知ってほしい！

十一月十三日現在、ポケットにも財布にも一銭の残りさえない。

俸給日から二十日たった今日、この俺の持ち物、服装にはなんの変化もない。残ったものは借金で買った本だけ。二十日間に三〇〇〇円いる生活がぜいたくなのだろうか……。

現在の俺は父母のもとにいるから生きていられるだけだ。だが六十に近い老いたる父母のことを考えるとき、また、老いたる母の「もう給料でないのか、ちょっとでええで、お父っあんはえらいでな、ちったあ助けてやらな……」という言葉を聞けば、「ハイ、そうですか」などと気安くいっておられない。

どうして食えるだけの賃金がもらえないのだ。困っているのは俺だけでないはずだ。俺の友も、家の近所の人も、汽車で話す人も、みんな生活に苦しんでいるのに……この上に少ない俺たちの賃金から税金をしぼって、それを俺たちのために使ってくれるなら苦しくても我慢しよう。それなのに、戦争の種をまく保安隊（注・現在の自衛隊）に、多くの血と汗の税金を使ったり、外国の軍隊をおいてやり、その上にお礼まで税金で出したり、そして、とんでもない結婚には何百万という結婚資金を出してやったりして平気なのだ。また貿易にしても同じことで、わざわざ遠い国から、もったいぶられて高く買って、安くて近いところからは何だかんだといって買わない。こんなことをしておればいつまでたっても幸せになれっこない。

俺たちの賃金の安いのはいったいどういうわけな

のだ。どうしたら食えるだけの賃金がとれるようになるのか。
まじめに働いているのだから、人間らしい生活のできる賃金はあたりまえのような気がする。

こう述べています。

また、無題ではあるが、一女教師はつぎのように述べている。

私は毎月の俸給をいつも金銭出納簿につけていますが、いつも月末になると家で小遣いをもらわなければなりません。もらわない時は、自分で何も一つのまとまったものも買えず、小遣いだけでぎりぎりのくらしがしていけるだけです、ここに十月の出納簿を整理したものを書き出してみます。

収入	俸給		五〇〇〇円
支出	教養費	本二冊（教育・新女性） 教師の友　月謝	一〇〇〇円
	被服費	スカート布代、縫、レース、 キャラコ、靴下	二七〇〇円
	修理代	時計、靴、万年筆	八〇〇円
	美容代	クリーム、アストリンゼン、乳液	五〇〇円
	娯楽費	映画、芝居、食費	五〇〇円
	雑費	御見舞、電話、その他	四〇〇円
	合計		五九〇〇円

ここに書きあげたように、一月働いてもらう俸給はこのように使ってしまうわけですが、ただ自分で使うわけです。それといってたいしたものも買わず、一〇〇円、二〇〇円とバラバラにまとまりもなく、五〇〇〇円がなくなってしまうわけです。
主食や副食費、光熱費等、私も関係あるものですが、少しも俸給から出すことができず、また、家の手伝いもあまりできず、一〇月も家からもらわなければならないようになってしまいました。

私は分会の青年部役員の一人として、自らも率先して実状と経験を語りながら、こうした青年教師の悩みと怒りを組織することが、そしてこの怒りをたたかいにむけることと、教育実践に具体化することが任務であると思い、その必要を偉そうにしゃべっていたのかもしれない。

恵那生活綴方の会の胎動

四〇年代末から五〇年代初めにかけての職場や組合の活動ということでは書かねばならぬことがいっぱいあるように思うが、組合活動史を述べるわけではないので、細かくは記述しない。

忘れられぬことでは、日教組が決めた「教師の倫理綱領」(五〇年七月)と「教え子を再び戦場に送らない」スローガン(五一年一月)は、職場の中でも日教組精神とでもいったものがよくわかるものとして感激的に受けいれられたし、私も全国的な民主的教師を結びあう赤い糸を握っているのだという思いをつよめたものだった。

ところで、占領下の反動政策はレッドパージと民主的諸権利への圧迫として四九年頃から急速につよめられてきたが、この動きは私たちの地域でも、また私のうえにもあれこれの風当たりとしてあらわれてきた。「君も対象者のひとりに入っているそうだ」といった心配をしてくれる人や、「あんまりはっきり動かんほうがええ。とにかくおとなしくしておれ」と忠告してくれる人など、自分では何もたいしたことをしていないのにと思う私にも空気の変わりはひびいてきた。

だが、子どもたちを間違いなくつかみきっていないという弱さは、私自身それなりに感覚できていただけに、自分の教育の在り方をもっと地道なものに変えなければ、つまらぬところで揚げ足をとられることになるぞという危惧として、自らに迫っていたことも事実である。

四九年の秋に生活綴方教育を発見していたこともあって、ほんとうに地道な、ほんものの教育は生活綴方の方向にあると考えていた私(私たち)は、レッドパージを先頭にした反動攻勢に対応する基本的な教育路線として、生活綴方教育の実践を基礎とする地道な活動の追究ということを心にきめたのもそのころである。

そして、そのことのなかには、前述した付知小学校の深夜の机列配置などのように、ひとりよがりで、みんなで考えみんなで決めて実行することを無視したやり方は、生活綴方による地道な活動とは全く無縁なものであるのだ、という自省が加わっていたのはもちろんである。

だから五〇年になると私も中津川へ転任して、自らの実践としても本気になって生活綴方に取り組むことになるのだが、それはまた、地域での生活綴方運動の出発、ひろがりと軌を一にしていたのである。だが、そのことについて話はすこし以前に戻るが、恵那の教員組合の性格と恵那郡教育研究所の役割についてだけは、はっきりさせておかねばならない。かつて私はそのことについて、つぎのようにふれたことがある。

恵那の教員組合の方針が、生活綴方などを、ここで運動化していくうえで大事な役割を果たしたと思うのです。それは、当時の言葉で「政経活動と文化活動は車の両輪だ」というだけのものですが、教員組合の任務として、権利、賃金闘争と同時に、教育研究、文化活動の両方をたえずとりあげなくてはならないという方針なのです。いまでは組合が教研集会を開くなどしていますので、組合は政経闘争とともに教育研究活動もおこなうのだということはだれもの共通理解になっていますが、結成当初には、それが一般的な組合のスタイルではなかったのです。

その点では恵那の組合は、最初の時期から教師の特性についての考察が深かったし、的確であったと思うのです。組合が子どもをいつも根においた活動を考えてきたというのは、たいへん先覚的になるわけですが、当時どのような論議がなされてそうなったのかはわかりません。きっと、子どもが好きで教育実践の上でも熱心な先生たちが、組合の役員になっていたということがあるでしょうが、その場合、組合が教育研究を重要視する仕方に恵那の特徴があったように思うのです。それは、教育研究活動においては、組合が直接タッチすることをしないで、民間教育研究組織としての民主的な教育研究団体の自主的・主体的な活動を援助し、時には共同するという形ですすめてきたということです。それが、五〇年代に入って組合の役割として、恵那生活綴方の会の組織と運動を擁護し、援助していく仕事にもなっていったのです。

それといま一つ、恵那の地域に生活綴方が運動化した背景として恵那郡教育研究所の設立とその動きがあります。その設立は人物でいえば西尾彦朗さん（前中津川市長）の活躍をぬきにしては考えられなかったと思いますが、当時、中津川南小学校の校長として恵那地域の教育界の中心的存在であった西尾彦朗さんは、戦後の民主的な教育をこの地域で具体化するために教師の自主的な研究機関として恵那郡教育研究所を設置する構想を持ち、その実現のために各町村長に働きかけるなどの努力を、他の方々とともにすすめられたわけです。

それは、西尾彦朗さんに代表されるような戦前からの自由主義的な教育の考え方が、戦後に生活綴方の教育を受けいれる素地となって恵那地域に存在していただけでなく、それが教育研究所として組織されることで、教育組合とタイアップした形で「ほんものの教育」を求める気運を強めていったといえるからです。

恵那郡教育研究所もアメリカ流の教育を批判する立場

をとっていましたが、それは、教育調査とか、基礎学力向上のための国語、算数の練習帳の作成など、教育現場の要求に応じて独自の活動を創りだしました。そして、教員組合に共同して、今井誉次郎や国分一太郎などという人の講演会を開催するなどしながら、戦前の生活綴方運動に携わった人達の戦後の動きを、直接、恵那の地に導入する仕事をしてきたのです。

　こうした背景があったから、恵那綴方の会がうまれたのであるが、その過程については、故丸山雅巳氏の証言で正確を期しておきたい。

　昭和二四年の後半頃「綴方の会」の結成下相談を寄々していった。そのメンバーは近藤武典・石田和男・大島虎雄・渡辺春正・中西克己・丸山雅巳らである。教育研究所、校長会、教組などへの支持協力を要請して結成の準備は周到堅実に進んでいった。今井誉次郎・国分一太郎氏の講演会なども開催して多くの賛同者を集めていった。折しも来栖良夫氏から「日本綴方の会」結成趣意書、とりきめ草案、『綴方運動』（仮称）雑誌発行についての連絡を受け取る。昭和二五年の春であった。来栖良夫氏は『子どもの広場』の編集者であり、戦後の本格的出版文集『模範小学生作文集』の編集者であってそれらへの作品提供を通じてすでに恵那の教師とは親密な関係を持った方である。

　来栖氏の連絡を手にしたわれわれは、限られた篤志家だけの参加でなく、恵那の運動と直結し、地域的組織的に広く呼びかけ積極的に日本綴方の会に加入することを郡内の教師に提唱していった。同時に「恵那綴方の会」の結成を全郡に訴えた。前記メンバーの他千早六雄・日比野一郎・小倉克己・西尾嘉躬らが準備委員であった。即ちサークル、研究所、教組文化部を代表したメンバーが一体となって呼びかけをしていったのである。

　「日本綴方の会」は『月刊作文研究』の誌代月額五十円の六ヶ月分または三ヶ月分を前納する者をもって同人とした全国研究組織で、発足当初は経営困難に直面しながら全国一〇〇〇名会員獲得を目標に苦闘した。その趣旨に賛同してさっそく同人になった人たちを記しておこう。

　石田和男・千早六雄・丸山雅巳・西尾修・丹羽惟夫・大島虎雄・矢野隆子・伊藤時代・山内幹夫・近藤武典・中西克己・渡辺春正・福田絹枝・岩井ちゑ子・嶋崎正・三尾鳳介・交告よし・臼井みつゑ・森田敏

子・口田彰ら二一名。「日本作文の会」として再発足し、『月刊作文研究』は『作文と教育』と改称して今日に及んできている。

ところで、恵那においての「恵那綴方の会」への参加アピールは各学校で歓迎され入会申し込み教師およそ六〇名を数えた。二、三回の準備会を重ねた上、昭和二十五年九月二十七日、中津川南小学校で来栖良夫氏を招き歴史的な「恵那綴方の会」の発会式（第一回総会）を盛大に開催した。その「とりきめ」として次のものが確認されている。

一、「恵那綴方の会」は作文を中心として教育研究の会である。

二、恵那綴方の会の会員は郡内小・中学校の教師を主体とし、また会のとりきめに賛同する人びとによって構成される。

三、会は研究誌『恵那綴方教師』の発行、その他必要な仕事を通して、郡内各地の実践研究の交流をはかりつつ、教育文化の確立のためにつとめる。

四、恵那綴方の会の会員は、学校或いはその地域に最も適応したかたちの研究活動を行う。また研究誌『恵那綴方教師』の誌代（会員費）月額二十円の三ヶ月分（六十円）または五ヶ月分（百円）を前納する。

五、会の事務所は、中津川町恵那郡教育研究所内におく。

当初、本部事務局、機関誌編集同人として、近藤武典・安江武・丸山雅巳・中西克己の五名がえらばれた。地域別（当時の部会）役員も決められたように思うが記憶がはっきりしない。

編集同人として石田和男・大島虎雄・日比野一郎・吉田和夫の各氏が加わって陣容は大いに強化された。「一つの教室からとなりの教室へ」「さらにとなりの学校へ」の合言葉で支え合い励まし合った仲間の綴方教育の実践と研究の波は恵那郡下の学校に潮のごとくうねりを起こし、地域をつつむ運動として躍動を見せはじめたのである。

機関誌『恵那綴方教師』の第一号を発行して会員は、たちまち倍加して一五〇名になり、月を追って追加をみるが、ここらのくだりはまた記すことにしよう。

『生活綴方　恵那の子』別巻3『恵那の生活綴方教育』（草土文化）〉

恵那綴方の会はこうして発足するのであるが、最年少の若僧としてこの会の編集同人に加えられた私は、素晴らしい先輩教師の間に入って戸惑いしながらも、自分の実践上の問題を提示し、教えを乞うことが精いっぱいで、無我夢中といった状態のまま恵那綴方の会にのぼせあがっていったのである。

（一九八八年十月二〇日）

◆論文13（一九八八年）

自分史的地域の把握7

地域のなかで日本をみる

瓢簞《ひょうたん》から駒が

前号で述べたように恵那の教組は結成初期から「車の両輪」方針をとっていたので、子どもの読み物についても教師の読み物についても、早くから日本の民主的な雑誌の斡旋を活動の一環としておこなっていた。たとえば『子どもの広場』や『少年少女』の児童雑誌、また『明るい学校』（四号から『明るい教育』に改題）に続く『教育新報』そして『学力向上研究』から『教師の友』へと発展した教育雑誌などは、特に子どもと教師への普及率が高かったと思う。私も学級や職場でこれらの雑誌の宣伝につとめた。

四九年の冬休みにむけて、地域の子どもたちの読み物と、学力低下防止のために恵那教組では『子どもの広場』の雑誌と協同して、独自の『冬の友』の編集・発行をおこなった。私はそれを学級で使用した以外にその仕事に加わっていないが、『冬の友』発行は『子どもの広場』編集長の大久保正太郎氏に恵那の地域を印象づけることになっていたようだ。そして五〇年からはじまった恵那綴方の会の動きが、一地域における規模の大きさでは、全国一といわれるものであったため、大久保氏にとっては恵那への興味が深まっていたと思われる。

東京での事情は何もわからないが、大久保正太郎氏が中教出版の社会科教科書（『あかるい社会』）の編集依頼をうけ、現場教師の生の声がきけるところで実際の作業をすすめたいということで恵那の地域を選び、中津川に滞在されるようになったのは五〇年の一月であった。編集責任者格の大久保氏と中教出版の編集担当者として徳武敏夫氏が常駐されたほか、執筆者としてさまざまな児童文学者、研究者の人たちが来津された。

滞在の宿は中津川駅前の「勝宗旅館」で、そこは私の勤務していた東小学校下であったし、ちょうどそこの息子（慎弘君）を担任していて、よく知っていたこともあったりして、丸山雅巳さん、近藤武典さんなどと、連日のように呼び出されて、あれこれの話をしに行ったことを覚えている。菅忠道・猪野省三・岡本良雄・周郷博氏らにはじめてお目にかかったのもそこでだった。それまで名前だけはよく知っていたさまざまな有名人が、会って話をしてみると、みんな気さくで、話のよくわかる面白い人たちばかりであったことも、私には人間を知る上での勉強になった。

この社会科教科書編集のための中津川滞在中に、瓢箪から駒のようにでてきたのが、日作中津川集会として忘れられない「第一回作文教育全国協議会」開催の話であった。全国会議の地元を引き受けるといっても、それがどれほど困難の多いことなのか、そしてまた、どのような段取りを必要とするものか、そこまで知恵のまわらぬ私は、ただ「やろまいか」と血気にはやって言うだけであったが、私たちの代表的存在であった丸山雅巳さんは、自らの血気を抑え抑え話をすすめていた。それだけに、この話のきっかけとその進展については丸山雅巳さんの書かれたもので正確を期しておきたい。

大久保氏は博学、磊落で酒席をよく設けわれわれと気脈通ずる歓談を交わした。そんな空気の中で、綴方全国研究会をやってみようという話がふと出て、岐阜はかつて川口、今井、横山らが新興教育講習会を開催したゆかりの地だし、今恵那が日本綴方の会の最大の力量を持った地域として自他ともに許すならば全国大会ぐらいやらねば……といった調子で話の糸口になった。

「日本作文の会」の今井誉次郎・国分一太郎・柳内達夫氏らの役員代表に「恵那綴方の会」から話していくこととし、児童文学者のグループ来栖良夫・菅忠道氏らに大久保氏が話を通して段取りを進めることとした。作全協開催は「日本作文の会」で正式に取り上げられ、具体的に計画が進んでいった。

地元では校長会長玉置忠良、教育長吉田鋘男両先生の賛同により足場を固め関係方面への協力を広く求めて働きかけた。戦後全国レベルでの民間研究会は開催された例もなく、若さで猪突したおかげでとにかくもやり抜けたと今思い起こすものである。

昭和二七年八月一日〜三日南小学校において第一回作文教育全国協議会は開催された。主催は日本作文の会、岐阜県教職員組合恵那綴方の会、後援が岐阜県教育委員会、日本教職員組合教文部、教育科学研究会全国連絡協議会、児童文学者協会、中津川市である。

参加者は北海道から鹿児島にわたり文字通り全国から

千三百名を数えた。古島敏雄・勝田守一・大田堯（東大）・鶴見和子（思想の科学研究会）・矢川徳光（教育評論家）・小川太郎（名大）・高橋慎一（歴教協）・巽聖歌・川崎大治（児童文学者）・大田耕士・箕田源二郎（版画家）・今井誉次郎・国分一太郎・来栖良夫・滑川道夫・棉田三郎・後藤彦十郎（日本作文の会）・野村芳兵衛・鈴木道太・川口半平（県教育長）・西尾彦朗（県教育委員長）の各氏の顔も見え全国の実践家はもれなく一堂に会する壮観さであった。

三日間の研究会は日本の綴方教育の明日を拓く大きな成果を収めたが、その蔭でこれだけの大きな会の設営、準備、案内等々縁の下の仕事に中津全市の先生が手弁当で快く協力された労苦を忘れることが出来ない。特に当時南小教頭の安藤三郎先生が各校の教頭先生との連絡をしっかり取って献身的に支えてくださったことに感謝を申し上げるものである。

〈『恵那の生活綴方教育』別巻3（草土文化）〉

恵那綴方の会で

こんな話が進行する一方で、恵那綴方の会の活動は着実にひろがっていった。私は機関誌『恵那綴方教師』の編集会議に加えられて、毎週のごとく南小学校の宿直室に集まって語りあうのが楽しかった。そこでは単に編集要件だけでなく、あらゆる種類の話が交わされていたが、先輩教師のあいだに入って見知らぬ話を耳にしながら、組織することの妙味を学ぶことが多かった。

『恵那綴方教師』の機関誌は、毎号中西克己さんがガリ切りを受け持っておられた。美しく優しい中西さんの書体は、この機関誌をいっそう立派なものに仕上げていたが、印刷・製本を担当しておられた原和彦（現在は吉村和彦）さんをはじめ、南小学校の同僚たちのご尽力は、忘れるわけにはいかない。

五二年の二月、機関誌第六号は、中西さんのご都合が悪かったのか、表紙以外はみんなが自前でプリントしている。私はその粗末な号の担当としてはじめて主張を書かされたらしい。その事情についての記憶はないが、その頃の自分を物語る資料として、再録してみたい。

我々は前進する

一九五一年は、実に厳しい年であった。我々はこの厳しさの中にあって、しずかだがたゆみなく、ほんものの教育へのひたすらな実践を、互いの手をさしのべあうことによってつみ重ねてきた。

そして、また、この実践が正しかったことは、我々のなかまがこの地域で二五〇名という大きな力に結集されるに至ったことの中に、よく示されている。

だが我々――一九五二年は、子どもの幸福と成長をこそねがうにとっても、よりきびしく困難な年であろう。しかしそれだけに、この正しい我々の運動が、より前進させられなければならない年でもあるのだ。

「それにつけても大切なものは、これらの民間教育運動と父兄大衆との結びつきでなければならない。ひたすらに子らの上を心配する親たちと、これもひたすらに子どもの幸福と成長を願う教育者と、それは何をおいても手を結ばなければならぬ。一九五二年に課せられた民間教育運動の任務は、この点をも解決するように努力することであろう。」（『教師の友』）

一九五二年の民間教育運動への期待は大きい。そして我々の運動が「生活綴方の方法」を大切にする民間教育運動に他ならないとすれば、我々はこの期待にも報いなければならない。だが、このことは我々の教室が、ひそかな英雄主義のトリコになることなく、ほこらずはじず「この教室からとなりの教室へ」「その学校からとなりの学校へ」と我々の実践をおし拡げ、学校・地域における実践・研究活動をより強化させることではあるまいか。

町から村から相こだまし、子どもの幸福のために、我々は愛と勇気の確信にみちた前進を続けよう。友よ、更に進もう。

他の人の物静かで明快な主張とはいかにも離れたお粗末なもので、競いばかりが苦になるけれど、当時はこれで精いっぱいのつもりだったのだ。そして同じ号には『研究会メモ』として「二月二日、上村小中学校綴方研究会開催。編集部から丸山、石田が出席し、一年と六年の授業をし、あとで研究座談会」と記されているが、これはきっと今泉太朗さん（故人）や川上康一君が発案して招いてくれたものであろう。今では、その内容はすべて忘れてしまったが、当時はこのように恵那地域の各地で相呼応しながら、この運動をすすめたことはたしかだ。

たしかその頃だったと思う。前年に発行された『山びこ学校』（無着成恭編）が爆発的に売れ、生活綴方教育の存在が全国的に広がったことにからみ、私の編んだ学級文集『ありの子』について、「生活綴方は北方の土壌だけから生まれるものではない証拠だ」という意味の便りが国分一太郎氏から寄せられ、引き続いて百合出版の後藤彦十郎氏から『ありの子』の出版についての話があった。

私は夢にも考えたことではなかったし、第一、私の生活綴方の営みは私個人のものではなくて、恵那のみんなのものであるとしか考えていなかったので、丸山さんをはじめ、関係の人々に「そんな綴方を個人のものと考えるような恐ろしい計画は断っておくれ」と頼んだ。いろいろの話はあったが結局私の言い分が正しいということになって、その話は断ることになった。そうしたら、また、「それなりに事情は了承したが、『ありの子』を中心として中津川の綴方文集を出版したい」という話が再び寄せられた。そこで再度論議し、恵那の生活綴方がそれほどに価値あるものとして全国的に必要なものであるならば、恵那生活綴方の会の成果全体を地域的にまとめて出版することにしてもらったらということで私たちの立場を理解してもらい、『恵那の子ども』（百合出版）発刊の計画が具体化したのである。

そしてその年の春休み、その打ち合わせのため私は丸山雅巳さんと共に、中央線の夜行列車のデッキに立って、戦後はじめての東京へ出発した。が、寒さの中を立ちつくしていたつらさだけは忘れられない。

教科研調査での思い

話は前後するが一九五一年の秋に、日教組が第一回の全国教育研究集会（日光）を開いた。恵那からは丸山雅巳さんが岐阜県代表の正会員として参加することになり、そのレポート検討にまたみんなが集まって忙しかった。『教師の友』がその集会成功のために、分野別に問題を解説提起した特集号と首っ引きに、日本の教育全体の問題を、地域の中での具体的な問題と結びつけて語りあっているうちに白々とした夜明けを迎え、あわてて宿直室の布団にもぐって雑魚寝をしたことも思いだす。

けれど、この日教組全国教研の開催は、私たちにとても大きな希望を与えてくれた。それまで私たちの地域だけで、井の中の蛙のようにやっていたことの是非を全国の現場教師の舞台のなかで検証できるということは、自らを考えてみるうえでの大事な機会でもあるし、他との交流のなかで自分達の信ずる教育を拡げるうえでも有効な場となるからである。

第一回全国教研集会から帰ってきた丸山さんの第一声が「日本中にはいろいろあるが、やっぱり俺んたあは正しいのやぞ。アメリカ流ではあかんことがようわかったわい」ということであったが、私は全国教研の様子もよくわからぬまま、恵那の教育は間違いない方向にあるということで、とにかく嬉しく思ったものだった。

そして五二年のはじめ、東京の研究者を中心に戦前の教育科学研究会の再興が考えられ、雑誌『教育』が発刊された。その『教育』は「山びこ学校検討」ということで、生活綴方を正面にとりあげていた。『教師の友』でも『教育』の発刊は祝福されていたし、私たちも現状では生活綴方研究組織としての日本作文の会組織に連なり、それを大事にすすべきだが、ほんものの教育を追求するかぎりやがては『教育』に一本化する方向で、真に民主的で科学的な教育を全分野にわたって追究すべきだと考えていたので、この雑誌の購読を広げることに努めた。その考えは、その年の三月に熱海で開かれた教科研の再建大会に私たちの地域から代表を送るという形で具体化した、また、後述する機会があるのかもしれないが、一九五三年の第二回日作大会へは、恵那綴方の会として、教科研に合同すべきだという提案もした。そして、私たちの地域でも恵那生活綴方の会を発展的に解消して、恵那教科研組織化の道をとった。

その教科研から、五二年の初夏の頃、教育調査団が中津川へ来られた。たしか勝田守一・大田堯先生たち十名ほどの人が、中津川南小学校を中心に地域と教育実践の実態を調べ、生活綴方教育の理論を明らかにしたいということだったと思ったが、数日間、中津川に投宿されて中津川の行政・産業・階層の実状と共に、教育の実態をたんねんに調べられた。また、勝田、大田両先生による調査はその後においてもおこなわれた。

その頃「調査なくして発言権なし」という毛沢東の言葉などが流行っていたこともあって、私も調査ということに興味があったが、実際には私たちは被調査者で調査者の側ではなかったので、調査全体はわからなかったが、先生方のたんねんな聞き取りの様子などをみて、調査ってたいへんなものだなと思ったものだった。

ところで被調査者である私たちは、時には授業参観を受けたりしたが、自分のやっている教室、授業での実践の話を出来るだけ細かにするのが仕事であった。いつの調査のときであったのか、年月は忘れてしまったが、調査団の宿舎になっていた山の上の「長多喜」旅館で、くつろいだ姿で先生方の質問に応じ、考えていること、やっていること、成功したこと、失敗したことなど遠慮なくしゃべっていたときのことである。

そのときの勝田守一先生との面談で、いまだに忘れられないことが二つある。ひとつは、私のやった授業について、「なぜ、あの場面で、ああした発言をしたのか」という質問に対して、私が「それは勘でしかなかった」と言い張ったため、「教育が勘でしかないというなら、科学にはならないのだろうか」と自問されていた姿である。その時自分では勘としか言いようがなかったことはたしかだが、それを自分の中で咀嚼することもしないで、勘と言い張って先生を困らせているのに、自分ではどうにもならなかった悲しみである。

いまひとつは、生活版画の実践の話をしていて、「版画では感動的な絵になるが、色彩を使った図画になると、感動があらわせない」といった悩みを語ったとき、勝田先生が何気なくつぶやきのように「概念は具象から抽象へという形でつくられて、概念をくだくのは抽象から具象へということなんだろうか」という意味のことを口にされ、それはそのままで、話が次へ移っていったことがあるが、そのとき私は、勝田先生のつぶやきで自分の抱いていた悩みがはっと解けたのであった。「あ、これが理論なんだな」という想いと共に、学者の偉さというのか、理論化することの意味がよくわかったのである。あのときのつぶやきは、勝田先生が私へ意識した形で語られたものではなかっただけに、それが先生のメモとして残されていないのかもしれないが、勝田先生というと思いだすことなのである。

第一回作全協で

第一回作文教育全国協議会は一九五二年八月一日から三日まで、中津川南小学校を会場にして開かれた。が、その前日、準備に準備を重ねた実行委員会は、緊張に包まれて最終的な点検をおこなった。今井誉次郎委員長のほか、国分一太郎、来栖良夫、その他豪華メンバーが勢揃いして、地元実行委員会の準備状況の報告に「ご苦労さん」の声をかけながら、明日の開会の成功を確信していた。

私は地元実行委の一人に加えられ、大会速報の係として任務を負わされていた。〈作文教育全国協議会・新聞原稿用紙〉と銘をいれた二五六字用の原稿用紙を手作りで用意し、いろいろな人に記事を書いてもらうことを準備していた。

学級通信や学校便りにはどれだけかの経験があるものの、こうした全国大会の速報など、見たこともないままに、それを編集、発行して間に合わせねばならないということは、当時の私には予想以上に重荷であった。印刷は原紙の細字プリントできれいに仕上げる必要があり、しかも短時間でやらねばならぬということで、名古屋の専門的なプリント屋さんを依頼し、その人には大会中宿泊参加してもらうことになっていた。

第一号に載せる原稿のうち、「全国のなかまを迎える――恵那綴方の会」は丸山雅巳さんが、そして「全日本の注視のもとに、われらはつどう」を今井委員長が書いているほか、他の記事・原稿は何もない。とにかく参加者の声を集めねばとあせっているところへ、参加者第一番の安部進さんが来られた。早速、「はしり」のことばを寄せてほしいと依頼し、参加者の声第一号が手許にとどいたときは、とてもうれしかった。

それから続々集まる原稿を、どう紙面に編んだらよいのか、あれこれ割り振ってみたが、とんとうまくいかない。ポイントをはっきりさせて大会を組織するという点がはっきりしないわけだ。たまりかねて、来栖良夫氏がのりだしてこられて、割付け表を作ってくださった。私は来栖さんの割付けを見ていて、ああ、そうすればよいのか、とやっと速報編集の視点に気付いた始末だった。

そのときはもう午前〇時に近い頃、印刷屋さんはいらいらして待っている。第一号を刻字してプリントが終わったのは明け方近くだったのを覚えている。

全体会場になった南小学校講堂は、満員の人が床に座して身動きもままならぬほどだった。今日のように冷房器具のないときだから、真夏の暑さは人いきれと共に場内の温度をいやが上にも高める。せめてもの涼気をと、製氷会社へ特注して作ってもらい、ところどころに置いた氷柱も大たらいの中で、どんどん溶けていた。

私はその人ごみの中を速報係としてひたすら歩きまわっているだけで、正直なところ誰の話も満足に聴くことができなかったが、その日その日の会議を速報にまとめ、それが大会の足しになっていくことを見ているだけで、満足していた。

この大会のことについては、すでに幾多の記録やまとめが出されているので、その意義や成果を今さら述べる必要はないけれど、この大会の速報を通じて、今井誉次郎氏が語りかけていた「ゆっくり急ごう」の言葉は、私にとっていつまでも忘れられぬ名句となってやきついている。今井氏はその最初で次のようにいっていた。

「美しい花を折ってビンにさしても長くは持たない。種をまいて育てることにしよう。

この会ではそれぞれの種を仕入れて帰ることにしよう。それが全国の大地にまかれて、それぞれの特色を持ったかおり高い花を咲かせ、実をむすぶようにしたい。だが、どんな種を仕入れるかは自由である。(後略)」

あれから三五年、あのときに仕入れた種がいま全国各地で、それぞれの色どりと香りを放って咲き乱れていることはたしかだが、恵那の地域をかえりみるとき、「ゆっくり急ごう」の言葉のもつ重みをしみじみ感じるのはただ私ひとりだけではあるまい。

　なお、この大会に直接かかわる事ではないが、この大会終了直後の『恵那綴方教師』第九号には「中学校で綴方をこんなふうにして」と題した付知中学校口田彰さんの実践記録が発表された。これがその年から日本作文の会で設けられた「小砂丘賞」第一回目の受賞に選ばれたのである。

　私は心底嬉しかった。口田彰さんとは付知小学校二年目に一緒につとめ、同じ学年を担任していて、ずいぶんラディカルな活動を共にし、その反省も加わって生活綴方教育への歩みにかたい誓いを交わしあった仲だった。私が中津東小へ転任するとき、口田さんは付知中学校へ転出したが、そこで精力的に生活綴方にとりくみ「前進」と題した文集を次々と編んで送ってくれていた。その口田さんとは付知小学校を離れるとき「学級担任をする限り、文集を作ることだけは忘れないようにしよう」と約束したのだったが、そうした仲だっただけに、「小砂丘賞」の受賞は、単に恵那生活綴方の会の一員としてだけでない喜びとなったのである。

　とにかくこうして第一回の作全協の開催と『恵那の子ども』の出版に続いて、口田さんが「小砂丘賞」を受けるなど、恵那の生活綴方運動は一挙に全国から注視されることになったのであるが、それだけにこの地域としては、生活綴方教育の実践と発展にいっそう頑張らなければならない責務のようなものが湧いてきたのである。

　実践が運動をすすめ、運動のひろがりがまた実践を発展させるという両者の関係からいっても、五二年のこの年は私にとっても恵那の教育にとっても、ひとつの画期となったことは間違いあるまい。

雑誌『教育』と『教師の友』

　第一回作全協の成功は全国の生活綴方教育運動に活力をもたらしただけでなく、民主的な民間教育研究運動への活気と自信もつよめた。

　それまでに全国的な規模で組織されていた教科研、日生連（旧コア連）のほかに、歴教協、郷土教育全協、数教協、学校劇連、版画教育協、その他の諸団体が次々に結成されていった。その度に私たちは必要に応じ、機関誌読者となったり、時には会員としてそれらに加わっていき、適当な人数が揃えば、地域的なサークルをつくって、下部組織的な研究活動をおこなった。

　また、私たちは個々の文集交換や恵那綴方の会での機関誌交換などを通じて、全国各地域に結成されている民主的な教育研究組織との交流や結びつきをひろげていった。

私たちの恵那綴方の会のように、日本作文の会や教科研、その他の全国的な研究団体とは連携をとりながら、そしてその方針や活動を支持するという点で、多数の機関誌読者をかかえていても、全体としてはそれらの下部組織ではない地域独自の民主的教育研究団体は全国各地にいっぱい存在していた。それらの団体の多くはそれぞれの地域名をつけた作文の会（綴方の会）、教育研究会、文化研究会などと名乗っていたが、私たちが知る限りそれらの地域民教組織には『教師の友』の読者が多くいて、『教師の友』を通じて結ばれ合うこともしばしばであった。

教育現場にはすべての問題が総合的、集約的にあらわれるため、学校を基礎とした地域の民教活動は、単に一教科、一分野の問題だけを究めているだけではすすめないのである。だから、教育全体の情勢をふまえたうえでの課題をたえず具体的に持たなければならないし、自分のやろうとする実践もそこにきちんと位置づけることが必要になるのである。そしてまた、自分の実践も単に興味としておこなうものではなく、その学校・地域の実情に即して、子ども・学校・地域を変えるためのものであるから、職場の仲間と無関係に、ひとりだけの特技としてすませるわけにはいかないのだ。

そうした点でたえず教育を総合的な視野でとらえながら、しかも民主的、科学的な観点で課題をはっきりさせてくれる教科研の機関誌に学んでいたのだが、それは余りにも専門的、理論的でそれを現場の私たちがいつも読みこなすのは無理なこともたしかだった。そこへいくと、『教師の友』は課題をとらえる視点が私たちの感覚に合致していた面が多かったというのか、今日流にいえば、子ども・学校・地域を串刺しにした実践と運動の課題をよくつかめたのである。

そのため、私などは教育の専門性を科学的に学ぶためには『教育』は欠かせないし、教育課題を学校・地域の実践や運動に即して具体的に学ぶためには『教師の友』が欠かせない雑誌と考えて愛読していたのである。

いまこうして、当時をふりかえりながらたいへん生意気なことを書いているのだが、私がこうした教育誌に貧しい実践報告を寄せていろいろ教えていただいたのも、この二誌が最初であったことを思いだす。それは、いかにも貧しい実践であったにしろ、日本の課題を自らの実践のなかで具体化しようとしたというのか、あるいは、自分の実践のなかに日本の課題を見つけようとしたというのか、地域での実践を日本の課題との関わりで考えようとしたことのあらわれであったし、それを実際に援助し、育ててくれた当時の教育誌の存在ということで、忘れるわけにはいかないのだ。

地域への生活の眼

話は変わるが、一九五一年五月四日、私は結婚した。妻は当時私が勤めていた中津川東小学校長の娘で、隣の南小学校の教員であった。師範学校では同学年で、戦後男女共学となってから、同郷人ということで知り合った。実直というのか、うそやお上手が言えないため、誰にむかってもポンポンと腹の中のことを言ってしまうが、世話好きなところがあって、よく親切にしてくれたので、在学中私たちどれだけかの男のあいだでは、「おっかあ」と名付けていた。

経緯は必要ないけれど、その「おっかあ」と結婚することになった。その話ができたとき、ひょっとしたら義父とならねばならぬ校長は、学校内での私をよく知っているだけにたいへん悩んだらしい。いくらどうでも自分の娘が私と一緒になることなど、思ってもみなかったからである。けれどまあ、あきらめたのか反対はしなかった。

結婚式は、当時はじまったばかりの公民館結婚ということにしたが、中津川では五指に数えられるほど早かった。式は午後からということだったので、私は午前中だけ教室へ行って授業をした。式服としての借モーニングは風呂敷に包んでかくしていた。午後になって時間が迫ったので、私はその風呂敷包みを肩にかついで普段着のまま公民館へ行った。後で聴いて笑ったことだが、そのとき公民館の二階窓では私の到着があまりにも遅いことを心配して外をのぞき見していたところ、普段着のまで私がやってきたので、「式服の用意も出来ぬ男か」と、家族の人たちが嘆かれたということがあったようだ。

つまらぬ事を長々と書いて恥の上塗りをしているのだが、実は結婚式のことを言いたいわけではない。これほど粗末な形で結婚した当の相手は、私とちがって向こう三軒両隣をはじめ、地域密着型に生きるタイプであったために、私だけならともすれば見過ごしてしまい、時に無視してしまいそうな地域への着眼を生活として小うるさく指摘しつづけたのである。

「そんな偉そうなことをいっても、あんたの隣り近所に対する態度は何やね」とか「地域の人の関係を見んでおいて、あの人にそんなことを頼んでもことわられるの当たり前やと思うよ」とか、あるいは「そんなことむずかしく考えておらんでも、あそこの家の子育てをよく見てみりゃあわかるのやない」など、どちらかといえば保守的ともいえる視点での私への批判は、ときどきのいさかいをうんでも、私の眼を地域の現実から浮遊させないために役立ってきた。

「のぼせると止まらんのやで」と、いまになっても当の相手に馬鹿にされる私であるだけに、のぼせの最中に投げつけられる地域に対する現実的な生活の眼は、無視できない痛みをともなって突き刺さってくることもある。

直接的に教育ということではないけれど、地域への自分史的接近ということで、つい思いだされてしまった私事である。惚気のつもりではないが、無駄かもしれない。許されたい。

〈付記〉

「自分史的地域の把握」という課題ばかりが苦になっていて、それをどうまとめたらよいのか、はっきり考えてみることができないうちに、次の原稿の話がきてしまう。

仕方がないから、自分の眼を奥深いところで地域にひきつけてきたいくつかの貧しい実践を述べてきたが、こんな形で把握史を書いていたら、まとまりがいつになるのやら、空恐ろしくなってきた。まさしく泥沼の中にいて、はるか彼方の空を眺めているようなものだ。

どこかで野たれ死して、連載を打ち切ってしまうか、泥沼で亀が這うような記述を止めて、一気に空中を飛翔することで二〇〜三〇年間を一とびしてしまって終わりとするか、とにかく迷い、困っている。

だが、今回は、五〇年初期ということで泥沼の続きが残っていたので、それだけを前号までの調子で述べてみた。さて、これからどうすべきか迷いに迷う。「自分史的」ということでみれば、これまでのことはまだ十分の一ほどしか語られていない。そして、思いだし思いだし記述したことは、教室での実践そのものが主で、私をしてこうした実践に立ち向かわせてくれた、教師達や運動のことは、ほとんどふれず終いになっている。けれど、実践と運動のからみというのは記述するとなるとまことに難しい。

とにかくここらで小休止するほかないように思えて仕方がない。この課題を与えられたはじめ「いざ、事にあたって、しまったと思った」のが、いまここへきて現実化してしまったのだ。想を改め稿を起こす事ができたら、その見通しがうまれたら、次号も続けさせていただきたいが、その道が拓けなかったら誠に恥ずかしく心苦しいし、どれだけでも期待していただいた方には申し訳ないが、ひとまず連載は止めさせていただくことにしたい。

（一九八八年十一月二一日）

解説

解説　若き石田和男の生活綴方教育への歩み

片岡洋子

解説　若き石田和男の生活綴方教育への歩み

片岡洋子

戦前と戦後の教育をつないで生きる

二〇一七年は、一九四七年に憲法・教育基本法による戦後の新しい教育制度がスタートしてから七〇年目にあたる。一九四七年のそのとき石田和男は岐阜師範学校の最終学年を迎えていた。そして、翌年の一九四八年三月に師範学校を卒業し、四月に岐阜県恵那郡付知小学校に赴任した。その時代に若き教師であった石田の歩みをたどることは、戦後の日本の教育改革を一人の教師の具体的な生き様や教育実践の模索をとおして具体的に思い描くことにほかならない。

石田は、敗戦を迎えるまで、戦争が終わることさえ考えられなかった。そうした一〇代の自分の精神状況は、戦時下の社会や教育の結果であるとしても、それを自分に責任のないこととして棚上げしてしまうのではなく、そうなってしまった自分を引き受け、どう自分で自分を組み立て直しながら、これからを生きるのかを模索した。その当時の社会や教育の変動を記憶する世代の人々が少なくなっていく中でも、戦争中の生活の苦しさや戦災の悲惨さについての語りは継承されてきた。しかし戦時下を生きた人々、とりわけ子どもから青年になっていく時期を生きた人々が、戦時下に培われた精神をどのように断絶したり継続したりしながら、生き直しをはかってきたのかについては、語り継がれてきただろうか。

石田は戦時下に子ども期から青年期を生きてきた。その間の被教育体験を、戦後の教師としての教育体験につなげながら、少国民として育てられた自分の子ども期をとりもどすかのように、戦後の民主主義社会の形成者を育てる教育実践にとりくんだ。目の前の子どもたちが自分で考えるようになる教育を追求しながら、考えることを教えられなかった自分の子ども期を、戦後の民主主義社会に責任を負うべきおとなとして教師として生き直した。石田の戦後教育は、彼が受けた戦前の教育を決して忘れてはいけない負の遺産として継承しながら進められた。石田が教師になったのは戦後であり、彼自身は戦後の教育の担い手である。子ども・青年として戦時下を生きざるを得なかった記憶を呼び起こしながら、それへの悔恨をバネに、二度と戦争に向かわないで平和と民主主義の社会を築こうとしてきたという意味で、戦前の教育と戦後の教育をつないできた。本巻に収録した石田の論考や教育実践記録は、戦前から戦後の社会の転換のなかを生きて教師になった一青年の記録であり、戦後の教育改革を考えるうえでの証言のひとつであり、後世に継いでいきたい確かな教育遺産である。

「郷土」を「地域」につくりかえる

本巻に収録した「自分史的地域の把握」において、石田は、戦前から戦後の自分史をとおして、地域と教育について考察している。その最初の部分で、石田は、自分の子ども時代の体験と記憶にさかのぼりながら、「郷土」と「地域」を区別してとらえようとしている（本巻論文7）。『広辞苑』において、地域とは「土地の区域」のことで、郷土は「生まれ育った土地」であり、地域よりも郷土の方が人間とその生活を表すかのようにも受け取れるが、安易に地域を郷土と置き換えること（「地域の郷土化」）はできない、と石田は言う。石田の子どもの頃の郷土は、まさに十五年戦争の時代の空気におおわれているからである。

石田が物心つく頃から小学校五年生まで住んでいた村には、兵舎と呼ばれる演習場があり、人生の最初の記憶は、「（陸軍の）演習場に向かうタンク（戦車）の列と地響き」であった。「兵舎（演習場）の存在は村（郷土）の誇りであるし、戦争（聖戦）遂行のために軍隊協力することは郷土人の務めだ」と、幼いながらにたたき込まれてきた。当時の子どもたちは、学校で過ごしているあいだも、体育や他の時間に戦争ごっこをして遊んだ。子ども時代の土地の記憶は、戦意高揚の光景とともに呼び起こされるのである。

また、「郷土といえば、強制的な神社参拝だとか害虫駆除だとか、あるいは忠魂碑の清掃などのいろいろな嫌な思い出が」あり、「郷土の名を冠しておこなわれた事は、実際には国策の強制であったし、郷土にさからえば国賊的にみなされたことが実感となって」いた。石田にとって、「生まれ育った土地」である郷土の記憶とは、生まれ育った時代＝すべてを戦争遂行に収斂させようとしていた時代の記憶がこびりついた土地の記憶である。

それに対して、石田が懐かしく思い出すのは、そうした「郷土意識とは外れたところでの、ごく日常的で共同的な土地の人間としての暮らし」なのだった。本来（辞書的な意味）の「郷土」は、そのような人間としての暮らしの思い出と重なり、「郷土こそ人間の生活的基盤である」のかもしれない。しかし、戦時下で「郷土が利用されゆがめられた結果」として、戦争遂行の国策と切り離して「郷土」や「郷土意識」を語ることは石田にはできない。そうした「郷土」とは異なる、日常的で共同的な人間としての暮らしがある場としての土地を、石田は「地域」ととらえようとする。つまり、地域とは、その土地と人々の暮らしが何かの策略に利用されたり、自然で人間的な生活が営まれるような「土地と人間の本来的なあり様」を失われたりしないよう、人々が自覚的に抵抗しながらつくられるものと、とらえようとしている。

次に石田は、「同化」という観点から、「地域」と「郷土」を区別する。教師をしていた父親の勤務校が変わるたびに引っ越しと転校を余儀なくされた石田は、方言やアクセントのちがい、パンツをはかずに素っ裸で水浴びをするなどの慣習のちがいに戸惑いながら、なんとか友だち関係をきずく努力や苦労を重ねてきた。そうした子どもの頃の数々の経験をふり返った後に、石田はこう述べている。

「ともすると、郷土はその同化を要求するものではないのかと案じられる。土地の言語や風習を無視することはできないし、そこであえて異なったものを対置する必要はないけれど、実感的に同化できないものはそれを大事にして、それでなおかつ一緒に生きることを探ることが、地域に生きる基本ではないのだろうか。」（本巻論文7　二四一頁）

よそものとして溶け込めない自分を意識し、同化しきれないからこそ見えていたものが石田にはあった。同化できないものを大事にしながら一緒に生きることを探る、そうしたことが「地域に生きる」ことなのだと石田は言う。つまり郷土と地域のちがいは、同化を強いるのか、誰にでも周囲に同化できない面があることを尊重して、ともに生きる関係や場をつくろうとするのかのちがいもあるのではないかと考えた。

さらに、自分が育った土地に対して根なし草のように思うのはなぜなのかを問い、それは単に引っ越しを繰り返したために過ごした期間が短かかったせいではなく、「地域に生きることについての主体性と自治性のなさ」が、根無し草のように思えてしまう理由だとしている。つまり地域に生きるとは、国家などの策略に支配され従属するようなタテの関係や、ことばや慣習などの同化を強いられるヨコの関係からの自由をつかみながら、自治的、主体的に生きることなのである。

戦争遂行を支えるための村落共同体としての郷土、ことばや慣習などへの同化を強いる郷土、（少なくとも石田が自分史において実感する）そうした「郷土」の二側面を石田は否定する。そして、それとは異なる「地域」の不可欠な条件として「主体性と自治性」をあげている。

石田が自分史において、まず最初に、上記のように「郷土」から区別された「地域」を描き出そうとしているのは、戦後まもない時期に教師として恵那に戻った石田にとって、恵那を郷土から地域に変えていくことと、子どものための教育実践をつくりだすことが不可分のことであったからである。

敗戦によって日本社会は戦前の軍国主義から戦後の民主主義へと大きく転換しようとしたが、国家体制の激変だけでは教育の内実は変わらない。人々の暮らしのあるそれぞれの地で、はたして「郷土」から「地域」へと変えようとする動きが当時の日本社会でどのようにつくられたのか。二〇代の石田の教育実践の記録は、国家に管理されるのではない自治をめざして主体的に生きる人々が、同化を求めるのではなく相互の違いを尊重しあうよう、「郷土」を「地域」につくりかえていくための当時の模索を具体的に示していると も言える。

戦争が終わることを考えなかった

子どもの頃の石田は、熱血の軍国少年ではなかった。「軍人になりたいとか、大将・元帥を夢みることはできなかった」のは、「殺人を職業とすることはどうしても名誉とは思えなかったから」である。しかし「それを否定する知恵も勇気もなかった」。（本巻論文7　二三八頁）

石田は小学校卒業後、岐阜県第二工業高校に入学したが、一五歳で岐阜師範学校予科に合格して入学した。師範学校と言えば、教師を養成するための教育を受けていたと思いがちだが、戦争のただ中にあった当時の師範学校は、教師になるための教育の場とはほど遠い実態だった。

「師範学校といえば教育勅語に基づいた教員養成機関としてたえず国家主義、軍国主義に彩られていたのであろうが、私がその予科へ入学した一九四二年は、太平洋（大東亜）戦争も最盛りであったため、教育体制は陸軍幼年学校におとらぬ軍事色の強いものであった。

国防色といわれたカーキ色の服装で、たえず銃器を持たされた軍事訓練の優先する学校では、人間臭い文化や教養を身につけることはほとんど不可能といってよかった。特に入学二年目からは学徒動員ということで兵器工場と荒れ地の開墾が毎日の生活となった。そのうえ、戦争末期になると中等学校四年卒業の制度がつくられ、予科三年までの筈であった私たちは一年間を飛び級して、二年で予科を終え上級生であった予科三年の人たちと一緒に本科一年に進級してしまったのである。そして、その年の夏に敗戦を迎えたのだが、それまで勉強は皆無に近かった。」（「私の青春時代」『教育実践』四三号、一九八四年一〇月）

石田は、一七歳で敗戦を迎えたときの心境を、若月との対談でこのように話している。

「私はそれまで、戦争が終わるなどということは考えてもいませんでした。ものには必ず終わりがあるはずですが、戦争が終わるとはどうしても考えられなくて、自分もいつかは死ぬしかないと思っていました。その生活態度も気の弱い、ちょうどチンピラみたいなもので、ほえて歩く〝咆哮〟と、さまよって歩く〝彷徨〟という二つの気持ちをもっていたのですが、そういうものがプッツリ切れてしまいました。」(本巻論文6　二二二頁)

殺人を職業とすることを名誉とは思えないが、それを否定する知恵もなく、戦争が終わることを考えられずに、いつか自分も戦争で死ぬと思っていた。主体的に大局を考えることもなく、時勢に身を任せ、消極的で非主体的に生きるしかなかった。敗戦を迎えるまでのこの自分の姿こそ、石田が教師になったとき、その逆をめざすという指針になる。時勢に身を任せるのではなく、大局を見すえ、自分で考え、主体的に生きていく。自分自身の子ども・青年期の姿を反転させた、そういう子ども像を石田はめざしていく。それは自分の中の子ども期を取りもどすことであり、子どもとともに「自分の中の子ども」を生き直させることである。戦後の民主主義の社会と教育についての理論的な学習と同時に、子どもだったとは言え、かつての戦争が終わるとさえ考えられなかった自分を引き受けて、石田は自分が受けた教育とその中で育った自分をのりこえるようにして、教師になっていったのである。

思い出のなかの教師たち

では、戦争が終わると考えることもできないように石田を教育した学校や教師に対して、石田はどのように見ていたのだろうか。

座談会「恵那の戦後教育運動三〇年の歩み」（『教育運動研究』第二号一九七六年一〇月、以下「座談会」と略す）で、石田は教育運動史家の井野川潔から、教師の主体性の形成において、教師の戦争反省と子どものつかみ直しがどう関わるかと問われて、次のように答えている。

「戦争教育の推進についての反省というのもは、ぼくらにはないのです。ぼくらは、むしろその戦争教育を受けた被害者でした。」「ちょうど、戦争末期に師範学校へはいって、ぼくらは、戦争中はほぼ軍隊と同じような状況のもとにおかれていました。そして軍需工場へ勤労動員されて働くとか、しかも軍人の監視のもとにです。」

そして「教師の戦犯」について「切実な思い出がある」と言い、次のようなエピソードを紹介している。

戦争末期、岐阜が空襲にあったとき、師範学校本科一年生だった石田たちは、すぐそばの柳津の軍需工場に行っていた。工場と寄宿舎の間の川のはたで空襲をさけたが、落ちてきた焼夷弾がたまたま不発弾だったため、命が助かった。しかし寄宿舎に戻ると、「いつだって君たちと命をともにする」と言っていた舎監の杉野という教官がいなかった。そして一時間余りたってから戻ってきたことに納得がいかず、不審を抱いた。それからまもなく敗戦を迎えると、石田ら師範学校生たちは、この教官にたいして「それでも教師か」と追及する大会を開いたのだった。

戦後、石田は「むしゃぶりつくようにいろんなことを学び」、戦前には聞いたこともなかった「民主主義」ということばを知り、感銘を受けた（本巻論文6　二二三頁）。まるで陸軍幼年学校のように軍人の監視のもとに軍需工場で働かされ、ろくな勉強もさせてもらえず、戦争の被害者だと思っていた石田たちは、教師を追及するなど戦争中には考えられなかった行動を堂々とおこなうことで、自分たちで戦後の民主主義の一歩を歩み出す。「そんなことが、ぼくにとって、行動のうえでの戦争責任の追及になっていた。そういうことが、一応すんで、ぼくら自身にすればある意味でさっぱりしたわけです」（「座談会」での発言）。

戦時下のおこないを反省することなく、手のひらを返したように戦後に順応して生きようとするような教師に、石田らは弾劾をおこなったのかもしれない。従わなければならない存在でなくなり、敬意を払う気持ちにもなれなかった教師たちに、率直な態度で対面することができる社会を迎えたのだった。

この他に若月との対談で、石田は、師範学校時代の二人の教師の思い出を語っている（本巻論文6　二二九―二三二頁）。

一人目は、大村守伍という工作の教師で、石田はこの教師に二度なぐられた。この教師は発音やアクセントにくせがあったのだが、石田はそのことをこの教師を軽蔑していたわけではなかった。しかし、一度目は、子どもっぽい無邪気さから、のこぎりをうまく引けないでいる教師の姿をクスッと笑ってしまった。そして二度目は、長い説教のあとの端的な三つのまとめを聞いて、それまでの話が不要に思えて、なぜか知らずに笑ってしまったのだった。この教師は、石田が学徒動員中に自宅に一泊よぶんに外泊してしまい、宿舎にもどるのが遅れたとき、石田のうそをみすかしながら黙認してくれたこともあった。その教師の、なぐるときの「目にたまった涙」を忘れることができないと石田は言う。

「なぐる」という行為でしかあらわすことができなかったところに、石田はその教師の「人間的真実」を見た。彼は石田に自分の非を「人間的痛み」として感じさせる記憶を残したからである。石田は、そこに「教育的真実」があったとも述べている。それは、自分のなにげない行為が、その人の目に涙がたまるほどの気持ちを与えるようなことだったと深く教えられたという意味であろう。

もう一人は、土屋常義という美術の教師である。ある日、不可抗力で宿舎の門限に遅れたが、この教師は事情を説明してもけっして許してくれず、石田は罰として寮長の上級生からリンチにあうはめになった。その件で父親が呼び出されたが、父の所用で応じられなかったのに、父親が来られないように石田が工作したと決めつけられた。また、石田が提出したデッサンについて「うますぎる」「だれが描いたのか」と疑いをかけ、最後まで石田本人が描いたことを信じてくれなかった。のちに『恵那綴方教師』の表紙の挿絵を描いたり、絵手紙を書き送ったりしていた石田の絵のうまさはよく知られているので、師範学校時代から絵心があったことを思わせるエピソードだが、その教師に疑いをかけられて以来、卒業するまで、石田は師範学校では一枚も絵を描かなかった。

「ひねくれ者でも真実な面はあるのだということを前提にしておかないと、人間的な信頼はなかなかつくれないものだと思う」と石田は述べている。この教師に疑われたときの悔しさや心の痛みを忘れなかった石田は、教師として子どもを信じぬくという強い信念を持ち続けた。

デモシカ教師としてのスタート

こうした戦時下での師範学校で負の体験もその後の石田の教師としての生き方に影響を及ぼしたものの、戦後になっても石田は師範学校で確かな教育理念を得たわけではなかった。師範学校の学生時代、附属小学校での教生（教育実習）日誌の表紙に、石田は「忍従」と記していたくらいで、教師になろうと意欲的に教育実習に臨んだわけではなかった。しかし石田は教生ではじめて子どもと出会い、子どもを知り、子どもをかわいいと思うようになる。卒業を控え、他に資格もなく、「教師にでもなるか」「教師にしかなれない」というまさにデモシカ教師だったが、子どもと一緒に何かをすることの楽しさを通して子どものかわいさを知った教生経験が、子どものために頑張ろうとする石田の教師としての資質を引き出したに違いない。

石田は、校長をしていた父の友人で、クリスチャンで穏やかな人柄の大野校長のいる付知小学校を希望した。当時は教員不足だったため、希望どおり付知小学校への赴任が決まった。そして石田は六年二組六〇人の子どもの学級担任となった。「自分史的地域の把握1」（本巻論文7）で当時を回想して述べているように、父の住んでいた福岡村の教員宿舎に同居した石田は、通勤のため、家から下野駅まで歩き、そこから北恵那鉄道に二〇分ほど乗って下付知駅で降りた。下付知駅に降りると、毎朝、駅の近くに家のある子どもたちが石田を待っていた。

笑顔で「せんせい、おはようございます」と出迎える子どもたちに、石田も笑顔で「おはよう」と大きな声で答え、子どもと連れだって三キロ以上の道のりを、わあわあとおしゃべりしながら学校に通うのだった。帰りは帰りで、駅の方に帰る子どもたちが、石田が帰り支度を終えて出てくるのを待っている。そしてまた連れだってにぎやかに、一時間近く歩いて行くのだった。石田は、その様子を「子ども連隊」のようだったと語っているので、群がってくるのは男の子が多かったのかもしれない。二〇歳の若々しい石田は、六年生とは八歳ちがいであり、子どもたちの兄のように見えただろう。

戦争が終わってまだ三年もたっていない一九四八年の春、子どもたちはみな貧しく、食べ物もろくに食べられない日々だっただろうし、家では労働力としてあてにされた。そんな子どもたちにとって学校は、家の労働や心配事から解放されて、子どもの時間を過ごす場所だった。

石田が教師になった頃にもまだ墨を塗った戦前の教科書を使っていたそうだ。何をどう教えるかを考え、どんな教材を使うか、すべて自分たちでつくらなければならなかった。それは教育内容や教育方法、つまりカリキュラムを自分たちでつくらなければならないという責任を負うことであるが、裏を返せば、学校ごとに教師たちが自分でカリキュラムをつくることの自由をもっていた。

加入できないことになっていた校長を除く全員が、あたりまえのように自動的に教職員組合に入っていた。教員不足のため、石田と同年代の代用教員も多く、管理職が押さえつけるということもなく、学校はなんでも自由に議論しあう雰囲気だった。この当時の小学校が全国どこでもそうだったのかはわからないが、付知小の雰囲気は、当時の戦後教育改革の気運がもたらすものであったろう。石田が教員になる前年の一九四七年に発表された「学習指導要領（試案）」の「序論」はこう書き出している。

「いまわが国の教育はこれまでとちがった方向にむかって進んでいる。この方向がどんな方向をとり、どんなふうのあらわれを見せているかということは、もはやだれの胸にもそれと感ぜられていることと思う。このようなあらわれのうちでいちばんたいせつだと思われることは、これまでとかく上の方からきめて与えられたことを、どこまでもそのとおりに実行するといった画一的な傾きのあったのが、こんどはむしろ下の方からみんなの力で、いろいろと、作りあげて行くようになって来たということである。」

このように、上の方で決めたことを実行させる画一的なものではなく、下からみんなでいろいろとつくりあげていく教育を、当時の文部省は、各学校に求めていた。この学習指導要領は今とは異なり、試案であって、つまり「新しく児童の要求と社会の要求とに応じて生まれた教科課程をどんなふうにして生かして行くかを教師自身が自分で研究して行く手びき」にすぎなかった。一九五八年に「告示」として法的拘束力をもつとされた学習指導要領のような中央集権的教育統制をもっていなかった。むしろそうした統制は、教育の自由を奪い、戦時体制をつくりだしたという反省にたっていた。日本国憲法と教育基本法に基づいたそうした教育行政がおこなわれていたわずか数年の間に、石田は教師生活をスタートさせ、学校や教職員組合そして地域で民主主義の社会を実現するための教育や活動に「のぼせて（熱中して）」いくことになる。

はじめての通知表に成績をつけなかった

付知小学校での教師一年目の一学期が終わろうとしていた。夏休みに入る前日の七月三一日に、石田ははじめての学級通信を発行した。その中で石田は、「今学期の成績について」として、成績通知をしないことを親に知らせているが、その前段で自分の教育方針について、およそ次のように述べている。

人間が悪事をはたらいてしまうとき、「決して突発的な思考と行動の表れではなくして、その人間の育ちというか生活というか歴史がその人間をして悪事を行なわしめたということができる」。つまり、子どもの生活と環境が「健全にはぐくませるための大きな支配力を持っている」。そして、「必要な人間の子供としての要素」としては、「第一に考える力をもっていること、第二に何者にもひくつでないあかるさをもっていること、第三に正しいこと」の三点である。

こうした子ども観、教育観を親たちに示したうえで、成績通知の欄を空白にしたこととその理由を、およそ以下のように記している。

考える力をつけたいと思ってきたが、まだそのための学習を十分にさせてやれなかった。また付知町のことなど子どもの暮らしについて理解していないし、子どものこともよくわかっていないので、成績を付けることはできない。覚えたことを採点することはできるが、それでは子どもに誤った学習観をもたせてしまう。ひくつでない明るさを子どもたちは発揮している、そしてそれは考えるために必要なことである。その明るさをつみとらないで、二学期は考える力を重点に指導していく。

一学期に考える力をつけることが不十分だったとし、二学期は子どもの明るさをつみとらないようにして、考える力の指導に重点を置いていくという。この石田の学級通信での説明に、親たちから苦情や問い合わせはいっさいなかった。付知は戦前から学校や教師に対する信頼が厚い地域で、新米教師とはいえ、戦後になってもそうした教師への信頼が崩れることなく残っていたのだろうと石田は言う。また、そうした地域の学校への信頼によるだけでなく、親たちが子どもの学校の成績よりも日々の暮らしに精一杯だったということもあろう。教師として子どもたちに何も十分なことができていないのに、それなりのテストをして成績を付けることが子どもへの評価になるとは思えないでいた石田が、成績をつけないという率直な行動に、親も子も学校も寛容だった。

子どもは子どもたちの中で変わる

付知小学校で石田が力を入れたことの一つが自治活動だった。付知小学校にいた二年間は連続して六年生の担任だった石田は、全校自治会活動も指導したが、日常的には学級自治会の活動にとりくんだ。力の強い子どもが弱い子どもを従えたり、一部の子どもが学級を牛耳るのではなく、民主的な話し合いで問題を解決していくことを子どもたちに経験させて、民主主義の社会の担い手を育てようとした。同時に戦後新しい教科として導入された社会科を、民主主義の社会について学習する教科として、教材研究や指導案を作成していった。他には、人形や小道具もすべて子どもたちでつくって人形劇を演じさせたり、映画鑑賞会に連れて行くなど、学校で芸術文化活動にふれる機会をできるだけ多く保障したりもした。

付知小学校の一年めが終わろうとしていた頃、最初に出した学級通信で、人間が悪事をはたらいてしまうのは生活環境にあると石田が記していた、まさにそんな事件が学級で実際に起こってしまう。「クラス内泥棒事件」(本巻論文6　二二六頁)である。

ある子どもが、学校の帰りに役場に寄って税金を払ってくるように親から頼まれた。学校に持ってきていたその七〇〇円のお金が教室の中でなくなった。石田は「罪を憎んで人を憎まず」と話したりしたが、誰も自分がやったと打ち明けてはこなかった。これをなんとか解決しようと時間をかけて話し合った結果、子どもたちはクラスの中で起こったことだから、みんなでお金を稼いで弁償しようという結論になった。しかし税金を滞納できないので、急いでお金を工面しなければならない。そこで子どもたちは親に手紙を書いて、一五円ずつ貸してほしいと頼むことにした。以下、その手紙の全文である(「東京都立大学集中講義資料綴」一九八六年)。

「お父さんお母さんまい日ごくろうさまです。たいへんいそいでやつかいなことですが、お願いします。昨日ぼくたちの組で一人がよその家からあずかつた、たくさんのお金を落してしまいました。そこで、さつそく自治会をひらきました。いろいろのいけんが出ましたが、みんなではたらいてとる事にしました。そのお金で少しでもたすけようと思いました。落したお金はぜいきんなのでした。早くはらはなければいけないと思ひ、一人十五円でいいからかしていただき、ぼくたちでいろいろのことをしてきっとかへしますから、十五円かして下さい。おねがいします。　二月十七日

よい子の町　町長」

「よい子の町」とは六年二組のことであり、町長は級長である。クラスの六〇人の子どもたちが、たきぎ拾いなどの作業を一日がかりで二日やると、七〇〇円のお金を稼ぐことができた。父の友人で石田も慕っていた校長は、話し合いに時間をかけるのも、子どもたちが学校をやすんで作業に行くのも認めてくれた。そうして子どもたちは、お金を取った人が名乗り出ないのなら、それ以上の犯人捜しをやめて、見つからなくて困っているお金をつくりだすことを考えた。そうやってみんなでお金を稼ぐための二日目の作業が終わったとき、「石田先生へ」と書かれた紙包みの中から六〇〇円ほどのお金が出てきた。石田はその紙を残していたら、筆跡でどの子が盗ったのかを探ってしまうと思い、子どもたちの目の前で焼いてしまった。そうして本当によかったと石田は後々も考えていた。「罪を憎んで人を憎まず」と子どもたちに口先だけで言うのではなく、それを実行した。お金を取ってしまった子どもは、名乗り出ることはできなかったが、お金を返すことができた。それを石田は心から喜んだ。その子にそうさせたのは、自分たちで無くなったお金を弁償しようとした子どもたちの行動だった。「教育というのは子ども自身を動かして、子ども自身を変えていく作用なんだなということを、直感した最初のキッカケのような気がしますね」と石田は話している（本巻論文6　二三三頁）。

この事件の経緯を見守ってきた一人の母親が、お金が見つかったことを知って、石田に手紙を届けた。

「……略……先生には本当に御心労のことだったと存じます。この事件が起きましてから失礼ながら先

生にはどんなにして御解決遊ばすかとじっと見つめさせていただきました。自治会よりの報告には本当に本当に関心いたしました。又、三月一日付の通信により、先生よりの詳しい御報告を何度も何度も読ましていただきまして事件の御解決が如何に適切であり民主的であつたかを喜んでゐる者でございます。ともすれば人に罪を被せたがる今の世に、級友の皆さんのあの温い御心には子を持つ親でなくともきっときっと涙さるることと存じます。

私もあの当時子供から毎日のやうに事件の成り行きをきヽて内心おどろいてゐたのであります〝日頃のんきな子供の何処にこんな心がひそんでゐるだらうか〟そうして荒みきった今の世にこんな心の萌芽を植え付けて下さった先生の御努力のどんなにか尊いことを今更のやうに深く感銘いたしたのでございます。失礼な言ひ方ですが今度の事件一つでもう本年度の勉強は万点だと存じます。先生の御努力に何んと御礼申上げてよいやらわかりません。新教育の筋がおぼろげ乍らわかつたように存じます。……略……」

子どもに考える力をつける教育をめざしたが、まだ子どものこともわからず、十分な教育もできていないので、成績をつけないと七月末に親に伝えた石田だったが、その年度末の三月に「本年度の勉強は万点だ」と親から評価されたのである。またこの事件の解決の仕方について「如何に適切で民主的であったか」と記しているように、民主的に話し合い解決の道をみつけていこうとした子どもたちの様子を通して、民主的であるとはどういうことかを親も同時に学んでいたことがわかる。日本国憲法施行から二年を迎えようとしていた一九四九年三月のことである。

生活綴方の発見

二〇歳の石田和男はこうした教育の手応えを実感しながら教室での実践を重ねていた一方で、地域の民主化かや組合の活動では、血気盛んに「ラディカル（急進的）な」行動も展開した（本巻論文12「自分史的地域の把握6」参照）。夜中のうちに職員室の机の配置をロの字に変えて「民主的」にするなど、「その頃の私にはこれに類したドン・キ・ホーテぶりはいくらでもあった」と苦笑する。

石田は、石橋勝治の自治活動の本を読んで勉強するなど、自治活動に力を入れていたが、教育において最も大事だと考えていた、考える力をもたせることについては自分のやっていることに疑問も感じていた。

「子どもたちには〝考えよ考えよ〟といいながら、私の考えたことを押しつける結果を生んでいたことが多かったことはまちがいない。私たちはそれではほんとうの考える力が育たないことを感じていたので、読み書き算流行していたが、私たちはそれではほんとうの考える力が育たないことを感じていたので、読み書き算

としての国語や算数を基礎に、新教科として導入された社会科を大事にしながら、各教科で考える力をつけさせることをめざしていたことはたしかだが、考える力ということでの各教科の特性がはっきりしていたわけではないので教科学習では、結局、私の知る限りの新しい知識を受け売りしながら、生活の事実とは別に考えることを求めていたことが多かった。そして生活の問題は、自治活動として直線的に解決することに力をいれていたのである。」（「私の青春時代」一九八四年）

付知小学校での二年目、もう一度、六年生を担任していた石田は、各教科の自主教材を作成し、自治活動や文化活動をリードしながらも、胸に去来するある種の虚しさを歌に詠んでいた。

先生のまねさせし　子どもの悲しさ　用もなきに動議問う
大人のわけ　言葉やさしくして　黒板に書く　子等の瞳の空虚なれども
とっちめて語らせし子は　さりげなく政府悪しと　意味もなく言う

狂暴に泣きわめく顔役　スクラム組む子に　罪あばかれし自治会
びろんびろんの服のそこに燃ゆ働く者の血　自治協議会に　顔役責む子の頬
何べん説明してもわからぬ子の　背をたたくとき　病みたる胸の激しく疼く
辨当をもってこぬ朝鮮の子　名古屋へかわるという朝　新築の教室の木の香いたく眼にしむ
啄木は　日本一の代用教員と雲と天才に書く　俺は日本一の平教員と反古に数書く

（前掲「私の青春時代」より）

こうした心境にあった石田は、一九四九年九月、国分一太郎の講演で紹介された大関松三郎の詩「ぼくらの村」に衝撃を受ける。寒川道夫編『大関松三郎詩集　山芋』は、この一年以上後の一九五一年二月に発行されたので、石田は、寒川道夫も大関松三郎もこの講演で初めて知った。石田だけでなく、国分が紹介した松三郎の詩によって生活綴方に感動した恵那の教師たちは、三か月後の一九四九年一二月には恵那生活綴方の会の準備会を立ち上げた。

太郎良信の研究によって、「ぼくらの村」は大関松三郎の自作ではなく、寒川道夫が書いたとされている（『「山芋」の真実　寒川道夫の教育実践を再検討する』教育史料出版会、一九九六年）が、だまされたのだとしても、石田や恵那の教師たちに生活綴方に目を開かせ、その後の恵那の教育運動を決定づけたことの意義は変わらない。大関松三郎はすでに戦死していたが、石田と年齢がほとんど同じだった。戦時下で、考えることをしてこなかった自分と、貧しい村に力強く百姓としていきながら、希望の村を思い描いていた松三郎を比べてみるとき、生活綴方で生活の事実をしっかりとみつめ綴ることが、その現実をどう変えていけるかを考えることなのだと、松三郎の詩は石田に教えたのだった。

付知小学校二年目の六年生を担任していた石田は、国分の講演以来、生活綴方に熱中して本などを読みあさった。そして、生活綴方教育が自分にもできるのだと思わせてくれる綴方「家」を熊谷静という子どもが書いてきた（本巻論文8　二五四頁）。「生活が苦しい」「貧乏だ」と何度言うよりも、生活の事実を通して理解し共感できる。この綴方で「生活綴方教育の可能性と自信への見通しができた」石田は、中津川東小学校へ異動し、本格的に生活綴方の実践を展開する。

ありの子学級での生活綴方実践

本巻第一部に収録した実践資料は、中津川東小学校五、六年生「ありの子」学級で、石田が綴方や日記をどのように指導していったかを示す学級通信やプリント類である。「五の三つうしん」第一号は、担任の挨拶に続けて親たちの意見や要望を記入してもらうアンケートになっている。（石田はこのようなアンケート調査を付知小学校のときから行っていた。担任教師としてだけではなく、恵那教育研究所の所長としても、子どもや親、教師の現状と願いなどについて、こうしたアンケート調査を活用した。）

「五の三つうしん」第二号（一九五〇年五月五日）には、さっそく「綴方の教室」として塚田卓男「ぼくの家」が載せられている。第三号（六月一一日）には、石田が休んだ日の朝の会で、男子が女子の意見を聞かずに、「女子は男子に絶対手向かいしないこと」という決議をしてしまい、翌日、女子たちが石田にそれについて訴えてきたので、その決議を無効にする決議をあげたというできごとを紹介している。そしてその後で、ある日の子どもたちの会話にあらわれた、あからさまな男尊女卑の意識の現状を記している。日本国憲法・教育基本法で男女平等になったが、家庭の現実はどうか、石田はそれについて子どもだけでなく、親たちと一緒に考えようとしていたがわかる。

六年生になると学級通信は「蟻の便り」に変わる。題名が変わっただけではない。それまでの一枚通信をやめて、ノート通信にした。通信の内容をノートに印刷したり、個人的な連絡を書いたりして、家庭に持ち帰らせた。親はそのノートに印刷されたアンケートに回答したり、家庭からの用件を記入したりして学校に持たせた。学級通信がバラバラになることがなく、連絡帳の役割も兼ねていた。本巻には、その一部を収録しているが、横長なのは、ノートを見開きにして謄写版で印刷していたからである。石田は学級担任であったときは、こうした通信を必ず発行していた。それは、「教育には親の理解・納得が必須だと考えていたから」(本巻論文10　二七八頁)である。

学級通信「五の三つうしん」「蟻の便り」のほかに、子ども向けの「ありの子」も発行していた。東小学校五、六年はそこから「ありの子」学級と呼ばれている。「ありの子」は一枚文集でもあり、日記や作文を書くためのワークシートでもあり、第一号は七月二五日、夏休み前に発行されている。そして夏休み後に発行された第二号は、子どもが書いた夏休み中の日記や映画の感想を載せ、鑑賞・批評するためのプリントになっている。第一部(三)回顧録2の「教室文集「ありの子」の頃」には、(一)に収録したプリント類を使ってどのように指導したかが述べられているが、その頃ちょうど出版された国分一太郎『新しい綴方教室』を何度も読んで参考にしたことがわかる。

五年生の一学期が過ぎる頃には日記に生活の事実を綴る子どもがあらわれてきた。安江満寿子はその一人で、石田は満寿子に「日記全体から一つの題をみつけて、まとめて書いてみないか」と投げかけた。そうして一〇日間をかけて原稿用紙二〇枚の綴方が書かれた。それが「苦労する母」である(本巻論文9「自分史的地域の把握3」参照)。

恵那綴方の会は一九五〇年に発足し、ガリ版刷りの機関誌『恵那綴方教師』第一号を一九五一年五月に創刊した。『恵那綴方教師』第二号(同年六月)に、作品研究「苦労する母」が掲載され、石田の「指導者のことば」が添えられている。それによると、この作品を発表し教室で話し合ったとき、満寿子はこの作品の構想についてこう述べたという。

「はじめはどんなふうにまとめたらよいかとまよったが、夏休みの生活をもう一度ふりかえってみて、いろいろなようすのお母さんを書いてみようときめて、書いているうちにお母さんのようすだけではたらなくて、どうしてもまだ書きたいことがあって、『私の考えること』をつけてしまった。」

教室での研究の結果、さらに書き加えて二五枚の作品に仕上がったが、六年生になって「私の考えること」を書き直したのが完成作品になっている。『恵那綴方教師』第三号には恵那綴方の会の同人や演劇教育家の富田博之らが批評文を寄せている。石田にとって「苦労する母」はその後の生活綴方実践の「道標」となったが、恵那綴方の会にとってもそうであった。

戦後の生活綴方の復興の担い手として

石田は、全国に自分の文集を送っていた。そして全国から文集が送られてきた。こうした文集の交流も石田にとって生きた生活綴方の勉強だった。日本綴方の会が結成され、一九五〇年一一月に機関誌『月刊作文研究』（のちに『作文と教育』）が創刊されると、全国の生活綴方教育の仲間の交流を促進した。「苦労する母」は、全国誌『作文と教育』一九五一年一〇月号にも掲載された。そこでは、来栖良夫が評を書いている。

「この作文は、じぶんの家の生活の中へ、しっかりと目をくばって、ようすや、考えや、いろいろな気持を、力強く書いていった、たいへんりっぱなものです。

もう一つ、この文のよさは、じゅんじょがよくかかれているところです。これは、五、六年の作文ではひじょうに大事なところで、これからかこうという作品の内容を、どういうじゅんじょで、どういうところに力をいれてかこうかと考えてみることを、まずしっかりやってもらいたいと思います。」

来栖はさらに、ほかの人だったら「母の仕事ぶり」のところだけしか書かなかったかもしれないが、なぜそういうことになったかをはじめに書き、三と四で母の苦労や家のことに対する自分の考えを書いてまとめているところが「この作品をいっそうりっぱにした」とほめている。そして最後に「なおこの文などのっている中津東校の諸文集は、二六年度小学校作文中〔ママ〕の圧巻であると思いました」と記している。

戦後の生活綴方教育の復興を象徴するのは、無着成恭『山びこ学校』である。しかし、その指導過程についての資料はあったのだろうが、少なくとも公表されていない。本巻に収録した石田の指導資料や学級通信は、当時、生活綴方の指導において、石田が具体的にどのような手立てをとっていたかを示してくれる。『新しい綴方教室』を出版し、各地で講演などをおこない、戦後の生活綴方の復興を牽引していた国分一太郎は、石田和男編『夜明けの子ら――生活版画と綴方集』（一九五二年）の「解説」で次のように述べている。

「『山びこ学校』『山芋』が世に出て有名になり、生活綴方による教育方法が注目されると、それは、『北方』だけにしか通用しないもの、『北方』だけに独特のもの、こんなふうにまちがわれる一時期をつくった。」「そうでないことを示してくれる成果が、日本の国の中ほどから、西から、東から、南から示されることをこいねがった。そのとき、石田君は無着君より一年おくれて、まじめに子どもとっくみだした過程でのすぐれた成果『ありの子』を、ドカッと送ってくれた。」

恵那は戦前から生活綴方にとりくんでいた地域ではない（「座談会」での恵那の教師たちの発言でもそれは確認されている）。戦後、「コア・カリキュラム」などの新教育が広がったとき、それには懐疑的で、しかし新しい教科であった社会科を中心とした自分たちでカリキュラムをつくり、新しい時代の教育をつくろうという意欲に燃え、全国のすぐれた教育実践に学ぼうと組織的に活動していた。無着成恭が、国分一太郎や村山俊太郎など戦前からの生活綴方教育の伝統を受け継ぎながらも、個人の教育実践として全国に名を知られたのとは対称的に、石田は恵那綴方の会の若手メンバーとして活動していた。国分は「解説」で、石田の当時の様子をこう記している。

「無着君はじぶんたちの研究グループ・山形児童文化研究会のことを話すけれども、石田君がよく恵那綴方の会の話をするほどではない。石田君は、いつも『仲間が、仲間が』と、みんなの悩みや抱負を訴えてくれる。」

文集「ありの子」の綴方を読んだ国分は、『山びこ学校』を出版していた百合出版社の後藤彦十郎に「ありの子」の出版を勧めた。しかし出版交渉をうけた石田は、「それは恵那綴方の会全体の指導の成果をみてもらうべきだ」と返事をしたという。その結果、百合出版は恵那綴方の会編『恵那の子ども』(一九五二年七月)を出版した。

こうして石田個人の学級文集の出版を断って『恵那の子ども』が出版されたにもかかわらず、結果的にほぼ同時期の一九五二年八月に石田和男編『夜明けの子ら』(春秋社)が出版されるに至った事情は、「自分史的地域の把握5」(本巻論文11)でも述べられている。国分の「解説」によると、一九五二年正月に『アサヒグラフ』の人が国分を訪ねてきて、無着成恭以外で生活綴方をやっているクラスをカメラに収めたいというので、国分は石田を紹介した。『アサヒグラフ』一九五二年二月六日号に、石田の教室で版画を彫る子どもたちの写真と記事が掲載された。たまたま同じ号の『アサヒグラフ』のチャタレイ裁判の記事に自分の写真が載っていた春秋社の野口平蔵が、それに目をとめ、版画と綴方の本を出版したいと申し出て、『夜明けの子ら』が出版されたのである。第一部に収録した版画集は、『夜明けの子ら』のもとになった「ありの子版画集『飛ぶ絵』」(本巻作品1)である。

版画と生活綴方

「版画から図画へ」でも石田が述べているように、石田は版画教育をしようとしたのではない。『学級詩集』に「絵があったらいいなあ」という話から、同じ絵を入れるのなら版画がよいということになったのだ。しかし、一九五一年七月に、版画を入れた最初の詩集を送られた箕田源二郎は、そのときの版画について「生活の中にあるだいじな問題に目をつけるようになったという子どもたちが、とにかく夢中になってほった版画から、私は本当の子どもたちの声をきくことはできませんでした」と、厳しい評価をくだしていた（箕田源二郎「解説　生活の歌」『夜明けの子ら』）。

たとえば、大野龍三「土くだき」という詩がある。

「ドドーン」北野村の丸山で／ダイナマイトがはぜている／体中黒く、ひにやけた／体格のいい人たちが／くだきはじめた。／くだした砂は／あたまにはちまきをした／女の人が／あせをたらして、はこんでいった／かたく口をつむり／つるはしを／高くふりあげ／土かべをこわしている／うでのきんにくが／まりのようにふくれている／かおには、あせが／にじんでいる。

この詩に添えられた版画について、箕田はこう述べる。

「山でつるはしをもって働いている人だなということがわかるだけで、大野君の心をうった働きの姿はあらわされていないのです。汗のにじんだ顔や、まりのようにふくらんでいた腕に、はげしい働きの姿を見た大野君が、ただ顔や腕を、誰ももっている、そしてどこにでもある顔・腕というものがあらわせたからといって満足していたのでは、図画の勉強にはなっていないのです。」

「版木に形をほるということがせいっぱいのことであったかもしれません。あるいは、早くほって刷ってみたいという、ものをつくるよろこびだけであったのかもしれません。それにしても、私はこの文集の版画を見て、画をかくというのはどういうことなのか本気で考え、『下手でもいい、自分の目でとらえたことをなんとかしてあらわそう』という気持ちを、よみとることはできませんでした。人間をかくのは人間らしい形をつくることでいい、という安易な態度が残念だったのです。」

こうした箕田の批評を受けて石田は考えた。そして「何を描くか」「その何をこそが実は絵の中心でそれは現実生活の中で得た感動にほかならないのだ」と子どもたちに話していく。生活綴方と同じように自分の目で見て、心が動いたことをとらえて描くのだ。そうして版画が変わってくる。六年の最後に仕上げられた版画集が箕田源二郎に届いた。箕田は大野龍三「エンピツを持つ手」（本巻作品1　六九頁）について、こう評している。

「人さし指がへし折れるようにまがる。親指に力がはいる。これから仕事をしようとする手のようすが、大野君にこの絵をかかしているのです。その仕事をしようとする手のようすはどうなのか、もっともっとくわしくみようとしています。人さし指の関節のところにぐっとたこができてふくれあがっているようすが端的にあらわされています。人間の仕事をする手の尊さをしみじみと感じさせてくれるような表現です。手をかこうとした大野君の生活というものがにじみでているような表現です。」

本巻第一部に収録された版画は、箕田が七月に酷評した半年後に「私は、この一枚一枚の版画に子どもたちのひたむきにうたっている『生活の歌』をきくことができます。美しいもの、ねうちのあるものを見つけ出そうとする子どもたち一人一人の目に胸をゆすぶられます」と高く評価した版画の数々である。石田は生活綴方と同じく、子どもに生活の中の何を見つめさせるか、そのときの目や耳や心がとらえたことをどう表すかを子どもどうしで学び合う教室をつくっていったのである。

ありの子学級の生活綴方

東小学校五、六年の「ありの子」学級の子どもたちは、文集『ありの子』とは別に、「私の本」「私の新聞」など個人文集をつくっている（本巻論文11「自分史的地域の把握5」参照）。加藤興二の私の本『いもっころ』は、七九ページにわたってクレヨンで挿絵やマンガも入っており、小さな字で幼稚園から六年生までのできごとを丹念に思い出して書いた自分史的綴方で構成されている。ほかの子どもも生い立ちにさかのぼって自分の一二年の歴史をたどっている。小学校一年生まで戦争中だったそれぞれの生い立ちをふりかえり、これからをどう生きるかを自分で考えようとしている。

「ありの子学級」のひとりだった杉山（旧姓安江）満寿子が当時をふりかえって、「綴方や版画を学ぶ事により、『仲間と力を合わせること、まっすぐに物を見つめる目、深く考える力』が次第に培われていきました」と述べている（本巻回顧録1「私とつづり方」）。また、綴方や版画以外の場でも石田が共同学習で日常の授業をすすめていたことを思い出している。

「学習は、ほとんどがグループ学習で、五・六人のグループで教え合って、全員が理解できないうちは次に進めませんでした。そんなわけで、どのグループも一生懸命勉強した事を覚えています。それは、いわゆる今のつめこみ教育ではなく、一人一人がやる気になって、みんなで考え、みんなが同じように進んでいく、血の通った学習でした。その成果として、五年生から急に私の成績が良くなったと記憶しています。」

さらに続けて、石田の教育の根幹にあった「子どもを信じること」について、以下のように述べている。

「そして、何より私にとって嬉しかった事は、先生は私の欠点も長所もすべて把握しているのに、その私のすべてをそっくり受けとめながらも、なおかつ信用してくださったことです。つまり、私の存在を認め、ありのままの私を受け止めて、一個の人間として扱ってくれた事です。決して大人の物差しで私たちを見る事はなく、いつも、子どもの気持ち、子どもの身になって接してくれました。今思えば、それは謙虚で思慮深い人柄にかてて加えて、綴方を研究し、子どもの綴方に触れていたからこそ、私たち子どもの心の中へ飛び込んでくる事ができたのだと思います。それは、私ばかりでなく他のどの子に対しても同じで、もし中に問題になる子がいたとしたら、それはクラス全体の問題として、綴方を書かせ、私たちに考えさせました。」

ここには石田だけでなく、戦後、生活綴方をはじめとして、民主主義の社会を子どもといっしょにつくる教育にとりくんできた教師たちに共通する子ども観、教育観が示されている。子どもは自分の目でものごとを見て考えることができるという信頼を土台にした子ども観と、その子どもの可能性をどのようにして延ばしていくかに教育の責任を負う教育観である。

杉山はその後の人生において、石田の学級で育まれたことが支えになったことのひとつとして、「綴方によって培われたもう一人の自分とでもいいましょうか、いつ、どこで、どんな時にも、常に冷静に物事を見つめている自分が一体となり、『踏まれてもなお、芽をふく雑草のようになれ、顔をあげて現実を見つめよ』とくじけそうになる私を励まし、ささやき続けてくれた」と述べている。

石田は現実を見つめ考える力をもたせることを教育のもっとも大事な仕事ととらえて教師として歩み出した。この「ありの子」学級での二年間の実践は、六〇年代後半から恵那の生活綴方教育をふたたびよみがえらせ創造していく際の大きな財産となっていく。

一九五〇年代の石田の実践から何を受け継ぐか

私は、一九七六年一月、大学二年生のとき、東濃民主教育研究会冬季集会で、はじめて石田の基調報告を聞いた。東京都立大学坂元忠芳ゼミの一行として、恵那を訪れたときのことである。記憶が正確ではないかもしれないが、その基調講演で最も印象に残り、その後もずっと考えさせられてきたのは、〈いかに真実だとしても、それを子どもに教え込んだのでは、子どもの真実にはならない〉というフレーズだった。

私たち学生は恵那を訪れる前に、石田の東濃民主教育研究会夏期集会基調報告「生活に根ざし生活を変革する教育」（一九七五年八月、『恵那の生活綴方教育』および第三巻論文9）を読んでいた。はじめて石田の肉声での基調報告を直接聞いた後、それをあらためて読み返したものだった。石田がそこで生活綴方について述べていることを箇条書きに抜き出してみる。

「生活綴方というものは、内面における真実性としての生活実感を客観化する作業である」

「子どもたちの心の奥に、本当の自分の気持ちとしてつくられている真実は、生活の事実が重なることでうまれてくる生活実感なのである」

「その生活実感をうみだした生活の事実の重なりを、ありのままに描きだすことで、自分の生活を再生し、意識化する仕事だ」

「このように生活綴方は、内面を形成している外面の事実を、綴方の方法で再生する」

「その再生の過程に考える作用が生じる」

「再生がありのままにおこなわれるためには、事実の思い出しや、選択をふくめて、具体的に考えることがいっぱいに必要になる」

「その意味で生活綴方は、事実を考えながらありのままにみつめることで、現実についての意識を鮮明にする仕事だ」

教師が教え込むのではない、子どもにとっての真実とは、子ども自身が「内面における真実性としての生活実感を客観化する作業」である生活綴方をとおして獲得していくのだと石田は言う。内面の生活実感を生み出している外面の生活の事実をありのままに描き出し、自分の生活を再構成する。あやふやだったり、なんとなくしか説明できなかったりするできごとも、よく考え、思い出して事実を取捨選択して、自分にとっての生活現実としてつかみとるのだ。しかし、そうした生活綴方の教育をおこなうことは容易ではない。

この一九七五年夏季集会基調報告の前半は、子どもと教育にあらわれている困難な状況についての分析であるが、困難とは端的にいえば、「子どもがつかめない」ということである。子どもをつかむとは、教師が外側からあれこれ分析して子どもを「つかむ」ことではない。子ども自身が自分をつかむ、わかるということである。子ども自身が綴ることをとおして、自分の実感に基づいた何かをわかろうとしていること、わかったこと、それを差し出す限りで、おとなは子どもを「つかむ」ことができる。生活綴方は、子ども一人ひとりが自分の実感をつくりだしている生活事実を取捨選択しながら再構成し、自分が他者との社会的関係の中で「わかる」ということへの教育なのだ。

「……子どもたちが、自らで事実を見つめることができなくても、生活の事実が子どもたちにつくりだしている内実としての実感はあるものです。

その実感をつくりだしてきている事実をありのままに見つめることがなかったら、実感はあっても、その実感が何であるのかはわからないのです。たとえば、実感として『いやだなあ』という思いがあります。けれど、その『いやだなあ』の思いは、そのように実感せざるを得ない事実としての出来事があり、それに自分がかかわっているから生まれているわけです。子どもたちのそうした思いについて、『どうしていやだと思うのか』ときくと、『何となく』とか『よくわからんが、そう思う』ということがあります。それは事実がありのままに見つめられていないために、自分の思いの原因がはっきりしないから、それについてどうしたらよいかを考えることができないのです。」(『恵那の生活綴方教育』一五二―一五三頁)

「なんとなく」というあやふやさを、きちんとことばにして説明できるようにしていくことは、子ども自身がたとえば自分が「いやだ」と思っていることの原因や背景がわかるということである。そのように子どもがわかるようにしていくために、子どもが自分の生活の事実と向きあい、考えるように、ていねいに教育の営みをつくっていかなければならない。私は、一九七〇年代半ばに、石田からこのように生活綴方とは何かについて教えられた。

石田は図画教育や音楽教育においても、子どもの生活現実と音楽や図画が乖離しないように、どのように子どもの生活実感と音楽や図画の表現を結びつけて育てていくのかを問い続けた。詩や川柳、狂歌など短いことばで表現することの試みも含め、「生活綴方の精神」で教育をおこなうことが古くさいことではなく、いまにふさわしく再創造していくことが求められている。自分が何をどう感じているのかをあらわしながら、人とつながっていくことばをもつことの困難は、そうしたことばをもつことによって開かれる可能性を示してもいる。心に傷を負った人々が、自分のつらい経験をことばや音楽、絵画で表現し、共感する他者を得て生きることなど、現代的な課題と展開の中に、石田和男の教育論を位置づけてみると何が見えてくるか、今後に期したいが、とりあえずそのための資料として石田の実践資料や論考を本巻に収録して残すことができた。なお、恵那教育研究所に残された貴重な一次資料をデジタル化するなどの作業が残っているが、所員の宇佐美知子氏の尽力で、ここに収めることのできなかった資料が冊子になっている。『加藤興二作品集』、『ありの子学級実践記』、『ありの子学級実践記　資料編』が本著作集の編集と並行して発行され、恵那教育研究所で頒布された。残部はないが、研究所に保存され閲覧ができるようになっている。

石田和男年譜

山沢智樹

1　生い立ち～戦争を体験して

石田和男は、一九二八年に恵那郡中野方村（当時）に生まれる。教師であった父親の転勤のため、三歳から坂本村（当時）で暮らし、小学校に入学する。小学校五年生のときには、益田郡中原村（当時）へ引っ越し、「転校」を経験。子ども時代のこの転校の体験は石田の地域観が形成されるうえで、大きな影響を持つこととなる。

小学校卒業後、大垣市の岐阜県第二工業学校、岐阜師範学校の予科および本科へと進むが、一三歳のときに太平洋戦争が始まる。戦時中、学徒動員により工場労働や農場の開墾に従事するなかでも石田は決して、戦争に関して積極的な立場に立つことはなかったものの、戦時を生き抜くという風にも考えられず、「思いつき」で一日一日を過ごしていたという。一七歳、師範学校一年生で敗戦を迎えるが、戦時中の生活や経験がその後の教育実践における、「自分で考える」、「生活を見つめる」ことの探求につながり、生活綴方教育にたどり着くのである。

2　生活綴方教育に取り組む

一九四八年に師範学校を卒業した石田の初任校となった付知小学校（当時の恵那郡付知町）はこの時期、教育や職場に関して戦中までの経験からの根本的な転換を試みようとしている最中にあり、教職経験の多少にかかわらず、自由な雰囲気であったという。これは、当時の岐阜県で校長を除くほぼ全員と言える教員組合への加入率の高さや、付知小学校校長の存在に影響を大きく受けてのことであった。石田はこの時期、社会科教育に取り組んでいく。そして同時に、子どもが「自分の目で見る」ことや「社会を変えていく」ことをテーマとして子どもの自治活動にも熱心に取り組んだ。ここで、まず初めに事実を見ることを大切にすることは、恵那の教育における「ありのまま」へも通ずるものとなる。

この時期、半官半民の恵那郡教育研究所と教組恵那支部文化部との共催で一九四九年に開催された国分一太郎講演において大関松三郎の綴方作品の詩集が紹介される。この講演を聞いていた石田は『山芋』にまとめられた作品に大関少年の「考える」姿を見出した。そこから戦前、戦中からの生活綴方に関する書籍に学び、模索のなかで、自分なりの生活綴方教育や文集づくりに取り組み始め、石田の生活綴方教育の実践が始まることとなる。当時の付知小学校には、石田とともに生活綴方教育に取り組み、のちに第一回小砂丘賞（一九五三年）を受賞する口田彰氏も在籍していた。その後一九五〇年に石田が中津川の東小学校に移るころには、中津川の教師集団が中心となり、当時の恵那地域の教員のおよそ三分の一程度の参加により「恵那綴方の会」が結成される。恵那綴方の会は、機関紙『恵那綴方教師』を刊行し、その誌面において会員の実践発表や相互の批評が盛んに行われていた。

そのなかで石田は、『ありの子』（一九五一年）などの文集により、恵那地域に限らず、全国的にも注目を集めていく。恵那における生活綴方教育の当時の盛り上がりは、教育研究所や教職員組合文化部が中心となり、恵那における実践が『恵那の子ども』や石田の『夜明けの子ら』（一九五二年）として出版され、一九五二年に開催された第一回作文教育全国協議会が中津川で開催されることからもうかがい知ることができる。石田はこのころまた、生活版画にも取り組み、『夜明けの子ら』に代表されるように多くの子どもたちの版画作品集もまとめられている。

3　組合運動の担い手として

石田の教員組合での本格的な活動は、一九五七年に岐教組恵那支部書記長として執行部入りしたことに始まる。石田が起草に関わった恵那支部一九五七年の年次方針は「転換の方針」と呼ばれるが、そこで石田は、父母や地域、管理職や教育委員会との共闘戦略や組合民主主義などにおいて、従来までの活動方針からの転換を組織した。この「転換の方針」は全国各地で勤務評定反対闘争が展開されるなかでも注目を集めることとなった。石田はさらに一九五八年からの恵那教育会議で、校長会、地教委、ＰＴＡの代表者とともにその運営を支える。

その後は岐教組本部の役員として、恵那、岐阜県全域に降りかかった「第一次教育正常化」「専従制限条例」など、国政、県政レベルからの教育への不当な介入と向き合うこととなる。幅広く市民レベルでの取り組みとなった「民主教育を守る会」にも中心的にかかわった。

4　地肌の教育、わかる学習、わたしの教育課程づくり

石田は恵那、岐阜県の教育運動に取り組む一方、恵那綴方の会以降、恵那教科研、一九六六年に発足した東濃民主教育研究会における教育研究活動の展開においても大きな役割を担っていく。とくに、東濃民主教育研究会では長きにわたり事務局長、会長としてその活動を支えてきている。「子どもをつかむ」ことに重点をおいた「地肌の教育」、また、「学力」のとらえ直しとしての「わかる学習」や「わたしの教育課程づくり」、生活綴方の復興などの課題提起は、高度経済成長期に対して、あらたに地域と地域の生活に根ざす教育を組織することを目ざした大胆な創造であった。一人の実践家としては、中津川西小学校での「みつばち学級」が注目される。一九七〇年代の恵那の生活綴方教育が西小学校における実践を起点に広がっていくなかで、石田は「生活綴方の精神」を教育全般に挑戦的に展開し、恵那における新たな教育実践と教育学認識を切り拓いていった。

「みつばち学級」の実践の後に急遽、再び県教組執行部役員を一年間つとめた以降は、再び西小学校へ戻るが、担任を持つことはなく、一九七一年に南小学校への移動以降は、中津川市教育研究所の専任所員を務めることとなる。石田は西小学校において新しい学校づくりを進め、その中から生活綴方教育の復興に向かう教育実践を立ち上げていった。

この時期、一九六八年に中津川に西尾彦郎革新市政が誕生したことは恵那地域の教育実践や教育運動の盛り上がりを後押しし、一九七二年には中津川市で、教育基本法二五周年を記念した教育百年記念祭が市民参加、地域ぐるみで開催された。記念祭は、教育と文化を一体のものとして捉えていたもので、「地域に根ざす」ということがより強く意識されるようになった契機でもあった。石田はここでも中心的に企画を担った。

5　一九七〇年代における恵那の教育の高揚の中で

一九七〇年代からは、中津川市教育研究所の所員として務める。この時期、生活綴方の発展を進めるとともに、子

どもの体や心に関する問題に深く関心を寄せ、子どもたちの性への理解を深める学習に取り組む。学級担任を外れて以降も子どもたちと接するなかで、「性」について、「興味はあっても、科学的な認識がない」という状況に着目する。そこで、「わからない」けれど「できる」ことの象徴として「性」を取り上げ、関連する子どもの実態調査、教育実践、教材づくりに取り組んだ。これらの成果は、研究所の紀要や資料集としてまとめられ、さらには岩波ジュニア新書『思春期の生きかた』(一九七九年)として出版されている。

また、一九七六年の「日本のなかで恵那の教育を考える」民主教育研究全国交流集会の開催は、地域交流研の運動を生み出していった。

このような石田の取組みにより、恵那における生活綴方教育は新たな盛り上がりを見せ、記録映画「夜明けへの道」も制作される。その一方で、「日の丸・君が代」「低学力」攻撃に端を発した第二次正常化が猛威をふるったのも一九七〇年代後半であった。

6 恵那の教育の支えとして

一九八二年に小学校教員を退職した後には、教員組合などの民間の力を結集して新たに設立された恵那教育研究所専従所長として務めるなかで、自身の教育運動や実践の総括に取り組んでいく。恵那教育研究所は、八〇年代以降の恵那の教育実践、教育運動の拠点となる。この時期の石田の活動は、各種研究集会や『教師の友』復刻版発刊に併せて取り組まれた教育運動の経験を学ぶ「夜学」講座(一九八九—九一年)などでの講師を務めるなど、これまでの実践・運動における経験や教訓を若い世代へ伝えていくというような、恵那の教育運動を支える位置からの活動が増えていく。その他にこの時期、石田は地域民教全国交流集会の充実、登校拒否調査や湾岸戦争勃発を契機とした教育実践研究に取り組んでいる。

小学校教育を退職した後の、活動の広がりとしては、民教研としてのオーストラリア訪問(一九八二年)や北欧への福祉調査、ソビエト崩壊後のロシアへ出かける訪ロ研活動(一九九三—二〇一〇年)など実際に海外へ出かけ、その実情を学ぶことなどがある。二〇〇〇年代以降も、高齢や体調との関係から表立った活動の最前線からは一歩下がってはいるものの、自身の実践の資料や記録の整理などを通じて引き続き教育研究所の活動に携わるなど、健在である。

（執筆にあたっては、二〇一五年六月一六日に石田氏に聞き取りを行った。）

石田和男　年譜

（注　著作集収録の際にタイトルを編集部で変えたものがある。その点は各論文の末尾に注記した。）

年	経歴	主たる教育実践・運動・著作（太字は本著作集に収録）	恵那の教育関連	社会・教育の動き
1928（昭和3）年 0歳	恵那郡中野方村で誕生。			男子普通選挙による初の総選挙。
1931（昭和6）年 3歳	坂本村に移住。			満州事変。
1935（昭和10）年 7歳	坂本小学校に入学。			天皇機関説事件。／国体明徴声明。
1939（昭和14）年 11歳	父親の転勤のため益田郡中原村に移住。中山小学校へ転校。			ノモンハン事件。／第二次世界大戦勃発。
1941（昭和16）年 13歳	岐阜県第二工業学校に入学。大垣市に移住。			国民学校令施行。／太平洋戦争開戦。
1943（昭和18）年 15歳	岐阜師範学校予科に入学。岐阜市に移住。			学徒勤労動員。／徴兵年齢が満十九歳に引き下げられる。
1944（昭和19）年 16歳	羽島郡柳津村へ学徒動員。母親が亡くなる。			決戦非常措置要綱。／神風特別攻撃隊の創設。
1945（昭和20）年 17歳	師範学校本科に入学。岐阜市に移住。			広島、長崎に原爆が投下される。／敗戦。

1948（昭和23）年 20歳	師範学校を卒業。恵那郡付知小学校に赴任。6年生を担任。福岡村に移住。	このころ、社会科教育、校内の民主化に取り組む。	恵那郡教育研究所の設置。／西尾彦朗が県教育委員選挙で当選。	教育委員会法。
1949（昭和24）年 21歳	6年生を担任。付知町に移住。	子どもの自治会活動に取り組む。この年の学級での綴方が文集『望』としてまとめられる。	岐阜県担当軍政官ガスタフソン、不良教員排除を表明。／国分一太郎「生活綴方」講演。／教組文化部『冬の友』編集発行。	中華人民共和国成立。
1950（昭和25）年 22歳	中津川市立東小学校に赴任し、5年生を担任。中津川市に移住。	「ありの子」学級での生活綴方（翌年文集として発表）。	恵那綴方の会の結成。	日本綴方の会の結成。／朝鮮戦争勃発。
1951（昭和26）年 23歳	6年生を担任。結婚。	生活版画に取り組む。／**「源一と運の年」**	『恵那綴方教師』創刊。	サンフランシスコ条約、日米安保条約の締結。／日教組第一回全国教研集会。
1952（昭和27）年 24歳	3年生を担任。	『夜明けの子ら―生活版画と綴方集』出版。／**「M先生への便り」**／**「歌わぬ子ども、歌えぬ教師」**（教育科学研究会『教育』14）	勝田守一団長による岐阜県中津川市教育調査団／中津川市で第1回作文教育全国協議会が開催される。／『えなの子』『恵那の子ども』『恵那の仲間』の刊行。	教育科学研究会が再建発足。／文部省中央教育審議会の設置。／市町村教育委員会の発足。／保安隊の発足。
1953（昭和28）年 25歳	4年生を担任。長女が誕生。	**「計画性をもつこと」**（『教師の友』4月号）	口田彰（付知中）が小砂丘賞を受賞。／恵那支部臨時大会で松川裁判公正要請。	バカヤロー解散。／山口日記事件。／池田・ロバートソン会談。
1954（昭和29）年 26歳	1年生を担任。		恵那教育夏期大学が始まる。／母親と女教師と語る会の発足。	三・一ビキニ水爆実験。／教育二法の制定。／旭丘中学校事件。
1955（昭和30）年 27歳	中津川市立西小学校に赴任し、3年生を担任。	**「版画から図画への道」**（『教師の友』3月号）	東濃うたの集い。／教組自立劇団「みつばち」結成。	アジア・アフリカ会議。／うれうべき教科書の問題。／自由民主党結党。
1956（昭和31）年 28歳	4年生を担任。		岐阜県教委、高校の「学区制」を撤廃。／移動子ども会。	「地方教育行政の組織及び運営に関する法律」強行可決。／勤務評定問題がはじまる。

1957（昭和32）年 29歳	教職員組合の専従、岐教組恵那支部書記長になる（1958年まで）。	**「運動方針の転換」**（組合支部方針）／**「勤評闘争――恵那支部臨時協議会」**	恵那支部「転換の方針」。	スプートニクショック。／教頭職の法制化。／日教組、国民教育研究所を設立。／日教組、勤評「非常事態」宣言。
1958（昭和33）年 30歳		**「転換が生んだ情勢の変化」**（組合支部方針）	恵那教育会議が開催される。／勤評の実施が十一月まで延期される。	文部省、小・中学校道徳の実施要綱通達。／学習指導要領の改訂の際、基準性・拘束性の強化。／警職法反対統一行動。
1960（昭和35）年 32歳	恵那支部副執行委員長。	**「安保反対斗争発展のための若干の問題」**（組合文書）	各地に「民主主義を守る会」が結成される。	新日米安保条約・行政協定の調印、成立。／教頭に管理職手当てを支給。
1961（昭和36）年 33歳	恵那支部執行委員長。	「学力テストの非教育性～それは教育的な調査ではなく、政治的な調査である」（『教師の友』12月号）	恵那教育会館開館。校長会との最後の共催となる第十一次県教研が中津川で開催。	小学校学習指導要領の全面実施。／全国一斉学力テストの実施。
1963（昭和38）年 35歳	岐教組本部書記長。岐阜市内で単身赴任。	**「M君への手紙」**、**「M君への日記抄」**（教組大会議案）／「第13次教研のために『すべての子に未来を担う実力を――教育の内容の重点』」（恵那支部教研）	第一次教育正常化。／民主教育を守る岐阜県民集会。／豆学校の始まり。	経済審議会「経済発展の人的能力開発の課題と対策」答申。
1964（昭和39）年 36歳		「この子をどうするか『山野三郎』の場合」（『教育時報』490）／**「教育正常化に反対する教育を守る運動を発展させるため　教育実践と教育研究の創造のため」**（支部教研報告）	恵那支部から東濃支部への改組。／恵那各地で教育調査実施。	第二回アジア・アフリカ会議。／トンキン湾事件。／ベトナム戦争反対運動。
1965（昭和40）年 37歳	学校現場に戻り、西小学校にて5年生を担任。	みつばち学級／**「新聞づくりの発展のために」**（民教研集会での報告）	恵那教科研（1950年）から東濃民教研への改組、第1回集会。／民主教育を守る会・東濃地区連絡会結成。	ベトナム戦争北爆。／ILO「教師の地位に関する勧告草案」発表。

1966（昭和41）年 38歳	6年生を担任。この年が最後の学級担任となる。	**「当地域における戦後の民主教育運動と現代の課題」**（民教研集会資料）／**「『地肌の出る教育』を考えるために」**（東濃民教研『みんきょうけん』1）	東濃に実験学校が発足。／東濃民教研発足。／東濃民教研機関紙『みんきょうけん』の発行。	中教審答申「後期中等教育の拡充整備について」。／ひのえうま。
1967（昭和42）年 39歳	急遽、岐教組本部の専従書記長となり、岐阜市内で単身赴任。		民主教育を守る県民一万人集会。	美濃部革新都政の誕生。／朝日訴訟最高裁判決
1968（昭和43）年 40歳	西小学校に戻る。	**「わたしの教育方針**『さくら教科書の意図をくじくこと』～真実の学校教育を考えるために」（「わたしの教育方針」）／**「教育反動化のあらたな段階と民主教育への展望」**	中津川で西尾革新市政の誕生。	原子力潜水艦の佐世保入港。／さくら教科書の登場。
1969（昭和44）年 41歳		**「愛国心教育の探求と新しい学習改善運動」**（民教研冬季研究集会・基調報告）	地区単位の「民主教育を守る会」発足。	大学紛争激化。／通知表段階評価。
1971（昭和46）年 43歳	中津川市立南小学校に赴任。この年から中津川市教育研究所の所員となる。	**「生活に根ざし生活を変革する教育の創造」**（東濃民教研夏季集会基調報告）／**「やっと探しあてた生活綴方―中津川市立西小学校教育研究の歩みから―」**	中津川市教育研究所設置。／大井小に重度障害児学級が設置される。	東京、大阪に革新知事の誕生。／中教審答申（四六答申）「今後における学校教育の総合的な拡充整備のための基本的施策について」。
1972（昭和47）年 44歳	父親が亡くなる。	**「わかる学習を創るための若干の問題提起」**／**「教育記念祭への二つの便り」**	中津川二中試験偏向問題。／上矢作に松浦革新町政。／中津川教育文化展覧会。	浅間山荘事件。／沖縄返還。／田中首相「日本列島改造論」。

1973（昭和48）年 45歳		「教職員ストライキと子どもたちの教育――4・27ストライキを振り返って」／「〈ある調査報告〉今日の子どもたちと性―その教育についての提言―」／「地域に根ざす教育」／「ありのままの教育と生活綴方」／「ありのままの精神でわかる学習の実践的追求と運動を」（民教研冬季集会基調報告）	中津川で教科研中間集会が開かれる。／恵那各地に教育研究所設置。	名古屋で本山革新市政の誕生。／長沼ナイキ基地判決。／石油ショック。
1974（昭和49）年 46歳		「『勤評闘争』から何を学ぶか」	中津川教育市民会議の結成。／県教研中津川集会。	日教組、日高教の全日スト決行。／日教組、中央教育課程検討委員会が発足。
1975（昭和50）年 47歳		「私たちの春闘と教育」／「子どもと教育の上にあらわれている新しい特徴と『生活に根ざし生活を変革する教育』を進めるための若干の基本的問題点について」（東農民教研集会基調報告）	付知北小事故。／中津川育てる会連絡会結成。	ベトナム戦争終結。／文部省、主任制度化・主任手当構想を示す。／中央自動車道中津川ＩＣ開通。
1976（昭和51）年 48歳		「生活綴方精神で生活・学習意欲を高めるために」（『教育』329）／「戦後の教育をふりかえり民主教育の原点をさぐる―子どもをどうつかむか―」／「子どもの荒廃は教師の荒廃―『私の教育課程づくりへの本格的な取り組みを―」	映画「夜明けへの道」制作開始。民教研全国交流集会（岩村）。中津川市議会学力問題で攻撃。	学テ最高裁判決。／ロッキード事件で田中前首相逮捕。
1977（昭和52）年 49歳		『思春期の生き方を考える』（テキスト）の作成。翌年に『生き方を考える性の教育』（あゆみ出版）として出版。	映画「夜明けへの道」完成。／教育をよくする県民会議結成。／『人間・生活・教育』創刊。	大学入試センター発足。／岐阜県議会で教育正常化要望決議。

1978（昭和53）年 50歳		「教育課程の自主編成」（『ジュリスト』）	道民教育研究集会への交流参加。／第1回恵那地区教育大集会。／教育科学研究会による教育正常化調査。	岐阜県教委、主任手当て制度化。／成田空港開港。／日中平和友好条約。
1979（昭和54）年 51歳	三重大学で集中講義講師。長女が結婚。	岩波ジュニア『思春期の生きかた』出版。／「からだの発達と生き方」／「**子どもの内面からの出発―子どもをどう把むか―**」（講演、『人間・生活・教育』80春）	恵那で日本の教育を考える親の集い（中間集会）。	第二次石油ショック。／国公立大学共通一次試験開始。／東京中野区、教育委員の準公選制条例を公布。
1980（昭和55）年 52歳	初孫誕生。	「**あいさつ**」（1979年度東農民主教育冬季研究集会、『人間・生活・教育』80春）／「**はじめに―民教研夏季民主教育研究集会のあいさつから―**」（『人間・生活・教育』80秋）	ジェミー・フェネシィ生活綴方で講演。／恵那教育研究所設立委員会。／子どものからだと心全国会議を開催。	関西経連合会長、徴兵制に言及。／モスクワ五輪。／校内暴力、家庭内暴力の急増。
1981（昭和56）年 53歳	東小学校に赴任。鹿児島大学で集中講義講師。	「**心を拓きあう活動で真の自立と連帯をつくりだす子どもに**」（東農民教研冬季集会基調報告、『人間・生活・教育』81春）／「**恵那の教育と生活綴方―過ぎたこと・いまのこと・あれこれ―**」（恵南民教研合宿研究集会での講演）／「**あいさつ**」（第3回生活綴方研究集会、『人間・生活・教育』81冬）	『恵那の共育』創刊。／『生活綴方・恵那の子』出版。／恵那教育会館落成。	臨時行政調査会の発足。／中野区、教育委員準公選制実施。
1982（昭和57）年 54歳	小学校教員を退職し、恵那教育研究所専従所長になる。孫誕生。	「**あいさつ―オーストラリア教育見学の旅の報告をかねて―**」（『人間・生活・教育』82春）／「**学校の民主的再生と教育の仕事**」	民教研活動でオーストラリア訪問。／恵那教育研究所の設立。／研究所の集中講座がこの年から始められる。／恵那教師の作品展。	フォークランド紛争勃発。／教科書問題。

1983（昭和58）年 55歳	鹿児島大学で集中講義講師。	**「『ひどい』『ひどすぎる』その本質」**（『人間・生活・教育』83冬春）／**「生命の尊さを語り合おう—生命の目覚めとつまずきをつかむ—」**／**「民主的な教育研究組織の問題—地域民教組織の特性的役割を考える—」**／『人間・教師・医師—医療と教育の接点—（対談＝若月俊一＋石田和男）』（あゆみ出版）出版。	『地域民教の友』創刊。／沖縄那覇教組との交流。／三宅武夫作品集『みる・きく・つくる』発刊。／雑誌『恵那雑巾』刊行。	中教審「教科書のあり方」答申。／教育改革7つの構想。
1984（昭和59）年 56歳	三重大学で集中講義講師。	**「子どもの人間性をとりもどすためのわたしたちの課題—子どもをどうつかむか—」**（『人間・生活・教育』25）／**「〝魂の技師〟としての教師」**（『教育』439）	恵那教育研究所維持会の設立。／研究所に十二分野にわたる専門研究委員会を設置。	世界を考える京都座会「学校活性化のための7つの提言」。／日教組教育改革国民プラン「いま、日本の教育をどう改めるか」。
1986（昭和61）年 58歳	東京都立大学で集中講義講師。	**「思春期の子ども—人間的自立と社会の矛盾—」**（『人間・生活・教育』31）／**「今、なぜ生活綴方か」**	恵那児童文学研究会発足集会。／安心・不安意識調査。	チェルノブイリ原発事故。／岐陽高校体罰死亡事件。／日教組「教育改革提言（第二次）」。
1988（昭和63）年 60歳		**「教師の持つべき三つの顔」**／**「指導を捨て教育を—異様な多忙からの脱却をめざして—」**（『人間・生活・教育』36）／**「『安心・不安の意識調査』にみる子どもたちの今日・明日」**	研究所としての北欧調査（デンマーク、スウェーデン）。	文部省、生涯学習局設置。
1989（昭和64／平成元）年 61歳		**「負けても勝てるが逃げては勝てない—恵那地域での教育運動の教訓として—」**／**「〈特集　天皇・天皇制と子どもたち〉若い教師と先輩教師の往復書簡『民主主義』の弱さが今日までも尾を引く」**（『現代と教育』11）	「恵那路」の創刊。／『教師の友』復刻に際して「夜学」講義が始まる。	昭和天皇崩御。／全教（全国教職員組合）結成。／天安門事件。／ベルリンの壁崩壊。

年	経歴	著作	教育	社会
1990（平成2）年 62歳		『登校拒否をのりこえる』出版／「恵那教育会議のこと—勤評闘争が生み出した地域の教育統一戦線」／**「おもしろさの追求」**（『人間・生活・教育』40）	研究所夏期集中講座「恵那地域での勤評闘争と恵那教育会議」	大学入試センター試験の実施。／兵庫県の高校で生徒が門に挟まれて死亡。
1991（平成3）年 63歳		『湾岸戦争と教育』桐書房出版／**「いま学校をおもしろくする—授業公開を突破口として自主研究のひろがりを—」**（『現代と教育』18）	岐教組東濃支部と高教組恵那支部が合流して岐教組恵那支部に。	湾岸戦争勃発。／アパルトヘイト終結／ソ連崩壊。
1993（平成5）年 65歳		「恵那の教育草創期の青年教師群像」（民教研・講演）	ロシア訪問を契機に訪ロ研活動の取り組みが始まる。	細川連立内閣成立。
1994（平成6）年 66歳	以降、研究所資料室員。	「ひとりひとりの子どもを人間として大事にするために『私の教育課程づくり』を」（民教研冬季集会）	小中高生の一人前意識調査報告会。／恵那地域革新懇の結成。	文部大臣と日教組委員長会談。
1996（平成8）年 68歳		「子どもをつかむことに寄せて」（子どものための実践交流集会・講演）／**「〈石田先生への手紙〉『どうしてわかってくれないの』—〈T先生への返信〉荒れをみつめて安心できる学校づくりを」**	文化講座「ソビエト崩壊後のロシアの子どもと学校」（ナターシャ）。／交流研の開催。	小学校でO157集団食中毒。
1997（平成9）年 69歳		**「子どもをつかむことに寄せて—子どものための実践交流・研究会」**（『人間・生活・教育』51）／**「中学生の対教師暴力を考える—N市立中学校3年生2人の逮捕にからんで—」**／**「荒れを克服する教育実践を—荒れの根底に対応する若干の問題—」**	問題行動を考えるつどいの開催。／『人間・生活・教育』、51号で終刊。	神戸連続児童殺傷事件。／教員志望者へ介護等体験を義務付け。
1998（平成10）年 70歳		**「〝藍染憲法九条〟騒動顛末記を読んで～学校の教育性・民主性を考える」**（「恵那教育研究所通信」）	明智中「卒業記念・草木染掲示の禁止」。	長野オリンピック。／不登校児が小中学校で十万人を超える。

1999（平成11）年 71歳		**「わかる学習とおもしろい教育活動を求めて―今日の教育状況の打開を考える―」／「子どもを変える実践への試言　生活実感の強化と人間的自立へ」**（「恵那教育研究所通信」）	「子どもを変える実践への試言　生活実感の強化と人間的自立へ」の提起。	国旗国歌法成立。
2002（平成14）年 74歳		**「教育基本法改悪反対『公』『愛国心』導入のねらい」**（年金者組合恵那支部機関紙「こぶし」）		学習指導要領（ゆとり）の実施。
2007（平成19）年 79歳		**「自主塾提言の補足」／「教師たちの自主的な『えな塾』―〈提言〉教基法改悪のなかでの自主塾を―」**（『教育』2007年9月号）		教育再生会議第一次、第二次報告。／新潟県中越沖地震。
2008（平成20）年 80歳		**「『えな塾』は立ち上がった―その経過と問題　田中講演の教訓―」**（「恵那教育研究所通信」）		教育振興基本計画。／リーマンショック。
2011（平成23）年 83歳	ひ孫の誕生。		恵那で全国教育研究交流集会が開催される。	東日本大震災、福島原発事故。
2013（平成25）年 85歳	ひ孫の誕生。			特定秘密保護法の成立。
2016（平成28）年 88歳				熊本地震。

石田和男　著作目録

出版・講演　年月日	題　目	講演場所	所載本雑誌名	備考
1950年4月20日〜	家庭通信「五の三つうしん」			プリント
1950年7月〜	学級通信「蟻の子・はらっぱ」			プリント
1951年1月15日	〈教室記録〉源一と運の年		『教師の友』1952年1月	
1951年2月	教室文集「ありの子」			
1951年6月	共同研究作品　綴方「苦労する母」・指導者のことば		『恵那綴方教師』第2号 『「恵那の教育」資料集』1	
1951年4月8日〜	家庭通信「蟻の便り」			ノート印刷
1951年10月15日	「ありのたより」アンケート回答特集			プリント
1951年12月	「ありの便り」アンケート回答特集			プリント
1951年6月	「夕焼小焼」と子どもたち（学級共同研究の報告として）		『恵那の綴方教師』第2・4号 『「恵那の教育」資料集』1	
1951年7月	教室文集「ありの子」			
1951年10月11日	教室文集「くらしのうた」			
1951年11月3日	教室画集「ありの子」			
1952年1月20日	版画集「ありの子」			
1952年2月1日	〈子どもの文集〉ありの子		『教育』4	
1952年3月	卒業文集「ありの子」			
1952年3月25日	〈教育資料文集〉でも　目についてしまったんだ			プリント
1952年3月25日	教室実践記録（家庭通信）「こんなことなら」		『恵那綴方教師』第7号	
1952年8月5日	「夜明けの子ら」　M先生への便り			春秋社
1952年12月1日	歌わぬ子ども、歌えぬ教師		『教育』14	

1953年4月	計画性をもつこと（和田実）		『教師の友』1953年4月	
1953年12月15日	貧乏をのりこえる話「オーバー」安江満寿子		日本作文の会編『よい作文のかき方：6年生』	
1955年3月15日	〈実践報告〉版画から図画への道		『教師の友』1955年3月号	
1958年5月1日	運動方針の転換（岐阜県教組恵那支部）	恵那支部臨時協議会	『教師の友』60 『「恵那の教育」資料集』1	
1958年5月1日	勤評闘争	恵那支部臨時協議会	『教師の友』60 『「恵那の教育」資料集』1	
1958年5月10日	勤務評定に関する要望書Ⅰ（恵那地区教育会議が岐阜県教育委員会へ提出）		『「恵那の教育」資料集』1	
1958年6月	転換が生んだ情勢の変化	恵那支部定期大会運動方針	『「恵那の教育」資料集』1	
1958年8月16日	勤務評定に関する要望書Ⅱ（恵那地区教育会議が岐阜県教育委員会へ提出）		『「恵那の教育」資料集』1	
1958年9月4日	地域の人々と共に（抄）―恵那教育会議三ヶ年の歩―		「戦後の恵那教育資料（抄）小史」	
1958年11月1日	〈資料〉民主教育をかためるための方針　昭和32年度の経過報告と昭和33年度の運動方針	恵那支部定期大会	『教師の友』65 『「恵那の教育」資料集』1	
1959年1月1日	〈共同討論〉国民の教育的要求と教育の自由 石田和男・五十嵐顕・城丸章夫・相馬光義・中根望・持田栄一・森田俊男・渡辺春正		『教育』96	
1959年7月1日	〈資料〉国民教育を創造する民主的な統一戦線を結集するための方針　昭和33年度の経過報告と昭和34年度の運動方針 岐阜県教職員組合恵那支部		『教師の友』71	
1959年12月1日	〈座談会〉恵那教育会議をめぐるその理論と実践（上）―運動方針の転換がもたらしたもの― 石田和男・今泉太朗・川上康一・近藤武典・永井孝雄・渡辺春正〈司会〉竹内良知		『教師の友』75	

1960年2月1日	〈現地座談会〉恵那教育会議をめぐるその理論と実践（下）―“新しい学校づくり”をめざして― 石田和男・今泉太朗・荻野美一・川上康一・近藤武典・永井孝雄・渡辺春正〈司会〉竹内良知		『教師の友』76	
1960年3月1日	〈現地座談会〉教育基本法の精神をいかす道―恵那教育会議・その基盤と実態を語る― 西尾彦朗・大野董・三宅武夫・吉田銕男・井上藤吉・長瀬兼作・今泉太朗・川上康一・石田和男		『教師の友』77	
1960年6月10日	安保反対闘争発展のための若干の問題（岐阜県教組恵那支部）		『恵那の教育』資料集1	
1961年12月5日	学力テストの非教育性をつく それは教育的な調査ではなく、政治的な調査である	「学力調査をめぐる説明会」講演	「戦後の恵那教育資料（抄）小史」 『教師の友』93 『恵那の教育』資料集1	
1963年6月21日	青年教師 M君の日記抄・M君への手紙		『教育時報』449大会議案 『恵那の教育』資料集1	
1964年	教育正常化に反対する教育 （民主教育を守る運動を発展させるため　教育実践と教育研究の創造のため）			冊子
1964年	教育正常化攻撃と反撃について―総括的な指針として―			プリント
1965年2月12日	岐阜県教育振興のための要望書―当面の要求と公開質問―			プリント
1965年5月	教育正常化の試練の中で	静教組小笠教文部講演		冊子
1965年9月25日	新聞教室メモ	民教研準備会「新聞教室」テキスト	『恵那の教育』資料集1	
1966年8月	子どもの現状とつかみなおし 子どもの魂に影響を与える教育を大胆に創造するために	中津川保問研4月例会	『みち』3	
1966年8月19日	当地域における戦後の民主教育運動と現代の課題〈基調報告〉	東濃民教研夏季集会	『恵那の教育』資料集2	
1966年12月10日	地はだの教育―恵那での調査メモ― ・事務局長石田さんの話・事務局員との話しあいのなかから（深谷メモ）		「民研つうしん」2	

1966年12月10日	「地肌のでる教育」を考えるために		『みんきょうけん』1 『「恵那の教育」資料集』2	
1968年7月	わたしの教育方針「さくら教科書の意図をくじくこと」—真実の学校教育を考えるために—		『「恵那の教育」資料集』2	
1968年12月	教育反動化のあらたな段階と民主教育への展望		『国民教育研究』48	
1969年1月	「生活に根づき、生活を変革する人間」をつくりだす教育	保問研夏季集会	『民主保育』5	
1969年1月19日	愛国心教育の探求と新しい学習改善運動〈基調報告〉	東濃民教研冬季集会	『民教研つうしん』25 『「恵那の教育」資料集』2	
1969年8月19日	学習改善運動推進のために	東濃民教研夏季集会		プリント
1969年8月	東濃民教研夏季集会　基調報告			プリント
1969年10月1日	教育内容検討の観点—学習改善運動具体化の視点—		「民教研だより」第1号 「戦後の恵那教育資料（抄）小史」	
1969年10月3日	四つの観点を分野・教科の視点に		「民教研だより」第2号	
1969年10月15日	四つの観点・具体化すすむ—国語科の基本的観点（試案）		「民教研だより」第3号 「戦後の恵那教育資料（抄）小史」	
1969年11月5日	数学教育の基本的観点（試案）—学習改善運動具体化のため—		「民教研だより」第4号 「戦後の恵那教育資料（抄）小史」	
1970年2月20日	社会科・理科の基本的観点（試案）		「民教研だより」第6号	
1970年4月25日	生活にねざし生活を変革する　教育の創造のために〈基調報告〉—科学性と道徳性の統一をめざして—	東濃民教研冬季集会	民教研「研究つうしん」No.40	
1970年	理科学習ノート　ヒトのからだ	西小学校5年		プリント
1970年	「x先生からの手紙」（西小学校5年生にあてた手紙）			プリント
1970年5月15日	手塩の時間をかけること〈巻頭言〉		「中津川の教育」7 「戦後の恵那教育資料（抄）小史」	
1970年8月7日	遅ればせの記「生活の実感」を考えるために	日生連中津川集会	「日生連中津川集会・速報」19〈参加資料〉恵那の綴方 『「恵那の教育」資料集』2	

1971年1月	生活に根ざし生活を変革する教育の創造―東濃の地域にて―〈基調報告〉	東濃民教研夏季集会	『教育改革と国民教育』Ⅰ「子どもと教育実践」	
1971年1月15日	〈座談会〉「教育改革」と教育運動 石田和男・剣持清一・三上満・森田俊男〈司会〉深山正光		季刊『国民教育』7	
1971年2月	やっと探しあてた生活綴方 中津川市立西小学校教育研究の歩み	第1回西小生活綴方発表会「西の綴方」	『恵那の教育』資料集 2	
（1982年7月1日）	やっと探しあてた生活綴方―西小学校教育研究の歩みから―（加筆訂正）		『恵那の生活綴方教育』別巻3	
1971年2月	「生活に根づき生活を変革する人間」をつくりだす教育 石田和男・丹羽徳子・伊藤和男		『教育改革と国民教育』Ⅳ「教育権と国民教育運動」	
1972年2月25日	勉強のわからない子がふえている―その実態と原因を探るため―		中津川市教育研究所『研究紀要』第1集	
1972年12月1日	〈座談会〉先生がごまかしてはだめ―理科「ヒトのからだ」の授業をめぐって― 石田和男・岡田由紀子・鈴木孝雄・深谷銄作		『子どものしあわせ』202	
1972年	教育百年記念祭への二つの便り		『目で見る地域の教育100年史―展覧会記録』『恵那の教育』資料集 2	
1973年5月	〈共同研究資料〉性の学習を具体化するために	中津川市教育研究所性学習研究部		冊子
1973年	学習テキスト（試案）にんげんの男女―ほんとうの性と愛を考えるために―	中津川市教育研究所		冊子
1973年2月8日	ありのままの教育と生活綴方	付知中綴方教育研究会	『恵那の教育』資料集 2	
（1982年7月1日）	ありのままの教育と生活綴方（加筆訂正）		『恵那の生活綴方教育』別巻3	
1973年5月10日	教職員ストライキと子どもたちの教育 4.27ストをふりかえって		『戦後の恵那教育資料（抄）小史』『恵那の教育』資料集 2	
1973年6月	中教審構想と教育		『みち』10	

1973年7月1日	〈ある調査報告〉今日の子どもたちと性—その教育についての提言—		中津川市教育研究所『研究紀要』第2集	
1973年8月15日	子どもの成長と性の問題	岩村町母親連絡会講演		冊子
1973年9月	〈月報Ⅴ〉恵那での勝田先生		『勝田守一著作集』第6巻「人間の科学としての教育学」	
1974年1月19日	生活に根ざし、生活を変革する教育の創造をめざして—ありのままの精神でわかる学習の実践的追求と運動を—	民教研冬季集会	『「恵那の教育」資料集』2	
1974年7月25日	恵那の地域にねざす教育と手の労働	手の労働研究会	『子どもの遊びと手の労働研究』12	
1974年7月	地域に根ざす教育	第7回東海保問研研究集会	『民主保育』13	
1974年8月	〈基調報告〉地域に根ざした教育を追求するために —すべての子どもにわかる学習を保障するために—	東濃民教研夏季集会		プリント
1974年9月1日	「勤評闘争」から何を学ぶか（山原健二郎・石田和男・泥谷不二夫・田中信治・嶋祐三）		『教育運動史研究』16	
1974年11月	「性の学習」実践化のために—小学校5～6年生を対象として試案—		中津川市教育研究所『研究紀要』第5集	
1974年	〈座談会〉「わかる学習」と子どもの生き方		『国民教育』21	
1975年1月19日	〈基調報告〉生活に根ざし生活を変革する教育	民教研冬季集会		プリント
1975年2月28日	私たちの春闘と教育	東濃支部春闘教育学習会基調提案		冊子
1975年6月5日	私の教育方針（夢案）—私の欲すること—		「戦後の恵那教育資料（抄）小史」	
1975年8月10日	子どもと教育の上にあらわれている新しい特徴と「生活に根ざし生活を変革する教育」を進めるための若干の基本的問題点について〈基調報告〉	東濃民教研夏季集会	『「恵那の教育」資料集』2	プリント
（1982年7月1日）	生活に根ざし生活を変革する教育（右の基調報告を加筆訂正したもの）		『恵那の生活綴方教育』別巻3	

1975年9月1日	〈シンポジウム　生活綴方の進路／意見1〉生活綴方教育をどうつかんだらよいか		『教育』320	
1975年12月	〈座談会記録〉「性の学習」を考える 瓜田いくよ・斉藤尚視・曽我博・高橋守二・丹羽徳子・依田和子〈司会〉石田和男		中津川市教育研究所『研究紀要』第6集	
1976年5月1日	生活綴方精神で生活・学習意欲を高めるために		『教育』329	
1976年6月5日	生活を見つめる子どもたち 〈つづり方〉「しがみ顔のおじいちゃん」「いきていこう」今枝英子／〈授業記録〉「しがみ顔のおじいちゃん」を話し合おう　坂本小5年／自分の心をしっかりさせるために、思いきって書く！ 樫原美由紀／〈てい談〉石田和男・丹羽徳子・深谷鋼作		『子どものしあわせ』252 1976年6月臨時増刊号	
1976年6月25日	青少年の性意識と性教育		『児童問題講座』4「児童の保健問題」丸山博編	ミネルヴァ書房
1976年10月23日	子どもの荒廃の放置は教師の荒廃 「私の教育課程づくり」への本格的な取りくみを		『みんきょうけん』37 『恵那の教育』資料集2	
1976年10月30日	〈座談会〉恵那の戦後教育運動三十年の歩み 第Ⅰ期　「えなの子」と「恵那の教師」 第Ⅱ期　方針の転換と「正常化」とのたたかい 第Ⅲ期　地域と生活に根ざす教育 丸山雅己・石田和男・浅野信一・川上康一・口田彰・三尾明・春日井誠・佐々木通泰・近藤精宏・斉藤尚視・小出信也・高橋守二・森田道雄・永井孝雄・遠山久夫・早船ちよ（司会）井野川潔・川口幸宏・境野健児		『教育運動研究』No.2	
1977年2月	性の学習テキスト〈試案〉思春期の生き方を考える―からだとこころの性―	中津川市教育研究所		冊子
1977年2月24日	今井誉次郎著作集3「社会科教育論 解題」		『今井誉次郎著作集』3「社会科教育論」	合同出版

1977年3月1日	〈座談会〉生活綴方教育の今日的課題 ―2つの作品分析をとおして 石田和男・田宮輝夫・中内敏夫・本多公栄・坂元忠芳		『教育』341	
1977年4月1日	〈てい談〉驚くべき子どもの精神的疲労 石田和男・川上康一・大島紀久夫		『子どもと教育』1977年4月	
	学習テキスト（試案） にんげんの男女 ―ほんとうの性と愛を考えるために―		中津川市教育研究所編	冊子
1977年6月5日	〈自主編成・恵那の性教育のカリキュラム〉「にんげんの男女」を学ぶ十五時間		『子どものしあわせ』266 『からだ教育』毛利子来	
1977年6月17日	子どもたちの人間的危機をみすえて 奥深い基礎のところに私の教育課程を		『みんきょうけん』39 『「恵那の教育」資料集』2	
1977年7月	戦後の教育をふりかえり民主教育の原点をさぐる 〈基調報告〉―子どもをどうつかむか― ・子どもをつかむことについての補足的問題	日本のなかで恵那の教育を考える集会 作全教中津川集会25周年・東濃民教研結成10周年 記念集会	『「恵那の教育」資料集』2	冊子
1977年10月30日	思春期の生き方を考える―からだとこころの性―		中津川市教育研究所	冊子
	〈特集 地域に根ざす教育を求めて〉恵那の教師たちがめざすもの		『子どもと教育』	
1978年1月25日	〈私の教育課程づくり〉「私の教育課程づくり」への提案		『国民教育』35	
1978年2月	中学生殺傷事件の衝撃を退廃・非行の克服運動に転化させ子どもに生きがいのある生活・学校をみんなの力でつくりだせよう		科学的社会主義研究会	冊子
1978年3月13日	野洲中学校生徒殺傷事件の衝撃を退廃・非行克服の教育活動として		『みんきょうけん』42	
1978年	すべての子どもにほんとうの学力・体力を充実させ、非行をなくす そのために	5・11岐阜県民教育集会よびかけ		プリント
1978年5月30日	教育課程の自主編成		『ジュリスト』増刊教育	

1978年5月30日	〈はじめに〉私の教育課程づくり体制を —教師の思考退廃を克服するために—		『人間・生活・教育』78春	
1978年8月20日	充実をほんものに 子どもたちの自覚を生みだす実践を		『人間・生活・教育』78夏	
1978年11月10日	「生き方を考える性の教育」 恵那の教育実践			あゆみ出版
1978年11月20日	子どもをどうとらえるか —子どもの内面からの出発—	道民教合研石狩千歳集会 教育の夕べ 記念講演	『人間・生活・教育』78秋	
1978年12月20日	生活に根ざし、生活を変革する教育の創造〈基調報告〉 —学力・体力・生活を充実する私の教育課程づくりをすすめるために—	東濃民教研夏季集会	『人間・生活・教育』78冬 『「恵那の教育」資料集』2	
1978年12月20日	故寒川道夫先生を悼む —進歩にたいする科学的洞察力のたしかさ—		『人間・生活・教育』78冬	
1979年3月20日	あいさつ	東濃民教研冬季集会	『人間・生活・教育』79春	
1979年4月	からだ学習ノート〈試案〉 からだの発達と生き方 —からだとこころの生きる力—		中津川市学力充実推進委員会編	冊子
1979年5月	いま子どもの体は：レポート3 健康に自信がない		『子どものしあわせ』292	
1979年6月21日	岩波ジュニア新書「思春期の生きかた—からだとこころの性—」		岩波ジュニア新書	岩波書店
1979年7月3日	子どもたちの性	岩波市民講座		冊子
1979年8月	〈保育講座〉からだの発達と生き方		『みち』16	
1979年10月25日	Ⅶ 少年期の身体と性		『岩波講座：子どもの発達と教育』5	

1979年12月10日	あいさつ 〈私の教育課程づくり〉 『思春期の生き方』を学び、それを広げる学習会の記録から 雑感　感想とまとめにかえて 幻のあとがき	東濃民教研夏季集会	『人間・生活・教育』79冬	
1980年3月20日	あいさつ	東濃民教研冬季集会	『人間・生活・教育』80春	
1980年3月20日	子どもの内面からの出発　—子どもをどう把むか—	第24回九州民教研別府集会記念講演	『人間・生活・教育』80春	
（1982年7月1日）	子どもの内面からの出発　—子どもをどう把むか—（加筆訂正したもの）		『恵那の生活綴方教育』別巻3	
1980年6月15日	教育の自由を拡げながら　子ども・教師のペースによる教育活動を〈私の教育課程づくりの発展の中で〉		『人間・生活・教育』80夏	
1980年9月1日	中学時代における「性」を考える		『青年心理』1980年9月	
1980年10月10日	資料集　からだの発達と生き方　—学習のために—	東濃民主教育研究会編		冊子
1980年10月17日	はじめに—民教研夏季民主教育研究集会のあいさつから—	東濃民教研夏季集会	『人間・生活・教育』80秋	
1980年10月25日	子どもたちの性的発達を考える　成長と学習のバランス跛行について		『発達』4	ミネルヴァ書房
1980年	〈調査レポート断章〉子どもたちの生活意欲についての質問一つ—子どもたちのだらけ自認に　否定の否定をみる—			プリント
1980年12月20日	〝蟻のたより〟の思い出		中津川市立東小学校五十年誌	
1981年3月20日	学習テキスト〈改訂試案〉からだの発達と生き方　からだとこころの生きる力	中津川市教育研究所編		冊子
1981年4月25日	心を拓きあう活動で真の自立と連帯をつくりだす子どもに〈基調報告〉	東濃民教研冬季集会	『人間・生活・教育』81春	
1981年5月2日	民教研委員会挨拶メモ			プリント
1981年5月20日	生き方を考える性の教育		小学校教育実践選書	あゆみ出版

1981年8月20日 （1982年7月1日）	恵那の教育と生活綴方 —過ぎたこと・いまのこと・あれこれ 恵那の教育と生活綴方 —過ぎたこと、今のこと、あれこれ— （加筆訂正）	恵南民教研合宿研究集会 東濃民教研夏季集会	『人間・生活・教育』81夏 『「恵那の教育」資料集』2 『恵那の生活綴方教育』別巻3	
1981年11月20日	あいさつ		『人間・生活・教育』81秋	
1981年11月	教科研と『教育』と恵那		『教育』404	
1981年11月20日	〈生活綴方「恵那の子」出版記念・特集Ⅱ〉〈座談会〉—9月16日— 生活綴方「恵那の子」を語りあう 青山のぶ子・小木曽正夫・春日井誠・桑田靖之・丹羽徳子・深谷政広・円山真悟・三尾明・吉村義之・依田和子〈司会〉石田和男		『人間・生活・教育』81秋	
1982年3月20日	あいさつ	第3回生活綴方研究集会	『人間・生活・教育』81冬	
1982年10月31日	子どもたちに人間としての自立と連帯を保障するための私たちの課題	第31次岐阜県教育研究集会記念講演	『岐阜の教育』第8号	
1982年6月27日	あいさつ —オーストラリア教育見学の旅の報告をかねて—	東濃民教研冬季集会	『人間・生活・教育』82春	
1982年8月	共に生き、共に育つ教育	恵那教育研究所開所記念「保育者の集い」講演	『民主保育』22	
1982年10月15日	〈研究所開設記念行事での〉あいさつ ・恵那の教育運動考える集い ・「地域と教育」シンポジウム ・恵那教育の物故教師の慰霊と先輩教師に学ぶ集い ・全国交流の集い 記念パーティー		『人間・生活・教育』21	
1982年12月10日	学校の民主的再生と教師の仕事		『子ども・学校・地域』①「現代の子どもをどうつかむか」	あゆみ出版
1983年1月15日	あいさつ	東濃民教研夏季集会	『人間・生活・教育』82秋	
1983年2月25日	教科書問題の背景とこれからの対応			プリント
1983年5月20日	「ひどい」「ひどすぎる」その本質〈碇充照〉		『人間・生活・教育』83冬春	
1983年2月25日	間のある教育を		「研究所通信」2号〈巻頭言〉	

1983年4月5日	思春期に生きる		『中学校教育実践選書』3「中学生のこころ」	あゆみ出版
1983年4月25日	歴史に生きる教師でありたい　―自らの内面的真実を大事にして―		『教育運動研究』17	
1983年5月20日	地域に根ざす教育　―面白くならねばならぬし、面白くなる―		『アンケートこれからどうなる』	岩波書店
1983年6月30日	生命の尊さを語り合おう　―性の目覚めとつまずきをつかむ―		『危機をのりきる子育て』	三省堂
1983年8月25日	ひどい状況の矛盾　―真実と間のある保育と教育を―		『みち』20	
1983年11月5日	学校の民主的再生と教師の仕事		大槻健・坂元忠芳編『現代の子どもをどうつかむか』	あゆみ出版
1983年11月5日	「人間・医師・教師」―医療と教育の接点―（対談＝若月俊一＋石田和男）			あゆみ出版
1983年12月6日	ゆっくり急ぐ統一への期待			プリント
1983年12月20日	民主的な教育研究組織の問題　―地域民教組織の特性的役割りを考える―		『子どもたちの明日をめざして』	あゆみ出版
1984年3月1日	子どもの人間性をとりもどすためのわたしたちの課題　―子どもをどうつかむか―	東濃西地区教育講演会	『人間・生活・教育』25	
1984年5月1日	〝魂の技師〟としての教師		『教育』439	
1984年8月	「創る」―最近の雑感―	岐阜県保問研集会	『民主保育』24	
1984年10月	私の青春時代　―生活綴方への道程―		『教育実践』43	
1985年3月30日	満寿子さんの生活綴方		教育実践資料集2「土地をねだるおじさん」	
1985年3月30日	歴史に背を向けることのない現実直視を		『恵那教育研究所通信』5号〈巻頭言〉	
1985年12月17日	窮鳥のこころをつかむ　―体罰・暴力への教育的自責を―		『恵那教育研究所通信』6号〈巻頭言〉	
1986年2月1日	85地域民教全国交流集会　序〈碇道太〉		『人間・生活・教育』30	

1986年4月15日	私の教育課程づくり＝私の教育実践＝思春期の子ども　―人間的自立と社会の矛盾―	中津南小PTA学習会	『人間・生活・教育』31	
1986年4月22日	うたのこわさ　―音楽における意識と感覚―			プリント
1986年4月25日	大志を抱く急務		「恵那山」No.4	
1986年5月17日	岐阜県の教育　現状と運動		「時代と地域」	
1986年6月10日	《『作文と教育』の思い出（2）》：感慨一入		『作文と教育』復刻版別巻1	岩崎書店
1986年7月	子どもをつかむ教育を考える　―自分史を軸に恵那の教育をかえりみて―	都立大学集中講義		冊子
1986年9月20日	いま、あらためて生活綴方を		『作文と教育』441	
1986年10月19日	今、なぜ生活綴方か	第8回生活綴方研究会記念講演		テープ
1987年7月10日	新しい質の実践が	全国地域民主教育交流研究集会〈基調報告〉	『現代と教育』3	
1986年12月10日	〈自分史的地域の把握1〉地域の範囲は脚の長さで		『現代と教育』1	
1987年4月10日	〈自分史的地域の把握2〉地域はスローガンだけでは動かない		『現代と教育』2	
1987年7月10日	〈自分史的地域の把握3〉地域の現実にせまる		『現代と教育』3	
1987年11月30日	〈自分史的地域の把握4〉地域に現れる日本の矛盾		『現代と教育』5	
1988年4月5日	〈自分史的地域の把握5〉地域をみつめつづけた子らの巣立ち		『現代と教育』6	
	〈自分史的地域の把握6〉教育実践を支える地域の運動		(未発表)	原稿
	〈自分史的地域の把握7〉地域の中で日本を見る		(未発表)	原稿
1987年12月20日	第26回道民教合研記念講演　子どもをまるごととらえ 地域に根ざす民主教育の創造を　―安心・不安の意識調査からみた子どもの内面―	第26回道民教合研究集会	『民教』83、84　『人間・生活・教育』36	
1987年10月1日～5日	生き方を考える性教育の考察　―恵那地域での性学習実践に即して―		集中講義資料綴	冊子
1987年10月	性の学習教材　―小・中・高校生への手紙―　付．福島大学生性行動調査結果抄	福島大学　性教育論集中受講生小論		冊子

1987年11月	安心・不安の意識調査にみる現在の子ども・青年（森田道雄共著）		『福島大学教育実践研究紀要』第12号	
1987年8月	子どもをつかむ教育を考える ―自分史を軸にして―	恵那研究所夏季集中講座		冊子
1988年3月1日	学習指導要領の徹底のひどさ		『生活教育』1988年3月	
1988年3月3日	あるべき本当の姿を求めて		月刊『憲法運動』169	
1988年3月24日	私たちにとって「教師の友」は何であったか			プリント
1988年4月5日	〈特集 日教組の危機と教育運動〉自由で活気ある学校を［座談会］石田和男・川村博・桜河内正明・清水鉄郎・森尚水・坂元忠芳		『現代と教育』6	
1988年4月8日	誰もに観てもらいたい教科書作りの危険な実態		演劇「書かれなかった頁」推薦文	プリント
1988年6月25日	反響よぶ『復刻版・教師の友』新潟で語り合う会 知と熱と運動の泉		『現代と教育』7	
1988年7月15日	民主教育の正念場 教師にとっての人生と生活の矛盾		『恵那教育研究所通信』7号〈巻頭言〉	
1988年8月1日	「安心・不安の意識調査」にみる子どもたちの今日・明日		『ちいさいなかま』220	
1988年8月12日	指導を捨て、教育を ―異様な多忙さからの脱却をめざして―（碇道太）		『人間・生活・教育』36	
1988年9月20日	素描（①～⑨） 子供たちの安心と不安 優しさと愛・その欠乏社会 心の3分の1を占める核兵器と戦争の不安 髄となってしまった正しい理解㊤ 髄となってしまった正しい理解㊥ 髄となってしまった正しい理解㊦ 教師の持つべき三つの顔㊤民主的教員生活の仲間 教師の持つべき三つの顔㊥自主的教育研究の仲間 教師の持つべき三つの顔㊦父母たちと結ぶ仲間		素描集第六十六集（岐阜新聞）	

1988年12月15日	教師の不祥事　―自由の拡大こそ鍵―		『恵那教育研究所通信』8号〈巻頭言〉	
1989年1月10日	子どもを信頼しきること　―叱ることのなかった盗難事件―		『保育の本：子育ての悩みとよろこび：ほめ方、叱り方』	草土文化
1989年1月21日	〈巻頭論文〉負けても勝てるが逃げては勝てない―恵那地域での教育運動の教訓として―	恵那高教組教研集会	「恵那の高校教育」VoL．13	
1989年3月20日	明日も　また　おかしいか		『恵那教育研究所通信』9号〈巻頭言〉	
1989年4月18日	臨教審路線と『教師の友』		「恵那の夜学」第1夜	
1989年5月9日	『あかるい学校・教育』から		「恵那の夜学」第2夜	
1989年6月13日	教育復興と第一期反動攻勢―『教育新報』『新日本教育』誌（復刻版『教師の友』別巻）の頃―		「恵那の夜学」第3夜	
1989年7月11日	平和教育の前進と「教え子を再び戦場へ送らない」教師の決意―「教師の友」復刻版1巻・1951年の頃―　大変な事態を考える 〈パネルディスカッション〉「先輩教師に学ぶ」後初期の恵那の教育を考える 〈パネラー〉中西克巳・三宅鉅・丹羽惟夫・曽我義彦・三尾明 〈司会〉石田和男		「恵那の夜学」第4夜	
1989年7月20日	鍬を磨くだけの自由から		『恵那教育研究所通信』10号〈巻頭言〉	
1989年8月30日	〈特集　天皇・天皇制と子どもたち〉天皇死去をめぐり若い教師と先輩教師の往復書簡 「民主主義」の弱さが今日までも尾を引く		「現代と教育」11	
1989年9月12日	民族教育の提唱と民主教育の前進―「教師の友」復刻版第1巻・1952年前期の頃―		「恵那の夜学」第5夜	
1989年10月10日	警報無視の危険性		『恵那教育研究所通信』13号〈巻頭言〉	

1989年10月17日	平和教育と民族教育そして生活綴方教育―「教師の友」復刻版2巻・1952年後期の頃―		「恵那の夜学」第6夜	
1989年11月14日	恵那での生活綴方運動の台頭―恵那綴方の会と「恵那綴方教師」誌―		「恵那の夜学」第7夜	
1989年12月12日	教育における階級的視点をめぐって　―いわゆる国分・石田論争の問題―		「恵那の夜学」第8夜	
1989年12月20日	なさい先生		『恵那教育研究所通信』15号〈巻頭言〉	
1990年1月23日	教師の国際連帯と諸外国からの教訓摂取―世界教員会議と「教師の友」を中心として―		「恵那の夜学」第9夜	
1990年2月20日	生活綴方精神による教科実践の開花とサークル活動　併せて全国の注目の的となった京都・旭丘中学の教育と闘争　―1953～55年頃―		「恵那の夜学」第10夜	
1990年3月20日	〈巻頭言〉おもしろさの追求		『人間・生活・教育』40	
1990年4月	作文教育の今日的課題と教師		『作文教育実践講座』	駒草出版
1990年4月24日	戦後10年と日本の民主主義教育・運動の総括的問題の提示―「教師の友」5年間の成果として―		「恵那の夜学」第11夜	
1990年6月20日	子どもたちの権利は		『恵那教育研究所通信』18号〈巻頭言〉	
1990年7月10日	戦後10年と日本の民主主義教育・運動の総括的問題の提示―「教師の友」五ヶ年の成果として―		「恵那の夜学」第13夜	
1990年7月10日	やりたいことをやり方までつめてふくらます　―おもしろさの追求のため―		『恵那教育研究所通信』19号〈巻頭言〉	
1990年8月29日	恵那地域での勤評闘争と恵那教育会議―戦後民主主義教育運動の中心的教訓を学ぶ―	恵那教育研究所夏季集中講座	夏季集中講座記録集	
1990年9月18日	恵那教育会議のこと　―勤評闘争が生み出した地域の教育統一戦線―		「恵那の夜学」第14夜	

1990年9月30日	〈シリーズ〉90年代の日本社会の子どもたち 子どもの「自由」意識はいま —民主主義意識調査より— 恵那教育研究所調査委員会		『現代と教育』15	
1990年10月10日	作品研究「とびばこのとき うれしかったことといやだったこと」 由佳里さんへの手紙			プリント
1990年10月16日	新安保体制と高度経済成長政策のはじまり—新しい教育の闘いを探る—		「恵那の夜学」第15夜	
1990年10月25日	登校拒否の調査結果をみて考える	「登校拒否を考えるつどい」の報告・講演	『「恵那の教育」資料集』3	
1990年11月1日	「教え子を再び戦場へ送らない」そのために		『恵那教育研究所通信』22号〈巻頭言〉	
1990年11月15日	研究発表のおかしさとむなしさ		『恵那教育研究所通信』23号〈巻頭言〉	
1990年12月6日	自分のこだわりをまず、口にすること		『恵那教育研究所通信』24号〈巻頭言〉	
1990年12月15日	「登校拒否をのりこえる」			青木書店
1991年1月22日	高度経済成長政策の人づくりとの闘い —高校全入運動と学テ反対闘争—		「恵那の夜学」第17夜	
1991年1月26日	あり余る西校の思い出			原稿
1991年2月7日	〈湾岸戦争特集号〉破壊力絶大の現代戦に人類の知恵の悲しさを覚える —わたしたちは、どうしたらいいのか—		「恵那路」臨時号	
1991年2月15日	湾岸戦争と子どもの関心に教育的対応を		研究所通信26号〈巻頭言〉	
1991年	〈私の提案〉湾岸戦争への子どもの関心を教育実践の課題にして			プリント
1991年2月20日	60年代の教師の任務を考える —「教師の闘争についての覚え書き」に即して—		「恵那の夜学」第18夜	
1991年3月20日	第一回作文教育全国協議会のこと —思い出すまま、レジメに添って—		『作文と教育』501	

1991年4月23日	岐阜県における「教育正常化」攻撃との闘い〈その1〉—民主教育を守り育てる運動の発展—		「恵那の夜学」第19夜	
1991年5月3日	学校は始まった。が、教育は始まったのか。		『恵那教育研究所通信』29号〈巻頭言〉	
1991年5月21日	岐阜県における「教育正常化」攻撃との闘い〈その2〉 証言1　福岡町における闘いを通して（小木曽正夫） 証言2　恵那支部として（川上康一） まとめ（石田和男〈湧志透〉）		「恵那の夜学」第20夜	
1991年5月25日	「教師の友」夜学分教室を		『恵那教育研究所通信』30号〈巻頭言〉	
1991年5月31日	〈特集〉いま、学校をおもしろくする—自らの授業公開を突破口とした自主研究のひろがりを—		『現代と教育』18	
1991年6月5日	新しい質の発想を　—岐阜教組への統一の宝—		『恵那教育研究所通信』31号〈巻頭言〉	
1991年6月18日	民主教育は父母・住民と共同してこそ発展する—民主教育を守る会から育てる会へ—		「恵那の夜学」第21夜	
1991年6月25日	団結への教訓を生かす		『恵那教育研究所通信』32号〈巻頭言〉	
1991年7月5日	小選挙区制のまやかし		『恵那教育研究所通信』33号〈巻頭言〉	
1991年7月16日	闘病と教育　—故 熨斗謙一の場合—		「恵那の夜学」第22夜	
1991年8月3日	恵那教科研から東濃民教研へ　—その歩み—	恵那教育研究所夏季集中講座	夏季集中講座記録集	
1991年9月1日	〈特集〉ぼくたちわたしたちと戦争　中学校「ペンクラブ」での自主的な湾岸戦争アンケート活動—聞き書き的な代筆報告		『子どものしあわせ』1991年9月	
1991年9月10日	教育正常化の破壊と混乱からの民主的再生　中津川革新市政での活動を中心にして（60年代末～70年代前半）		「恵那の夜学」第23夜	

1991年9月20日	ソ連問題を考えるため　自己の歴史の濾過を通して		『恵那教育研究所通信』34号〈巻頭言〉	
1991年11月20日	話したいことを話しきる自由		『恵那教育研究所通信』37号〈巻頭言〉	
1991年12月10日	如何にもひどい		『恵那教育研究所通信』38号〈巻頭言〉	
1991年12月25日	湾岸戦争と教育　―子どもたちが表現した戦争と平和―（石田和男、坂元忠芳、佐貫浩編著）			桐書房
1992年	安心・不安の意識調査		『「恵那の教育」資料集』3	
1992年2月1日	〈研究所維持会員の皆さんへ〉研究所発足から一節（10年）を経て　―実生の灌木を大樹深根に―			プリント
1992年2月10日	学校は教師・父母の合意する実施方策を　―新指導要領の本格実施にあたって―		『恵那教育研究所通信』40号〈巻頭言〉	
1992年2月10日	学校五日制の問題に寄せて　―学校での主体的な合意を大事に―		『恵那教育研究所通信』40号	
1992年3月5日	〈緊急提言〉新学習指導要領・学校五日制について　学校の持つ問題と方策を一致させ、父母（ＰＴＡ）に提示して合意の運動を		『恵那教育研究所通信』41号	
1992年2月18日	教育正常化の破壊と混乱からの民主的再生　そのⅡ　―中津川革新市政での活動を中心にして―		「恵那の夜学」第25夜	
1992年3月5日	若い教師の特権		『恵那教育研究所通信』41号〈巻頭言〉	
1992年3月10日	教育正常化の破壊と混乱からの民主的再生　そのⅢ　―中津川革新市政での活動を中心にして―		「恵那の夜学」第26夜	
1992年3月	むかしのくらし　学校の話のために　―10年ひと昔のこと― ・タンクの話　・駆逐　・水雷の話　・あかるい夜の話 ・サクラの話　・算数の話			プリント

1992年5月9日	恵那の民主教育と新しい反動攻撃のはじまり		「恵那の夜学」第27夜	
1992年5月24日	恵那の教育と福祉	飛翔の里・生活の家での講演		
1992年6月16日	生き方を考える性教育を考える —70年代の小さな経験から— 〈調査報告〉子どもの性学習をどう考えるか —子ども・教師の実態調査報告—		恵那教育研究所	冊子
1992年11月30日	ロシア人女性 マトベーバ・ナターシャさんを恵那の地に迎えるため		『恵那教育研究所通信』49号〈巻頭言〉	
1993年2月13日	明日に生きる子どもたちのために	岡本靖個人演説会		冊子
1993年6月5日	おもしろいことをおもしろく		『恵那教育研究所通信』54号〈巻頭言〉	
1993年6月20日	通知票の矛盾 —その矛盾を拡大しないために—		『恵那教育研究所通信』55号〈巻頭言〉	
1993年7月3日	〈緊急提言〉良識ある公民たるに必要な政治的教養を—いま、子どもたちの政治関心を学習に組織すること—		『教育』565 『恵那教育研究所通信』56号	
1993年7月8日	中学校での業者テスト廃止を 高校のランク付けを中学校段階で止めるために		『恵那教育研究所通信』57号〈巻頭言〉	
1993年9月20日	故竹内恵美さんの自殺をめぐる中津商高体罰裁判・判決に想う		『恵那教育研究所通信』59号	
1993年11月20日	小選挙区制と教育		『恵那教育研究所通信』62号	
1993年11月	恵那の教育を考える —子どもたちの一人前調査をふまえて—	第15回教育大集会記念講演		冊子
1993年12月20日	子どもたちの性学習をどう考えるか —子ども・教師の実態調査報告—		恵那教育研究所	冊子
1994年1月25日	〈調査報告〉小・中・高生の一人前意識と学習意識の調査結果		恵那教育研究所	冊子
1994年3月10日	〈調査報告〉小・中・高生の一人前意識と学習意識の調査結果の補足		恵那教育研究所	冊子
1994年4月	小中高生の「一人前人間像」調査報告		『教育』573	
1994年6月	〝一人前〟と学力 —小・中・高生の調査にふれて—		『人間と教育』2	労働旬報社

1994年7月1日	〈特集〉性教育をやりにくいと感じている大人たちへ　論文1・恵那地域の子どもと教師の性意識		『生活教育』1994年7月	
1994年7月20日	〈特別調査報告〉子どもたちの性学習をどう考えるか　—子ども・教師の実態調査報告—　調査結果の補足	東濃民教研冬季集会	『人間・生活・教育』48	
1994年10月	教科書検討・研究のすすめ（村山貧市）			プリント
1995年1月1日	〈シリーズⅠ　教育実践・教育運動の軌跡〉戦後50年恵那に生きて		『教育』583	
1995年2月	〈調査報告〉子どもたちの一人前調査　日本とロシアの調査結果比較（恵那とトムスクの子どもたち10～13才）	恵那訪ロ研究会 恵那教育研究所		冊子
1995年5月27日	戦後の恵那地域における父母と教師の協力・共同の歩みと現状—負けても勝てるが逃げては勝てない—			冊子
1995年10月20日	〈特集　それでも教師はやめられない〉教育正常化の攻撃　—あえて民主的教師として生きることを—		『現代と教育』31	
1996年6月6日	脳梗塞の直前か一過性脳梗塞か　—私のからだと心のおかしさ			冊子
1996年10月31日	〈特集・クラス崩壊—その時、父母は教師は〉〈石田先生への手紙〉「どうしてわかってくれないの」 〈T先生への返信〉荒れをみつめて安心できる学校づくりを		『現代と教育』35 『「恵那の教育」資料集』3	
1997年2月18日	中学生の対教師暴力を考える　—N市立中学校3年生男子2人の逮捕にからんで—		恵那教育研究所冊子・『「恵那の教育」資料集』3	
1997年3月1日	山狩りと尋ね人手配　—「猿岩石」の迷惑—		『恵那教育研究所通信』102号	
1997年3月3日	荒れを克服する教育実践を　—荒れの根底に対応する若干の問題—		恵那教育研究所	冊子
1997年4月	子どもをつかむことに寄せて	子どものための実践交流研究会	『人間・生活・教育』51	
1997年6月5日	教科書（教材）に科学性と民主性の補充を		『恵那教育研究所通信』105号〈巻頭言〉	

1997年6月25日	恵那地域　幼・小・中・高校教師の「私の今日の勤務」調査報告		恵那教育研究所	冊子
1998年7月15日	日本国憲法第九条の学習　卒業記念・草木染掲示禁止の暴挙		『恵那教育研究所通信』118号	
1998年7月15日	〝藍染憲法九条〟騒動顛末記を読んで　―学校の教育性・民主性を考える―		『恵那教育研究所通信』118号 『「恵那の教育」資料集』3	
1999年3月	わかる学習とおもしろい教育活動を求めて　―今日の教育状況の打開を考える―			冊子
1999年12月12日	子どもを変える実践への試言　―生活実感の強化と人間的自立へ―		『恵那教育研究所通信』134号	
2000年1月30日	いまこそ試言（通信134号）の討議を　反省を真実のものとするためにも		『恵那教育研究所通信』135号 〈巻頭言〉	
2000年7月6日	〈部内資料〉子どもたちの荒れと教育的対応の問題―中学校「わいせつ行為」事件にかかわって―		恵那教育研究所	冊子
2000年8月5日	〈第2特集〉50号を迎えた「現代と教育」「現代と教育」創刊のころ		『現代と教育』50	
2001年8月20日	〈連載　戦後生活綴方とともに　第5回〉第1回作文教育全国協議会「協議会ニュース」発行の手伝い		『作文と教育』2001年8月	
2002年11月1日	教育基本法改悪反対　「公」「愛国心」導入のねらい		全日本年金者組合恵那支部「こぶし」157	コピー
2003年1月13日	〈私信〉民主的組織における民主主義的危機の問題　―信頼と笑顔の回復をねがった2003年のある年賀状への追言―			プリント
2004年10月	53年目の実践　画文集「ありの子」提示に寄せて			プリント
2004年10月	ありの子の皆さんへ　見苦しい老人のあわれ仕事ですが			プリント
2004年11月20日	あなたの実践を資料展にぜひ　76歳の爺が53年前の資料で実践も		『恵那教育研究所通信』186号	
2004年12月	ありの子学級余録			冊子
	「ありの子学級余録」に寄せて			プリント
2007年2月10日	〈提言〉教基法改悪の中での自主塾を		『恵那教育研究所通信』207号	

	自主塾の提言に即して			
2007年8月	生活綴方運動と組合運動を結合させて —岐阜の教育正常化攻撃の中で—		『ある教師の戦後史——戦後派教師の実践に学ぶ』	本の泉社
2007年9月1日	教師たちの自主的な「えな塾」 —〈提言〉教基法改悪のなかでの自主塾を—		『教育』740 2007年9月号	
2007年	自主塾提言の補足		恵那教育研究所	冊子
2007年12月10日	〈シリーズ〉ある教師の戦後史④ 生活綴方運動と組合運動を結合させて——岐阜の教育正常化攻撃の中で——石田和男さん（元小学校教員）に聞く（聞き手）野々垣務・児美川孝一郎		『人間と教育』56	
2008年3月25日	「えな塾」は立ち上がった —その経過と問題、田中講演の教訓—		『恵那教育研究所通信』217号	
2009年8月	石田先生聞き取り（聞き手＝佐貫浩）			プリント
2010年3月26日	忘れてよいほどのある思い出—恵那地域年金者組合結成ことはじめ—			プリント

・本著作目録には石田和男が著述したもの以外に、①石田が指導した子どもたちの「作品」、②冊子等の形で文書として確認できる講演記録、③座談会などが含まれている。
・④備考欄に「プリント」「原稿」とあるものについては出版・刊行されたものではないが、現存が確認でき、恵那教育研究所において閲覧可能なものである。
・いくつかの論文は、主として『「恵那の教育」資料集』（二〇〇〇年、桐書房）と『恵那の生活綴方教育』（別巻3、一九八二年、草土文化）に再録されている。再録にあたって字句の訂正や加筆が行われている場合もある。初出のタイトルと再録された論文のタイトルが異なる場合もある。
・講演等については、のちに記録として発表されたものについては、原則として講演が行われた年月日を優先して記載した。
・発表年月日について確定できなかったものもある。これらについては他日を期したい。

石田和男教育著作集　第一巻「生活綴方教育の出発」

2017年5月25日　　初版第1刷発行

編者 ――石田和男教育著作集編集委員会
発行者 ―平田　勝
発行 ――花伝社
発売 ――共栄書房
〒101-0065　東京都千代田区西神田2-5-11出版輸送ビル2F
電話　　03-3263-3813
FAX　　03-3239-8272
E-mail　　kadensha@muf.biglobe.ne.jp
URL　　http://kadensha.net
振替 ――00140-6-59661
装幀 ――三田村邦亮
印刷・製本―中央精版印刷株式会社

ISBN978-4-7634-0808-2　C3037